U0133528

墨　人　著

墨人博士作品全集【全60冊】

第三十九冊　張本紅樓夢 3

本全集保留作者手批手稿

文史哲出版社印行

目　次

第五十八回　杏子阴假凤泣虚凰
茜纱窗真情揆痴理

　　话说他三人因见探春等进来，忙将此话掩住不提。探春等问候过，大家说笑了一回方散。

　　谁知上回所表的那位老太妃已薨，凡诰命等皆入朝随班，按爵守制。敕谕天下：凡有爵之家，一年内不得筵宴音乐，庶民皆三月不得婚娶，贾母婆媳祖孙等俱每日入朝随祭，至未正以后方回。在大偏宫二十一日后，方请灵入先陵，地名孝慈县。这陵离都来往得十来日之功，如今请灵至此，还要停放数日，方入地宫，故得一月光景。宁府贾珍夫妻二人，也少不得是要去的。两府无人，因此，大家计议，家中无主，便报了尤氏产育。将她腾挪出来，协理荣宁两处事件。

　　因托薛姨妈在园内照管她姊妹丫鬟，只得也挪进园来。此时宝钗处有湘云香菱；李纨处目今李婶母虽去，然有时来往，三五日不定，贾母又将宝琴送与她去照管；迎春处有岫烟；探春因家务冗

> 黛玉天真纯洁，不如宝玉心里明白，令人同情。

杂，且不时有赵姨娘与贾环嘈聒，甚不方便；惜春处房屋狭小；因此，薛姨妈都难住。况贾母又千叮咛，万嘱咐，托她照管黛玉，——自己素性也最怜爱她，今既巧遇这事，便挪至潇湘馆和黛玉同房，一应药饵，饮食，十分经心。黛玉感戴不尽，以后便亦如宝钗之称呼，连宝钗前亦直以"姐姐"呼之，宝琴前直以"妹妹"呼之：俨似同胞共出，较诸人更似亲切。贾母见如此，也十分喜悦放心。

　　薛姨妈只不过照管她姊妹，禁约的丫鬟辈，一应家中大小事务也不肯多口。尤氏虽天天过来，也不过应名点卯，不肯乱作威福。

且她家内上下，也只剩了她一人料理；再者，每日还要照管贾母王夫人的下处一应所需饮馔铺设之物，所以也甚操劳。

当下荣宁府两处主人既如此不暇，并两处执事人等，或有跟随着入朝的，或有朝外照理下处事务的，又有先蹦踏下处的，也都各各忙乱。因此两处下人无了正经头绪，也都偷安，或乘隙结党和权暂执事者窃弄威福。荣府只留得赖大并几个管家照管外务。这赖大手下常用几个人已去，虽另委人，都是些生的，只觉不顺手。且他们无知，或赚骗无节，或呈告无据，或举荐无因，种种不善，在在生事，也难备述。又见各官宦家，凡养优伶男女者，一概蠲免遣发。尤氏等便议定，待王夫人回家回明，也欲遣发十二个女孩子。又说：

"这些人原是买的，如今虽不学唱，仅可留着使唤，只令其教习们自去也罢了。"

王夫人因说：

"这学戏的，倒比不得使唤的，她们也是好人家的女儿，因无能卖了做这事，装丑弄鬼的几年。如今有这机会，不如给她们几两银子盘费，各自去罢。当日祖宗手里都是有这例的。咱们如今损阴坏德，而且还小器。如今虽有几个老的还在，那是他们各有原故，不肯回去的，所以才留下使唤，大了配了我们家里小厮们了。"

尤氏道：

"如今我们也去问她十二个。有愿意回去的，就带了信儿，叫她父母来亲自领回去，给她们几两银子盘缠，方妥；倘若不叫上她的亲人来，只怕有混帐人冒名领出去，又转卖了，岂不辜负了这恩典？若有不愿意回去的就留下。"

王夫人笑道：

"这话妥当。"

尤氏等遣人告诉了凤姐儿，一面说与总理房中：每教习给银八两，令其自便。凡梨香院一应物件，查清记册收明，派人上夜。将十二个女孩子叫来当面细问。倒有一多半不愿意回家的。也有说父母虽有，他只以卖我们姊妹为事，这一去还被他卖了；也有说父母已亡，或被伯叔兄弟所卖的；也有说无人可投的；也有说恋恩不舍的。所愿去者只四五人。

王夫人听了，只得留下，将去者四五人皆令其干娘领回家去，单等她亲父母来领；将不愿去者分散在园中使唤。贾母便留下文官自使，将正旦芳官指给了宝玉，小旦蕊官送了宝钗，小生藕官指给了黛玉，大花面葵官送了湘云，小花面荳官送了宝琴，老外艾官指给了探春。尤氏便讨了老旦茄官去。当下各得其所，就如那倦鸟出笼，每日园中游戏。众人皆知她们不能针黹，不惯使唤，皆不大责备。其中或有一二个知事的，愁将来无应时之技，亦将本技丢开，便学起针黹纺织女工诸务。

一日，正是朝中大祭，贾母等五更便去了。先到下处用些点心小食，然后入朝。早膳已毕，方退至下处歇息。用过早饭，略歇片刻，复入朝侍中晚二祭，方出至下处歇息。用过晚饭方回家。可巧这下处乃是一个大官的家庙，是比邱尼焚修，房舍极多极净，东西二院。荣府便赁了东院，北静王府便赁了西院。太妃少妃，每日晏息，见贾母等在东院，彼此同出同入，都有照应。

外面诸事不消细述。且说大观园内，因贾母王夫人天天不在家内，又送灵去一月方回，各丫鬟婆子皆有闲空，多在园内游玩。更又将梨香院内伏侍的众婆子一概撤回，并散在园内听使，更觉园内人多了几十个。因文官等一干人，或心性高傲，或倚势凌下，或拣衣挑食，或口角锋芒，大概不安分守己者多，因此，众婆子含怨，只是口中不敢与她们分争。如今散了学，大家趁了愿，也有丢开手的，也有心地狭窄犹怀旧怨的，因将众人皆分在各房名下，不敢来厮侵。

可巧这日乃是清明之日，贾琏已备下年例祭祀，带领贾环、贾琮、贾兰三人去往铁槛寺祭枢烧纸；宁府贾蓉也同族中人前往各处祭礼。因宝玉病未大愈，故不曾去得。饭后发倦，袭人因说：
"天气甚好，你且去逛逛，省的撂下粥碗就睡，存在心里。"

宝玉听说，只得拄了一支杖，靸着鞋，走出院来。因近日将园中分与众婆子料理，各司各业，皆在忙时：也有修竹的，也有剔树的，也有栽花的，也有种豆的，池中间又有驾娘们行着船夹泥的，种藕的。湘云、香菱、宝琴与丫鬟等都坐在山石上，瞧她们取乐。宝玉也慢慢行来。湘云见了他来，忙笑说：

"快把这船打出去！他们是接林妹妹的。"

众人都笑起来。宝玉红了脸。也笑道：

"人家的病，谁是好意的？你也形容着取笑儿！"

湘云笑道：

"病也比人家另一样，原招笑儿，反说起人来。"

说着，宝玉便也坐下，看着众人忙乱了一回，湘云因说：

"这里有风，石头上又冷，坐坐去罢。"

宝玉也正要去瞧黛玉，起身拄拐，辞了他们，从沁芳桥一带堤上走来。只见柳垂金线，桃吐丹霞。山石之后，一株大杏树，花已全落，叶稠阴翠，上面已结了豆子大小的许多小杏。宝玉因想道："能病了几天，竟把杏花辜负了！不觉到'绿叶成阴子满枝'了！"因此，仰望杏子不舍。又想起邢岫烟已择了夫婿一事，虽说男女大事，不可不行，但未免又少了一个好女儿，不过二年，便也要"绿叶成阴子满枝"了。再过几日，这杏树子落枝空；再几年，岫烟也不免乌发如银，红颜似缟，因此，不免伤心，只管对杏叹息。正悲叹时，忽有一个雀儿飞来，落于枝上乱啼。宝玉又发了呆性，心下想道：

"这雀儿必定是杏花正开时他曾来过，今见无花空有叶，故也乱啼。这声韵必是啼哭之声。可恨公冶长^①不在眼前，不能问他。但不知明年再发时，这个雀儿可还记得飞到这里来与杏花一会不能？……"

正自胡思间，忽见一股火光从山石那边发出，将雀儿惊飞，宝玉吃了一惊。又听外边有人喊道：

"藕官，你要死！怎么弄些纸钱进来烧？我回奶奶们去，仔细你的肉！"

宝玉听了，益发疑惑起来，忙转过山石看时，只见藕官满面泪痕，蹲在那里，手内还拿着火，守着些纸钱灰作悲。宝玉忙问道：

"你给谁烧纸，快别在这里烧。你或是为父母兄弟，你告诉我名姓，外头去叫小厮们打了包袱，写上名姓去烧。"

藕官见是宝玉，只不做一声。宝玉数问不答。忽见一个婆子恶狠狠的走来拉藕官，口内说道：

"我已经回了奶奶们，奶奶们气的了不得！"

藕官听了，终是孩气，怕去受辱没脸，便不肯去。婆子道：

"我说你们别太兴头过余了。如今还比得你们在外头乱闹呢！这是尺寸地方儿。"

指着宝玉道：

"连我们的爷还守规矩呢，你是什么阿物儿，跑了这里来胡闹？——怕也不中用，跟我快去罢！"

宝玉忙道：

"她并没烧纸，原是林姑娘叫她烧那烂字纸。你没看真，反错告了她。"

藕官正没了主意，见了宝玉，更加添了畏惧，忽听他反替遮掩，心内转忧成喜，也便硬着口，说道：

"你看真是纸钱了么？我烧的是林姑娘写坏的字纸！"

那婆子便弯腰向纸灰中拣出不曾化尽的遗纸在手内，说道：

> 作者写宝玉怜香惜玉，一脉相承。

"你还嘴硬！有证又有凭，只和你厅上讲去。"

说着，拉了袖子，拽着要走。宝玉忙拉藕官，又用拄杖隔开那婆子的手，说道：

"你只管拿了回去。实告诉你：我昨夜做了个梦，梦见杏花神和我要一挂白钱，不可叫本房人烧，另叫生人替烧，我的病就好的快了。所以我请了白钱，巴巴的烦她来替我烧了，我今日才能起来。偏你又看见！这会子又不好，都是你冲了！还要告她去？——藕官，你只管见她们去，就依着这话说！"

藕官听了,越得主意,反拉着要走。那婆子忙丢下纸线,陪笑央告宝玉,说道:

"我原不知道。若回太太,我这人岂不完了?"

宝玉道:

"你也不许再回,我便不说。"

婆子道:

"我已经回了,原叫我带她。只好说她被林姑娘叫去了。"

宝玉点头应允。

婆子自去。

这里宝玉细问藕官:

"为谁烧纸?必非父母兄弟,定有私自的情理?"

藕官因方才护庇之情,心中感激,知他是自己一流人物,况再难隐瞒,便含泪说道:

"我这事,除了你屋里的芳官合宝姑娘的蕊官,并没第三个人知道。今日忽然被你撞见,这意思,少不得也告诉了你,只不许再对一人言讲。"又哭道:"我也不便和你面说,你只回去,背人悄悄问芳官就知道了。"

说毕,怏怏而去。

宝玉听了,心下纳闷,只得踱到潇湘馆瞧黛玉,越发瘦得可怜。问起来,比住日大好了些。黛玉见他也比先大瘦了,想起往日之事,不免流下泪来。些微谈了一谈,便催宝玉去歇息调养。宝玉只得回来。因惦记着要问芳官原委,偏有湘云香菱来了,正和袭人芳官一处谈笑,不好叫她,恐人又盘诘,只得耐着。

一时,芳官又跟了她干娘去洗头,她干娘偏又先叫她亲女儿洗过才叫芳官洗。芳官见了这样,便说她偏心:

"把你女儿的剩水给我洗?我一个月的月钱都是你拿着,沾我的光不算,反倒给我剩东剩西的!"

她干娘羞恼变成怒,便骂她:

"不识抬举的东西!怪不得人人都说,戏子没一个好缠的,凭

你什么好的，入了这一行，都学坏了！ 这一点子小崽子，也挑么挑
六，咸嘴淡舌，咬群的骡子似的！”

娘儿两个吵起来。

袭人忙打发人去说：

“少乱嚷！ 瞅着老太太不在家，一个个连句安静话也都不说
了！”

晴雯因说道：

“这是芳官不省事，不知狂的什么。 也不过是会两出戏，倒像
杀了贼王，擒过反叛来的！”

袭人道：

“‘一个巴掌拍不响’，老的也太不公些，小的也太可恶些。”

宝玉道：

“怨不得芳官！ 自古说‘物不平则鸣’，她失亲少眷的在这里，
没人照看，赚了她的钱，又作践她，如何怪得？”又向袭人说：“她到
底一月多少钱？ 以后不如你收过来照管她？ 岂不省事些？”

袭人道：

“我要照看她，那里不照看了？ 又要她那几个钱才照看她？ 没
的招人家骂去。”

说着，便起身至那屋里，取了一瓶花露油、鸡蛋、香皂、头绳之
类，叫了一个婆子来，道：

“送给芳官去，叫她另要水自己洗罢，别吵了。”

她干娘越发羞愧，说芳官：

“没良心！ 只说我克扣你的钱！”

便向她身上拍几下。芳官越发哭了。宝玉便走出来。袭人忙
劝：

“做什么！ 我去说她。”

晴雯忙先过来，指她干娘说道：

“你这么大年纪，太不懂事！ 你不给她好好的洗，我们才给她
东西。 你自己不臊，还有脸打她！ 她要是在班里学艺，你也敢打她

不成?"

那婆子便说:

"'一日叫娘,终身是母。'她排揎我,我就打得。"

袭人唤麝月道:

"我不会和人拌嘴,晴雯性太急,你快过去震吓她两句。"

麝月听了,忙过来说道:

"你且别嚷。我问问你:别说我们这一处,你看满园子里,谁在主子屋里教导过女儿的?就是你的亲女儿,既经分了房,有了主子,自有主子打骂。再者,大些的姑娘姐姐们也可以打得骂得,谁许你老子娘又半中间管起闲事来了?都这样管,又要叫她们跟着我学什么?越老越没规矩!你见前日坠儿的妈来吵,你如今也跟着她学?你们放心!因连日这个病,那个病,再老太太又不得闲,所以我也没有去回。等两日咱们去痛回一回,大家把这威风煞一煞儿才好呢?况且宝玉才好了些,连我们也不敢说话,你反打的人狼号鬼哭!上头出了几日门,你们就无法无天的,眼珠子里就没了人了!再两天,你们就该打我们了!她也不要你这干娘!怕粪草埋了她不成?"

宝玉恨的拿拄杖打着门槛子,说道:

写麝月伶牙俐齿又与晴雯不同。

"这些老婆子都是铁心石肠似的,真是大奇事!不能照看,反倒挫磨她们,地久天长,如何是好!"

晴雯道:

"什么'如何是好'?都撵出去,不要这些中看不中吃的就完了!"

那婆子羞愧难当,一言不发。只见芳官穿着海棠红的小绵袄,底下绿绸丽花夹裤,敞着裤腿,一头乌油油的头发披在脑后,哭的泪人一般。麝月笑道:

"把个莺莺小姐弄成才拷打的红娘了。这会子又不妆扮了,还是这么着?"

　　晴雯因走过去拉了她,替她洗净了发,用手巾拧的干松松的,挽了一个帼妆髻,命她穿了衣裳,过这边来。

　　接着内厨房的婆子来问:

　　"晚饭有了,可送不送?"

　　小丫头听了,进来问袭人。袭人笑道:

　　"方才胡吵了一阵,也没留心听听几下钟了。"

　　晴雯道:

　　"这劳什子又不知怎么了,又得去收拾!"说着,拿过表来瞧一瞧,说道:

　　"再略等半钟茶的工夫就是了。"

　　小丫头去了。麝月笑道:

　　"提起淘气来,芳官也该打两下儿,昨日是她摆弄了那坠子,半日就坏了。"说话之间,便将食具打点现成。

　　一时,小丫头子捧了盒子进来站住。晴雯麝月揭开看时,还是这四样小菜。晴雯笑道:

　　"已经好了,还不给两样清淡菜吃! 这稀饭咸菜闹到多早晚!"

　　一面摆好,一面又看那盒中,却有一碗火腿鲜笋汤,忙端了放在宝玉跟前。宝玉便就桌上喝了一口,说道:"好汤!"众人都笑道:

　　"菩萨! 能几日没见荤腥儿? 就馋的这个样儿!"

　　一面说,一面端起来,轻轻用口吹着。因见芳官在侧,便递给芳官,说道:

　　"你也学些伏侍,别一味傻玩傻睡。嘴儿轻着些,别吹上唾沫星儿。"

　　芳官依言,果吹了几口,甚妥。她干娘也端饭在门外伺候,向里忙跑进来笑道:

　　"她不老成,仔细打了碗,等我吹罢。"

　　一面说,一面就接。晴雯忙喊道:

　　"快出去! 你等她砸了碗,也轮不到你吹。你什么空儿跑到里槅儿来了?"

一面又骂小丫头们：

"瞎了眼的！她不知道，你们也该说给她。"

小丫头们都说：

"我们撵她不出去，说她又不信，如今带累我们受气，这是何苦呢？——你可信了？我们到的地方儿，有你的一半儿，那一半儿是你到不去的呢！何况又跑到我们到不去的地方儿？还不算，又去伸手动嘴的了。"

一面说，一面推她出去。阶下几个等空盒家伙的婆子见她出来，都笑道：

"嫂子也没有拿镜子照一照，就进去了？"

羞的那婆子又恨又气，只得忍耐下去了。

芳官吹了几口，宝玉笑道：

"你尝尝，好了没有？"

芳官当是玩话，只是笑着，看袭人等。袭人道：

"你就尝一口，何妨？"

晴雯笑道：

"你瞧我尝。"

说着，便喝一口。

芳官见如此，她便尝了一口，说，"好了。"递给宝玉。喝了半碗，吃了几片笋，又吃了半碗粥，就算了。众人便收出去。小丫头捧沐盆，漱盥毕，袭人等去吃饭。宝玉使个眼色给芳官。芳官本来伶俐，又学了几年戏，何事不知？便装肚子疼，不吃饭了。袭人道：

"既不吃，在屋里做伴儿。把粥留下，你饿了再吃。"说着，去了。

宝玉将方才见藕官如何谎言护庇，如何藕官叫我问你，细细的告诉一遍，又问：

"她祭的到底是谁？"

芳官听了，眼圈儿一红，又叹一口气，道：

"这事说来，藕官儿也是胡闹。"

宝玉忙问如何。芳官道：

"她祭的就是死了的药官儿。"

宝玉道：

"她们两个也算朋友，也是应当的。"

芳官道：

"那里又是什么朋友呢？那都是傻想头。她是小生，药官是小旦。往常时，她们扮作两口儿，每日唱戏的时候，都装着那么亲热，一来二去，两个人就装糊涂了，倒像真的一样儿。后来两个竟是你疼我，我爱你。药官儿一死。她就哭的死去活来的，到如今不忘，所以每节烧纸。后来补了蕊官，我们见她也是那样，就问她：'为什么得了新的就把旧的忘了？'她说：'不是忘了。比如人家男人死了女人，也有再娶的，只是不把死的丢过不提就是有情分了。'你说她是傻不是呢？"

宝玉听了这篇呆话，独合了他的呆性，不觉又喜又悲，又称奇道绝，拉着芳官嘱咐道：

"既如此说，我有一句话嘱咐你，须得你告诉她。以后断不可烧纸，逢时按节，只备一炉香，一心虔诚，就能感应了。我那案上也只设着一个炉，我有心事，不论日期，时常焚香，随便新水新茶，就供一盏，或有鲜花鲜果，甚至荤腥素菜都可。只在敬心，不在虚名。以后快叫她不可再烧纸了！"

芳官听了，便答应着。一时，吃过粥，有人回说：

"老太太回来了。"

---

① 公冶长——孔子弟子，传说能通鸟语。

第五十九回　柳叶渚边嗔莺叱燕
绛芸轩里召将飞符

　　话说宝玉闻听贾母等回来，随多添了一件衣裳，拄了杖，前边来，都见过了。贾母等因每日辛苦，都要早些歇息，一宿无话。次日五鼓，又往朝中去。

　　离送灵日不远，鸳鸯、琥珀、翡翠、玻璃四人，都忙着打点贾母之物；玉钏、彩云、彩霞皆打点王夫人之物；当面查点与跟随的管事媳妇们。跟随的一共大小六个丫鬟，十个老婆媳妇子，男人不算。连日收拾驮轿①器械。鸳鸯和玉钏儿皆不随去，只看屋子。一面先几日预备帐幔铺陈之物，先有四五个媳妇并几个男子领出来，坐了几辆车绕过去，先至下处，铺陈安插等候。

　　临日，贾母带着贾蓉媳妇，坐一乘驮轿；王夫人在后，亦坐一乘驮轿；贾珍骑马，率领众家丁围护；又有几辆大车，与婆子丫鬟等坐，并放些随换的衣包等件。是日，薛姨妈尤氏率领诸人直送至大门外方回。贾琏恐路上不便，一面打发他父母起身，赶上了贾母王夫人驮轿，自己也随后带领家丁押后跟来。

　　荣府内，赖大添派人丁上夜，将两处厅院都关了，一应出入人等皆走四边小角门。日落时，便命关了仪门，不放人出入。园中前后东西角门亦皆关锁，只留王夫人大房之后，常系她姐妹出入之门，东边通薛姨妈的角门。这两门因在里院，不必关锁。里面鸳鸯和玉钏儿也将上房关了，自领丫鬟婆子下房去歇。每日林之孝家的带领十来个老婆子上夜，穿堂内又添了许多小厮打更，已安插得十分妥当。

　　一日清晓，宝钗春困已醒，搴帷下榻，微觉轻寒，又启户视之，

770

见院中土润苔青，原来五更时，落了几点微雨。于是唤起湘云等人来。一面梳洗，湘云因说：

"两腮作痒，恐又犯桃花癣。"

因问宝钗要些蔷薇硝擦。宝钗道：

"前日剩的，都给了琴妹妹了。"

因说："颦儿配了许多，我正要要她些来，因今年竟没发痒，就忘了。"

因命莺儿去取些来。莺儿应了才去时，蕊官便说：

"我同你去，顺便瞧瞧藕官。"

说着，径同莺儿出了蘅芜院。

二人你言我语，一面行走，一面说笑，不觉到了柳叶渚。顺着柳堤走来，因见叶才点碧，丝若垂金，莺儿便笑道：

"你会拿这柳条子编东西不会？"？蕊官笑道：

"编什么东西？"

莺儿道：

"什么编不得？玩的，使的，都可。等我摘些下来，带着这叶子编一个花篮，掐了各色花儿放在里头，才是好玩呢！"

说着，且不去取硝，只伸手采了许多嫩条，命蕊官拿着她却一行走，一行编花篮。随路见花便采一二枝。编出一个玲珑过梁的篮子。枝上自有本来翠叶满布，将花放上，却也别致有趣。喜得蕊官笑说：

"好姐姐，给了我罢！"

莺儿道：

"这一个送咱们林姑娘，回来咱们多采些，编几个大家玩。"

说着，来至潇湘馆中，黛玉也正晨妆，见了这篮子，便笑说："这个新鲜花篮是谁编的？"

莺儿说：

"我编的，送给姑娘玩的。"

黛玉接了，忙道：

771

"怪道人人赞你的手巧,这玩意儿却也别致。"

一面瞧了,一面便叫紫鹃挂在那里。莺儿又问候薛姨妈,方和黛玉要硝。黛玉忙命紫鹃去包了一包,递给莺儿。黛玉又说道:

"我好了,今日要出去逛逛。你回去说给姐姐,不用过来问候妈妈,也不敢劳她过来。我梳了头,和妈妈都往那里去吃饭,大家热闹些。"

莺儿答应了出来,便到紫鹃房中找蕊官,只见蕊官却与藕官二人正说得高兴,不能相舍。莺儿便笑说:

"姑娘也去呢,藕官先同去等着,不好吗?"

紫鹃听见如此说,便也说道:

"这话倒很是。她这里淘气的可厌。"

一面说,一面便将黛玉的匙箸,用了一块洋巾包了,交给藕官,道:

"你先带了这个去,也算一趟差了。"

藕官接了,笑嘻嘻同她二人出来,一径顺着柳堤走来。莺儿便又采些柳条,索性坐在山石上编起来;又命蕊官先送了硝去再来。她二人只顾爱看她编,那里舍得去?莺儿只管催说:

"你们再不去,我就不编了。"

藕官便说:

"同你去了,再快回来。"二人方去了。

这里莺儿正编,只见何妈的女儿春燕走来笑问:

"姐姐编什么呢?"

正说着,蕊官藕官也到了。春燕便向藕官道:

"前日你到底烧了什么纸,叫我姨妈看见了?要告你没告成,倒被宝玉赖了她好些不是,气得她一五一十告诉我妈。你们在外头二三年了,积了些什么仇恨,如今还不解开?"

藕官冷笑道:

"有什么仇恨?她们不知足,反怨我们!在外头这两年,不知赚了我们多少东西。你说说,可有的没的?"

　　春燕也笑道：

　　"她是我的姨妈，也不好向着外人反说她的。怨不得宝玉说：'女孩儿未出嫁是颗无价宝珠；出了嫁，不知怎么，就变出许多不好的毛病儿来；再老了，更不是珠子，竟是鱼眼睛了！分明一个人，怎么变出三样来？'这话虽是混帐话，想起来，真不错。别人不知道，只说我妈和姨妈，她老姐儿两个，如今越老了，越把钱看的真了。先是老姐儿两个在家，抱怨没个差使进益；幸亏有了这园子，把我挑进来，可巧把我分到怡红院。家里省了我一个人的费用不算外，每月还有四五百钱的余剩，这也还说不够。后来老姐儿两个都派到梨香院去照看她们，藕官认了我姨妈，芳官认了我妈，这几年着实宽绰了。如今挪进来，也算摆开手了，还只无厌。你说可笑不可笑？接着我妈和芳官又吵了一场，又要给宝玉吹汤，讨个没趣儿。幸亏园里的人多，没人记的清楚，谁是谁的亲故；要有人记得，我们一家子，叫人家看着什么意思呢！你这会子又跑了来弄这个。这一带地方上的东西，都是我姑妈管着。她一得了这地，每日起早睡晚，自己辛苦了还不算，每日逼着我们来照看，生怕有人糟蹋。我又怕误了我的差使。如今我们进来了，老姑嫂两个照看得谨谨慎慎，一根草也不许人乱动，你还掐这些好花儿，又折她的嫩树枝子。她们即刻就来，你看他们抱怨！"

　　莺儿道：

　　"别人折掐使不得，独我使得：自从分了地基之后，各房里每日缘有分例的，不用算；单算花草玩意儿，谁管什么，每日谁就把各房里姑娘丫头带的必要各色送些折枝去，另有插瓶的。惟有我们姑娘说了：'一概不用送，等要什么再和你要。'究竟总没要过一次。我今便掐些，她们也不好意思说的。"

　　一言未了，她姑妈果然拄了拐杖走来，莺儿春燕等忙让坐。那婆子见采了许多嫩柳，又见藕官等采了许多鲜花，心里便不受用；看着莺儿编弄，又不好说什么，便说春燕道：

　　"我叫你来照看照看，你就贪着玩，不去了，倘或叫起你来，你

773

又说我使你了。拿我作隐身草儿,你来乐!"

春燕道:

"你老人家又使我,又怕,这会子反说我! 难道把我劈八瓣子不成?"

莺儿笑道:

"姑妈,你别信小燕儿的话,这都是她摘下来,烦我给她编,我撺她,她不去。"

春燕笑道:

"你可少玩儿,你只顾玩,她老人家就认真的。"

那婆子本是愚夯之辈,兼之年迈昏耄,惟利是命,一概情而不管。正心疼肝断,无计可施,听莺儿如此说,便倚老卖老,拿起拄杖,向春燕身上击了几下,骂道:

"小蹄子! 我说着你,你还和我强嘴儿呢? 你妈恨得牙痒痒,要撕你的肉吃呢! 你还和我梆子似的②!"打得春燕又愧又急,因哭道:

"莺儿姐姐玩话,你就认真打我! 我妈妈什么恨我? 我又没'烧糊了洗脸水',有什么不是?"

莺儿本是玩话,忽见婆子认真动了气,忙上前拉住,笑道:

"我才是玩话,你老人家打她,这不是臊我了吗?"

那婆子道:

"姑娘,你别管我们的事! 难道因为姑娘在这里,不许我们管孩子不成?"

莺儿听这般蠢话,便赌气,红了脸,撒了手,冷笑道:

"你要管,那一刻管不得? 偏我说了一句玩话,就管她了?——我看你管去!"说着,便坐下,仍编柳篮子。

偏又春燕的娘出来找她,喊道:

"你不来舀水,在那里做什么?"

那婆子便接声儿道:

"你来瞧瞧! 你女孩儿连我也不服了,在这里排揎我呢!"

那婆子一面走过来,说:

"姑奶奶,又怎么了? 我们丫头眼里没娘罢了,连姑妈也没了不成?"

莺儿见她娘来了,只得又说原故。 她姑妈那里容人说话,便将石上的花柳与她娘瞧,道:

"你瞧瞧! 你女孩儿这么大孩子玩的! 她领着人糟蹋我,我怎么说人?"

她娘也正为芳官之气未平,又恨春燕不遂她的心,便走上来打了个耳刮子,骂道:

"小娼妇! 你能上了几年台盘? 你也跟着那起轻薄浪小妇学! 怎么就管不得你们了? 干的我管不得,你是我自己生出来的,难道也不敢管你不成? 既是你们这起蹄子到得去的地方我到不去,你就死在那里伺候,又跑出来浪汉子!"

一面又抓起那柳条子来,直送到她脸上,问道:

"这叫做什么! 这编的是你娘的什么!"

莺儿忙道:

"那是我编的,你别'指桑骂槐'的!"

那婆子深妒袭人晴雯一干人,早知道凡房中大些的丫鬟,都比她们有些体统权势,凡见了这一干人,心中又畏又让,未免又气又恨,亦且迁怒于众;复又看见了藕官,又是她姐姐的冤家:四处凑成一股怨气。

那春燕啼哭着往怡红院去了。 她娘又恐问她为何哭,怕她又说出来。 又要受晴雯等的气,不免赶着来喊道:

"你回来! 我告诉你再去。"

春燕那里肯回来,急的她娘跑了去要拉她。 春燕回头看见,便也往前飞跑。 她娘只顾赶她,不防脚下被青苔滑倒,招的莺儿三个人反都笑了,莺儿赌气将花柳皆掷于河中,自回房去。 这里把个婆子心疼的只念佛,又骂:

"捉狭小啼子! 糟蹋了花儿,雷也是要劈的!"自己且掐花与各房送去。

却说春燕一直跑进院中,顶头遇见袭人往黛玉处问安去。春燕便一把抱住袭人。说:

"姑娘救我! 我妈又打我呢!"

袭人见她娘来了,不免生气,便说:

"三日两头儿,打了干的,打亲的,还是卖弄你女孩儿多? 还是认真不知王法?"

这婆子来了几日,见袭人不言不语是好性儿的,便说道:

"姑娘,你不知道,别管我们的闲事。都是你们纵的,还管什么!"

说着,便又赶着打。袭人气的转身进来。麝月正在海棠下晾手巾,听如此喊闹,便说:

"姐姐别管,看她怎么着!"

一面使眼色给春燕。春燕会意,直奔了宝玉去。众人都笑说:

"这可是从来没有的事,今儿都闹出来了!"

麝月向婆子道:

"你再略煞一煞气儿。难道这些人的脸面,和你讨一个情还讨不出来不成?"

那婆子见她女儿奔到宝玉身边去,又见宝玉拉了春燕的手,说:

"你别怕,有我呢!"

春燕一行哭,一行将方才莺儿等事都说出来。宝玉越发急起来,说:

"你只在这里闹倒罢了。怎么连亲戚也都得罪起来!"

麝月又向婆子及众人道:

"怨不得这嫂子说我们管不着她们的事。我们原无知,错管了;如今请出一个管得着的人来管一管,嫂子就心服口服,也知道规矩了!"便回头,命小丫头子:"去把平儿给我叫来。平儿不得闲,就把林大娘叫了来。"

那小丫头子应了便走。众媳妇上来笑说：

"嫂子，快求姑娘们叫回那孩子来罢。平姑娘来了，可就不好了！"

那婆子说道：

"凭是那个姑娘来了，也要评个理。没见个娘管女孩儿，大家管着娘的！"

众人笑道：

"你当是那个平姑娘？是二奶奶屋里头的平姑娘啊！她有情么，说你两句；她一翻脸，嫂子，你吃不了兜着走！"

说着，只见那个小丫头回来说：

"平姑娘正有事呢。问我做什么，我告诉了她。她说：'先撵她出去，告诉林大娘，在角门子上打四十板子就是了。'"

那婆子听见如此说了，吓得泪流满面，央告袭人等说：

"好容易我进来了！况且我是寡妇家，没有坏心，一心在里头伏侍姑娘们。我这一去，不知苦到什么田地！"

袭人见她如此说，又心软了，便说：

"你既要在这里，又不守规矩，又不听话，又乱打人，那里弄你这个不晓事的人来！天天斗口齿，也叫人笑话！"

> 本回写小丫头老婆子的鸡毛蒜皮小事，亦反映出小人物的不同性格心理。

晴雯道："理她呢！打发她去了正经。那里那么大工夫，和她对嘴对舌的？"

那婆子又央众人道："我虽错了，姑娘们吩咐了，以后改过。姑娘们那不是行好积德？"一面又央告春燕：

"原是为打你起的，饶没打成你，我如今反受了罪。好孩子，你好歹替我求求罢！"

宝玉见如此可怜，便命留下：

"不许再闹！再闹，一定打了撵出去。"

那婆子一一谢过下去。只见平儿走来，问系何事。袭人等忙说：

"已完了，不必再提了。"

平儿笑道：

"'得饶人处且饶人'，得将就的就省些事罢。但只听见各屋里大小人等都作起反来了，一处不了又一处，叫我不知管那一处是！"

袭人笑道：

"我只说我们这里反了，原来还有几处！"

平儿笑道：

"这算什么事！这三四日的工夫，一共大小出了八九件呢，比这里的还大！可气，可笑！"

袭人问平儿：

"何事这等忙乱？"

平儿笑道：

"都是世人想不到的，说来也好笑。等过几日告诉你，如今没头绪呢，且也不得闲儿。"

一语未了，只见李纨的丫鬟来了，说：

"平姐姐可在这里？奶奶等你，你怎么不去了？"

平儿忙转身出来，口内笑说：

"来了，来了！"

袭人等笑道：

"她奶奶病了，她又成了香饽饽了，都抢不到手。"

① 驮轿——用牲口驮的轿子。
② 你还和我梆子似的——梆子是一种木制的打击乐器，声音响亮。这里用来形容有胆量敢于说话。与上文"你还和我强嘴儿"的意思相同。

第六十回　茉莉粉替去蔷薇硝
玫瑰露引出茯苓霜

平儿去了。不提。

这里宝玉便叫：

"春燕，你跟了你妈去到宝姑娘房里，把莺儿安伏安伏，也不可白得罪了她。"

春燕一面答应了，和她妈出去。宝玉又隔窗说道：

"不可当着宝姑娘说，看叫莺儿倒受了教导。"

娘儿两个应了出来，一面走着，一面说闲话儿。春燕因向她娘道：

"我素日劝你老人家再不信，何苦闹出没趣来才罢！"

她娘笑道：

"小蹄子，你走罢！俗语说，'不经一事，不长一智'，我如今知道了，你又该来支问着我了！"

春燕笑道：

"妈，你若好生安分守己，在这屋里长久了，自有许多好处。我且告诉你句话。宝玉常说：这屋里的人，——无论家里外头的，一应我们这些人——他都要回太太，全放出去与本人父母自便呢。你只说，这一件可好不好？"

她娘听说，喜的忙问：

"这话果真？"

春燕道：

"谁可撒谎做什么？"

婆子听了，便念佛不绝。

当下来至蘅芜院中，正值宝钗、黛玉、薛姨妈等吃饭。莺儿自去沏茶。春燕便和她妈一径到莺儿前，陪笑道：

"方才言语冒撞，姑娘莫嗔莫怪？特来赔罪。"

莺儿也笑了，让她坐，又倒茶，她娘儿两个说有事，便作辞回来。忽见蕊官赶出，叫：

"妈妈，姐姐，略站一站。"

一面走上，递了一个纸包儿给她们，说是'蔷薇硝"，带给芳官去擦脸。春燕笑道：

"你们也太小器了。还怕那里没这个给她？巴巴儿的，又弄一包给她去。"

蕊官道：

"她是她的，我送的是我送的。姐姐千万带回去罢！"

春燕只得接了。

娘儿两个回来，正值贾环贾琮二人来问候宝玉，也才进去。春燕便向她娘说：

"只我进去罢，你老人家不用去。"

她娘听了。自此，百依百随的，不敢倔强了。

春燕进来，宝玉知道回复了，便先点头。春燕知意，也不再说一语，略站了一站，便转身出来，使眼色给芳官。芳官出来，春燕方悄悄的说给她蕊官之事，并给了她硝。宝玉并无和琮环可谈之语，因笑问芳官：

"手里是什么？"

芳官便忙递给宝玉瞧，又说：

"是擦春癣的蔷薇硝。"

宝玉笑道：

"难为她想的到！"

贾环听了，便伸着头瞧了一瞧，又闻得一股清香，便弯腰向靴箭内掏出一张纸来，托着笑道：

"好哥哥，给我一半儿！"

宝玉只得要给他。芳官心中因是蕊官之赠，不肯给别人，连忙拦住，笑说道：

"别动这个，我另拿些来。"

宝玉会意，忙笑道：

"且包上拿去。"

芳官接了这个，自去收好，便从奁中去寻自己常使的。启奁看时，盒内已空，心中疑惑："早起还剩了些，如何就没了？"因问人时，都说不知。麝月便说：

"这会子且忙着问这个！不过是这屋里人一时短了使了，你不管拿些什么给她们，那里看的出来？快打发他们去了，咱们好吃饭。"

芳官听说，便将些茉莉粉包了一包拿来。贾环见了，喜的就伸手来接。芳官便忙向炕上一掷。贾环见了，也只得向炕上拾了，揣在怀内，方作辞而去。

原来贾政不在家，且王夫人等又不在家，贾环连日也便装病逃学。如今得了硝，兴兴头头来找彩云。正值彩云和赵姨娘闲谈，贾环笑嘻嘻向彩云道：

"我也得了一包好的，送你擦脸。你常说蔷薇硝擦癣比外头买的银硝强，你看看，是这个不是？"

彩云打开一看，嗤的一笑，说道：

"你是和谁要来的？"

贾环便将方才之事说了一遍。彩云笑道：

"这是她们哄你这乡老儿呢！这不是硝，这是茉莉粉。"

贾环看了一看，果见比先的带些红色，闻闻也是喷香，因笑道：

"这是好的硝粉一样，留着擦罢，横竖比外头买的高就好。"

彩云只得收了。

赵姨娘便说：

"有好的给你？谁叫你要去了？怎么怨她们耍你！依我，拿了去照脸摔给她去。趁着这会子撞丧①的撞丧去了，挺床②的挺床，吵一出子！大家别心净，也算是报报仇！莫不成两个月之后还找出这个碴儿来问你不成？——就问你，你也有话说。宝玉是哥哥，不敢冲撞他罢了；难道他屋里的猫儿，狗儿，也不敢去问问？"

贾环听了，便低了头。彩云忙说：

"这又是何苦来？不管怎样，忍耐些罢了。"

赵姨娘道：

"你也别管，横竖与你无干。趁着抓住了理，骂那些浪娼妇们一顿，也是好的。"又指贾环道："呸！你这下流没刚性的，也只好受这些毛丫头的气！平白我说你一句儿，或无心中撺错拿了一件东西给你，你倒会扭头暴筋，瞪着眼，摔我；这会子被那起毛崽子耍弄，倒就罢了。你明日还想这些家里人怕你呢！你没有什么本事，我也替你恨！"

> 赵姨娘不是重要人物，作者所费笔墨不多，但每一触及她，便将她妒嫉、心胸狭窄想出头的心理性格刻画出来。此处写他们母子也入木三分。

贾环听了，不免又愧又急，又不敢去，只摔手说道："你这么会说，你又不敢去，支使了我去闹。她们倘或往学里告去，我捱了打，你敢自不疼？遭遭儿调唆我去，闹出事来，我捱了骂，你一般也低了头。这会子又调唆我和毛丫头们去闹！你不怕三姐姐，你敢去，我就服你！"

一句话戳了他娘的心，便嚷道：

"我肠子里爬出来的，我再怕了，这屋里越发有活头儿了！"

一面说，一面拿了那包儿，便飞也似往园中去了。彩云死劝不住，只得躲入别房。贾环便也躲出仪门，自去玩耍。

赵姨娘直进园子，正是一头火，顶头遇见藕官的干娘夏婆子走来。瞧见赵姨娘气的眼红面青的走来，因问：

"姨奶奶，那里去？"

赵姨娘拍着手，道：

"你瞧瞧！这屋里连三日两日进来唱戏的小粉头们都三般两样，掂人的分量，放小菜儿了！要是别的人，我还不恼，要叫这些小娼妇挰弄了。还成了什么了!"

夏婆子听了,正中己怀,忙问:

"因什么事?"

赵姨娘遂将以粉作硝,轻侮贾环之事说了一回。夏婆子道:

"我的奶奶,你今日才知道? 这算什么事! 连昨日这个地方,她们私自烧纸钱,宝玉还拦在头里。人家还没拿进个什么儿来,就说使不得,不干不净的东西忌讳。这烧纸倒不忌讳? 你想一想: 这屋里除了太太,谁还大似你? 你自己掌不起,但凡掌的起来,谁还不怕你老人家? 如今我想趁这几个小粉头儿都不是正经货,就得罪她们,也有限的,快把这两件事抓着理,扎个筏子③。我帮着你作证见。你老人家把威风也抖一抖,以后也好争别的,就是奶奶姑娘们,也不好为那起小粉头子说你老人家的不是。"

赵姨娘听了这话,越发有理,便说:

"烧纸的事我不知道,你细细告诉我"

夏婆子便将前事一一的说了,又说:

"你只管说去,倘或闹起来,还有我们帮着你

> 用夏婆子怂恿便如火上加油,气势更足。

呢。"赵姨娘听了,越发得了意,仗着胆子,便一径到了怡红院中。

可巧宝玉往黛玉那里去了,芳官正和袭人等吃饭,见赵姨娘来了,忙都起身让:"姨奶奶吃饭。 什么事情,这么忙?"

赵姨娘也不答话,走上来,便将粉照芳官脸上摔来,手指着芳官,骂道:

"小娼妇养的! 你是我们家银子钱买了来学戏的,不过娼妇粉头之流,我家里下三等奴才也比你高贵些! 你都会看人下菜碟儿! 宝玉要给东西,你拦在头里,莫不是要了你的了? 拿这个哄他,你只当他不认得呢。好不好,他们是手足,都是一样的主子,那里有你小看他的?"

芳官那里禁得住这话,一行哭,一行便说:

"没了硝,我才把这个给了他,要说没了,又怕不信,难道这不是好的? 我便学戏,也没在外头唱去。我一个女孩家,知道什么粉

头面头的！姨奶奶犯不着来骂我，我又不是姨奶奶家买的。梅香拜把子，都是奴才罢咧。这是何头来呢！"

袭人忙拉她说：

"休胡说！"

赵姨娘气的发怔，便上来打了两个耳刮子。袭人等忙上来拉劝，说：

> 写芳官口齿伶俐泼辣，藕官、蕊官、葵官、荳官等围攻赵姨娘，晴雯假意拦，袭人着急，生动有趣，与第九回"嗔顽童茗烟闹书房"前后辉映。

"姨奶奶不必和他小孩子一般见识，等我们说她。"

芳官捱了两下打，那里肯依，便打滚撒泼的哭闹起来，口内便说：

"你打得着我么？你照照你那模样儿再动手！我叫你打了去，也不用活着！"

撞在她怀内，叫她打。众人一面劝，一面拉。晴雯悄拉袭人，说：

"不用管她们，让她们闹去，看怎么开交。如今乱为王了，什么你也来打，我也来打。都这样起来，还了得呢！"

外面跟赵姨娘来的一干人，听见如此，心中各各趁愿，都念佛说："也有今日！"又有那一干怀怨的老婆子，见打了芳官，也都趁愿。

当下藕官蕊官等正在一处玩。湘云的大花面葵官，宝琴的荳官，两个听见此信，忙找着她两个说：

"芳官被人欺负，咱们也没趣儿，须得大家破着大闹一场，方争的过气来。"

四人终是小孩子心性，只顾她们情分上义愤，便不顾别的，一齐跑入怡红院中，荳官先就照着赵姨娘撞了一头，几乎不曾将赵姨娘撞了一跤。那三个也便拥上来放声大哭，手撕头撞，把个赵姨娘裹住。晴雯等一面笑，一面假意去拉。急的袭人拉起这个，又跑了那个，口内只说：

"你们要死啊！有委屈，只管好说，这样没道理，还了得了！"

赵姨娘反没了主意，只好乱骂。蕊官藕官两个，一边一个，抱住左右手；葵官荳官，前后头顶住，只说：

"你打死我们四个才算！"

芳官直挺挺躺在地下，哭的死过去。

正没开交，谁知晴雯早遣春燕回了探春，当下尤氏、李纨、探春三人带着平儿与众媳妇走来，忙忙把四个喝住。问起原故来，赵姨娘气的睁着眼，粗了筋，一五一十，说个不清。尤李两个不答言，只喝禁她四人。探春便叹气说道：

"这是什么大事！姨娘太肯动气了。我正有一句话，要请姨娘商议，怪道丫头们说不知在那里，原来在这里生气呢。姨娘快同我来。"

尤氏李纨都笑说：

"请姨娘到厅上来，咱们商量。"

赵姨娘无法，只得同她三人出来，口内犹说长说短。探春便说：

"那些小丫头子们原是玩意儿。喜欢呢，和她玩玩笑笑，不喜欢，可以不理她就是了。她不好了，如同猫儿狗儿抓咬了一下子，可恕就恕；不恕时，也只该叫管家媳妇们，说给她去责罚。何苦不自尊重，大呼小喝，也失了体统。你瞧周姨娘怎么没人欺她，她也不寻人去？我劝姨娘且回房去煞煞气儿，别听那说瞎话的混帐人调唆，惹人笑话自己呆，白给人家做活。心里有二十分的气，也忍耐这几天，等太太回来，自然料理。"

一席话，说得赵姨娘闭口无言，只得回房去了。

这里探春气的和李纨尤氏说：

"这么大年纪，行出来的事总不叫人敬服。这是什么意思，也值的吵一吵，并不留体统？耳朵又软，心里又没有算计，这又是那起没脸面的奴才们调唆的，作弄出个呆人，替她们出气！"

> 探春一言
> 一语与赵姨娘
> 贾环形成强烈
> 对比。贤与不
> 肖泾渭分明。

越想越气，因命人查是谁调唆的。媳妇们只得答应着出来，相视而笑，都说是："大海里那里捞针去？"

只得将赵姨娘的人并园中人唤来盘诘。都说不知道。众人也无法，只得回探春：

"一时难查，慢慢的访。凡有口舌不妥的，一总来回了责罚。"

探春气渐渐平服，方罢。可巧艾官便悄悄的回探春说：

"都是夏妈素日和这芳官不对，每每的造出些事来。前日赖藕官烧纸，幸亏是宝二爷自己应了，她才没话。今日我给姑娘送绢子去，看见她和姨奶奶在一处说了半天，嘁嘁喳喳的，见了我来，才走开了。"

探春听了，虽知情弊，亦料定她们皆一党，本皆淘气异常，便只答应，也不肯据此为证。

谁知夏婆的外孙女儿小蝉儿，便是探春处当差的，时常与房中丫鬟们买东西，众女孩儿都待她好。这日饭后，探春正上厅理事，翠墨在家看屋子，因命小蝉出去叫小么儿买糕去。小蝉便笑道：

"我才扫了个大院子，腰腿生疼的，你叫别的人去罢。"

翠墨笑说：

"我又叫谁去？你趁早儿去，我告诉你一句好话：你到后门顺路告诉你老娘，防着些儿。"说着，便将艾官告他老娘的话告诉了她。

小蝉听说，忙接了钱，道：

"这个小蹄子也要捉弄人，等我告诉去。"

说着，便起身出来。至后门边，只见厨房内此刻手闲之时，都坐在台阶上，说闲话呢，夏婆亦在其内。小蝉便命一个婆子出去买糕，她且一行骂，一行说，将方才的话告诉了夏婆子。夏婆子听了，又气又怕，便欲去找艾官问她，又要往探春前去诉冤。小蝉忙拦住说：

"你老人家去怎么说呢？这话怎么知道的？可又叨登④不好了。说给你老人家防着就是了，那里忙在一时儿？"

正说着，忽见芳官走来，扒着院门，笑向厨房中柳家媳妇说道：

"柳婶子，宝二爷说了：晚饭的素菜，要一样凉凉的酸酸的东西，只不要搁上香油弄腻了。"

柳家的笑道：

"知道。今儿怎么又打发你来告诉这么句要紧的话呢？你不嫌腌脏，进来逛逛。"

芳官才进来，忽有一个婆子，手里托了一碟子糕来。芳官戏说：

"谁买的热糕？我先尝一块儿。"

小蝉一手接了，道：

"这是人家买的，你们还稀罕这个！"

柳家的见了，忙笑道：

"芳姑娘，你爱吃这个，我这里有。才买下给你姐姐吃的，她没有吃，还收在那里，干干净净没动的。"

说着，便拿了一碟子出来，递给芳官，又说："你等我替你炖口好茶来。"

一面进去现通开火炖茶。芳官便拿着那糕，举到小蝉脸上，说：

"谁稀罕吃你那糕！这个不是糕不成？我不过说着玩罢，你给我磕头，我还不吃呢！"说着，便把手内的糕掰了一块，扔着逗雀儿玩，口内笑说道：

"柳婶子，你别心疼，我回来买二斤给你。"

小蝉气的怔怔的，瞅着说道：

"雷公老爷也有眼睛，怎么不打这作孽的人！"

众人都说道：

"姑娘们罢哟！天天见了就咕唧。"有几个伶透的，见她们拌起嘴来，又怕生事，都掌起脚来各自走开。当下小蝉也不敢十分说话，一面咕哝着去了。

这里柳家的见人散了，忙出来和芳官说：

"前日那话说了没有？"

芳官道：

写芳官淘气、习钻传神。

"说了。等一两天，再提这事。偏那赵不死的又和我闹了一场。前日那'玫瑰露'，姐姐吃了没有？她到底可好些？"

柳家的道：

"可不都吃了，她爱的什么儿似的，又不好合你再要。"

芳官道：

"不值什么，等我再要些来给她就是了。"

原来柳家的有个女孩儿，今年十六岁，虽是厨役之女，却生得人物与平、袭、鸳、紫相类。因她排行第五，便叫他五儿。只是素有弱疾，故没得差使。近因柳家的见宝玉房中丫鬟差轻人多，且又闻宝玉将来都要放她们，故如今要送到那里去应名。正无头路，可巧这柳家的是梨香院的差使，她最小意殷勤，伏侍的芳官一干人比别的干娘还好，芳官等待她也极好。如今便和芳官说了，央及芳官去和宝玉说。宝玉虽是依允，只是近日病着，又有事，尚未得说。

前言少述。且说当下芳官回至怡红院，回复了宝玉。这里宝玉正为赵姨娘吵闹，心中不悦，说又不是，不说又不是，只等吵完了，打听着探春劝了她去后，方又劝告了芳官一阵，因使她到厨房说话去。今见她回来，又说还要些玫瑰露给柳五儿吃去，宝玉忙道：

"有着呢，我又不大吃，你都给她吃去罢。"

说着，命袭人取出来。见瓶中也不多，遂连瓶给了芳官。

芳官便自携了瓶与她去，正值柳家的带进她女儿来散闷，在那边畸角子一带地方逛了一回，便回到厨房内，正吃茶歇着呢。见芳官拿了一个五寸来高的小玻璃瓶来，迎亮照着，里面有半瓶胭脂一般的汁子，还当是宝玉吃的西洋葡萄酒，母女两个忙说：

"快拿镟子烫滚了水。你且坐下。"

芳官笑道：

"就剩了这些，连瓶子给你罢。"

五儿听说，方知是玫瑰露，忙接了，又谢芳官。因说道：

"今日好些，进来逛逛。这后边一带，没有什么意思，不过是些大石头大树和房子后墙，正经好景致也没看见。"

芳官道：

"你为什么不往前去？"

柳家的道：

"我没叫她往前去，姑娘们也不认得她，倘有不对眼的人看见了，又是一番口舌。明日托你携带她。有了房头儿，怕没人带着逛呢？只怕逛腻了的日子还有呢。"

芳官听了，笑道：

"怕什么？有我呢！"

柳家的忙道：

"嗳哟哟！我的姑娘！我们的头皮儿薄，比不得你们。"

说着，又倒了茶来。芳官那里吃这茶，只漱了一口便走了。柳家的说：

"我这里占着手呢，五丫头送送。"

五儿便送出来。因见无人，又拉着芳官，说道：

"我的话，到底说了没有？"

芳官笑道：

"难道哄你不成！我听见屋里正经还少两个人的窝儿，并没补上：一个是小红的，琏二奶奶要了去，还没给人来；一个是坠儿的，也没补。如今要你一个也不算过分。皆因平儿每每和袭人说：'凡有动人动钱的事，得挨的且挨一日，如今三姑娘正要拿人作筏子呢。'连她屋里的事都驳了两三件，如今正要寻我们屋里的事没寻着，何苦来往网里碰去？倘或说些话驳了，那时候老了，倒难再回转。且等冷一冷儿，老太太、太太心闲了，凭是天大的事，先和老的儿一说，没有不成的。"

五儿道：

"虽如此说，我却性儿急，等不得了。趁如今挑上了，头宗，给我妈争口气，也不枉养我一场；二宗，我添了月钱，家里又从容些；三宗，我开开心，只怕这病就好了。——就是请大夫吃药，也省了家里的钱！"

芳官说：

"你的话我都知道了，你只管放心。"

说毕，芳官自去了。

单表五儿回来和她娘深谢芳官之情。她娘因说：

"再不承望得了这些东西！虽然是个尊贵物儿，却是吃多了也动热，竟把这个倒些送个人去，也是大情。"

五儿问送谁，她娘道：

"送你舅哥哥一点儿，他那热病，也想这些东西吃。我倒半盏给他去。"

五儿听了，半日没言语，随她妈倒了半盏去，将剩的，连瓶便放在家伙厨内。五儿冷笑道：

"依我说，竟不给他也罢了。倘或有人盘问起来，倒又是一场是非。"

她娘道：

"那里怕起这些来，还了得！我们辛辛苦苦的，里头赚些东西，也是应当的。难道是作贼偷的不成？"说着，不听，一径去了，直至外边她哥哥家中，她侄儿正躺着。一见这个，她哥哥、嫂子、侄儿，无不欢喜。现从井上取了凉水，吃了一碗，心中爽快，头目清凉。剩的半盏，用纸盖着，放在桌上。

可巧又有家中几个小厮——和他侄儿素日相好的伴儿——走来看他的病，内中有一个叫做钱槐，是赵姨娘之内亲。他父母现在库上管帐，他本身又派跟贾环上学。因他手头宽裕，尚未娶亲，素日看上柳家的五儿标致，一心和父母说了，娶她为妻。也曾央中保媒人，再四求告。柳家父母却也情愿，争奈五儿执意不从。虽未明言，却已中止，她父母未敢应允。近日又想往园内去，越发将此事丢开,只等三五年后放出时,自向外边择婿了。钱槐家中人见如此,也就罢了。争奈钱槐不得五儿,心中又气又愧,发恨定要弄取成配,方了此愿。今日也同人来看望柳氏的侄儿,不期柳家的在内。

柳家的见一群人来了,内中有钱槐,便推说不得闲,起身走了。他哥哥嫂子忙说:

"姑妈,怎么不喝茶就走?倒难为姑妈记挂着。"

柳家的因笑道:

"只怕里头传饭,再闲了出来瞧侄儿罢。"

她嫂子因向抽屉内取了一个纸包儿出来,拿在手内,送了柳家的出来,至墙角边,递与柳家的,又笑道:

"这是你哥哥昨日在门上该班儿,谁知这五日的班儿,一个外财没发,只有昨日有广东的官儿来拜,送了上头两小篓子'茯苓霜',余外给了门上人一篓作门礼,你哥哥分了这些,昨儿晚上,我打开看了看,怪俊雪白的。说:拿人奶和了,每日早起吃一钟,最补人的。没人奶就用牛奶。再不得,就是滚白水也好。我们想着,正是外甥女儿吃得的。上半天原打发小丫头子送了家去。她说锁着门,连外甥女儿也进去了。本来我要瞧瞧她去,给她带了去了,又想着主子们不在家,各处严紧,我又没什么差使,跑什么?况且这两日风闻着里头家反宅乱的,倘或沾带了,倒值多了。姑妈来的正好,亲自带去罢。"

柳氏道了生受,作别回来。刚走到角门前,只见一个小幺儿笑道:

"你老人家那里去了?里头三次两趟叫人传呢,叫我们三四个人各处都找到了。你老人家从那里来了?这条路又不是家去的路,我倒要疑心起来了。"

那柳家的笑道:

"好小猴儿崽子!你也和我胡说起来了!回来问你。"

① 撞丧——这里是骂人瞎跑、乱撞的话。

② 挺床——原是死人停床的意思,这里指睡觉而言,是骂人的话。

③ 扎个筏子——扎筏子,又写作"作法子"。这里指拿一件事作泄忿的
藉口。

④ 叨登——翻覆、移动、搅乱的意思。

第六十一回　投鼠忌器宝玉瞒赃
　　　　　判冤决狱平儿行权

　　话说那柳家的听了这小么儿一席话，笑道：

　　"好猴儿崽子！你亲婶子找野老儿去了，你不多得一个叔叔吗？有什么疑的？别叫我把你头上的杩子盖①揪下来！还不开门让我进去呢！"

　　那小厮且不推门，又拉着笑道：

　　"好婶子！你这一进去，好歹偷几个杏儿出来赏我吃。我这里老等。你要忘了，日后半夜三更，打酒买油的，我不给你老人家开门，也不答应你，随你干叫去。"

　　柳氏啐道：

　　"发了昏的！今年还比往年？把这些东西都分给了众妈妈了。一个个的不像抓破了脸的！人打树底下一过，两眼就像那馋鸡似的，还动她的果子！可是你舅母姨娘两三个亲戚都管着，怎么不和她们要，倒和我来要？这可是'仓老鼠问老鸹去借粮'，守着的没有，飞着的倒有？"

　　小厮笑道：

　　"嗳哟！没有罢了，说上这些闲话！我看你老人家，从今以后，就用不着我了？——就是姐姐有了好地方儿，将来呼唤我们的日子多着呢！只要我们多答应她些就有了。"

　　柳氏听了，笑道：

　　"你这个小猴儿精又捣鬼了！你姐姐有什么好地方儿？"

　　那小厮笑道：

　　"不用哄我了，早已知道了。单是你们有内纤，难道我们就没

793

有内纤不成？我虽在这里听差，里头却也有两个姐姐，成个体统的。什么事瞒的过我！”

正说着，只听门内又有老婆子向外叫：

“小猴儿，快传你柳婶子去罢，再不来，可就误了。”柳家的听了，不顾和那小厮说话，忙推门进去，笑道：

“不必忙，我来了。”

一面来至厨房，——虽有几个同伴的人，她们都不敢自走，单等她来调停分派——一面问众人：

“五丫头那里去了？”

众人都说：

“才往茶房里找我们姐妹去了。”

柳家的听了，便将茯苓霜搁起，且按着房头分派菜馔。忽见探春房里小丫头莲花儿走来说：

“司棋姐姐说：要碗鸡蛋，炖的嫩嫩的。”

柳家的道：

“就是这一样儿尊贵。不知怎么，今年鸡蛋短的很，十个钱一个还找不出来。昨日上头给亲戚家送粥米去，四五个买办出去，好容易才凑了二千个来，我那里找去？你说给她，改日吃罢。”

莲花儿道：

“前日要吃豆腐，你弄了些馊的，叫她说了我一顿；今日要鸡蛋，又没有了。什么好东西？我就不信，连鸡蛋都没有了？别叫我翻出来！”

一面说，一面真个走来，揭起菜箱一看，只见里面果有十来个鸡蛋，说道：

“这不是？你就这么利害？吃的是主子分给我们的分例，你为什么心疼？又不是你下的蛋，怕人吃了？”

柳家的忙丢了手里的活计，便上来说道：

“你少满嘴里混嗳！你妈才下蛋呢！通共留下这几个，预备菜上的飘马儿②，姑娘们不要，还不肯做上去呢，预备遇急儿的。你们吃了，倘或一声要起来，没有好的，连鸡蛋都没了？你们深宅大院，'水来伸手，饭来张口'，只知鸡蛋是平常东西，那里知道外头买卖的行市呢。——别说这个，有一年，连草根子还没了的日子还有呢。我劝她们，细米白饭，每日肥鸡大鸭子，将就些儿也罢。吃腻了肠子，天天又闹起故事来了。鸡蛋，豆腐，又是什么面筋，酱萝卜炸儿，敢自倒换口味？只是我又不是答应你们的。一处要一样，就是十来样，我倒不用伺候头层主子，只预备你们二层主子了。"

莲花儿听了，便红了脸，喊道：

"谁天天要你什么来？你说这么两车子话！叫你来，不是为便宜，是为什么？前日春燕来说，晴雯姐姐要吃芦蒿杆儿，你怎么忙着还问肉炒鸡炒？春燕说荤的不好，另叫你炒个面筋儿，少搁油才好，你忙着就说自己发昏，赶着洗手炒了，狗颠屁股儿似的[③]，亲自捧了去；今儿反倒拿我作筏子，说我给众人听！"。

柳家的忙道：

> 作者借一碗蛋写出丫头老婆子之间的恩恩怨怨、奴才之间的尊卑，人物刻画极佳。

"阿弥陀佛！这些人眼见的！别说前日一次，就从旧年以来，那屋里，偶然间，不论姑娘姐儿们，要添一样半样，谁不是先拿了钱米另买另添？有的没的，名声好听。算着连姑娘带姐儿们四五十人，一日也只管要两只鸡，两只鸭子，一二十斤肉，一吊钱的菜蔬，你们算算，够做什么的？连本项两顿饭还撑持不住，还搁得住这个点这样，这个点那样？买来的又不吃，又要别的去！——既这样，不如回了太太：多添些分例，也像大厨房里预备老太太的饭，把天下所有的菜蔬，用水牌写了，天天转着吃，到一个月现算倒好！连前日三姑娘和宝姑娘偶然商量了，要吃个油盐炒豆芽儿来，现打发个姐儿拿着五百钱给我，我倒笑起来了，说：二位姑娘就是大肚子弥勒佛，也吃不了五百钱的。'这二三十个钱的事，还备得起，赶着我送回钱去，到底不收，说赏我打酒吃。又说：'如今厨房在里头，保不住屋里的人不去叨登。一盐一酱，那不是钱买的？你不给又不好,给了你又没的赔,你拿着这个钱,权当还了她们素日叨登的东西窝儿。'这就是明白体下的姑娘,我们心里,只替她念佛。没的赵姨奶奶听了,又气不忿,反说太便宜了我,隔不了十天,也打发个小丫头子来寻这样,寻那样,我倒好笑起来。你们竟成了例,不是这个,就是那个,我那里有这些赔的!"

正乱时,只见司棋又打发人来催莲花儿,说她:

"死在这里?怎么就不回去?"莲花儿赌气回来,便添了一篇话告诉了司棋。司棋听了,不免心头起火。此刻伺候迎春饭罢,带了小丫头们走来,见了许多人正吃饭。见她来得势头不好,都忙起身陪笑让坐。司棋便喝命小丫头子动手:

"凡箱柜所有的菜蔬,只管扔出去喂狗,大家赚不成!"

小丫头子们巴不得一声,七手八脚,抢上去一顿乱翻乱掷。慌的众人一面拉劝,一面央告司棋说:

"姑娘别误听了小孩子的话!柳嫂子有八个脑袋,也不敢得罪姑娘。说鸡蛋难买是真。我们才也说她不知好歹:凭是什么东西,也少不得变法儿去。她已经悟过来了,连忙蒸上了。姑娘不信,瞧那火上。"

司棋被众人一顿好言语,方将气劝得渐平了。小丫头子们也没得摔完东西,便拉开了。司棋连说带骂,闹了一回,方被众人劝去。柳家的只好摔碗丢盘,自己咕唧了一回,蒸了一碗鸡蛋,令人送去,司棋全泼了地下。那人回来,也不敢说,恐又生事。

柳家的打发她女儿喝了一回汤,吃了半碗粥,又将茯苓霜一节说了。五儿听罢,便心下要分些赠芳官,遂用纸另包了一半,趁黄昏人稀之时,自己花遮柳隐的来找芳官。且喜无人盘问,一径到了怡红院门首,不好进去,只在一簇玫瑰花前站立,远远的望着。有一盏茶时候,可巧春燕出来,忙上前叫住。春燕不知是那一个,到跟前方看真切,因问:

"做什么?"

五儿笑道:

"你叫出芳官来,我和她说话。"

春燕悄笑道:

"姐姐太性急了,横竖等十来日就来了,只管找她做什么?方才使了她往前头去了,你且等她一等;不然,有什么话告诉我,等我告诉她。恐怕你等不得,只怕关了园门。"

五儿便将茯苓霜递给春燕,又说:

"这是茯苓霜。"如何吃,如何补益。"我得了些送她的。转烦你递给她就是了。"

说毕,便走回来。正走蓼溆一带,忽迎见林之孝家的带着几个婆子走来,五儿藏躲不及,只得上来问好。林家的问道:

"我听见你病了,怎么跑到这里来?"

五儿陪笑说道:

"因这两日好些,跟我妈进来散散闷,才因我妈使我到怡红院送家伙去。"

林之孝家的说道:

"这话岔了。方才我见你妈出去,我才关门。既是你妈使了你去,她如何不告诉我说你在这里呢?竟出去让我关门,什么意思?可是你撒谎?"

五儿听了,没话回答,只说:

"原是我妈一早教我去取的,我忘了,挨到这时,我才想起来了,只怕我妈错认我去了,所以没和大娘说。"

林之孝家的听她词钝意虚,又因近日玉钏儿说那边正房内失落了东西,几个丫头对赖,没主儿,心下便起了疑。可巧小蝉莲花儿和几个媳妇子走来,见了这事,便说道:

"林奶奶倒要审审她。这两日她往这里头跑的不像,鬼鬼祟祟的,不知干些什么事。"

小蝉又道:

"正是。昨日玉钏儿姐姐说:'太太耳房里的柜子开了,少了好些零碎东西。'琏二奶奶打发平姑娘和玉钏儿姐姐要些玫瑰露,谁知也少了一罐子。不是找还不知道呢。"

莲花儿笑道：

"这我没听见，今日我倒看见一个露瓶子。"

林之孝家的正因这事没主儿，每日凤姐儿使平儿催逼她，一听此言，忙问：

"在那里？"

莲花儿便说：

"在她们厨房里呢。"

林之孝家的听了，忙命打了灯笼，带着众人来寻。五儿急的便说：

"那原是宝二爷屋里的芳官给我的。"

林之孝家的便说：

"不管你'方官圆官'！现有赃证，我只呈报了，凭你主子前辩去！"

一面说，一面进入厨房，莲花儿带着取出露瓶。恐还偷有别物，又细细搜了一遍，又得了一包茯苓霜，一并拿了，带了五儿来回李纨与探春。

那时李纨正因兰儿病了，不理事务，只命去见探春。探春已归房。人回进去，丫环们都在院内纳凉，探春在内盥沐，只有侍书回进去，半日，出来说：

"姑娘知道了，叫你们找平儿回二奶奶去。"

林之孝家的只得领出来，到凤姐那边，先找着平儿进去回了凤姐。凤姐方才睡下，听见此事，便吩咐：

"将她娘打四十板子，撵出去，永不许进二门；把五儿打四十板子，立刻给庄子上，或卖或配人。"

平儿听了，出来依言吩咐了林之孝家的。五儿吓得哭哭啼啼，给平儿跪着，细诉芳官之事。平儿道：

"这也不难，等明日问了芳官，便知真假。但这茯苓霜，前日人送了来，还等老太太、太太回来看了才敢打动，这不该偷了去。"

五儿见问，忙又将他舅舅送的一节说出来。平儿听了，笑道：

"这样说，你竟是个平白无辜的人，拿你来顶缸④的。此时天晚，奶奶才进了药歇下，不便为这点子小事去絮叨。如今且将她交给上夜的人看守一夜，等明日我回了奶奶，再作道理。"

林之孝家的不敢违拗，只得带出来，交给上夜的媳妇们看守着，自便去了。

这里五儿被人软禁起来，一步不敢多走。又兼众媳妇也有劝她说：

"不该做这没行止的事。"

也有抱怨说：

"正经更还坐不上来，又弄个贼来给我们看守，倘或眼不见，寻了死，或逃走了，都是我们的不是！"

又有素日一干与柳家不睦的人，见了这般，十分趁愿，都来奚落嘲戏她。这五儿心内又气，又委屈，竟无处可诉。且本来怯弱有病，这一夜思茶无茶，思水无水，思睡无衾枕，呜呜咽咽，直哭了一夜。

谁知和她母女不和的那些人，巴不得一时就撵她出门去。生恐次日有变，大家先起了个清早，都悄悄的来买转平儿，送了些东西，一面又奉承她办事简断，一面又讲述她母亲素日许多不好处。平儿一一的都应着，打发她们去了，却悄悄的来访袭人，问她可果真芳官给她玫瑰露了。袭人便说：

"露却是给了芳官，芳官转给何人，我却不知。"

袭人于是又问芳官。芳官听了，吓了一跳，忙应是自己送她的。芳官便又告诉了宝玉。宝玉也慌了，说：

"露虽有了，若勾起茯苓霜来，她自然也实供。若听见了是她舅舅门上得的，她舅舅又有了不是，岂不是人家的好意，反被咱们陷害了？"因忙和平儿计议：

"露的事虽完了，然这霜也是有不是的。好姐姐，你只叫她也说是芳官给的，就完了。"

平儿笑道：

"虽如此，只是她昨晚已经同人说是她舅舅给的了，如何又说你给的？况且那边所丢的霜，正没主儿，如今有赃证的白放了，又去找谁？谁还肯认？——众人也未必心服。"

晴雯走来笑道：

"太太那边的露，再无别人，分明是彩云偷了给环哥儿去了。你们可瞎乱说?"

平儿笑道：

"谁不知这个原故？这会子玉钏儿急的哭。悄悄问她，她要应了，玉钏儿也罢了，大家也就混着不问了，谁好意揽这事呢？可恨彩云不但不应，她还挤玉钏儿，说她偷了去了！两个人窝里炮[6]，先吵的合府都知道了，我们怎么装没事人呢？少不得要查的。殊不知告失盗的就是贼。又没赃证，怎么说她?"

宝玉道：

"也罢。这件事，我也应起来，就说原是我要吓她们玩，悄悄的偷了太太的来了，两件事就都完了。"

袭人道：

"也倒是一件阴骘事，保全人的贼名儿。只是太太听见了，又说你小孩子气，不知好歹了。"

平儿笑道：

"也倒是小事。如今就打赵姨娘屋里起了赃来也容易，我只怕又伤着一个好人的体面。别人都不必管，只这一个人，岂不又生气？我可怜的是她，不肯为'打老鼠伤了玉瓶儿'。"

说着，把三个指头一伸。

袭人等听说，便知她说的是探春，大家都忙说：

"可是这话，竟是我们这里应起来的为是。"

平儿又笑道：

"也须得把彩云和玉钏儿两个孽障叫了来,问准了她方好;不然,她们得了意,不说为这个,倒像我没有本事,问不出来。就是这里完事,她们以后越发偷的偷、不管的不管了。"

袭人等笑道:

"正是,也要你留个地步。"

平儿便命一个人叫了她两个来,说道:

"不用慌,贼已有了。"

玉钏儿先问:

"贼在那里?"

平儿道:

"现在二奶奶屋里呢,问她什么应什么。我心里明白:知道不是她偷的,可怜她害怕都承认了。这里宝二爷不过意,要替她认一半。我要说出来呢,但只是这做贼的,素日又是和我好的一个姐妹;窝主却是平常,里面又伤了一个好人的体面:因此为难。少不得央求宝二爷应了,大家无事。如今反要问你们两个还是怎么样?要从此以后,大家小心,存体面呢,就求宝二爷应了;要不然,我就回了二奶奶,别冤屈了人。"

彩云听了,不觉红了脸,一时羞恶之心感发,便说道:

"姐姐放心。也不用冤屈好人,我说了罢:伤体面,偷东西,原是赵姨奶奶央及我再三,我拿了些给环哥儿是情真。——连太太在家,我们还拿过,各人去送人,也是常有的。我原说是过两天就完了,如今既冤屈了人,我心里也不忍。姐姐竟带了我回奶奶去,一概应了完事。"

众人听了这话,一个个都讶异:她竟这样有肝胆。宝玉忙笑道:

"彩云姐姐果然是个正经人! 如今也不用你应,我只说我悄悄的偷的吓你们玩,如今闹出事来,我原该承认。我只求姐姐们以后省些事,大家就好了。"

彩云道:"我干的事,为什么叫你应? 死活我该去受!"

平儿袭人忙道：

"不是这么说。你一应了，未免又叨登出赵姨奶奶来，那时三姑娘听见，岂不又生气？竟不如宝二爷应了，大家没事。且除了这几个人都不知道，这么何等的干净！——但只以后千万大家小心些就是了。要拿什么，好歹等太太到家。那怕连房子给了人，我们就没干系了。"

彩云听了，低头想了想，只得依允。

于是大家商议妥贴，平儿带了她两个并芳官来至上夜房中，叫了五儿，将茯苓霜一节也悄悄的教她。说系芳官给的，五儿感谢不尽。平儿带她们来至自己这边，已见林之孝家的带领了几个媳妇，押解着柳家的等够多时了。林之孝家的又向平儿说：

"今日一早押了她来，怕园里没有人伺候早饭，我暂且将秦显的女人派了去伺候姑娘们的饭呢。"

平儿道：

"秦显的女人是谁？我不大相熟啊。"

林之孝家的道：

"她是园里南角子上夜的，白日里没什么事，所以姑娘不认识。高高的孤拐⑥，大大的眼睛，最干净爽利的。"

玉钏儿道：

"是了。姐姐，你怎么忘了？她是跟二姑娘的司棋的婶子。司棋的父亲虽是大老爷那边的人，他这叔叔却是咱们这边的。"

平儿听了，方想起来，笑道：

"哦！你早说是她，我就明白了。"又笑道："也太派急了些。如今这事，八下里水落石出了。连前日太太屋里丢的，也有了主儿。是宝玉那日过来和这两个孽障，不知道要什么来着，偏这两个孽障怄他玩，说：'太太不在家，不敢拿。'宝玉便瞅着她们不提防，自己进去拿了些个什么出来。这两个孽障不知道，就吓慌了。如今宝玉听见带累了别人，方细细的告诉我，拿出东西来我瞧，一件不差。那茯苓霜也是宝玉外头得了的，也曾赏过许多人。——不独园内人有,连妈妈子们讨了出去给亲戚们吃,又转送人。袭人也曾给过芳官一流的人。她们私情,各自来往,也是常事。前日那两篓还摆在议事厅上,好好的原封没动,怎么就混赖起人来?等我回了奶奶再说。"

说毕,抽身进了卧房,将此事照前言回了凤姐儿一遍。

凤姐儿道:

"虽如此说,但宝玉为人,不管青红皂白,爱兜揽事情。别人再求求他去,他又搁不住人两句好话。给他个炭篓子⑦带上,什么事他不应承?咱们若信了,将来若大事也如此,如何治人?还要细细的追求才是。依我的主意,把太太屋里的丫头都拿来,虽不便擅加拷打,只叫她们垫着磁瓦子⑧,跪在太阳地下,茶饭也不用给她们吃,一日不说跪一日,就是铁打的,一日也管招了。"又道:"'苍蝇不抱没缝儿的鸡蛋,'虽然这柳家的没偷,到底有些影儿,人才说她。虽不加贼刑,也革出不用。朝廷原有罣误的,到底不算委屈了她。"

平儿道:

"何苦来操这心?'得放手时须放手',什么大不了的事?乐得施恩呢。依我说,纵在这屋里操上一百分心,终久是回那边屋里去的,没的结些小人的仇恨,使人含恨抱怨。况且自己又三灾八难的,好容易怀了一个哥儿,到了六七个月还掉了,焉知不是素日操劳太过,气恼伤着的?如今趁早儿见一半不见一半的,也倒罢了。"

一席话,说的凤姐儿倒笑了,道:

"随你们罢,没的怄气。"

平儿笑道:

"这不是正经话?"

说毕,转身出来吩咐林之孝家的道:

"'大事化为小事,小事化为没事',方是兴旺之家,要是一点子小事便扬铃打鼓,乱折腾起来,不成道理。如今将她母女带回,照旧去当差,将秦显家的仍旧追回,再不必提此事,只是每日小心巡察要紧。"

说毕，起身走了，柳家的母女忙向上磕头。林家的就带回园中，回了李纨探春。二人都说：

"知道了。宁可无事，很好。"

司棋等人空兴头了一阵。那秦显家的好容易等了这个空子钻了来，只兴头了半天。在厨房内正乱着收家伙、米粮、煤炭等物。又查出许多亏空来，说：

"粳米短了两担，长用米又多支了一个月的，炭也欠着额数。"

一面又打点送林之孝的礼，悄悄的备了一篓炭、一担粳米在外边，就遣人送到林家去了；又打点送帐房儿的礼；又备几样菜蔬请几位同事的人，说：

"我来了，全仗你们列位扶持。自今以后，都是一家人了，我有照顾不到的，好歹大家照顾些。"

正乱着，忽有人来说：

"你看完这一顿早饭，就出去罢，柳嫂儿原无事，如今还交给她管了。"

秦显家的听了，轰去了魂魄，垂头丧气，登时偃旗息鼓，卷包而去。送人之物，白白去了许多，自己倒要折变了赔补亏空。连司棋都气了个直眉瞪眼，无计挽回，只得罢了。

赵姨娘正因彩云私赠了许多东西，被玉钏儿吵出，生恐查问出来，每日捏着一把汗，偷偷的打听信儿。忽见彩云来了，告诉说：

"都是宝玉应了，从此无事。"

赵姨娘方把心放下来。

谁知贾环听如此说，便起了疑心，将彩云凡私赠之物都拿出了，照着彩云脸上摔来，说：

"你这'两面三刀'⑧的东西，我不稀罕！你不和宝玉好，他怎么肯替你应？你既有担当给了我，原该不叫一个人知道；如今你既然告诉了他，我再要这个，也没趣儿！"

彩云见如此，急的赌咒，起誓，至于哭了。百般解说，贾环执意不信，说：

"不看你素日，我索性去告诉二嫂子，就说你偷来给我，我不敢要。你细想去罢!"

说罢，撂手出去了。急的赵姨妈骂:

"没造化的种子! 这是什么说?"

气的彩云哭了个泪干肠断。赵姨娘百般的安慰她:

"好孩子，他辜负了你的心! 我横竖看的真，我收起来，过两日，他自然回转过来了。"

说着，便要收东西。彩云赌气，一顿卷包起来，趁人不见，来至园中，都撂在河内，顺水沉的沉，漂的漂了。自己气的夜里在被内暗哭了一夜。

① 杌子盖——从前孩子们留头发的一种样式，四围剃去，中留圆形短发，像杌桶盖一样，所以叫杌子盖。

② 菜上的飘马儿——鸡蛋摊熟切丝和其他青菜放在汤上或菜上作为点缀的。叫作飘马儿，又名顶马儿。

③ 狗颠屁股儿似的——讽刺殷勤献媚的话。

④ 顶缸——因认别字的人把缸、缺两个字混淆起来，后来打诨取笑，就把顶缺说成顶缸。

⑤ 窝里炮——只能自相残杀，不能对外，比作只能在窝里放炮。

⑥ 孤拐——这里指颧骨。

⑦ 炭篓子——恭维人用的不老实的话。从"高帽子'衍变出来的，炭篓子的形象，就像很高的帽子。

⑧ 磁瓦子——磁器碎片。

⑨ 两面三刀——当面这样说，背后那样说，挑拨是非的意思。

第六十二回　憨湘云醉眠芍药裀
　　　　　　呆香菱情解石榴裙

　　当下又值宝玉生日已到。原来宝琴也是这日，二人相同。王夫人不在家，不曾像往年热闹，只有张道士送了四样礼，换的寄名符儿；还有几处僧尼庙的和尚姑子送了供尖儿并寿星、纸马、疏头，并本宫星官值年太岁、周岁换的锁。家中常走的男女，先一日来上寿。王子腾那边，仍是一套衣服，一双鞋袜，一百寿桃，一百束上用银丝挂面。薛姨妈处减一半。其余家中：尤氏仍是一双鞋袜；凤姐儿是一个宫制四面扣合堆绣荷包，装一个金寿星，一件波斯国的玩器。各庙中遣人去放堂①舍钱。又另有宝琴之礼，不能备述。姐妹中皆随便，或有一扇的，或有一字的，或有一画的，或有一诗的，聊为应景而已。

　　这日，宝玉清晨起来，梳洗已毕，便冠带了，来至前厅院中，已有李贵等四个人在那里设下天地香烛。宝玉炷了香，行了礼，奠茶烧纸后，便至宁府中宗祠祖先堂两处行毕了礼。出至月台上，又朝上遥拜过贾母、贾政、王夫人等。一顺到尤氏上房，行过礼，坐了一回，方回荣府。先至薛姨妈处，再三拉着，然后又见过薛蝌，让一回，方进园来。晴雯麝月二人跟随，小丫头夹着毡子，从李氏起，一一挨着。比自己长的房中到过，复出二门，至四个奶妈家，让了一回，方进来。虽众人要行礼，也不曾受。回至房中，袭人等只都来说一声就是了。王夫人有言，年轻人不得受礼，恐折了福寿，故此，皆不磕头。

　　一时，贾环贾兰来了，袭人连忙拉住，坐了一坐，便去了。宝玉笑道："走乏了！"便歪在床上。方吃了半盏茶只听外头咭咭呱呱，一群丫头笑着进来。原来是翠墨、小螺、翠缕、入画、邢岫烟的丫头篆儿，并奶子抱着巧姐儿，彩鸾绣鸾八九个人，都抱着红毡子来了，笑说道："拜寿的挤破门了。快拿面来给我们吃！"

刚进来时，探春、湘云、宝琴、岫烟、惜春也都来了。宝玉忙迎出来，笑说：

"不敢起动。——快预备好茶。"

进入房中，不免推让一回，大家归坐。

袭人等捧过茶来，才吃了一口，平儿也打扮的花枝招展的来了。宝玉忙迎出来，笑道：

"我方才到凤姐姐门上回进去，说不能见我；我又打发进去让姐姐来着。"

平儿笑道：

"我正打发你姐姐梳头，不得出来回你，后来听见又说让我，我那里禁当的起？所以特给二爷来磕头。"

宝玉笑道：

"我也禁当不起。"

袭人早在门旁安了座，让她坐。平儿便拜下去，宝玉作揖不迭。平儿又跪下去，宝玉也忙还跪下，袭人连忙搀起来。又拜了一拜，宝玉又还了一揖。袭人笑推宝玉：

"你再作揖。"

宝玉道：

"已经完了，什么又作揖？"

袭人笑道：

"这是她来给你拜寿。今日也是她的生日，你也该给她拜寿。"

宝玉喜的忙作揖，笑道：

"原来今日也是姐姐的好日子。"

平儿赶着也还了礼。湘云拉宝琴岫烟说：

"你们四个人对拜寿，直拜一天才是。"

探春忙问：

"原来邢妹妹也是今日,我怎么就忘了?"忙命丫头:"去告诉二奶奶,赶着补了一分礼,和琴姑娘的一样,送到二姑娘屋里去。"

丫头答应着去了。

岫烟见湘云口直说出来,少不得要到各房去让让。探春笑道:

"倒有些意思。一年十二个月,月月有几个生日,人多了,就这样巧。也有三个一日的,两个一日的。大年初一也不白过,大姐姐占了去,——怨不得她福大,生日比别人都占先——又是大祖太爷的生日冥寿。过了灯节,就是大太太和宝姐姐,她们娘儿两个遇的巧。三月初一是太太的,初九是琏二哥哥。二月没人。"

袭人道:

"二月十二是林姑娘,怎么没人?——只不是咱们家的。"

探春笑道:

"你看我这个记性儿!"

宝玉笑指袭人道:

"她和林妹妹是一日,她所以记得。"

探春笑道:

"原来你两个倒是一日?每年连头也不给我们磕一个,平儿的生日,我们也不知道,这也是才知道的。"

平儿笑道:

"我们是那牌儿名上的人,生日也没拜寿的福,又没受礼的职分,可吵嚷什么?可不悄悄儿的就过去了吗?今日她又偏吵出来了。等姑娘回房,我再行礼去罢。"

探春笑道:

"也不敢惊动。只是今日倒要替你作个生日,我心里才过的去。"

宝玉湘云等一齐都说:

"很是。"

探春便吩咐了丫头:

"去告诉她奶奶说:我们大家说了,今日一天不放平儿出去,我们也大家凑了分子过生日呢。"

丫头笑着去了，半日回来说：

"二奶奶说了，多谢姑娘们给她脸。不知过生日给她些什么吃。只别忘了二奶奶，就不来絮聒她了。"

众人都笑了。探春因说道：

"可巧今日里头厨房不预备饭，一应下面弄菜，都是外头收拾。咱们就凑了钱，叫柳家的来领了去，只在咱们里头收拾倒好。"

众人都说：

"很好。"

探春一面遣人去请李纨、宝钗、黛玉；一面遣人去传柳家的进来，吩咐她内厨房中快收拾两桌酒席。柳家的不知何意，因说：

"外厨房都预备了。"

探春笑道：

"你原来不知道，今日是平姑娘的好日子。外头预备的是上头的；这如今我们私下又凑了分子，单为平姑娘预备两桌请她。你只管拣新巧的菜蔬预备了来，开了帐，我那里领钱。"

柳家的笑道：

"今日又是平姑娘的秋千？我们竟不知道。"

说着，便给平儿磕头。慌得平儿拉起她来。柳家的忙去预备酒席。

这里探春又邀了宝玉，同到厅上去吃面。等到李纨宝钗一齐来全，又遣人去请薛姨妈和黛玉。因天气和暖，黛玉之疾渐愈，故也来了。花团锦簇，挤了一厅的人。谁知薛蝌又送了巾、扇、香、帛四色寿礼给宝玉，宝玉于是过去陪他吃面。两家皆办了寿酒，互相酬送，彼此同领。至午间，宝玉又陪薛蝌吃了两杯酒。宝钗带了宝琴过来给薛蝌行礼把盏毕，宝钗因嘱咐薛蝌："家里的酒，也不用送过那边去；这虚套竟收了，你只请伙计们吃罢，我们和宝兄弟进去，还要待人去呢，也不能陪你了。"

薛蝌忙说：

"姐姐兄弟只管请,只怕伙计们也就好来了。"

宝玉忙又告过罪,方同他姐妹回来。一进角门,宝钗便命婆子将门锁上,把钥匙要了,自己拿着。宝玉忙说:

"这一道门何必关?又没多的人走。况且姨妈、姐姐、妹妹都在里头,倘或要家去取什么,岂不费事?"

宝钗笑道:

"小心没过逾的。你们那边,这几日,七事八事,竟没有我们那边的人,可知是这门关的有功效了。要是开着,保不住那起人图顺脚走近路,从这里走,拦谁的是?不如锁了,连妈妈和我也禁着些,大家别走。纵有了事,也就赖不着这边的人。"

宝玉笑道:

"原来姐姐也知道我们那边近日丢了东西?"

宝钗笑道:

"你只知道玫瑰露和茯苓霜两件,乃因人而及物;要不是里头有人,你连这两件还不知道呢。"

"殊不知还有几件,比这两件大的呢。要以后叨登不出来,是大家的造化;要叨登出来了,不知里头连累多少人呢。你也是不管事的人,我才告诉你。平儿是个明白人,我前日也告诉了她。皆因她奶奶不在外头,所以使她明白了。要不犯出来,大家落得丢开手,要犯出来,她心里已有了稿儿,自有头绪,就冤枉不着别人了。你只听我说,以后留神小心就是了。——这话也不可告诉第二个人。"

说着,来到沁芳亭边,只见袭人、香菱、侍书、晴雯、麝月、芳官、蕊官、藕官十来个人,都在那里看鱼玩呢。见他们来了,都说:

"芍药栏里预备下了,快去上席罢。"

宝钗等随携了他们,同至芍药栏中红香圃三间小敞厅内。连尤氏亦请过来了,诸人都在那里,只没平儿。

原来平儿出去,有赖林诸家送了礼来,连三接四,上中下三等家人,拜寿送礼的不少。平儿忙着打发赏钱道谢,一面又色色的回明了凤姐儿，不过留下几样，也有不受的，也有受下即刻赏与人的。忙了一回，又直等凤姐儿吃过面，方换了衣服，往园里来。刚进了园，就有几个丫环来找她。一同到了红香圃中，只见筵开玳瑁，褥设芙蓉。众人都笑说："寿星全了！"上面四座，定要让他们四个人坐。四人皆不肯。薛姨妈说：

"我老天拔地，不合你们的群儿，我倒拘的慌，不如我到厅上，随便躺躺去倒好。我又吃不下什么去，又不大吃酒，这里让他们倒便宜。"

尤氏等执意不从。宝钗道：

"这也罢了，倒是让妈妈在厅上歪着自如些。有爱吃的送些过去，倒还自在。且前头没人在那里，又可照看了。"

探春笑道：

"既这样，恭敬不如从命。"

因大家送她到议事厅上，眼看着命小丫头们铺了一个锦褥并靠背引枕之类，又嘱咐："好生给姨太太捶腿。要茶要水，别推三拉四的。回来送了东西来，姨太太吃了，赏你们吃。只别离了这里。"

小丫头子们都答应了，探春等方回来。终久让宝琴岫烟二人在上，平儿面西坐，宝玉面东坐。探春又接了鸳鸯来，二人并肩对面相陪。西边一桌：宝钗、黛玉、湘云、迎春、惜春依序，一面又拉了香菱、玉钏儿二人打横。三桌上尤氏李纨，又拉了袭人彩云陪坐。四桌上便是紫鹃、莺儿、晴雯、小螺、司棋等人团坐。

当下探春等还要把盏。宝琴等四人都说：

"这一闹，一日也坐不成了！"方才罢了。两个女先儿，要弹词上寿。众人都说：

"我们这里没人听那些野话，你厅上去，说给姨太太解闷儿去罢。"一面又将各色吃食拣了，命人送给薛姨妈去。宝玉便说：

"雅坐无趣，须要行令才好。"众人中，有说行这个令好的；又有说行那个令才好的。

黛玉道：

“依我说，拿了笔砚，将各色令都写了，拈成阄儿。咱们抓出那个来，就是那个。”

众人都道：“妙极。”即令拿了一副笔砚作笺。

香菱近日学诗，又天天学写字，见了笔砚，便巴不得，连忙起来说：“我写。”众人想了一回，共得十来个，念着香菱一一写了，搓成阄儿，掷在一个瓶中。探春便命平儿拈。平儿向内搅了一搅，用筋夹了一个出来，打开一看，上写“射覆”二字。宝钗笑道：

“把个令祖宗拈出来了！‘射覆’从古有的，如今失了传，这是后纂的，比一切的令都难。这里头倒有一半是不会的，不如毁了，另拈一个雅俗共赏的。”

探春笑道：

“既拈了出来，如何再毁？如今再拈一个，要是雅俗共赏的，便叫他们行去，咱们行这一个。”

说着，又叫袭人拈了一个，却是“拇战”，湘云先笑着，说：

“这个简断爽利，合了我的脾气。我不行这个‘射覆’，没的垂头丧气闷人，我只猜拳去了。”

探春道：

“惟有她乱令，宝姐姐快罚她一钟。”

宝钗不容分说，笑灌了湘云一杯。

探春道：

“我吃一杯。我是令官，也不用宣，只听我分派。取了骰子令盆来，从琴妹妹掷起，挨着掷下去，对了点的二人射覆。”

宝琴一掷是个三。岫烟宝玉等皆掷的不对，直到香菱方掷了个三。宝琴笑道：

“只好室内生春，若说到外头去，可太没头绪了。”

探春道：

“自然，三次不中者罚一杯，你覆她射。”

宝琴想了一想，说了个“老”字。香菱原生于这令，一时想不到，满堂满席都不见有与“老”字相连的成语。湘云先听了，便也乱

看，忽见门斗上贴着"红香圃"三个字，便知宝琴覆的是"吾不如老
圃"的"圃"字；见香菱射不着，众人击鼓又催，便悄悄的拉香菱，教
她说"药"字。黛玉偏看见了，说：

"快罚她！又在那里传递呢。"

闹得众人都知道了，忙又罚了一杯。恨的湘云拿筷子敲黛玉
的手。于是罚了香菱一杯。

下则宝钗和探春对了点子。探春便覆了一"人"字。宝钗笑
道：

"这个'人'字泛得很。"

探春笑道：

"添一个字，两覆一射，也不泛了。"说着，便又说了一个"窗"
字。

宝钗一想，因见席上有鸡，便猜着她是用"鸡窗""鸡人"二典
了，因射了一个"埘"字。探春知她射着，用了"鸡栖于埘"的典；二
人一笑，各饮一口门杯。

湘云等不得，早和宝玉"三""五"乱叫，猜起拳来。那边尤氏和
鸳鸯隔着席，也"七""八"乱叫，撂起拳来。平儿袭人也作了一对。
叮叮当当，只听得腕上镯子响。一时，湘云赢了宝玉，袭人赢了平
儿，二人限酒底酒面。湘云便说：

"酒面要一句古文，一句旧诗，一句骨牌名，一句曲牌名，还要
一句时宪书上有的话：共总成一句话。酒底要关人事的果菜名。"

众人听了，都说：

"惟有她的令比人唠叨。——倒也有些意思。"

便催宝玉快说。宝玉笑道：

"谁说过这个？也等想一想儿。"

黛玉便道：

"你多喝一盅，我替你说。"

宝玉真个喝了酒。听黛玉说道：

"落霞与孤鹜齐飞，风急江天过雁哀，却是一枝折脚雁，叫得人

九回肠，——这是鸿雁来宾。"

说得大家笑了。众人说：

"这一串子倒有些意思。"黛玉又拈了一个榛瓤，说酒底道："榛子非关隔院砧，何来万户捣衣声？"令完。

鸳鸯袭人等皆说的是一句俗语，都带一个"寿"字，不须多赘。

大家轮流乱了一阵，这上面湘云又和宝琴对了手，李纨和岫烟对了点子。李纨便覆了一个"瓢"字，岫烟便射了一个"绿"字，二人会意，各饮一口。湘云的拳却输了，请酒面酒底。宝琴笑道："请君入瓮。"

大家笑起来，说：

"这个典用得当！"

湘云便说道：

"奔腾澎湃，江间波浪兼天涌，须要铁索缆孤舟，既遇着一江风，不宜出行。"

说的众人都笑了，说：

"好个诌断了肠子的！怪道她出这个令，故意惹人笑。"

又催她快说酒底儿。湘云吃了酒，来了一块鸭肉，呷了口酒，忽见碗内有半个鸭头，遂夹出来吃脑子。众人催她：

"别只顾吃，你到底快说呀！"

湘云便用箸子举着头，说：

"这鸭头不是那丫头，头上那讨桂花油？"

众人越发笑起来。引得晴雯小螺等一干人都走过来说：

"云姑娘会开心儿，拿着我们取笑儿，快罚一杯才罢！怎么见得我们就该擦桂花油？倒得每人给瓶子桂花油擦擦！"

黛玉笑道：

"她倒有心给你们一瓶子油呢，又怕挂误着打窃盗官司。"

众人不理论，宝玉却明白，忙低了头。彩云心里有病，不觉的红了脸。宝钗忙暗暗的瞅了黛玉一眼。黛玉自悔失言，原是打趣宝玉的，就忘了村②了彩云了。自悔不及，忙一顿的行令猜拳岔开了。

底下宝玉可巧和宝钗对了点子，宝钗便覆了一个“宝”字。宝玉想了一想，便知宝钗作戏，指着自己的“通灵玉”说的，便笑道：

“姐姐拿我作雅谑，我却射着了，说出来，姐姐别恼。就是姐姐的讳，‘钗’字就是了。”

众人道：

“怎么解？”

宝玉道：

“她说‘宝’，底下自然是‘玉’字了；我射‘钗’字，旧诗曾有‘敲断玉钗红烛冷’，岂不射着了？”

湘云说道：

“这用时事，却使不得。两个人都该罚。”

香菱道：

“不止时事，这也是有出处的。”

湘云道：

“‘宝玉’二字，并无出处，不过是春联上或有之，诗书纪载并无，算不得。”

香菱道：

“前日我读岑嘉州五言律，现有一句，说：‘此乡多宝玉。’怎么你倒忘了？后来又读李义山七言绝句，又有一句，‘宝钗无日不生尘。’我还笑说：‘他两个名字，都原来在唐诗上呢。’”

众人笑说：

“这可问住了！快罚一杯。”

湘云无话，只得饮了。大家又该对点揸拳。

这些人因贾母王夫人不在家，没了管束，便任意取乐。呼三喝四，喊七叫八，满厅中红飞翠舞，玉动珠摇，真是十分热闹。玩了一回，大家方起席散了，却忽然不见了湘云。只当她外头自便就来，谁知越等越没了影儿。使人各处去找，那里找的着？

接着林之孝家的同着几个老婆子来，一则恐有正事呼唤；二则

恐丫鬟们年轻,趁王夫人不在家,不服探春等约束,恣意痛饮,失了体统:故来请问有事无事。探春见她们来了,便知其意,忙笑道:

"你们又不放心,来查我们来了? 我们并没有多吃酒,不过是大家玩笑,将酒作引子。妈妈们别耽心。"

李纨尤氏也都笑说:

"你们歇着去罢。我们也不敢叫她们多吃。"

林之孝家的等人笑说:

"我们知道。连老太太让姑娘们吃酒,姑娘们还不肯吃呢,何况太太们不在家,自然玩罢了。我们怕有事,来打听打听;二则天长了,姑娘们玩一会子,还该点补些小食儿。素日又不大吃杂项东西,如今吃一两杯酒,若不多吃些东西,怕受伤。"

探春笑道:

"妈妈说的是,我们也正要吃呢。"

回头命取点心来。两旁丫鬟们齐声答应了,忙去传点心。探春又笑嚷:

"你们歇着去,或是姨妈那里说话儿去。我们即刻打发人送酒你们吃去。"

林之孝家的等人笑回:"不敢领了。"又站了一回,方退出去了。平儿摸着脸,笑道:

"我的脸都热了,也不好意思见她们。依我说,竟收了罢,别惹她们再来,倒没意思了。"

探春笑道:

"不相干,横竖咱们不认真喝酒就罢了。"

正说着,只见一个小丫头笑嘻嘻的走来,说:

"姑娘们快瞧,云姑娘吃醉了,图凉快,在山子后头一块青石板凳上睡着了。"

众人听说,都笑道:

"快别吵嚷!"

说着,都走来看时,果见湘云卧于山石僻处一个石凳子上,业经香梦沉酣。四面芍药花飞了一身，满头脸衣襟上皆是红香散乱。手中的扇子掉在地下，也半被落花埋了。一群蜜蜂蝴蝶，闹嚷嚷的围着，又用鲛帕包了一包芍药花瓣枕着。众人看了，又是爱，又是笑，忙上来推唤挽扶。湘云口内犹作睡语说酒令，嘟嘟嚷嚷说：

"泉香酒冽，……醉扶归，……宜会亲友。"

众人笑推她说道：

"快醒醒儿，吃饭去。这潮凳上还睡出病来呢！"

湘云慢启秋波，见了众人，又低头看了一看自己，方知是醉了。原是纳凉避静的，不觉因多罚了两杯酒，娇娜不胜，便睡着了，心中反觉自悔。早有小丫头端了一盆洗脸水，两个捧着镜奁。众人等着她。便在石凳上重新匀了脸，拢了鬓，连忙起身，同着来至红香圃中。又吃了两杯浓茶。探春忙命将醒酒石拿来，给她衔在口内。一时又命她

> 湘云是真洒脱高雅，此处，作者第二次写她的睡态，她以芍药花作枕的"雅"与黛玉葬花的"雅"不同，她是乐观的享受，黛玉是悲观的爱惜，这就是性格的差异。

吃了些酸汤，方才觉得好了些。当下又选了几样果菜给凤姐儿送去，凤姐儿也送了几样来。

宝钗等吃过点心，大家也有坐的，也有立的，也有在外观花的，也有倚栏看鱼的，各自取便，说笑不一。探春便和宝琴下棋，宝钗岫烟观局。黛玉和宝玉在一簇花下唧唧哝哝，不知说些什么。只见林之孝家的和一群女人，带了一个媳妇进来。那媳妇愁眉泪眼，也不敢进厅来，到阶下便朝上跪下磕头。探春因一块棋受了敌，算来算去，总得了两个眼，便折了官着儿，两眼只瞅着棋盘，一只手伸在盒内，只管抓着棋子作想，——林之孝家的站了半天——因回头要茶时才看见，问什么事。

林之孝家的便指那媳妇说：

"这是四姑娘屋里小丫头彩儿的娘，现在园内伺候的人。嘴很不好，才是我听见了。问着她，她说的话也不敢回姑娘，竟要撺出

去才是。"

探春道：

"怎么不回大奶奶?"

林之孝家的道：

"方才大奶奶往厅上姨太太处去，顶头看见，我已回明白了，叫回姑娘来。"

探春道：

"怎么不回二奶奶?"

平儿道：

"不回去也罢，我想回说一声就是了。既这么着，就撵她出去，等太太回来再回。请姑娘定夺。"

探春点头，仍又下棋。这里林之孝家的带了那人出去。不提。

黛玉和宝玉二人站在花下，遥遥盼望。黛玉便说道：

"你家三丫头倒是个乖人。虽然叫她管些事，也倒一步不肯多走；差不多的人，早就作起威福来了。"

宝玉道：

"你不知道呢：你病着时，她干了几件事，这园子也分了人管，如今多掐一根草也不能了。又蠲了几件事，单拿我和凤姐姐做筏子。最是心里有算计的人，岂止乖呢!"

黛玉道：

"要这样才好。咱们也太费了，我虽不管事，心里每常闲了，替他们一算，出的多，进的少。如今若不省俭，必致后手不接。"

宝玉笑道：

"凭他怎么后手不接，也不短了咱们两个人的。"

黛玉听了，转身就往厅上寻宝钗说笑去了。

宝玉正欲走时，只见袭人走来，手内捧着一个小连环洋漆茶盘，里面可可放着两盅新茶。因问她：

"往那里去呢？我见你两个半日没吃茶，巴巴的倒了两盅来，她又走了。"

宝玉道：

"那不是她？你给她送去。"

说着，自拿了一盅。袭人便送了那盅去。偏和宝钗在一处，只得一盅茶，便说：

"那位喝时，那位先接了，我再倒去。"

宝钗笑道：

"我倒不喝，只要一口漱漱就是了。"

说着，先拿起来喝了一口，剩了半杯，递在黛玉手内。袭人笑道：

"我再倒去。"

黛玉笑道：

"你知道我这病，大夫不许多吃茶，这半盅尽够了，难为你想的到！"

说毕，饮干，将杯放下。袭人又来接宝玉的。宝玉因问：

"这半日不见芳官，她在那里呢？"

袭人四顾一瞧，说：

"才在这里的，几个人斗草玩，这会子不见了。"

宝玉听说；便忙回房中，果见芳官面向里，睡在床上，宝玉推她说道：

"快别睡觉，咱们外头玩去。一会子好吃饭。"

芳官道：

"你们吃酒，不理我，叫我闷了半天，可不来睡觉罢了。"

宝玉拉了她起来，笑道：

"咱们晚上家里再吃，回来我叫袭人姐姐带了你桌上吃饭，何如？"

芳官道：

"藕官蕊官都不上去，单我在那里，也不好。我也吃不惯那个面条子，早起也没好生吃。才刚饿了，我已告诉了柳婶子先给我做

> 作者将宝玉黛玉感情推至高峰，此处宝玉又吐露心声，黛玉含蓄矜持，可敬可爱，作者写得丝丝入扣，十分传神。

一碗汤,盛半碗粳米饭送来,我这里吃了就完事。若是晚上吃酒,不许叫人管着我,我要尽力吃够了才罢,我先在家里,吃二三斤好惠泉酒呢;如今学了这劳什子,他们说怕坏嗓子,这几年也没闻见,趁今儿,我可是要开斋了。”

宝玉道:

“这个容易。”

说着,只见柳家的果遣人送了一个盒子来,春燕接着,揭开看时,里面是一碗虾丸鸡皮汤,又是一碗酒酿清蒸鸭子,一碟腌的胭脂鹅脯,还有一碟四个奶油松瓤卷酥,并一大碗热腾腾碧莹莹绿畦香稻粳米饭。春燕放在案上,走来安小菜碗箸,过来拨了一碗饭。芳官便说:

“油腻腻的,谁吃这些东西!”

只将汤泡饭吃了一碗,拣了两块腌鹅就不吃了。宝玉闻着,倒觉比往常之味又胜些似的,遂吃了一个卷酥;又命春燕也拨了半碗饭泡汤一吃,十分香甜可口。春燕和芳官都笑了。

吃毕,春燕便将剩的要交回。宝玉道:

“你吃了罢。若不够,再要些来。”

春燕道:

“不用要,这就够了。方才麝月姐姐拿了两盘子点心给我们吃了,我再吃了这个,尽够了,不用再吃了。”

说着,便站在桌旁,一顿吃了。又留下两个卷酥,说:

“这个留下给我妈吃。晚上要吃酒,给我两碗酒吃就是了。”

宝玉笑道:

“你也爱吃酒? 等着咱们晚上痛喝一回。你袭人姐姐和晴雯姐姐的量也好,也要喝,只是每日不好意思的。趁今儿大家开斋。还有件事,想着嘱咐你,竟忘了,此刻才想起来:以后芳官全要你照看她。她或有不到处,你提她。袭人照顾不过这些人来。”

春燕道:

“我都知道,不用你操心。但只五儿的事怎么样?”

宝玉道:

"你和柳家的说去,明儿直叫她进来罢。等我告诉她们一声就完了。"

芳官听了,笑道:

"这倒是正经事。"

春燕又叫两个小丫头进来,伏侍洗手倒茶。自己收了家伙,交给婆子,也洗手,便去找柳家的。不在话下。

宝玉便出来,仍往红香圃寻众姐妹。芳官在后,拿着巾扇,刚出了院门,只见袭人晴雯二人携手回来。宝玉问:

"你们做什么呢?"

袭人道:

"摆下饭了,等你吃饭呢。"

宝玉笑着将方才吃饭的一节,告诉了她两个。袭人笑道:

"我说你是猫儿食⑧。虽然如此,也该上去陪她们,多少应个景儿。"

晴雯用手指戳在芳官额上,说道:

"你就是狐媚子! 什么空儿,跑了去吃饭! 两个怎么约下了? 也不告诉我们一声儿。"

袭人笑道:

"不过是误打误撞的遇见;说约下,可是没有的事。"

晴雯道:

"既这么着,要我们无用。明儿我们都走了,让芳官一个人,就够使了。"

袭人笑道:

"我们都去了,使得;你却去不得。"

晴雯道:

"惟有我是第一个要去:又懒,又夯,性子也不好,又没用。"

袭人笑道:

"倘或那孔雀裍子襟再烧了窟窿,你去了,谁能以补呢? 你倒别和我拿三搬四的。我烦你做个什么，把你懒的'横针不拈，竖线不动'。一般也不是我的私活烦你，横竖都是他的，你就都不肯做。什么我去了几天，你病的七死八活，一夜连命也不顾，给他做了出来？这又是什么缘故？——你到底说话呀！怎么装憨儿和我笑？那也当不了什么。"

晴雯笑着，啐了一口，大家说着，来至厅上。薛姨妈也来了，依序坐下吃饭。宝玉只用茶泡了半碗饭，应景而已。

一时吃毕，大家吃茶闲话，又随便玩笑。外面小螺和香菱、芳官、蕊官、藕官、荳官等四五个人，满园玩了一回，大家采了些花草来，兜着坐在花草堆里斗草，这一个说"我有观音柳"；那一个说"我有罗汉松。"那一个又说"我有君子竹"；这一个又说"我有美人蕉。"这个又说"我有星星翠"；那个又说"我有月月红。"这个又说"我有《牡丹亭》上的牡丹花"；那个又说："我有《琵琶记》里的枇杷果。"荳官便说：

"我有姐妹花。"

众人没了。香菱便说：

"我有夫妻蕙。"

荳官说：

"从没听见有个'夫妻蕙'。"

香菱道：

"一个剪儿一个花儿叫做'兰'，一个剪儿几个花儿叫做'蕙'。上下结花的为'兄弟蕙'，并头结花的为'夫妻蕙'。我这枝并头的，怎么不是'夫妻蕙'？"

荳官没的说了，便起身笑道：

"依你说，要是这两枝一大一小，就是'老子儿子蕙'了？若是两枝背面开的，就是'仇人蕙'了？你汉子去了大半年，你想他了，便拉扯着蕙上也有了夫妻了，好不害臊！"

香菱听了，红了脸，忙要起身拧她，笑骂道：

"我把你这个烂了嘴的小蹄子，满口里放屁胡说！"

豆官见她要站起来，怎肯容她？就连忙伏身将她压住，回头笑着，央告蕊官等：

"来帮着我拧她这张嘴！"

两个人滚在地下。众人拍手笑说：

"了不得了！那是一洼子水，可惜弄脏了她的新裙子！"

豆官回头看了一看，果见旁边有一汪积雨，香菱的半条裙子都污湿了，自己不好意思，忙夺手跑了。众人笑个不住，怕香菱拿她们出气，也都笑着一哄而散。

香菱起身，低头一瞧，见那裙上犹滴滴点点流下绿水来，正恨骂不绝，可巧宝玉见她们斗草，也寻了些花草来凑戏。忽见众人跑了，只剩了香菱一个，低头弄裙，因问：

"怎么散了？"

香菱便说：

"我有一枝夫妻蕙，她们不知道，反说我诌，因此闹起来，把我的新裙子也糟蹋了。"

宝玉笑道：

"你有夫妻蕙，我这里倒有一枝并蒂菱。"

口内说着，手里真个拈着一枝并蒂菱花，又拈了那枝夫妻蕙在手内。香菱道：

"什么夫妻不夫妻，并蒂不并蒂！你瞧瞧这裙子！"

宝玉便低头一瞧，"嗳呀"了一声，说：

"怎么就拉在泥里了？可惜！这石榴红绫最不禁染！"

香菱道：

"这是前儿琴姑娘带了来的。姑娘做了一条，我做了一条，今儿才上身。"

宝玉跌脚叹道：

"若你们家，一日糟蹋这么一件，也不值什么。只是头一件，既系琴姑娘带来的，你和宝姐姐每人才一件，她的尚好，你的先弄坏了，岂不辜负她的心？二则姨妈老人家的嘴碎，饶这么着，我还听见常说你们不知过日子，只会糟蹋东西，不知惜福。这叫姨妈看见了，又说个不清！"

香菱听了这话，却碰在心坎儿上，反倒喜欢起来。因笑道：

"就是这话，我虽有几条新裙子，都不合这一样；若有一样的，赶着换了也就好了，过后再说。"

宝玉道：

"你快休动，只站着方好；不然，连小衣、膝裤、鞋面都要弄上泥水了。我有主意：袭人上月做了一条和这个一模一样的，她因有孝，如今也不穿，竟送了你换下这个来，何如？"

香菱笑着摇头说：

"不好。倘或她们听见了，倒不好。"

宝玉道：

"这怕什么？等她孝满了，她爱什么，难道不许你送她别的不成？你若这样，不是你素日为人了。况且不是瞒人的事，只管告诉宝姐姐也可。只不过怕姨妈老人家生气罢咧。"

香菱想了一想有理，点头笑道：

"就是这样罢了，别辜负了你的心。等着你。——千万叫她亲自送来才好！"

宝玉听了，喜欢非常，答应了，忙忙的回来。一壁低头，心下暗想：

"可惜这么一个人，没父母，连自己本姓都忘了，被人拐出来，偏又卖给这个霸王！"因又想起："往日平儿也是意外想不到的，今儿更是意外之意外的事了！"

一面胡思乱想，来至房中，拉了袭人，细细告诉了她缘故。

香菱之为人，无人不怜爱的。袭人又本是个手中撒漫①的，况与香菱相好，一闻此信，忙就开箱取了出来，摺好，随了宝玉，来寻香菱，见她还站在那里等呢。袭人笑道：

"我说你太淘气了，总要淘出个故事来才罢。"

香菱红了脸，笑说：

"多谢姐姐了！谁知那起促狭鬼使的黑心！"

说着，接了裙子，展开一看，果然合自己的一样；又命宝玉背过脸去，自己向内解下来，将这条系上。袭人道：

"把这腌脏了的交给我拿回去收拾了，给你送来。你要拿回去，看见了又是要问的。"

香菱道：

"好姐姐，你拿去不拘给那个妹妹罢。我有了这个，不要它了。"

袭人道：

"你倒大方的很。"

香菱忙又拜了两拜，道谢袭人。一面袭人拿了那条泥污了的裙子就走。

香菱见宝玉蹲在地下，将方才夫妻蕙与并蒂菱用树枝儿挖了一个坑，先抓些落花来铺垫了，将这菱蕙安放上，又将些落花来掩了，方撮土掩埋平伏。香菱拉他的手笑道：

"这又叫做什么？怪道人人说你惯会鬼鬼祟祟，使人肉麻呢。你瞧瞧！你这手弄得泥污苔滑的，还不快洗去！"

宝玉笑着，方起身走了去洗手。香菱也自走开。

二人已走了数步，香菱复转身回来叫住宝玉。宝玉不知有何话说，扎煞着两只泥手，笑嘻嘻的转来，问：

"作什么？"

香菱红了脸，只管笑，嘴里却要说什么，又说不出口来。因那边他的小丫头臻儿走来说：

"二姑娘等你说话呢。"

香菱脸又一红，方向宝玉道：

"裙子的事，可别和你哥哥说，就完了。"

说毕，即转身走了。宝玉笑道：

"可不是我疯了，往虎口里探头儿去呢！"说着，也回去了。

前面写香菱和苣官打闹是动态，描写传神；此处是写香菱欲言又止，心理亦十分细腻。

① 放堂——在庙寺中普遍地布施僧众。

② 村——丑。村了人，就是说把别人给丑了、羞了。

③ 猫儿食——指不按顿吃饭，一会儿吃一点而言。

④ 撒漫——任意抛撒。对财物而言，指慷慨的挥霍、花费。手中撒漫，
  犹说手松。

第六十三回　寿怡红群芳开夜宴
死金丹独艳理亲丧

话说宝玉回至房中洗手，因和袭人商议：

"晚间吃酒，大家取乐，不可拘泥。如今吃什么好，早说给她们备办去。"

袭人笑道：

"你放心。我和晴雯、麝月、秋纹四个人，每人五钱银子，共是二两；芳官、碧痕、春燕、四儿四个人，每人三钱银子：她们告假的不算，共是三两二钱银子，早已交给了柳嫂子预备四十碟果子。我和平儿说了，已经抬了一坛好绍兴酒藏在那边了。我们八个人单替你做生日。"

宝玉听了，喜的忙说：

"她们是那里的钱？不该叫她们出才是。"

晴雯道：

"她们没钱，难道我们是有钱的？这原是各人的心，那怕她偷的呢，只管领她的情就是了。"

宝玉听了，笑说：

"你说的是。"

袭人笑道：

"你这个人，一天不揎她两句硬话村你①，你再过不去。"

晴雯笑道：

"你如今也学坏了，专会调三窝四！"

说着，大家都笑了。

宝玉说：

"关了院门罢。"

袭人笑道:

"怪不得人说你是'无事忙'。这会子关了门,人倒疑惑起来,索性再等一等。"

宝玉点头,因说:

"我出去走走。四儿舀水去,春燕一个跟我来罢。"

说着,走至外边,因见无人,便问五儿之事。

春燕道:

"我才告诉了柳嫂子,她倒很喜欢,只是五儿那一夜受了委屈烦恼,回去又气病了,那里来得? 只等好了罢。"

宝玉听了,未免后悔长叹。因又问:

"这事袭人知道不知道?"

春燕道:"我没告诉,不知芳官可说了没有。"

宝玉道:

"我却没告诉过她。——也罢,等我告诉她就是了。"

说毕,复走进来,故意洗手。

已是掌灯时分,听得院门前有一群人进来。大家隔窗悄视,果见林之孝家的和几个管事的女人走来,前面一人提着大灯笼。晴雯悄笑道:

"她们查上夜的人来了。这一出去,咱们就好关门了。"

只见怡红院凡上夜的人,都迎出去了。林之孝家的看了不少。又吩咐:

"别耍钱吃酒,放倒头睡到大天亮。我听见是不依的。"

众人都笑说:

"那里有这么大胆子的人!"

林之孝家的又问:

"宝二爷睡下了没有?"

众人都回:

晴雯、袭人说话口气完全不同,性格由此区分。

"不知道。"

袭人忙推宝玉。宝玉趿了鞋，便迎出来，笑道：

"我还没睡呢。妈妈进来歇歇。"又叫："袭人，倒茶来。"

林之孝家的忙进来笑说：

"还没睡呢！如今天长夜短，该早些睡了，明日方起的早；不然，到了明日起迟了，人家笑话，不是个读书上学的公子，倒像那些挑脚汉了。"说毕，又笑。

宝玉忙笑道：

"妈妈说的是。我每日都睡的早，妈妈每日进来，可都是我不知道的，已经睡了。今日因吃了面，怕停食，所以多玩一回。"

林之孝家的又向袭人等笑说：

"该闷些普洱茶喝。"

袭人晴雯二人忙说：

"闷了一茶缸子女儿茶，已经喝过两碗了。大娘也尝一碗，都是现成的。"

说着，晴雯便倒了来。林家的站起接了，又笑道：

"这些时，我听见二爷嘴里都唤了字眼，赶着这几位大姑娘们竟叫起名字来。虽然在这屋里，到底是老太太、太太的人，还该嘴里尊重些才是。若一时半刻偶然叫一声使得；若只管顺口叫起来，怕以后兄弟侄儿照样，就惹人笑话这家子的人眼里没有长辈了。"

宝玉笑道：

"妈妈说的是。我不过是一时半刻偶然叫一句是有的。"

袭人晴雯都笑说：

"这可别委屈了他。直到如今，他可姐姐没离了嘴，不过玩的时候叫一声半声名字。若当着人，却是和先一样。"

林之孝家的笑道：

"这才好呢。这才是读书知礼的。越自己谦逊越尊重。别说是三五代的陈人，现从老太太、太太屋里拨过来的，就是老太太、太太屋里的猫儿狗儿，轻易也伤不得它，这才是受过调教的公子行事。"说毕，吃了茶，便说："请安歇罢，我们走了。"

宝玉还说：

"再歇歇。"

那林之孝家的已带了众人，又查别处去了。

这里晴雯等忙命关了门进来，笑说：

"这位奶奶那里吃了一杯来了，唠三叨四的，又排场了我们一顿去了。"

麝月笑道：

"她也不是好意的？少不得也要常提着些儿，也提防着，怕走了大褶儿②的意思。"

说着，一面摆上酒果。袭人道：

"不用高桌，咱们把那张花梨圆炕桌子放在炕上坐，又宽绰，又便宜。"

说着，大家果然抬来。

麝月和四儿那边去搬果子，用两个大茶盘，做四五次方搬运了来。两个老婆子蹲在外面火盆上筛酒。宝玉说：

"天热，咱们都脱了大衣裳才好。"

众人笑道：

"你要脱，你脱。我们还要轮流安席呢。"

宝玉笑道：

"这一安席，就要到五更天了。知道我最怕这些俗套，在外人跟前不得已的，这会子还怄我，就不好了。"

众人听了，都说："依你。"

于是先不上坐，且忙着卸妆宽衣。一时将正妆卸去，面上只随便挽着鬓儿，身上皆是紧身袄儿。宝玉只穿着大红绵纱小袄儿，下面绿绫弹墨夹裤，也散着裤脚，系着一条汗巾，靠着一个各色玫瑰芍药花瓣装的玉色夹纱新枕头，和芳官两个先捶拳。当时芳官满口嚷热，只穿着一件玉色红青驼绒三色缎子拼的水田小夹袄，束着一条柳绿汗巾；底下是水红洒花夹裤，散着裤腿；头上齐额编着一圈小辫，总归至顶心，结一根粗辫，拖在脑后；右耳根内只塞着米粒大小的一个小玉塞子，左耳上单一个白果大小的硬红镶金大坠子，越显得面如满月犹白，眼似秋水还清。引得众人笑说：

"他两个倒像一对双生的兄弟。"

袭人等一一斟上酒来说：

"且等一等再搳拳。虽不安席，在我们每人手里吃一口罢了。"

于是袭人为先，端在唇下，吃了一口，其余依次下去，一一吃过。大家方团圆坐了。春燕四儿因炕沿坐不下，便端了两个绒套绣墩，近炕沿放

> 此处又刻意描写芳官，为以后与宝玉同榻张本，但很含蓄，乐而不淫。

下。那四十个碟子，皆是一色白彩定窑的，不过小茶碟大，里面自是山南海北干鲜水陆的酒馔果菜。

宝玉因说：

"咱们也该行个令才好。"

袭人道：

"斯文些才好，别大呼小叫，叫人听见。二则我们不识字，可不要那些文的。"

麝月笑道：

"拿骰子咱们抢红罢。"

宝玉道：

"没趣，不好。咱们占花名儿好。"

晴雯笑道：

"正是，早已想弄这个玩意儿。"

袭人道：

"这个玩意虽好，人少了没趣。"

春燕笑道：

"依我说，咱们竟悄悄的把宝姑娘、云姑娘、林姑娘请了来玩一会子，到二更天再睡不迟。"

袭人道：

"又要开门阖户的闹。倘或遇见巡夜的问——"

宝玉道：

"怕什么？咱们三姑娘也吃酒，再请她一声才好。还有琴姑娘。"

众人都道：

"琴姑娘罢了，她在大奶奶屋里，叨登的大发了。"

宝玉道：

"怕什么？你们就快请去。"

春燕四儿都巴不得一声，二人忙命开门，各带小丫头，分头去请。晴雯、麝月、袭人三人又说：

"她两个去请，只怕不肯来，须得我们去请，死活拉了来。"

于是袭人晴雯忙又命老婆子打个灯笼，二人又去。果然宝钗说：

"夜深了。"

黛玉说：

"身上不好。"

她二人再三央求：

"好歹给我们一点体面，略坐坐再来。"

众人听了，却也喜欢。因想不请李纨，倘或被她知道了，倒不好，便命翠墨同春燕也再三的请了李纨和宝琴二人，会齐先后都到了怡红院中。袭人又死活拉了香菱来。炕上又拼了一张桌子，方坐开了。宝玉忙说：

"林妹妹怕冷，过这边靠板壁坐。"

又拿了个靠背垫着些。袭人等都端了椅子在炕沿上陪着。黛玉却离桌远远的靠着靠背，因笑向宝钗、李纨、探春等道：

"你们日日说人家夜饮聚赌，今日我们自己也如此，以后怎么说人！"

李纨笑道：

"有何妨碍？一年之中，不过生日节间如此，并没夜夜如此，这倒也不怕。"

说着，晴雯拿了一个竹雕的签筒来，里面装着象牙花名签子，摇了一摇，放在当中。又取过骰子来，盛在盒内，摇了一摇，揭开一看，里面是六点，数至宝钗。宝钗便笑道：

"我先抓，不知抓出个什么来。"

说着，将筒摇了一摇，伸手掣出一签。大家一看，只见签上画着一枝牡丹，题着"艳冠群芳"四字。下面又有镌的小字，一句唐诗，道是："任是无情也动人。"又注着："在席共贺一杯。此为群芳之冠，随意命人，不拘诗词雅谑，或新曲一支为贺。"

众人都笑说：

"巧得很！你也原配牡丹花。"

说着，大家共贺了一杯。

宝钗吃过，便笑说：

"芳官唱一只我们听罢。"

芳官道：

"既这样，大家吃了门杯好听。"

于是大家吃酒。芳官便唱：

"寿筵开处风光好……"

众人都道：

"快打回去！这会子很不用你来上寿。拣你极好的唱来。"

芳官只得细细的唱了一只《赏花诗》——"翠凤翎毛扎帚叉，闲踏天门扫落花。"——才罢。

宝玉却只管拿着那签，口内颠来倒去念"任是无情也动人"。听了这曲子，眼看着芳官不语。湘云忙一手夺了，撂与宝钗。宝钗又掷了一个十六点，数到探春。探春笑道：

"还不知得个什么。"

伸手掣了一根出来，自己一瞧，便撂在桌上，红了脸，笑道：

"很不该行这个令！这原是外头男人们行的令，许多混帐话在上头。"

众人不解。袭人等忙拾起来。众人看时，上面是一枝杏花，那红字写着"瑶池仙品"四字。诗云："日边红杏倚云栽。"注云："得此签者，必得贵婿，大家须恭贺一杯，再同饮一杯。"

众人笑说道：

"我们说是什么呢，这签原是闺阁中取笑的。除了这两三根有这话的，并无杂话，这有何妨？我们家已有了王妃，难道你也是王妃不成？大喜，大喜！"

说着，大家来敬探春。探春那里肯饮？却被湘云、香菱、李纨等三四个人强死强活，灌了一盅才罢。探春只叫蠲了这个，再行别的。众人断不肯依。湘云拿着她的手，强掷了个十九点出来，便该李氏掣。

李氏摇了一摇，掣出一根来一看，笑道："好极！你们瞧瞧这劳什子，竟有些意思。"

众人瞧那签上画着一枝老梅，写着"霜晓寒姿"四字；那一面旧诗是："竹篱茅舍自甘心。"注云："自饮一杯，下家掷骰。"

李纨笑道：

"真有趣！你们掷去罢。我只自吃一杯，不问你们的废兴。"

说着，便吃酒，将骰过给黛玉。黛玉一掷是十八点，便该湘云掣。

湘云笑着，揎拳捋袖的伸手掣了一根出来。大家看时，一面画着一枝海棠，题着"香梦沉酣"四字；那面诗道是："只恐夜深花睡去。"

黛玉笑道：

"'夜深'二字改'石凉'两个字倒好。"

众人知她打趣日间湘云醉眠的事，都笑了。湘云笑指那自行船给黛玉看，又说：

"快坐上那船家去吧，别多说了！"

众人都笑了。因看注云："既云'香梦沉酣'，掣此签者，不便饮酒，只令上下两家各饮一杯。"

湘云拍手，笑道：

"阿弥陀佛！真真好签！"

恰好黛玉是上家，宝玉是下家，二人斟了两杯，只得要饮。宝玉先饮了半杯，瞅人不见，递与芳官，芳官即便端起来，一仰脖喝了。黛玉只管和人说话，将酒全倒在漱盂内了。

湘云便抓起骰子来一掷个九点，数去该麝月。麝月便掣了一根出来。大家看时，上面是一枝茶蘼花，题着"韶华胜极"四字；那边写着一句旧诗，道中："开到茶蘼花事了。"注云："在席各饮三杯送春。"

麝月问：

"怎么讲？"

宝玉皱皱眉儿，忙将签藏了，说：

"咱们且喝酒吧。"

说着，大家吃了三口，以充三杯之数。

麝月一掷个十九点，该香菱。香菱便掣了一根并蒂花，题着"联春绕瑞"；那面写着一句旧诗，道是："连理枝头花正开。"注云："共贺掣者三杯，大家陪饮一杯。"

香菱便又掷了个六点，该黛玉。黛玉默默的想道：

"不知还有什么好的，被我掣着方好！"

一面伸手取了一根，只见上面画着一枝芙蓉花，题着"风露清愁"四字；那面一句旧诗，道是："莫怨东风当自嗟。"注云："自饮一杯，牡丹陪饮一杯。"

众人笑道：

"这个好极！除了她，别人不配做芙蓉。"

黛玉也自笑了。于是饮了酒，便掷了个二十点，该着袭人。

袭人便伸手取了一枝出来，却是一枝桃花，题着"武陵别景"四字；那一面写着旧诗，道是："桃红又见一年春。"注云："杏花陪一

湘云"揎拳捋袖"，动作透出豪放，她一举一动均与众不同。作者笔端每一触及她，便造成"快人快语"印象。

盏,坐中同庚者陪一盏,同姓者陪一盏。"

> 作者善游
> 艺,花样层出
> 不穷。

众人笑道:

"这一回热闹,有趣!"

大家算来,香菱、晴雯、宝钗三人皆与她同庚,黛玉与她同辰,只无同姓者。芳官忙道:

"我也姓花,我也陪她一盅。"

于是大家斟了酒。黛玉因向探春笑道:

"命中该招贵婿的! 你是杏花,快喝了,我们好喝。"

探春笑道:

"这是什么话! 大嫂子顺手给她一巴掌!"

李纨笑道:

"人家不得贵婿反捱打,我也不忍得。"

众人都笑了。

袭人才要掷,只听有人叫门。老婆子忙出去问时,原来是薛姨妈打发人来接黛玉的。众人因问:

"几更了?"

人回:

"二更以后了,钟打过十一下了。"

宝玉犹不信,要过表来,瞧了一瞧,已是子初一刻十分了。黛玉便起身说:

"我可掌不住了,回去还要吃药呢。"

众人说:

"也都该散了。"

袭人宝玉等还要留着众人。李纨探春等都说:

"夜太深了不像,这已是破格了。"

袭人道:

"既如此,每位再吃一杯再走。"

说着,晴雯等已斟满了酒。每人吃了,都命点灯。

袭人等齐送过沁芳亭河那边方回来,关了门,大家复又行起令来。袭人等用大盅斟了几盅，用盘子攒了各样果菜与地上的老妈妈们吃。彼此有了三分酒，便撬拳，赢唱小曲儿。那天已四更时分，老妈妈一面明吃，一面暗偷，酒缸已罄，众人听了，方收拾盥漱睡觉。

芳官吃得两腮胭脂一般，眉梢眼角，添了许多丰韵，身子图不得，便睡在袭人身上，说：

"姐姐，我心跳的很。"

袭人笑道：

"谁叫你尽力灌呢？"

春燕四儿也图不得，早睡了。晴雯还只管叫，宝玉道：

"不用叫了，咱们且胡乱歇一歇。"

自己便枕了那红香枕，身子一歪，就睡着了。袭人见芳官醉的很，恐闹她吐酒，只得轻轻起来，就将芳官扶在宝玉之侧，由她睡了，自己却在对面榻上倒下。大家黑甜一觉，不知所之。

及至天明，袭人睁眼一看，只见天色晶明，忙说："可迟了！"向对面床上瞧了一瞧，只见芳官头枕着炕沿上，睡犹未醒，连忙起来叫她。宝玉已翻身醒了，笑道："可迟也！"因又推芳官起身。那芳官坐起来犹发怔，揉眼睛。袭人笑道：

"不害羞！你喝醉了，怎么也不拣地方儿，乱挺下了？"

芳官听了，瞧了瞧，方知是和宝玉同榻，忙羞的笑着下地，说："我怎么——"却说不出下半句来。宝玉笑道：

"我竟也不知道了；若知道，给你脸上抹些墨。"

说着，丫头进来伺候梳洗。宝玉笑道：

"昨日有扰，今日晚上我还席。"

袭人笑道：

"罢，罢。今日可别闹了，再闹就有人说话了。"

宝玉道：

"怕什么？不过才两次罢了。——咱们也算会吃酒了，一坛子酒，怎么就吃光了？正在有趣儿，偏又没了。"

袭人笑道:

"原要这么着才有趣儿;必尽了兴,反无味。昨日都好上来了。晴雯连臊也忘了,我记得她还唱了一个曲儿。"

四儿笑道:

"姐姐忘了,连姐姐还唱了一个呢! 在席的谁没唱过?"

众人听了,俱红了脸,用两手握着,笑个不住。忽见平儿笑嘻嘻的走来,说:

"我亲自来请昨日在席的人,今日我还东,短一个也使不得。"

众人忙让坐吃茶。晴雯笑道:

"可惜昨夜没她!"

平儿忙问:

"你们夜里做什么来?"

袭人便说:

"告诉不得你。昨日夜里热闹非常。连往日老太太、太太带着众人玩,也不及昨儿这一玩。一坛酒,我们都鼓捣㉝光了。一个个喝的把臊都丢了,又都唱起来。四更多天,才横三竖四的打了一个盹儿。"

平儿笑道:

"好! 白和我要了酒来,也不请我,还说着给我听,气我!"

晴雯道:

"今儿他还席,必自来请你,你等着罢。"

平儿笑问道:

"他是谁? ——谁是他?"

晴雯听了,把脸飞红了,赶着打,笑说道:

"偏你这耳朵尖,听的真!"

平儿笑道:

"呸! 不害臊的丫头! 这会子有事,不和你说,我有事去了,回来再打发人来请。一个不到,我是打上门来的!"

宝玉等忙留她,已经去了。

这里宝玉一梳洗了，正喝茶，忽然一眼看见砚台底下压着一张纸，因说道：

"你们这么随便混压东西也不好。"

袭人晴雯等忙问：

"又是怎么了？谁又有了不是了？"

宝玉指道：

"砚台下是什么？一定又是那位的样子忘记收的。"

晴雯忙启砚拿了出来，却是一张字帖儿。递给宝玉看时，原来是一张粉红笺纸，上面写着：

"槛外人妙玉恭肃遥叩芳辰。"

宝玉看毕，直跳了起来，忙问：

"是谁接了来的？也不告诉！"

袭人晴雯等见了这般，不知当是那个要紧的人来的帖子，忙一齐问：

"昨儿是谁接下了这个帖子？"

四儿忙跑进来，笑说：

"昨儿妙玉并没亲来，只打发个妈妈送来，我就搁在这里。谁知一顿酒，喝的就忘了！"

众人听了道：

"我当是谁！大惊小怪，这也不值的。"

宝玉忙命：

"快拿纸来。"

当下拿了纸，研了墨，看他下着"槛外人"三字，自己竟不知回帖上回个什么字样才相敌，只提管笔出神，半天仍没主意。因又想要问宝钗去，她必又批评怪诞，不如问黛玉去。想罢，袖了帖儿径来寻黛玉。刚过了沁芳亭，忽见岫烟颤颤巍巍的迎面走来。宝玉忙问：

"姐姐那里去？"

岫烟笑道：

"我找妙玉说话。"

宝玉听了诧异,说道:

"她为人孤癖,不合时宜,万人不入她的目,原来她推重姐姐,竟知姐姐不是我们一流俗人!"

岫烟笑道:

"她也未必真心重我,但我和她做过十年的邻居,只一墙之隔。她在蟠香寺修炼,我家原来寒素,赁房居住,就赁了她庙里房子住了十年。无事到她庙里去作伴,我所认得的字都是承她所授。我和她又是贫贱之交,又有半师之分。因我们投亲去了,闻得她因不合时宜,权势不容,竟投到这里来。如今又两缘凑合,我们得遇,旧情竟未改易。承她青目,更胜当日。"

宝玉听了,恍如听了焦雷一般,喜得笑道:

对妙玉的来历、性格交待清楚。

"怪道姐姐举止言谈,超然如野鹤闲云。原本有来历!我正因她的一件事为难,要请教别人去,如今遇见姐姐,真是天缘凑合,求姐姐指教!"

说着,便将拜帖取给岫烟看。岫烟笑道:

"她这脾气竟不能改,竟是生成这等放诞诡僻了。从来没见拜帖上下别号的。这可是俗语说的,'僧不僧,俗不俗,女不女,男不男',成个什么理数!"

宝玉听说,忙笑道:

"姐姐不知道。她原不在这些人之中,她原是世人意外之人,因取了我是个些微有知识的,方给我这帖子。我因不知回什么字样才好,竟没了主意,正要去问林妹妹,可巧遇见了姐姐!"

岫烟听了宝玉这话,且只管用眼上下细细打量了半日,方笑道:

"怪道俗语说的,'闻名不如见面',又怪不的妙玉竟下这帖子给你,又怪不的上年竟给你那些梅花。既连她这样,少不得我告诉你原故。她常说:'古人中,自汉、晋、五代、唐、宋以来皆无好诗,只有两句好,说道:'纵有千年铁门槛,终须一个土馒头。④所以她自称‘槛外之人’。又常赞文是庄子的好，故又或称为‘畸人’。她若帖子上是自称‘畸人’的，你就还她个‘世人’。畸人者，她自称是畸零之人；你谦自己乃世上扰扰之人，她便喜了。如今她自称槛外之人，是自谓蹈于铁槛之外，故你如今只下‘槛内人’便合了她的心了。”

宝玉听了，如醍醐灌顶，“嗳哟”了一声，方笑道：

“怪道我们家庙说是铁槛寺呢。原来有这一说！姐姐就请，让我去写回帖。”

岫烟听了，便自往栊翠庵来。宝玉回房，写了帖子，上面只写“槛内人宝玉薰沐谨拜”几字，亲自拿了到栊翠庵，只隔门缝儿投进去，便回来了。

因饭后平儿还席，说红香圃太热，便在榆荫堂中摆了几席新酒佳肴。可喜尤氏又带了佩凤偕鸾二妾，过来游玩。这二妾亦是青年姣憨女子，不常过来的。今既入了这园，再遇见湘云、香菱、芳、蕊一干女子，所谓“方以类聚，物以群分”二语不错，只见她们说笑不了，也不管尤氏在那里，只惩丫鬟们去服役，且同众人一一的游玩。

闲言少述。且说当下众人都在榆荫堂中，以酒为名，大家玩笑，命女先儿击鼓。平儿采了一枝芍药，大家——约二十来人——传花为令，热闹了一回。因人回说：

“甄家有两个女人送东西来了。”

探春和李纨尤氏三人出去议事厅相见。

这里众人且出来散一散，佩凤偕鸾两个去打秋千玩耍。宝玉便说：

“你两个上去，让我送。”

慌的佩凤说：

“罢了，别替我们闹乱子。”

忽见东府里几个人，慌慌张张，跑来说：

“老爷归天了。”

众人听了,吓了一大跳,忙都说:

"好好的并无疾病,怎么就没了!"

家人说:

"老爷天天修炼,定是功成圆满,升仙去了。"

尤氏一闻此言,又见贾珍父子并贾琏等皆不在家,一时竟没个着己的男子来,未免忙了。只得忙卸了妆饰,命人先到元真观,将所有的道士都锁了起来,等大爷来家审问;一面忙忙坐车,带了赖升一干老家人媳妇出城。又请大夫看视,到底系何病症。大夫们见人已死,何处诊脉来?且素知贾敬导气之术总属虚诞,更至参星礼斗,守庚申,服灵砂等妄作虚为,过于劳神费力,反因此伤了性命的。如今虽死,腹中坚硬似铁,面皮嘴唇烧的紫绛皱裂。便向媳妇回说:

"系道教中吞金服砂,烧胀而殁。"

众道士慌的回道:

"原是秘制的丹砂吃坏了事。小道们也曾劝说:'功夫未到,且服不得。'不承望老爷于今夜守庚申时,悄悄的服了下去,便升仙去了。这是虔心得道,已出苦海,脱去皮囊了。"

此系旁门左道,非道家修持正道,故有此恶果。老子讲宇宙本体、重视三才关系。所以讲归根复命之修持。人能以本身关窍合天地灵真即可长生,亦通成仙,不在数内。

尤氏也不便听,只命锁着,等贾珍来发放,且命人飞马报信,一面看视。里面窄狭,不能停放,横竖也不能进城的,忙装裹好了,用软轿抬至铁槛寺来停放。掐指算来,至早也得半月的工夫,贾珍方能来到。目今天气炎热,实不能相待,遂自行主持,命天文生择了日期入殓。寿木早年已经备下,寄在此庙的,甚是便宜。三日后,便破孝开吊,一面且做起道场来。因那边荣府里凤姐儿出不来,李纨又照顾姐妹,宝玉不识事体,只得将外头事务,暂托了几个家里二等管事的。贾瑞、贾珖、贾珩、贾㻛、贾菖、贾菱等各有执事。尤氏不能回家,便将她继母接来,在宁府看家。这继母只得将两个未出嫁的女孩儿带来，一并住着才放心。

　　且说贾珍闻了此信，急忙告假，并贾蓉是有职人员。礼部见当今隆敦孝弟，不敢自专，具本请旨。原来天子极是仁孝过人的，且更隆重功臣之裔，一见此本，便诏问贾敬何职。礼部代奏：

　　"系进士出身，祖职已荫其子贾珍。贾敬因年迈多疾，常养静于都城之外元真观，今因疾殁于观中。其子珍，其孙蓉，现因国丧随驾在此，故乞假归殓。"

　　天子听了，忙下额外恩旨，曰：

　　"贾敬虽无功于国，念彼祖父之忠，追赐五品之职，令其子孙扶柩由北下门入都，因赐私第殡殓，任子孙尽丧礼毕，扶柩回籍。外着光禄寺上例赐祭，朝中由王公以下，准其祭吊。钦此。"

　　此旨一下，不但贾府里人谢恩，连朝中所有大臣，皆嵩呼称颂不绝。贾珍父子星夜驰回，半路中又见贾琏贾珖二人领家丁飞骑而来。看见贾珍，一齐滚鞍下马请安。贾珍忙问：

　　"做什么？"

　　贾琏回说：

　　"嫂子恐哥哥和侄儿来了，老太太路上无人，叫我们两个来护送老太太的。"

　　贾珍听了，赞声不绝。又问：

　　"家中如何料理？"

　　贾琏等便将如何拿了道士，如何挪至家庙，怕家内无人，接了亲家母和两个姨奶奶在上房住着，一一告诉了。贾蓉当下也下了马，听见两个姨娘来了，喜的笑容满面。贾珍忙说了几声"妥当"，加鞭便走，店也不投，连夜换马飞驰。

　　一日，到了都门，先奔入铁槛寺，那天已是四更天气，坐更的闻知，忙喝起众人来。贾珍下了马，和贾蓉放声大哭，从大门外便跪爬起来，至棺前稽颡泣血，直哭到天亮，喉咙都哭哑了方住。尤氏等都一齐见过。贾珍父子忙按礼换了凶服，在棺前俯伏。无奈自要理事，竟不能目不视物，耳不闻声，少不得减了些悲戚，好指挥众人。因将恩旨备述给众亲友听了，一面先打发贾蓉回家料理停灵之事。

贾蓉巴不得一声儿，便先骑马跑来。到家，忙命前厅收桌椅，下槅扇，挂孝幔子，门前起鼓手棚、牌楼等事。又忙着进来看外祖母，两个姨娘。原来尤老安人年高喜睡，常常歪着。他二姨娘、三姨娘都和丫头们做活计，见他来了，都道烦恼。

贾蓉且嘻嘻的望他二姨娘笑说：

"二姨娘，你又来了？我父亲正想你呢？"

二姨娘红了脸，骂道：

"好蓉小子！我过两日不骂你几句，你就过不得了，越发连个体统都没了！还亏你是大家公子哥儿，每日念书学礼的，越发连那小家子的也跟不上！"

说着，顺手拿起一个熨斗来，兜头就打。吓得贾蓉抱着头，滚到怀里告饶。尤三姐便转过脸去说道：

"等姐姐来家，再告诉她。"

> 作者写贾蓉这个纨绔子弟每多妙笔。此处写他与尤氏姐妹及丫头胡闹生动之至，对话尤其传神。

贾蓉忙笑着，跪在炕上求饶，因又和二姨娘抢砂仁吃。那二姐儿嚼了一嘴渣子，吐了他一脸，贾蓉用舌头都舔着吃了。众丫头看不过，都笑说：

"热孝在身上，老娘才睡了觉。她两个虽小，到底是姨娘家。你太眼里没有奶奶了！回来告诉爷，你吃不了兜着走！"

贾蓉撇下她姨娘，便抱着那丫头亲嘴，说：

"我的心肝！你说得是。咱们饶她们两个。"

丫头们忙推他，恨的骂：

"短命鬼！你一般有老婆丫头，只和我们闹！知道的说是玩，不知道的人，再遇见那样脏心烂肺的，爱多管闲事嚼舌头的人，吵嚷到那府里，背地嚼舌，说咱们这边混帐。"

贾蓉笑道：

"各门另户，谁管谁的事？都够使的了。从古至今，连汉朝和唐朝，人还说'脏唐臭汉'，何况咱们这宗人家！谁家没风流事？别叫我说出来。连那边大老爷这么利害，琏二叔还和那小姨娘不干净呢！凤姐子那样刚强，瑞大叔还想她的帐！——那一件瞒了我？"

贾蓉只管信口开河，胡言乱语。三姐儿沉了脸，早下炕进里间屋里，叫醒尤老娘。

这里贾蓉见他老娘醒了，忙去请安问好。又说：

"老祖宗劳心，又难为两位姨娘受委屈，我们爷儿们感激不尽！惟有等事完了，我们合家大小登门磕头去。"

尤氏老安人点头道：

"我的儿，倒是你会说话！亲戚们原是该的。"又问："你父亲好？几时得了信赶到的？"

贾蓉笑道：

"刚才赶到的。先打发我瞧你老人家来了，好歹求你老人家事完了再去。"说着，又和他二姨娘挤眼儿。二姐便悄悄咬牙骂道：

"很会嚼舌根的猴儿崽子！留下我们，给你爹做妈不成？"

贾蓉又和尤老娘道：

"放心罢。我父亲每日为两位姨娘操心，要寻两个有根基的富贵人家，又年轻，又俏皮两位姨父，父亲好聘嫁这二位姨娘。这几年总没拣着，可巧前儿路上才相准了一个。"

尤老娘只当是真话，忙问：

"是谁家的？"

二姐丢了活计，一头笑，一头赶着打，说：

"妈妈，别信这混帐孩子的话！"

三姐儿道：

"蓉儿！你说是说，别只管嘴里这么不清不浑的！"

说着，人来回话，说：

"事已完了，请哥儿出去看了，回爷的话去呢。"

那贾蓉方笑嘻嘻的出来，连忙赶至寺中，回明贾珍。于是连夜分派各项执事人役,并预备一切应用幡杠等物,择于初四日卯时请灵柩进城;一面使人知会诸位亲友。是日,丧仪焜耀,宾客如云。自铁槛寺至宁府,夹路看的何止数万人。内中有嗟叹的;也有羡慕的;又有一等"半瓶醋"的读书人,说是丧礼与其奢易,莫若俭戚的。一路纷纷议论不一。至未申时方到,将灵柩停放正堂之内。供奠举哀已毕,亲友渐次散回,只剩族中人,分理迎宾送客等事。近亲只有邢舅太爷相伴未去。贾珍贾蓉此时为礼法所拘,不免在灵旁藉草枕块,恨苦居丧。人散后,仍乘空在内亲女眷中厮混。宝玉亦每日在宁府穿孝,至晚人散,方回园里。凤姐身体未愈,虽不能时常在此,或遇着开坛诵经,亲友上祭之日,亦扎挣过来,相帮尤氏料理。

① 硬话村你——这里是用硬话顶撞的意思。
② 走了大褶儿——错了大规矩。
③ 鼓捣——有搞、做、搬弄的意思。
④ 纵有千年铁门槛,终须一个土馒头——纵然用千年不坏的铁门槛很坚固地保卫自身,终究要埋在坟墓里的。语出宋人诗,原作"铁门限"。

第六十四回　幽淑女悲题五美吟
　　　　　　浪荡子情遗九龙佩

　　一日，供毕早饭，因天气尚长，贾珍等连日劳倦，不免在灵旁假寐。宝玉见无客至，遂欲回家看视黛玉，因先回至怡红院中。进入门来，只见院中寂静无人，有几个老婆子和那小丫头们，在回廊下取便乘凉，也有睡卧的，也有坐着打盹的。宝玉也不去惊动。只有四儿看见，连忙上前来打帘子。将掀起时，只见芳官自内带笑跑出，几乎和宝玉撞个满怀。一见宝玉，方含笑站着说道：

　　"你怎么来了？你快给我拦住晴雯，她要打我呢！"一语未了，只听见屋里唏哩哗喇的乱响，不知是何物撒了一地。随后晴雯赶来骂道：

　　"我看你这小蹄子儿往那里去？输了不叫打！宝玉不在家，我看有谁来救你？"宝玉连忙带笑拦住，道：

　　"你妹子小，不知怎么得罪了你，看我的分上，饶她罢！"

　　晴雯也不想宝玉此时回来，乍一见，不觉好笑，遂笑说道：

　　"芳官竟是个狐狸精变的！就是会拘神遣将的符咒，也没有这么快！"又笑道：

　　"就是你真请了神来，我也不怕！"遂夺手仍要捉拿。芳官早已藏在身后，搂着宝玉不放。宝玉遂一手拉了晴雯，一手携了芳官，进来看时，只见西边炕上麝月、秋纹、碧痕、春燕等正在那里'抓子儿'①赢瓜子儿呢。却是芳官输给晴雯，芳官不肯叫打，跑出去了。晴雯因赶芳官，将怀内的子儿撒了一地。

　　宝玉笑道：

　　"如此长天，我不在家里，正怕你们寂寞，吃了饭睡觉，睡出病

847

来;大家寻件事玩笑消遣,甚好。"因不见袭人,又问道:

"你袭人姐姐呢?"晴雯道:

"袭人么?越发道学了,独自个在屋里面壁②呢!这好一会我们没进去,不知她做什么呢,一点声儿也听不见。你快瞧瞧去罢,或者此时参悟了,也不可知。"

> 写晴雯、芳官、袭人三言两语便活龙活现,此种才华功力,真不同凡响。

宝玉听说,一面笑,一面走至里间。只见袭人坐在近窗床上,手中拿一根灰色条子,正在那里打结子呢。见宝玉进来,连忙站起,笑道:

"晴雯这东西编派我什么呢?我因要赶着打完了这结子,没工夫和她们瞎闹,因哄她说:'你们玩去罢。趁着二爷不在家,我要在这里静坐一坐,养一养神。'她就编派了我这些个话:什么'面壁了''参禅了'的。等一会,我不撕她那嘴!"

宝玉笑着,挨近袭人坐下,瞧她打结子,问道:

"这么长天,你也该歇息歇息,或和她们玩笑。要不,瞧瞧林妹妹去也好。怪热的,打这个那里使?"

袭人道:

"我见你带的扇套还是那年东府里蓉大奶奶的事情上做的。那个青东西,除族中或亲友家夏天有白事才带的着,一年遇着带一两遭,平常又不犯做;如今那府里有事,这是要过去天天带的,所以我赶着另作一个。等打完了结子,给你换下那旧的来。你虽然不讲究这个,要叫老太太回来看见,又该说我们躲懒,连你穿带的东西都不经心了。"

宝玉笑道:

"这真难为你想的到。只是也不可过于赶,热着了,倒是大事。"

说着,芳官早托了一杯凉水内新湃的茶来。因宝玉素昔秉赋柔脆,虽暑月不敢用冰,只以新汲井水,将茶连壶浸在盆内,不时更换,取其凉意而已。宝玉就芳官手内吃了半盏,遂向袭人道:

　　"我来时已吩咐了焙茗：要珍大哥那边有要紧的客来时，叫他即刻送信；要没要紧的事，我就不过去了。"说毕，遂出了房门。又回头向碧痕等道：

　　"要有事，到林姑娘那里找我。"

　　于是一径往潇湘馆来看黛玉。将过了沁芳桥，只见雪雁领着两个老婆子，手中都拿着菱、藕、瓜果之类。宝玉忙问雪雁道：

　　"你们姑娘从来不吃这些凉东西，拿这些瓜果作什么？不是要请那位姑娘奶奶么？"雪雁笑道：

　　"我告诉你，——可不许你对姑娘说去。"宝玉点头应允。雪雁便命两个老婆子：

　　"先将瓜果送去，交与紫鹃姐姐。她要问我，你就说我做什么呢，就来。"

　　那婆子答应着去了。雪雁方说道："我们姑娘这两日方觉身上好些了。今日饭后，三姑娘来，会着要瞧二奶奶去，姑娘也没去。又不知想起什么来了，自己哭了一回，提笔写了好些，不知是诗是词。叫我传瓜果去时，又听见紫鹃将屋内摆着的小琴桌上的陈设搬下来，将桌子挪到外间当地。又叫将那龙文，放在桌上，等瓜果来时听用。要说是请人呢，不犯先忙着把个炉摆出来。要说点香呢，我们姑娘素日屋内除摆新鲜花果木瓜之类，又不大喜熏衣服。就是点香，也当点在常坐卧的地方儿。难道是老婆子们把屋子薰臭了，要拿香薰薰不成？究竟连我也不知为什么。二爷自瞧瞧去。"

　　宝玉听了，不由的低头，心内细想道：

　　"据雪雁说，必有原故。要是同那一位姐妹们闲坐，亦不必如此先设馔具。或者是姑爷姑妈的忌辰？但我记得每年到此日期，老太太都吩咐另外整理肴馔送去林妹妹私祭，此时已过。大约必是七月，因为瓜果之节，家家都上秋季的坟，林妹妹有感于心，所以在私室自己祭奠，取礼记"春秋荐其时食"之意，也未可定。……但我此刻走去，见她伤感，必极力劝解，又怕她烦恼，郁结于心；若竟不去,又恐她过于伤感,无人劝止;两件皆足致疾! ……莫若先到凤姐处一看,在彼稍坐即回。如若见林妹妹伤感,再设法开解;既不至使其过悲,哀痛稍申,亦不致抑郁致病。"

想毕,遂别了雪雁,出了园门,一径到凤姐处来,正有许多婆子们回事毕,纷纷散出。凤姐倚着门和平儿说话呢,一见了宝玉,笑道:

"你回来了么? 我才吩咐了林之孝家的,叫她使人告诉跟你的小厮,若没什么事,趁便请你回来歇息歇息。再者,那里人多,你那里禁的住那些气味? 不想恰好你倒来了!"

宝玉笑道:

"多谢姐姐惦记。我也因今日没事,又见姐姐这两日没往那府里去,不知身上可大愈了,所以回来看看。"

凤姐道:

"左右也不过是这么着,三日好,两日不好的。老太太、太太不在家,这些大娘们,嗳! 那一个是安分的! 每日不是打架,就是拌嘴,连赌博偷盗的事情,都闹出来了两三件了! 虽说有三姑娘帮着办理,她又是个没出阁的姑娘,也有叫她知道得的,也有往她说不得的事,也只好强扎挣着罢了,总不得心静一会儿! 别说想病好,求其不添,也就罢了。"

宝玉道:

"姐姐虽如此说,姐姐还要保重身体,少操些心才是。"

说毕,又说了些闲话,别了凤姐,回身往园中走来。进了潇湘馆院门看时,只见炉袅残烟,奠馀玉醴,紫鹃正看着人往里收桌子,搬陈设呢。宝玉便知已经奠祭完了,走入屋内,只见黛玉面向里歪着,病体恹恹,大有不胜之态。紫鹃连忙说道:

"宝二爷来了。"

黛玉方慢慢的起来,含笑让坐。

宝玉道:

"妹妹,这两天可大好些了? 气色倒觉静些,只是为何又伤心了?"

黛玉道:

"可是你没的说了! 好好的,我多早晚又伤心了?"

宝玉笑道:

"看妹妹脸上现有泪痕,如何还哄我呢? 只是我想妹妹素日本
来多病,凡事当各自宽解,不可过作无益之悲;若作践坏了身子,使
我……"

刚说到这里,觉得以下的话有些难说,连忙咽住。 只因他虽说
和黛玉一处长大,情投意合,又愿同生同死,却只心中领会,从来未
曾当面说出;况兼黛玉心多,每每说话造次,得罪了她。 今日原为
的是来劝解,不想把话又说造次了,接不下去,心中一急,又怕黛玉
恼。 又想一想自己的心,实在的是为好,因而转念为悲,反倒掉下
泪来。

黛玉起先原恼宝玉说话不论轻重,如今见此光景,心有所感,
本来素昔爱哭,此时亦不免无言对泣。

却说紫鹃端了茶来,打量二人又为何事口角,因说道:

"姑娘身上才好些,宝二爷又来怄气了。 到底是怎么样?"

宝玉一面拭泪,笑道:

"谁敢怄妹妹了?"

一面搭讪着起来闲步,只见砚台底下微露一纸角,不禁伸手拿
起。 黛玉忙要起身来夺,已被宝玉揣在怀内,笑央道:

"好妹妹,赏我看看罢"

黛玉道:

"不管什么,来了就混翻!"

一语未了,只见宝钗走来,笑道:

"宝兄弟要看什么?"宝玉因未见上面是何言词,又不知黛玉心
中如何,未敢造次回答,却望着黛玉笑。 黛玉一面让宝钗坐,一面
笑道:

"我曾见古史中有才色的女子,终身遭际,令人可欣、可羡、可

悲、可叹者甚多。今日饭后无事，因欲择出数人，胡乱凑几首诗，以寄感慨，可巧探丫头来会我瞧凤姐姐去，我也身上懒懒的，没同她去。刚才做了五首，一时困倦起来，撂在那里，不想二爷来了，就瞧见了。其实给她看也没有什么，但只我嫌他是不是的写给人看去。”

宝玉忙道：

“我多早晚给人看来？ 昨日那把扇子，原是我爱那几首“白海棠”诗，所以我自己用小楷写了，不过为的是拿在手中看着便易。我岂不知闺阁中诗词字迹是轻易往外传诵不得的？ 自从你说了，我总没拿出园子去。”

宝钗道：

“林妹妹这虑的也是。你既写在扇子上，偶然忘记了，拿在书房里去，被相公们看见了，岂有不问是谁做的呢？ 倘或传扬开了，反为不美。自古道“女子无才便是德”，总以贞静为主，女工还是第二件。其余诗词，不过是闺中游戏，原可以会，可以不会。咱们这样人家的姑娘，倒不要这些才华的名誉。”因又笑向黛玉道：

“拿出来给我看看无妨，只不叫宝兄弟拿出去就是了。”

黛玉笑道：

“既如此说，连你也可以不必看了。”又指着宝玉笑道：

“他早已抢去了。”

宝玉听了，方自怀内取出，凑至宝钗身旁，一同细看。只见写道是：

西施

一代倾城逐浪花，吴宫空自忆儿家。
效颦莫笑东村女，头白溪边尚浣纱。

虞姬

肠断乌啼夜啸风，“虞兮”幽恨对“重瞳”。
黥彭甘受他年醢，饮剑何如楚帐中？

明妃

绝艳惊人出汉宫,红颜命薄古今同。
君王纵使轻颜色,予夺权何畀画工?

绿珠

瓦砾明珠一例抛,何曾石尉重娇娆?
都缘顽福前生造,更有同归慰寂寥。

红拂

长剑雄谈态自殊,美人巨眼识穷途。
尸居余气杨公幕,岂得羁縻女丈夫!

宝玉看了,赞不绝口。又说道:

"妹妹这诗,恰好只做了五首,何不就命曰'五美吟'?"于是不容分说,便提笔写在后面。宝钗亦说道:

"做诗不论何题,只要善翻古人之意,若要随人脚踪走去,纵使字句精工,已落第二义,究竟算不得好诗。即如前人所咏昭君之诗甚多,有悲挽昭君的,有怨恨延寿的,又有讥汉帝不能使画工图貌贤臣而画美人的,纷纷不一。后来王荆公复有'意态由来画不成,当时枉杀毛延寿';欧阳永叔有'耳目所见尚如此,万里安能制夷狄'。二诗俱能各出己见,不与人同。今日林妹妹这五首诗,亦可谓命意新奇,别开生面了。"

仍欲往下说时,只见有人回道:

"琏二爷回来了。适才外头传说,往东府里去了,好一会了,想必就回来的。"

宝玉听了,连忙起身,迎至大门以内等待,恰好贾琏自外下马进来。于是宝玉先迎着贾琏打千儿,口中给贾母王夫人等请了安,又给贾琏请了安。二人携手走进来。只见李纨、凤姐、宝钗、黛玉、迎、探、惜等早在中堂等候。一一相见已毕,因听贾琏说道:

"老太太明日一早到家,一路身体甚好。今日先打发了我来家看视。明日五更,仍要出城迎接。"

说毕,众人又问了些路途的景况。因贾琏是远归,遂大家别过,让贾琏回房歇息。一宿晚景,不必细述。

至次日饭时前后，果见贾母王夫人等到来。众人接见已毕，略坐了一坐，吃了一杯茶，便领了王夫人等人过宁府中来。只听见里面哭声震天，却是贾赦贾琏送贾母到家，即过这边来了。当下贾母进入里面，早有贾赦贾琏率领族中人哭着迎出来了。他父子，一边一个，挽了贾母，走至灵前，又有贾珍贾蓉跪着，扑入贾母怀中痛哭。贾母暮年人，见此光景，亦搂了珍蓉等痛哭不已。贾赦贾琏在旁苦劝，方略略止住，又转至灵右，见了尤氏婆媳，不免又相持大痛一场。哭毕，众人方上前，一一请安问好。

贾琏因贾母才回家来，未得歇息，坐在此间看着，未免要伤心，遂再三的劝。贾母不得已，方回来了。果然年迈的人，禁不住风霜伤感，至夜间，便觉头闷心酸，鼻塞声重，连忙请了医生来诊脉下药，足足的忙乱了半夜一日。幸而发散的快，未曾传经⑥，至三更天，些须发了点汗，脉静身凉，大家方放了心。至次日，仍服药调理。

又过了数日，乃贾敬送殡之期。贾母犹未大愈，遂留宝玉在家侍奉。凤姐因未曾甚好，亦未去。其余贾赦、贾琏、邢夫人、王夫人等率领家人仆妇，都送至铁槛寺，至晚方回。贾珍尤氏并贾蓉仍在寺中守灵。等过百日后，方扶柩回籍。家中仍托尤老娘并二姐儿三姐儿照管。

却说贾琏素日既闻尤氏姐妹之名，恨无缘得见；近因贾敬停灵在家，每日与二姐儿三姐儿相认已熟，不禁动了垂涎之意。况知与贾珍贾蓉素日有'聚麀'之诮，因而乘机百般撩拨，眉目传情。那三姐儿却只是淡淡相对，只有二姐儿也十分有意，但只是眼目众多，无从下手。贾琏又怕贾珍吃醋，不敢轻动，只好二人心神领会而已。

此时出殡以后，贾珍家下人少，除尤老娘带领二姐儿三姐儿，并几个粗使的丫鬟老婆子在正室居住外，其余婢妾都随在寺中；外面仆妇，不过晚间巡更，日间看守门户，白日无事，亦不进里面去：所以贾琏便欲趁此时下手。遂托相伴贾珍为名，亦在寺住宿；又时常借着替贾珍料理家务，不时至宁府中来勾搭二姐儿。

一日，有小管家俞禄来回贾珍道：

"前者所用棚杠孝布并请杠人青衣，共使银一千一百十两，除给银五百两外，仍欠六百零十两。昨日两处买卖人俱来催讨，奴才特来讨爷的示下。"

贾珍道：

"你先往库上领去就是了，这又何必来回我？"

俞禄道：

"昨日已曾上库上去领，但只是老爷归天以后，各处支领甚多，所剩还要预备百日道场及庙中用度，此时竟不能发给，所以奴才今日特来回爷。或者爷内库暂且发给，或者挪借何项，吩咐了，奴才好办。"

贾珍笑道：

"你还当是先呢，有银子放着不使。你无论那里借了给她罢。"

俞禄笑回道：

"若说一二百，奴才还可巴结；这五六百，奴才一时那里办得来？"

贾珍想了一回，向贾蓉道：

"你问你娘去：昨日出殡以后，有江南甄家送来吊祭银五百两，未曾交到库上去，家里再找找，凑齐了，给他去罢。"

贾蓉答应了，连忙过这边来，回了尤氏，复转来回他父亲道：

"昨日那项银子已使了二百两，下剩的三百两，令人送至家中，交给老娘收了。"

贾珍道：

"既然如此，你就带了他去，合你老娘要出来，交给他。再者，也瞧瞧家中有事无事，问你两个姨娘好。——下剩的，俞禄先借了添上罢。"

贾蓉和俞禄答应了，方欲退出，只见贾琏走进来了。俞禄忙上前请了安。贾琏便问何事。贾珍一一告诉了。贾琏心中想道：

"趁此机会，正可至宁府寻二姐儿。"一面遂说道："这有多大事，何必向人借去？昨日我方得了一项银子，还没有使呢，莫若给他添上，岂不省事？"

贾珍道：

"如此甚好，你就吩咐蓉儿，一并叫他取去。"

贾琏忙道：

"这个必得我亲身取去。再我这几日没回家了，还要给老太太、老爷、太太们请请安去；到大哥那边查查家人们有无生事，再也给亲家太太请请安。"

贾珍笑道：

"只是又劳动你，我心里倒不安。"

贾琏也笑道：

"自家兄弟，这有何妨呢？"

贾珍又吩咐贾蓉道：

"你跟了你叔叔去也到那边给老太太、老爷、太太们请安，说我和你娘都请安。打听打听老太太身上可大安了，还服药呢没有。"

贾蓉一一答应了，跟随贾琏出来，带了几个小厮，骑上马，一同进城。在路上叔侄闲话，贾琏有心，便提到尤二姐，因夸说如何标致，如何做人好，"举止大方，言语温柔，无一处不令人可敬可爱！人人都说你婶子好，据我看，那里及你二姨儿一零儿呢？"贾蓉揣知其意，便笑道：

"叔叔既这么爱她，我给叔叔作媒，说了做二房，何如？"

贾琏笑道：

"你这是玩话，还是正经话？"

贾蓉道：

"我说的是当真的话。"

贾琏又笑道：

"敢自好，只是怕你婶子不依；再也怕你老娘不愿意。况且我又听见说，你二姨儿已有了人家了。"

贾蓉道：

"这都无妨。我二姨儿、三姨儿，都不是我老爷养的，原是我老娘带了来的。听见说，我老娘在那一家时，就把我二姨儿许给皇粮庄头④张家，指腹为婚。后来张家遭了官司，败落了，我老娘又自那家嫁了出来，如今这十数年，两家音信不通。我老娘时常抱怨，要给她家退婚。我父亲也要将姨儿转聘，只等有了好人家，不过令人找着张家，给他十几两银子，写上一张退婚的字儿。想张家穷极了的人，见了银子，有什么不依的？再他也知道咱们这样的人家，也不怕他不依。又是叔叔这样人说了做二房，我管保我老娘和我父亲都愿意。——倒只是婶子那里却难。"

贾琏听到这里，心花都开了，那里还有什么话说，只是一味呆笑而已。贾蓉又想了一想，笑道：

"叔叔要有胆量，依我的主意，管保无妨，不过多花几个钱。"

贾琏忙道：

"好孩子！你有什么主意，只管说给我听听。"

贾蓉道：

"叔叔回家，一点声色也别露。等我回明了我父亲，向我老娘说妥，然后在咱们府后方近左右，买上一所房子及应用家伙，再拨两拨子家人过去服侍，择了日子，人不知，鬼不觉，娶了过去，嘱咐家人不许走漏风声。婶子在里面住着，深宅大院，那里就得知道了？叔叔两下里住着，过个一年半载，即或闹出来，不过挨上老爷一顿骂。叔叔只说婶子总不生育，原是为子嗣起见，所以私自在外面作成此事。就是婶子，见'生米做成熟饭'，也只得罢了。再求一求老太太，没有不完的事"。

自古道"欲令智昏"，贾琏只顾贪图二姐美色，听了贾蓉一篇话，遂以为计出万全，将现今身上有服，并停妻再娶，严父妒妻，种种不妥之处，皆置之度外了。却不知贾蓉亦非好意：素日因同她姨

贾珍、贾蓉、贾琏，父子叔侄三人，是贾府的纨绔子弟。上梁不正下梁歪，作者写此三人重点在欲，写宝玉重点在情。因此，雅俗立分。而贾蓉的轻浮又与贾琏不同。贾蓉幽默习钻，俗中带雅，气质较高。

娘有情,只因贾珍在内,不能畅意,如今要是贾琏娶了,少不得在外居住,趁贾琏不在时,好去鬼混之意。贾琏那里思想及此,遂向贾蓉致谢道:

"好侄儿!你果然能够说成了,我买两个绝色的丫头谢你。"

说着,已至宁府门首。贾蓉说道:"叔叔进去向我老娘要出银子来,就交给俞禄罢。我先给老太太请安去。"

贾琏含笑点头道:

"老太太跟前,别说我和你一同来的。"贾蓉说:

"知道。"又附耳向贾琏道:

"今儿要遇见二姨儿,可别性急了。闹出事来,往后倒难办了。"

贾琏笑道:

"少胡说!你快去罢!我在这里等你。"

于是贾蓉自去给贾母请安。

贾琏进入宁府,早有家人头儿率领家人等请安。一路围随至厅上,贾琏一一的问了些话,不过塞责而已,便命家人散去,独自往里面走来。原来贾琏贾珍素日亲密,又是兄弟,本无可避忌之人,自来是不等通报的。于是走至上屋,早有廊下伺候的老婆子打起帘子,让贾琏进去。

贾琏进入房中一看,只见南边炕上只有尤二姐带着两个丫鬟一处做活,却不见尤老娘与三姐儿。贾琏忙上前问好相见。尤二姐含笑让坐,便靠东边排插儿坐下。贾琏仍将上首让与二姐儿,说了两句见面情儿,便笑问道:

"亲家太太合三妹妹那里去了?怎么不见?"

二姐笑道:

"才有事往后头去了,也就来的。"

此时伺候的丫鬟因倒了茶去,无人在跟前,贾琏不住的拿眼瞟着二姐儿。二姐儿低了头,只含笑不理,贾琏又不敢造次动手动脚的,因见二姐儿手里拿着一条拴着荷包的绢子摆弄,便搭讪着,往

腰里摸了摸,说道:

"槟榔荷包也忘记带了来,妹妹有槟榔,赏我一口吃。"

二姐道:

"槟榔倒有,就只是我的槟榔从来不给人吃。"

贾琏便笑着,欲近身来拿。二姐儿怕有人来看见不雅,便连忙一笑,撂了过来。贾琏接在手里,都倒了出来,拣了半块吃剩下的,撂在口里吃了,又将剩下的都揣了起来。刚要把荷包亲身送过去,只见两个丫鬟倒了茶来,贾琏一面接了茶吃茶,一面暗将自己带的一个汉玉"九龙佩"解了下来,拴在手绢上,趁丫鬟回头时,仍撂了过去。二姐儿亦不去拿,只装看不见,坐着吃茶。

只听后面一阵帘子响,却是尤老娘三姐儿带着两个丫鬟自后面走来。贾琏送目与二姐儿,令其拾取,这二姐亦只是不理。贾琏不知二姐儿何意思,甚是着急,只得迎上来与尤老娘三姐儿相见。一面又回头看二姐儿时,只见二姐儿笑着,没事人似的;再又看一看,绢子已不知那里去了,贾琏方放了心。于是大家归坐后叙了些闲话。贾琏说道:

"大嫂子说,前儿有了包银子交给亲家太太收起来了,今儿因要还人,大哥令我来取;再也看看家里有事无事。"

尤老娘听了,连忙使二姐儿拿钥匙去取银子。

这里贾琏又说道:

"我也要给亲家太太请请安,瞧瞧二位妹妹。亲家太太脸面倒好,只是二位妹妹在我们家里受委屈。"

尤老娘笑道:

"咱们都是至亲骨肉,说那里的话?在家里也是住着。在这里也是住着。不瞒二爷说:我们家里,自从先夫去世,家计也着实艰难了,全亏了这里姑爷帮助着。如今姑爷家里有了这样大事,我们不能别的出力,白看一看家,还有什么委屈了的呢?"

正说着,二姐儿已取了银子来,交给尤老娘。尤老娘便递给贾

写贾琏调戏尤二姐双方心理、动作、细腻微妙。

859

琏。贾琏叫一个小丫头叫了一个老婆子来,吩咐她道:

"你把这个交给俞禄,叫他拿过那边去等我。"老婆子答应了出去,只听得院内是贾蓉的声音说话。须臾,进来给他老娘姨娘请了安,又向贾琏笑道:

"刚才老爷还问叔叔呢,说是有什么的事情要使唤。原要使人到庙里去叫,我回老爷说,叔叔就来。老爷还吩咐我,路上遇着叔叔,叫快去呢。"

贾琏听了,忙要起身,又听贾蓉和他老娘说道:

"那一次我和老太太说的,我父亲要给二姨儿说的姨父,就和我这叔叔的面貌身量差不多儿。老太太说,好不好?"

一面说着,又悄悄的用手指着贾琏,和他二姨儿努嘴。二姐儿倒不好意思说什么,只见三姐儿似笑非笑,似恼非恼的骂道:

"坏透了的小猴儿崽子! 没了你娘的说了! 多早晚我才撕你那嘴呢!"

> 将"他"改为"你"。尤三姐说话口气泼辣传神。

贾蓉早笑着跑了出去,贾琏也笑着辞了出来。走至厅上,又吩咐了家人们,不可耍钱吃酒等话。又悄悄的央贾蓉回去,急速和他父亲说。一面便带了俞禄过来,将银子添足,交给他拿去。一面给贾赦请安,又给贾母请安。不提。

却说贾蓉见俞禄跟了贾琏去取银子,自己无事,便仍回至里面,和她两个姨娘嘲戏一回,方起身,自晚到寺,见了贾珍,回道:

"银子已竟交给俞禄了。老太太已大愈了,如今已经不服药了。"

说毕,又趁便将路上贾琏要娶尤二姐做二房之意说了,又说如何在外面置房子住,不给凤姐知道,"此时总不过为的是子嗣艰难起见,为的是二姨娘是见过的,亲上做亲,比别处不知道的人家说了来的好。所以二叔再三央我对父亲说。"只不说是他自己的主意。

贾珍想一想,笑道:

　　“其实倒也罢了，只不知你二姨娘心里愿意不愿意。明儿你先去和你老娘商量，叫你老娘问准了你二姨娘，再作定夺。”

　　于是，又教了贾蓉一篇话，便走过来，将此事告诉了尤氏。尤氏却知此事不妥，因而极力劝止。无奈贾珍主意已定，素日又是顺从惯了的，况且她与二姐儿本非一母，不便深管，因而也只得由她们闹去了。

　　至次日一早，果然贾蓉复进城来见他老娘，将他父亲之意说了，又添上许多话，说贾琏做人如何好，目今凤姐身子有病，已是不能好的了，暂且买了房子，在外面住着，过个一年半载，只等凤姐一死，便接了二姨儿进去做正室。又说他父亲此时如何聘，贾琏那边如何娶，如何接了你老人家养老，往后三姨儿也是那边应了替聘。——说得天花乱坠，不由的尤老娘不肯。况且素日全亏贾珍周济，此时又是贾珍作主替聘，而且妆奁不用自己置买，贾琏又是青年公子，强胜张家。遂忙过来与二姐儿商议。二姐儿又是水性人儿，在先已和姐夫不妥；又常怨恨当时错许张华，致使后来终身失所：今见贾琏有情，况是姐夫将她聘嫁，有何不肯？也便点头依允。当下回复了贾蓉。贾蓉回了她父亲。

　　次日，命人请了贾琏到寺中来，贾珍当面告诉了她尤老娘应允之事。贾琏自是喜出望外，感谢贾珍贾蓉父子不尽。于是二人商量着，使人看房子，打首饰，给二姐儿置买妆奁及新房中应用床帐等物。不过几日，早将诸事办妥，已于宁荣街后二里远近小花枝巷内买定一所房子，共二十余间；又买了两个小丫鬟。只是府里家人不敢擅动，外头买人又怕不知心腹，走漏了风声，忽然想起家人鲍二来。当初因和他女人偷情，被凤姐儿打闹了一阵，含羞吊死了，贾琏给了一百银子，叫他另娶一个。那鲍二向来却就合厨子多浑虫的媳妇多姑娘有一手儿，后来多浑虫酒痨死了，这多姑娘儿见鲍二手里从容了，便嫁了鲍二。况且这多姑娘儿原也和贾琏好的，此时都搬出外头住着。贾琏一时想起来，便叫了他两口儿到新房子里来，预备二姐儿过来时服侍。那鲍二两口子听见这个巧宗儿，如何不来呢。

再说张华之祖，原当皇粮庄头。后来死去，至张华父亲时，仍充此役。因与尤老娘前夫相好，所以张华与尤二姐指腹为婚。后来不料遭了官司，败落了家产，弄得衣食不周，那里还娶的起媳妇呢？尤老娘又自那家嫁了出来，两家有十数年音信不通。今被贾府家人唤至，逼她与二姐儿退婚，心中虽不愿意，无奈惧怕贾珍等势焰，不敢不依，只得写了一张退婚文约。尤老娘给了二十两银子，两家退亲。不提。

这里贾琏等见诸事已妥，遂择了初三黄道吉日，以便迎娶二姐儿过门。

① 抓(chuɑ)子儿——一种游戏，多半用五颗或七颗石子，撒开，先拿起一颗往上扔，尽速抓起其余的几颗，马上又接住空中的一颗。

② 面壁——达摩坐禅，面对墙壁。所以佛家打坐叫作面壁。

③ 传经——中医说法，受了风寒，没能发散出来，传入经络，叫做传经。

④ 皇粮庄头——明清时候，皇帝私有田产称为皇庄。这皇庄的主管人叫做皇粮庄头。

第六十五回　贾二舍①偷娶尤二姨
尤三姐思嫁柳二郎

话说贾琏、贾珍、贾蓉等三人商议，事事妥贴，至初二日，先将尤老娘和三姐儿送入新房。尤老娘看了一看，虽不似贾蓉口内之言，倒也十分齐备，母女二人，已算称了心愿。鲍二两口子见了，如一盆火儿，赶着尤老娘一口一声叫"老娘"，又或是"老太太"；赶着三姐儿叫"三姨儿"，或是"姨娘"。至次日五更天，一乘素轿，将二姐儿抬来，各色香烛纸马并铺盖，以及酒饭，早已预备得十分妥当。一时，贾琏素服坐了小轿来了，拜过了天地，焚了纸马，——那尤老娘见了二姐儿身上头上，焕然一新，不似在家模样，十分得意——挽入洞房。是夜贾琏和她颠鸾倒凤，百般恩爱，不消细说。

那贾琏越看越爱，越瞧越喜，不知要怎么奉承这二姐儿才过得去，乃命鲍二等人不许提三说二，直以"奶奶"称之，自己也称"奶奶"，竟将凤姐一笔勾倒。有时回家，只说在东府有事。凤姐因知她和贾珍好，有事相商，也不疑心。家下人虽多，都也不管这些事。便有那游手好闲，专打听小事的人，也都去奉承贾琏，乘机讨些便宜，谁肯去露风？

于是贾琏深感贾珍不尽。贾琏一月出十五两银子，做天天的供给。若不来时，她母女三人一处吃饭；若贾琏来，他夫妻二人一处吃，她母女就回房自吃。贾琏又将自己积年所有的体己，一并搬来给二姐儿收着；又将凤姐儿素日为人行事，枕边衾里，尽情告诉了她。只等一死，便接她进去。二姐儿听了，自然是愿意的了。当下十来个人，倒也过起日子来，十分丰足。

863

眼见已是两月光景，这日，贾珍在铁槛寺做完佛事，晚间回家时，与她姊妹久别，竟要去探望探望。先命小厮去打听贾琏在与不在，小厮回来，说："不在那里。"贾珍喜欢，将家人一概先遣回去，只留两个心腹小童牵马。一时，到了新房子里，已是掌灯时候，悄悄进去。两个小厮将马拴在园内，自往下房去听候。

贾珍进来，屋里才点灯，先看过尤氏母女，然后二姐儿出来相见。贾珍见了二姐儿，满面笑容，一面吃茶，一面笑说：

"我做的保山如何？要错过了，打着灯笼还没处寻！过日，你姐姐还备礼来瞧你们呢。"

说话之间，二姐儿已命人预备下酒馔。关起门来，都是一家人，原无避讳。那鲍二来请安，贾珍便说："你还是个有良心的，所以二爷叫你来伏侍。日后自有大用你之处。不可在外头吃酒生事，我自然赏你。倘或这里短了什么，你二爷事多，那里人杂，你只管去回我。我们兄弟，不比别人。"

鲍二答应道：

"小的知道。若小的不尽心，除非不要这脑袋了。"贾珍笑着点头道：

"要你知道就好。"

当下四人一处吃酒。二姐儿此时恐怕贾琏一时走来，彼此不雅，吃了两钟酒便推故往那边去了。贾珍此时也无可奈何，只得看着二姐儿自去，剩下尤老娘和三姐儿相陪。那三姐儿虽向来也和贾珍偶有戏言，但不似她姐姐那样随和儿，所以贾珍虽有垂涎之意，却也不肯造次了，致讨没趣。况且尤老娘在旁边陪着，贾珍也不好意思太露轻薄。却说跟的两个小厮，都在厨下和鲍二饮酒。那鲍二的女人多姑娘儿上灶。忽见两个丫头也走了来嘲笑，要吃酒，鲍二因说：

"姐儿们不在上头伏侍，也偷着来了？一时叫起来没人，又是事。"

他女人骂道：

"糊涂浑呛了的忘八！你撞丧那黄汤罢。撞丧醉了，夹着你的脑袋挺你的尸去！叫不叫，与你什么相干？一应有我承当呢。风啊雨的，横竖淋不到你头上来。"

这鲍二原因妻子之力，在贾琏前十分有脸；近日他女人越发在二姐儿跟前殷勤伏侍，他便自己除赚钱吃酒之外，一概不管，一听他女人吩咐，百依百随。当下又吃了些，便去睡觉。

这里他女人随着这些丫鬟小厮吃酒，又和那小厮们打牙撂嘴儿的玩笑，讨她们的喜欢，准备在贾珍前讨好儿。正在吃的高兴，忽听见叩门的声儿，鲍二的女人忙出来开门，看时，见是贾琏下马，问有事无事。鲍二女人便悄悄的告诉她说：

"大爷在这里西院里呢。"

贾琏听了，便至卧房，见尤二姐和两个小丫头在房中呢，见他来了，脸上却有些讪讪的[2]。贾琏反推不知，只命：

"快拿酒来。咱们吃两杯好睡觉，我今日乏了。"

二姐儿忙忙陪笑，接衣捧茶，问长问短，贾琏喜的心痒难受。一时，鲍二的女人端上酒来，二人对饮，两个小丫头在地下伏侍。

贾琏的心腹小童隆儿拴马去，瞧见有了一匹马，细瞧一瞧，知是贾珍的，心下会意，也来厨下。只见喜儿寿儿两个正在那里坐着吃酒，见他来了，也都会意，笑道：

"你这会子来的巧。我们因赶不上爷的马，恐怕犯夜[3]，往这里来借个地方儿睡一夜。"隆儿便笑道：

"我是二爷使我送月银的。交给了奶奶，我也不回去了。"

鲍二的女人便道：

"咱们这里有的是炕，为什么大家不睡呢？"

喜儿便说：

"我们吃多了，你来吃一钟。"

隆儿才坐下，端起酒来，忽听马棚内闹将起来。原来二马同槽，不能相容，互蹄踶起来。隆儿等慌的忙放下酒杯，出来喝住，另拴好了进来。鲍二的女人笑说：

"好儿子们,就睡罢! 我可去了。"

三个拦着不肯叫走,又亲嘴摸乳,口里乱嚼了一回,才放她出去。

这里喜儿喝了几杯,已是楞子眼了④。隆儿寿儿关了门,回头见喜儿直挺挺的躺在炕上,二人便推他说:

"好兄弟,起来好生睡。只顾你一个人舒服,我们就苦了。"

那喜儿便说道:

"咱们今儿可要公公道道贴一炉子烧饼了!"隆儿寿儿见他醉了,也不理他,吹了灯,将就卧下。

尤二姐听见马闹,心下着实不安,只管用言语混乱贾琏。那贾琏吃了几杯,春兴发作,便命收了酒果,掩门宽衣。二姐只穿着大红小袄,散挽乌云,满脸春色,比白日更增了俏丽。贾琏搂着她笑道:

"人人都说我们那夜叉婆俊,如今我看来,给你拾鞋也不要!"

二姐儿道:

"我虽标致,却没品行,看来倒是不标致的好。"

贾琏忙说:

"怎么说这个话? 我不懂。"

二姐滴泪说道:

"你们拿我作糊涂人待,什么事我不知道? 我如今和你作了两个月的夫妻,日子虽浅,我也知你不是糊涂人。我生是你的人,死是你的鬼! 如今既做了夫妻,终身我靠你,岂敢瞒藏一个字? 我算是有倚有靠了。将来我妹子怎么是个结果? 据我看来,这个形景儿,也不是常策,要想长久的法儿才好!"

贾琏听了,笑道:

"你放心,我不是那拈酸吃醋的人。你前头的事,我也知道,你倒不用含糊着。如今你跟了我来,大哥跟前自然倒要拘起形迹来了。依我的主意,不如叫三姨儿也合大哥成了好事,彼此两无碍,索性大家吃个杂会汤。你想怎么样?"

二姐一面拭泪，一面说道：

"虽然你有这个好意，头一件，三妹妹脾气不好；第二件，也怕大爷脸上下不来。"

贾琏道：

"这个无妨。我这会子就过去，索性破了例就完了。"

说着，乘着酒兴，便往西院中来。只见窗内灯烛辉煌。贾琏便推门进去，说：

"大爷在这里呢，兄弟来请安。"

贾珍听是贾琏的声音，吓了一跳，见贾琏进来，不觉羞惭满面。尤老娘也觉不好意思。贾琏笑道：

> 贾珍、贾蓉父子聚麀，贾琏、贾珍兄弟同器，作者一再泄漏此中消息。

"这有什么呢？咱们兄弟，从前是怎么样来？大哥为我操心，我粉身碎骨，感激不尽。大哥要多心，我倒不安了。从此，还求大哥照常才好；不然，兄弟宁可绝后，再不敢到此处来了。"

说着，便要跪下。慌的贾珍连忙搀起来，只说：

"兄弟怎么说，我无不领命。"

贾琏忙命人：

"看酒来，我和大哥吃两杯。"

因又笑嘻嘻的向三姐儿道：

"三妹妹为什么不合大哥吃个双钟儿？我也敬一杯，给大哥合三妹妹道喜。"

三姐儿听了这话，就跳起来，站在炕上，指着贾琏冷笑道：

"你不用和我'花马掉嘴'⑥的！咱们清水下杂面，你吃我看。提着影戏人子上场儿，好歹别戳破这层纸儿。你别糊涂油蒙了心，打量我们不知道你府上的事呢！这会子花了几个臭钱，你们哥儿两个，拿着我们姊妹两个权当粉头来取乐儿，你们就打错了算盘了！我也知道你那老婆太难缠。如今把我姐姐拐了来做了二房，'偷来的锣鼓儿打不得'。我也要会会这凤奶奶去，看她是几个脑

867

袋,几只手! 若大家好取和便罢;倘若有一点叫人过不去,我有本事先把你两个的牛黄狗宝掏出来,再和那泼妇拼了这条命! 喝酒怕什么? 咱们就喝!"

说着,自己拿起壶来斟了一杯,自己先喝了半盏,揪过贾琏来就灌,说:

"我倒没有和你哥哥喝过,今儿倒要和你喝一喝,咱们也亲近亲近。"

吓的贾琏酒都醒了。贾珍也不承望三姐这等拉的下脸来。兄弟两个本是风流中耍惯的,不想今日反被这个女孩儿一席话说的不能搭言。

三姐看了这样,越发一叠声又叫:

"将姐姐请来! 要乐,咱们四个大家一处乐! 俗语说的,'便宜不过当家',你们是哥哥兄弟,我们是姐姐妹妹,又不是外人,只管上来!"

> 只此三五百字,便将尤三姐写活了,所用语言特别富有形象美和野生力量。尤三姐的刚烈艳丽、大胆,在"红"书女性中独树一帜,正如柳湘莲在男性中出类拔萃一样。

尤老娘方不好意思起来。贾珍得便就要溜,三姐儿那里肯放? 贾珍此时反后悔,不承望她是这种人,与贾琏反不好轻薄了。

只是这三姐索性卸了妆饰,脱了大衣服,松松的挽个髻儿。身上穿着大红小袄,半掩半开的,故意露出葱绿抹胸,一痕雪脯。底下绿裤红鞋,鲜艳夺目。忽起忽坐,忽喜忽嗔,没半刻斯文,两个坠子就和打秋千一般,灯光之下越显得柳眉笼翠,檀口含丹。本是一双秋水眼,再吃了几杯酒,越发横波入鬓,转盼流光。真把那珍琏二人弄的欲近不敢,欲远不舍,迷离恍惚,落魄垂涎。再加方才一席话,直将二人禁住。弟兄两个竟全然无一点儿能为。别说调情斗口齿,竟连一句响亮话都没了。三姐自己高谈阔论,任意挥霍,村俗流言,洒落一阵,由着性儿,拿他弟兄二人嘲笑取乐。一时,她的酒足兴尽,更不容他弟兄多坐,竟撵出去了,自己关门睡去了。

自此后，或略有丫鬟婆子不到之处，便将贾珍、贾琏、贾蓉三个厉言痛骂，说他爷儿三个诓骗她寡妇孤女。贾珍回去之后，也不敢轻易再来。那三姐儿有时高兴，又命小厮来找。及至到了这里，也只好随她的便，干瞅着罢了。

看官听说：这尤三姐天生脾气，和人异样诡僻。只因她的模样儿风流标致，她又偏爱打扮的出色，另式另样，做出许多万人不及的风情体态来。那些男子们，别说贾珍贾琏这样风流公子，便是一班老到人，铁石心肠，看见了这般光景，也要动心的。及至到她跟前。她那一种轻狂豪爽，目中无人的光景，早又把人的一团高兴逼住，不敢动手动脚。所以贾珍向来和二姐儿无所不至，渐渐的厌了，却一心注定在三姐儿身上，便把二姐儿乐得让给贾琏，自己却和三姐儿捏合。偏那三姐一般和他玩笑，别有一种令人不敢招惹的光景。她母亲和二姐儿也曾十分相劝，她反说：

"姐姐糊涂！咱们金玉一般的人，白叫这两个现世宝沾污了去，也算无能！而且她家现放着个极利害的女人，如今瞒着，自然是好的；倘或一日她知道了，岂肯干休？势必有一场大闹。你二人不知谁生谁死，这如何便当作安身乐业的去处？"

她母女听她这话，料着难劝，也只得罢了。

那三姐儿天天挑拣穿吃，打了银的，又要金的；有了珠子，又要宝石；吃着肥鹅，又宰肥鸭；或不趁心，连桌一推；衣裳不如意，不论绫缎新整，便用剪子铰碎，撕一条，骂一句。——究竟贾珍等何曾随意了一日？反花了许多昧心钱。

贾琏来了，只在二姐屋里，心中也渐渐的悔上来了。无奈二姐儿倒是个多情的人，以为贾琏是终身之主了，凡事倒还知疼着热。要论温柔和顺，却较着凤姐还有些体度；就论起那标致来及言谈行事，也不减于凤姐。但已经失了脚，有了一个"淫"字，凭她什么好处也不算了。偏这贾琏又说：

"谁人无错？知过必改就好。"故不提已往之淫，只取现今之善。便如胶似漆，一心一计，誓同生死，那里还有凤平二人在意

869

了?

二姐在枕边衾内,也常劝贾琏说:

"你和珍大爷商议商议,拣个相熟的,把三丫头聘了罢;留着她不是常法儿,终久要生事的。"

贾琏道:

"前日我也曾回大哥的,他只是舍不的。我还说,'就是块肥羊肉,无奈烫的慌;玫瑰花儿可爱,刺多扎手。咱们未必降的住,正经拣个人聘了罢。'他只意意思思的,就搭过手了,你叫我有什么法儿?"

二姐儿道:

"你放心。咱们明儿先劝三丫头,问准了,让她自己闹去;闹的无法,少不得聘她。"

贾琏听了,说:"这话极是。"

至次日,二姐儿另备了酒,贾琏也不出门,至午间,特请她妹妹过来和她母亲上坐。三姐儿便知其意,刚斟上酒,也不用她姐姐开口,便先滴泪说道:

"姐姐今儿请我,自然有一番大道理要说,但只我也不是糊涂人,也不用絮絮叨叨的。从前的事,我已尽知了,说也无益! 既如今姐姐也得了好处安身,妈妈也有了安身之处,我也要自寻归结去,才是正理。但终身大事,一生至一死,非同儿戏。向来人家看着咱们娘儿们微息⑧,不知都安着什么心,我所以破着没脸,人家才不敢欺负。这如今要办正事,不是我女孩儿家没羞耻,必得我拣个素日可心如意的人才跟她。要凭你们拣择,虽是有钱有势的,我心里进不去,白过了这一世了!"

贾琏笑道:

"这也容易。凭你说是谁就是谁。一应彩礼,都有我们置办,母亲也不用操心。"

三姐儿道:

"姐姐横竖知道,不用我说。"

贾琏笑问二姐儿:

"是谁?"

二姐儿一时想不起来。贾琏料定必是此人无疑了,便拍手笑道:

"我知道这人了,果然好眼力!"

二姐儿笑道:

"是谁?"

贾琏笑道:

"别人她如何进得去? 一定是宝玉!"

二姐儿与尤老娘听了,也以为必然是宝玉了。三姐儿便啐了一口,说:

"我们有姐妹十个,也嫁你弟兄十个不成? 难道除了你家,天下就没有好男人了不成?"

众人听了都诧异:

"除了他,还有那一个?"

三姐儿道:

"别只在眼前想,姐姐只在五年前想就是了。"

正说着,忽见贾琏的心腹小厮兴儿走来请贾琏,说:

"老爷那边紧等着叫爷呢。 小的答应往舅老爷那边去了,小的连忙来请。"

贾琏又忙问:

"昨日家里问我来着么?"

兴儿说:

"小的回奶奶: 爷在家庙里和珍大爷商议做百日的事,只怕不能来。"

贾琏忙命拉马,隆儿跟随去了,留下兴儿答应人。

尤二姐便要了两碟菜来,命拿大杯斟了酒,就命兴儿在炕沿下站着喝,一长一短,向她说话儿,问道:

"家里奶奶多大年纪? 怎么个利害的样子? 老太太多大年

纪？姑娘几个？……"各样家常等话。

兴儿笑嘻嘻的，在炕沿下，一头喝，一头将荣府之事备细告诉她母女。

又说：

"我是二门上该班的人。我们共是两班，一班四个，共是八个人。有几个是奶奶的心腹，有几个是爷的心腹。奶奶的心腹，我们不敢惹，爷的心腹，奶奶敢惹。提起来，我们奶奶的事，告诉不得奶奶，她心里歹毒，口里尖快。我们二爷也算是个好的，那里见的她！倒是跟前有个平姑娘，为人很好，虽然和奶奶一气，她倒背着奶奶常作些好事。我们有了不是，奶奶是容不过的，只求求她去就完了，如今合家大小，除了老太太、太太两个，没有不恨她的，只不过面子情儿怕她。皆因她一时看得人都不及她。只一味哄着老太太、太太两个人喜欢。她说一是一，说二是二，没人敢拦她。又恨不的把银子钱省了下来，堆成山，好叫老太太、太太说她会过日子。殊不知苦了下人，她讨好儿。或有好事，她就不等别人去说，她先抓尖儿⑦。或有不好的事，或她自己错了，她就一缩头，推到别人身上去，她还在旁边拨火儿。如今连她正经婆婆都嫌她。说她'雀儿拣着旺处飞，黑母鸡一窝儿'，自家的事不管，倒替人家去瞎张罗！要不是老太太在头里，早叫过她去了。"

尤二姐笑道：

"你背着她这么说她，将来背着我还不知怎么说我呢。我又差她一层儿了，越发的说了。"

兴儿忙跪下说道：

"奶奶要这么说，小的不怕雷劈吗？但凡小的要有造化，起先娶奶奶时，要得了这样的人，小的们也少挨些打骂，也少提心吊胆。如今跟爷的几个人，谁不是背前背后称扬奶奶盛德怜下？我们商量着：叫二爷要出来，情愿来伺候奶奶呢。"

尤二姐笑道：

> 利用兴儿之口将凤姐的性格、品行和盘托出，是一妙着。

“你这小猾贼儿，还不起来！说句玩话儿，就吓的这个样儿。你们做什么往这里来？我还要找了你奶奶去呢。”

兴儿连忙摇手，说：

“奶奶千万别去！我告诉奶奶，一辈子不见她才好呢！嘴甜心苦，两面三刀；上头笑着，脚底下就使绊子；明是一盆火，暗是一把刀：她都占全了。只怕三姨儿这张嘴还说不过她呢！奶奶这么斯文良善人，那里是她的对手？”

二姐笑道：

“我只以理待她，她敢怎么着我？”

兴儿道：

“不是小的喝了酒，放肆胡说。奶奶就是让着她，她看见奶奶比她标致，又比她得人心儿，她就肯善罢干休了？人家是醋罐子，她是醋缸，醋瓮！凡丫头们跟前，二爷多看一眼，她有本事当着爷打个烂羊头似的！虽然平姑娘在屋里，大约一年里头，两个有一次在一处，她还要嘴里掂十来个过儿呢。气的平姑娘性子上来，哭闹一阵，说：‘又不是我自己寻来的！你逼着我，我不愿意，又说我反了。这会子又这么着！’她一般的也罢了，倒央及平姑娘。”

二姐笑道：

“可是撒慌？这么一个夜叉，怎么反怕屋里的人呢？”

兴儿道：

“就是俗语说的：三人抬不过个‘理’字去了。这平姑娘原是她自幼儿的丫头。陪过来一共四个，死的死，嫁的嫁，只剩下这个心爱的，收在房里。一则显她贤良，二则又拴爷的心。那平姑娘又是个正经人，从不会调三窝四的，倒一味忠心赤胆伏侍她：所以才容下了。”

二姐笑道：

“原来如此。但只我听见你们还有一位寡妇奶奶和几位姑娘，她这么利害，这些人肯依她吗？”

兴儿拍手笑道：

"原来奶奶不知道！我们家这位寡妇奶奶，第一个善德人，从不管事，只教姑娘们看书写字，针线道理，这是她的事情。前儿因为她病了，这大奶奶暂管了几天事，总是按着老例儿行，不像她那么多事逞才的。我们大姑娘，不用说，是好的了。二姑娘混名儿叫'二木头'。三姑娘的混名儿叫'玫瑰花儿'：又红又香，无人不爱，只是有刺扎手。可惜不是太太养的，'老鸹窝里出凤凰'！四姑娘小，正经是珍大爷的亲妹子，太太抱过来的，养了这么大，也是一位不管事的。奶奶不知道，我们家的姑娘们不算外，还有两位姑娘，真是天下少有！一位是我们姑太太的女儿，姓林；一位是姨太太的女儿，姓薛，这两位姑娘都是美人一般的呢，又都知书识字的。或出门上车，或在园子里遇见，我们连气儿也不敢出。"

尤二姐笑道："你们家规矩大，小孩子进的去，遇见姑娘们，原该远远的藏躲着，敢出什么气儿呢？"

兴儿摇手，道：

"不是那么不敢出气儿，是怕这气儿大了，吹倒了林姑娘：气儿暖了，又吹化了薛姑娘！"

说得满屋里都笑了。

那鲍二家的打她一下子，笑道："原有些真，到了你嘴里，越发没了捆儿⑧了！你倒不像跟二爷的人，这些话倒像是宝玉的人。"

尤二姐才要又问，急见尤三姐笑问道：

"可是你们家那宝玉，除了上学，他做些什么？"

兴儿笑道：

"三姨儿别问她，说起来，三姨儿也未必信。他长了这么大，独他没有上过正经学。我们家从祖宗直到二爷，谁不是学里的师老爷严严的管着念书？偏他不爱念书，是老太太的宝贝。老爷先还管，如今也不敢管了。成天家疯疯癫癫的，说话人也不懂；干的事人也不知。外头人人看着好清俊模样儿，心里自然是聪明的，谁知里头更糊涂。见了人，一句话也没有。所有的好处，虽没上过学，倒难为他认得几个字。每日又不习文，又不学武，又怕见人，只想在丫头群儿里闹。再者，也没个刚气儿。有一遭见了我们，喜欢时，没上没下，大家乱玩一阵，不喜欢，各自走了，他也不理人。我们坐着卧着，见了他也不理他，他也不责备。因此，没有怕他，只管随便，都过的去。"

尤三姐笑道：

"主子宽了，你们又这样，严了又抱怨，可知你们难缠。"

尤二姐道：

"我们看他倒好，原来这样。可惜了儿的一个好胎子！"

尤三姐道：

"姐姐信她胡说？咱们也不是见过一面两面的？行事言谈吃喝，原有些女儿气的，自然是天天只在里头惯了的。要说糊涂。那些儿糊涂？姐姐记得穿孝时，咱们同在一处，那日正是和尚们进来绕棺，咱们都在那里站着，他只站在头里挡着人。人说他不知礼，又没眼色。过后他没悄悄的告诉咱们说？——'姐姐们不知道，我并不是没眼色；想和尚们的那样腌脏，只恐怕气味薰了姐姐们。'接着他吃茶，姐姐又要茶，那个吃婆子就拿了他的碗去倒，他赶忙说：'那碗是腌脏的，另洗了再斟来。'这两件上，我冷眼看去，原来他在女孩儿跟前，不管什么都过的去，只不大合外人的式，所以他们不知道。"

尤二姐听说，笑道：

"依你说，你两个已是情投意合了。竟把你许了她，岂不好？"

三姐见有兴儿，不便说话，只低了头磕瓜子儿。兴儿笑道："若论模样儿行为，倒是一对儿好人，只是他已经有了人了，只是没有露形儿。将来准是林姑娘定了的。因林姑娘多病，二则都还小，所以还没办呢。再过三二年，老太太便一开言，那是再无不准的了。"

大家正说话，只见隆儿又来了，说："老爷有事，——是件机密大事，要遣二爷往平安州去。不过三五日就起身，来回得十五六天的工夫。今儿不能来了，请老奶奶早和二姨儿定了那件事。明日爷来，好做定夺。"

说着,带了兴儿,也回去了。

这里尤二姐命掩了门,早睡下了,盘问她妹子一夜。至次日午后,贾琏方来了。尤二姐因劝他,说:

"既有正事,何必忙忙又来?千万别为我误事。"

贾琏道:"也没什么事,只是偏偏的又出来了一件远差。出了月儿就起身,得半月工夫才来。"

尤二姐道:"既如此,你只管放心前去,这里一应不用你惦记。三妹妹她从不会朝更暮改的。她已择定了人,你只要依她就是了。"

贾琏忙问:

"是谁?"

二姐笑道:

"这人此刻不在这里,不知多早晚才来呢。也难为她的眼力!她自己说了:这人一年不来,她等一年;十年不来,等十年。若这人死了,再不来了,她情愿剃了头当姑子去,吃常斋,念佛,再不嫁人。"贾琏问:"到底是谁,这样动她的心?"

二姐儿笑道:

"说来话长。五年前,我们老娘家做生日,妈妈和我们到那里给老娘拜寿,她家请了一起玩戏的人,也都是好人家子弟。里头有个装小生的,叫做柳湘莲。如今要是他才嫁。旧年闻得这人惹了祸逃走了,不知回来了不曾。"

贾琏听了道:

"怪道呢!我说是个什么人,原来是他!果然眼力不错!你不知道那柳老二那样一个标致人,最是冷面冷心的,差不多的人,他都无情无义。他最和宝玉合的来。去年因打了薛呆子,他不好意思见我们的,不知那里去了,一向没来。听见有人说来了,不知是真是假,一问宝玉的小厮们就知道了。——倘或不来时,他是萍踪浪迹,知道几年才来?岂不白耽搁了大事?"

二姐道:

"我们这三丫头说的出来，干的出来，她怎么说，只依她便了。"

二人正说之间，只见三姐走来说道：

"姐夫，你也不知道我们是什么人。今日和你说罢：你只放心，我们不是那心口两样的人，说什么是什么。若有了姓柳的来，我便嫁他。从今儿起，我吃常斋念佛，伏侍母亲，等来了嫁了他去；若一百年不来，我自己修行去了。"

说着，将头上一根玉簪拔下来，磕作两段，说："一句不真，就合这簪子一样！"

说着，回房去了，真个竟"非礼不动，非礼不言"起来。

贾琏无了法，只得和二姐商议了一回家务，复回家和凤姐商议起身之事。一面着人问焙茗。焙茗说：

"竟不知道，大约没来，若来了，必是我知道的。"

一面又问她的街坊，也说没说。贾琏只得回复了二姐儿。

至起身之日已近，前两天便说起身，却先往二姐儿这边来住两夜，从这里再悄悄的长行。果见三姐儿竟像又换了一个人的似的；又见二姐儿持家勤慎，自是不消惦记。

> 如此刚烈，为蓄势自列伏笔。

① 贾二舍——舍，是旧小说常用的语汇，相当于少爷、公子的称呼，二舍就是二少爷、二公子的意思。这里是指贾琏。

② 讪(shàn)讪的——难为情的神气。

③ 犯夜——在深夜禁止行走时，不守禁令，叫作犯夜。

④ 楞(léng)子眼了——这里指醉后眼睛也斜的样子。

⑤ 花马掉嘴——相当于花言巧语。但语意较重，含有耍贫嘴、哄骗人的意思。

⑥ 微息——低下微弱。

⑦ 抓尖儿——就是抢先讨好。

⑧ 捆儿———束叫作一捆儿。说话没了捆儿，是指毫无拘束，随意乱说。

877

第六十六回　情小妹耻情归地府
　　　　　冷二郎一冷入空门

是日，一早出城，径奔平安州大道，晓行夜住，渴饮饥餐。方走了三日，那日正走之间，顶头来了一群驮子，内中一伙，主仆十来匹马。走的近了，一看时，不是别人，就是薛蟠和柳湘莲来了。贾琏深为奇怪，忙拍马迎了上来，大家一齐相见，说些别后寒温，便入一酒店歇下，共叙谈叙谈。

贾琏因笑道：

"闹过之后，我们忙着请你两个和解，谁知柳二弟踪迹全无。怎么你们两个今日倒在一处了？"

薛蟠笑道：

"天下竟有这样奇事！我和伙计贩了货物，自春天起身，往回里走，一路平安。谁知前儿到了平安州地面，遇见一伙强盗，已将东西劫去。不想柳二弟从那边来了，方把贼人赶散，夺回货物，还救了我们的性命。我谢他又不受，所以我们结拜了生死兄弟，如今一路进京。从此后，我们是亲弟兄一般。到前面岔口上，他就分路，往南二百里，有他一个姑妈家，他去望候望候，我先进京去安置了我的事，然后给他寻一所房子，寻一门好亲事，大家过起来。"

贾琏听了道：

"原来如此。倒好，只是我们白悬了几日心。"回又说道："方才说给柳二弟提亲，我正有一门好亲事，堪配二弟。"

说着，便将他自己娶尤氏，如今又要发嫁小姨子一节，说了出来，只不说尤三姐自择之语。又嘱薛蟠：

"且不可告诉家里。等生了儿子，自然是知道的。"

薛蟠听了大喜,说:

"早该如此。这都是舍表妹之过!"

湘莲忙笑说:

"你又忘情了。还不住口!"

薛蟠忙止住不语,便说:

"既是这等,这门亲事定要做的。"湘莲道:

"我本有愿,定要一个绝色的女子。如今既是贵昆仲高谊,顾不得许多了,任凭定夺,我无不从命。"

贾琏笑道:

"如今口说无凭,等柳二弟一见,便知我这内娣的品貌,是古今有一无二的了。"

湘莲听了大喜,说:

"既如此说,等弟探过姑母,不过一月内,就进京的,那时再定,如何?"

贾琏笑道:

"你我一言为定,只是我信不过二弟,你是萍踪浪迹,倘然去了不来,岂不误了人家一辈子的大事?须得留一个定礼。"

湘莲道:

"大丈夫岂有失信之理?小弟素系寒贫,况且在客中,那里能有定礼?"

薛蟠道:

"我这里现成,就备一分二哥带去。"

贾琏道:

"也不用金银珠宝,须是二弟亲身自有的东西,不论贵贱,不过带去取信耳。"

湘莲道:

"既如此说,弟无别物,囊中还有一把'鸳鸯剑',乃弟家中传代之宝,弟也不敢擅用,只是随身收藏着,二哥就请拿去为定。弟纵系水流花落之性,亦断不舍此剑。"

说毕,大家又饮了几杯,方各自上马,作别起程去了。

且说贾琏一日到了平安州,见了节度,完了公事,因又嘱咐他十月前后务要还来一次。贾琏领命,次日连忙取路回家,先到尤二姐那边。

且说二姐儿操持家务,十分谨肃,每日关门闭户,一点外事不闻。那三姐儿果是个斩钉截铁之人,每日侍奉母亲之余,只和姐姐一处做些活计。虽贾珍趁贾琏不在家,也来鬼混了两次,无奈二姐儿只不兜揽,推故不见。那三姐儿的脾气贾珍早已领过教的,那里还敢惹招她去?所以踪迹一发疏阔了。

却说这日贾琏进门,看见二姐儿三姐儿这般景况,喜之不尽,深念二姐儿之德。大家叙些寒温,贾琏便将路遇柳湘莲一事说了一回,又将"鸳鸯剑"取出,递给三姐儿。三姐儿看时,上面龙吞夔护,珠宝晶莹。及至拿出来看时,里面却是两把合体的,一把上面錾一"鸳"字,一把上面錾"鸯"字。冷飕飕,明亮亮,如两痕秋水一般。三姐儿喜出望外,连忙收了,挂在自己绣房床上,每日望着剑,自喜终身有靠。

贾琏住了两天,回去复了父命,回家合宅相见。那时凤姐已大愈,出来理事行走了。贾琏又将此事告诉了贾珍。贾珍因近日又搭上了新相知,二则正恼她姐妹们无情,把这事丢过了,全不在心上,任凭贾琏裁夺。只怕贾琏独力不能,少不得又给他几十两银子。贾琏拿来,交给二姐儿准备妆奁。

谁知八月内,湘莲方进了京,先来拜见薛姨妈。又遇见薛蟠,方知薛蟠不惯风霜,不服水土,一进京时,便病倒在家,请医调治。听见湘莲来了,请入卧室相见。薛姨妈也不念旧事,只感救命之恩。母子们十分称谢,又说起亲事一节,凡一应东西皆置办妥当,只等择日。

湘莲也感激不尽。次日,又来见宝玉。二人相会,如鱼得水。湘莲因问贾琏偷娶二房之事。宝玉笑道:

"我听见焙茗说,我却未见。我也不敢多管。我又听见焙茗说,琏二哥哥着实问你,不知有何话说?"

湘莲就将路上所有之事一概告诉了宝玉。宝玉笑道:

"大喜,大喜! 难得这个标致人! 果然是个古今绝色,堪配你之为人。"

湘莲道:

"既是这样,她那少了人物? 如何只想到我? 况且我又素日不甚和她相厚,也关切不至于。路上忙忙的就那样再三要求定下,难道女家反赶着男家不成? 我自己疑惑起来,后悔不该留下这剑作定。所以后来想起你来,可以细细问了底里才好。"

宝玉道:

"你原是个精细人,如何既许了定礼又疑惑起来? 你原说只要一个绝色的。如今既得了个绝色的,便罢了,何必再疑?"

湘莲道:

"你既不知她来历,如何又知是绝色?"

宝玉道:

"她是珍大嫂子的继母带来的两位妹子。我在那里和她们混了一个月,怎么不知? 真真一对尤物——她又姓尤。"

湘莲听了,跌脚道:

"这事不好! 断乎做不得! 你们东府里,除了那两个石头狮子干净罢了!"

> 制造误会,加强气势。

宝玉听说,红了脸。湘莲自惭失言,连忙作揖,说:

"我该死胡说! 你好歹告诉我,她品行如何?"

宝玉笑道:

"你既深知,又来问我做什么? 连我也未必干净了。"

湘莲笑道:

"原是我自己一时忘情,好歹别多心!"

宝玉笑道:

"何必再提? 这倒似有心了。"

湘莲作揖告辞出来,心中想着要找薛蟠,一则他病着,二则他又浮躁,不如去要回定礼。主意已定,便一径来找贾琏。贾琏正在新房中,闻湘莲来了,喜之不尽,忙迎出来,让到内堂,和尤老娘相见。湘莲只作揖,称"老伯母",自称"晚生",贾琏听了诧异。

吃茶之间,湘莲便说:

"客中偶然忙促,谁知家姑母于四月订了弟妇,使弟无言可回。要从了二哥,背了姑母,似不合理。若系金帛之定,弟不敢索取;但此剑系祖父所遗,请仍赐回为幸。"

贾琏听了,心中自是不自在,便道:

"二弟,这话你说错了。定者,定也。原怕反悔,所以为定。岂有婚姻之事,出入随意的? 这个断乎使不得。"

湘莲笑说:

"如此说,弟愿领责备罚,然此事断不敢从命。"

贾琏还要饶舌。湘莲便起身说:

"请兄外座一叙,此处不便。"

那尤三姐在房明明听见。好容易等了他来,今忽见反悔,便知他在贾府中听了什么话来,把自己也当做淫奔无耻之流,不屑为妻。今若容他出去和贾琏说退亲,料那贾琏不但无法可处,就是争辩起来,自己也无趣味。一听贾琏要同他出去,连忙摘下剑来,将一股雌锋隐在肘后,出来便说:

"你们也不必出去再议,还你的定礼!"

一面泪如雨下,左手将剑并鞘送给湘莲,右手回肘,只往项上一横,可怜"揉碎桃花红满地,玉山倾倒再难扶!"

> 尤三姐之刚烈,柳湘莲之侠义,作者着笔不多,亦非刻意经营之人物,但却十分突出,一洗大观园之脂粉气,使读者耳目一新。

当下吓的众人急救不迭。尤老娘一面嚎哭,一面大骂湘莲。贾琏揪住湘莲,命人捆了送官。二姐儿忙止泪,反劝贾琏:

"人家并没威逼她。是她自寻短见,你便送他到官,又有何益? 反觉生事出丑。不如放他去罢!"

贾琏此时也没了主意,便放了手,命湘莲快去。湘莲反不动身，拉下手绢，拭泪道：

"我并不知是这等刚烈人！真真可敬！是我没福消受。"

大哭一场，等买了棺木，眼看着入殓，又抚棺大哭一场，方告辞而去。出门正无所之，昏昏默默，自想方才之事："原来这样标致人才，又这等刚烈！"自悔不及，信步行来，也不自知了。

正走之间，只听得隐隐一阵环佩之声，三姐从那边来了，一手捧着"鸳鸯剑"，一手棒着一卷册子，向湘莲哭道：

"妾痴情待君五年，不期君果'冷心冷面'，妾以死报此痴情！妾今奉警幻仙姑之命，前往太虚幻境修注案中所有一干情鬼。妾不忍相别，故来一会，从此再不能相见矣！"说毕，又向湘莲洒了几点眼泪，便要告辞而行。湘莲不舍，连忙欲上来拉住问时，那三姐一摔手，便自去了。这里柳湘莲放声大哭，不觉自梦中哭醒，似梦非梦，睁眼看时，竟是一座破庙，旁边坐着一个瘸腿道士捕虱。湘莲便起身稽首相问：

"此系何方？仙师何号？"

道士笑道：

"连我不知道此系何方，我系何人，不过暂来歇腿而已。"

湘莲听了，冷然如寒冰侵骨。掣出那股雄剑来，将万根烦恼丝，一挥而尽，便随那道士，不知往那里去了。

第六十七回　见土仪颦卿思故里
闻秘事凤姐讯家童

　　且说薛姨妈闻知湘莲已说定了尤三姐为妻，心中甚喜，正是高高兴兴，要打算替他买房子，治家伙，择吉迎娶，以报他救命之恩。忽有家中小厮吵嚷："三姐儿自尽了。"被小丫头们听见，告知薛姨妈。薛姨妈不知为何，心甚叹惜。正在猜疑，宝钗从园里过来。薛姨妈便对宝钗说道：

　　"我的儿，你听见了没有？你珍大嫂子的妹妹三姑娘，她不是已经许定给你哥哥的义弟柳湘莲了么？不知为什么自刎了。那湘莲也不知往那里去了。真正奇怪的事，叫人意想不到的！"

　　宝钗听了，并不在意，便说道：

　　"俗语说的好：'天有不测风云，人有旦夕祸福。'这也是她们前生命定。前儿妈妈为他救了哥哥，商量着替他料理，如今已经死的死了，走的走了，依我说，也只好由他罢了。妈妈也不必为他们伤感。倒是自从哥哥打江南回来了一二十日，贩了来的货物，想来也该发完了。那同伴去的伙计们辛辛苦苦的来回几个月了，妈妈合哥哥商议商议，也该请一请，酬谢酬谢才是。叫别人家看着无理似的。"

　　母女正说话间，见薛蟠自外而入，眼中尚有泪痕，一进门来，便向他母亲拍手说道：

　　"妈妈可知道柳二哥尤三姐的事么？"

　　薛姨妈说：

　　"我才听见说，正在这里合你妹妹说这件公案呢。"

　　薛蟠道：

"妈妈可听见说湘莲跟着一个道士出了家了么?"

薛姨妈道:

"这越发奇了。怎么柳相公那样一个年轻的聪明人,一时糊涂了,就跟着道士去了呢? 我想你们好了一场,他又无父母兄弟,只身一人在此,你该各处找找他才是。靠那道士,能往那里远去? 左不过是在这方近左右的庙里寺里罢了。"

薛蟠说:

"何尝不是呢? 我一听见这个信儿,就连忙带了小厮们在各处寻找,连一个影儿也没有。又去问人,都说没看见。"

薛姨妈说:

"你既找寻过,没有,也算把你做朋友的心尽了。焉知他这一出家,不是得了好处去呢? 只是你如今也该张罗买卖;二则把你自己娶媳妇应办的事情,倒早些料理料理。咱们家没人,俗语说的,"夯雀儿先飞",省的临时丢三落四的不齐全,令人笑话。再者: 你妹妹才说你也回家半个多月了,想货物也该发完了,同你去的伙计们,也该摆桌酒,给他们道道乏才是。人家陪着你走了二三千里的路程,受了四五个月的辛苦,而且在路上又替你担了多少的惊怕沉重。"

薛蟠听说,便道:

"妈妈说的很是。倒是妹妹想的周到。我也这样想着。只因这些日子,为各处发货,闹的脑袋都大了。又为柳二哥的事忙了这几日,反倒落了一个空: 白张罗了一会子,倒把正经事都误了。要不然,定了明儿后儿,下帖儿请罢。"

薛姨妈道:

"由你办去罢。"

话犹未了,外面小厮进来回说:

"管总的张大爷差人送了两箱子东西来,说: '这是爷各自买的,不在货帐里面。本要早送来,因货物箱子压着,没得拿;昨儿货物发完了,所以今日才送来了。'"一面说,一面又见两个小厮搬进

了两个夹板夹的大棕箱。薛蟠一见,说:

"嗳呀!可是我怎么就糊涂到这步田地了!特特的给妈合妹妹带来的东西都忘了,没拿了家里来,还是伙计送了来了。"

宝钗道:

"亏你说!还是特特的带来的,才放了一二十天;要不是特特的带来,大约要放到年底下才送来呢。我看你也诸事太不留心了。"

薛蟠笑道:

"想是在路上叫人把魂打掉了,还没归窍呢。"

说着,大家笑了一回,便向小丫头说:

"出去告诉小厮们,东西收下,叫他们回去罢。"

薛姨妈和宝钗因问:

"到底是什么东西,这样捆着绑着的?"薛蟠便命叫两个小厮进来解了绳子,去了夹板,开了锁看时,这一箱都是绸缎绫锦洋货等家常应用之物。薛蟠笑着道:

"那一箱是给妹妹带的。"亲自来开。

母女二人看时,却是些笔、墨、纸、砚,各色笺纸,香袋、香珠、扇子、扇坠、花粉、胭脂等物;外有虎丘带来的自行人、酒令儿,水银灌的打筋斗小小子,沙子灯,一出一出的泥人儿的戏,用青纱罩的匣子装着;又有在虎丘山上泥捏的薛蟠的小像,与薛蟠毫无相差。宝钗见了,别的都不理论,倒是薛蟠的小像,拿着细细看了一看,又看看她哥哥,不禁笑起来了。因叫莺儿带着几个老婆子将这些东西,连箱子送到园子里去。又和母亲哥哥说了一回闲话,才回园子里去。这里薛姨妈将箱子里的东西取出,一份一份的打点清楚,叫同喜送给贾母并王夫人等处。不提。

且说宝钗到了自己房中,将那些玩意儿一件一件的过了目,除了自己留用之外,一份一份配合妥当:也有送笔、墨、纸、砚的;也有送香袋、香坠的;也有送脂粉、头油的;也有单送玩意儿的。只有黛玉的比别人不同,且又加厚一倍。一一打点完毕,使莺儿同着一个

老婆子,跟着送往各处。这边姐妹诸人都收了东西,赏赐来使,说:
"见面再谢。"惟有黛玉看见她家乡之物,反自触物伤情,想起父母
双亡,又无兄弟,寄居亲戚家中,"那里有人也给我带些土物来?"想
到这里,不觉的又伤起心来了。

　　紫鹃深知黛玉心肠,但也不敢说破,只在一旁劝道:

　　"姑娘的身子多病,早晚服药,这两日,看着比那些日子略好
些。虽说精神长了一点儿,还算不得十分大好。今儿宝姑娘送来
的这些东西,可见宝姑娘素日看着姑娘很重,姑娘看着喜欢才是,
为什么反倒伤起心来? 这不是宝姑娘送东西来,倒叫姑娘烦恼了
不成? 就是宝姑娘听见,反觉脸上不好看。再者:这里老太太们为
姑娘的病体,千方百计,请好大夫配药诊治,也为是姑娘的病好。
这如今才好些,又这样哭哭啼啼,岂不是自己糟蹋了自己身子,叫
老太太看着添了愁烦了么? 况且姑娘这病,原是素日忧虑过度,伤
了血气。姑娘的千金贵体,也别自己看轻了!"

　　紫鹃正在这里劝解,只听见小丫头在院内说:

　　"宝二爷来了。"

　　紫鹃忙说:

　　"请二爷进来罢。"

　　只见宝玉进房来了。宝玉让坐毕,宝玉见黛玉泪痕满面,便
问:

　　"妹妹,又是谁气着你了?"

　　黛玉勉强笑道:

　　"谁生什么气?"

　　旁边紫鹃将嘴向床后桌上一努,宝玉会意,往那里一瞧,见堆
着许多东西,就知道是宝钗送来的,便取笑说道:

　　"那里这些东西,不是妹妹要开杂货铺啊?"

　　黛玉也不答言。紫鹃笑着道:

　　"二爷还提东西呢。因宝姑娘送了些东西来,姑娘一看,就伤
起心来了。我正在这里劝解,恰好二爷来的很巧,替我们劝劝。"

宝玉明知黛玉是这个缘故，却也不敢提头儿，只得笑说道：

"你们姑娘的缘故，想来不为别的，必是宝姑娘送来的东西少，所以生气伤心。——妹妹，你放心，等我明年叫人往江南去，给你多多的带两船来，省得你淌眼抹泪的。"

黛玉听了这话，也知宝玉是为自己开心，也不好推，也不好任，因说道：

"我任凭怎么没见过世面，也到不了这步田地：因送的东西少，就生气伤心。我又不是两三岁的孩子，你也忒把人看的小气了。——我有我的缘故，你那里知道？"说着，眼泪又流下来了。

宝玉忙走到床前，挨着黛玉坐下，将那些东西一件一件拿起来，摆弄着细瞧，故意问：

"这是什么，叫什么名字？那是什么做的，这样齐整？这是什么，要它做什么使用？"又说："这一件可以摆在面前。"又说："那一件可以放在条桌上，当古董儿倒好呢。"一味的将些没要紧的话来厮混。

黛玉见宝玉如此，自己心里倒过不去，便说："你不用在这里混搅了，咱们到宝姐姐那边去罢。"

宝玉巴不的黛玉出去散散闷，解了悲痛，便道："宝姐姐送咱们东西，咱们原该谢谢去。"

黛玉道：

"自家姐妹，这倒不必，只是到她那边，薛大哥回来了，必然告诉她些南边的古迹儿，我去听听，只当回了家乡一趟的。"

说着，眼圈儿又红了，宝玉便站着等她。黛玉只得和她出去，往宝钗那里去了。

且说薛蟠听了母亲之言，急下了请帖，办了酒席。次日，请了四位伙计，俱已到齐，不免说些贩卖账目发货之事。不一时，上席让坐，薛蟠挨次斟了酒，薛姨妈又使人出来致意，大家喝着酒说闲话儿。内中一个道：

"今儿这席上短两个好朋友。"

众人齐问：

"是谁？"

那人道：

"还有谁？就是贾府上的琏二爷和大爷的盟弟柳二爷。"

大家果然都想起来，问着薛蟠道：

"怎么不请琏二爷合柳二爷来？"

薛蟠闻言，把眉一皱，叹口气道："琏二爷又往平安州去了，头两天就起了身了。那柳二爷竟别提起，真是天下头一件奇事！什么是柳二爷，如今不知那里作'柳道爷'去了。"

众人都诧异道：

"这是怎么说？"

薛蟠便把湘莲前后事体说了一遍。众人听了，越发骇异，因说道：

"怪不的。前儿我们在店里，仿仿佛佛也听见人吵嚷，说：'有一个道士，三言两语，把一个人度了去了。'又说：'一阵风刮了去了。'只不知是谁。我们正发货，那里有闲工夫打听这个事去？到如今还是似信不信的，谁知就是柳二爷呢？早知是他，我们大家也该劝劝他才是。任他怎么着，也不叫他去。"

内中一个道："别是这么着罢？"

众人问：

"怎么样？"

那人道：

"柳二爷那样个伶俐人，未必是真跟了道士去罢。他原会些武艺，又有力量，或看破那道士的妖术邪法，特意跟他去，在背地摆布他，也未可知。"

薛蟠道：

"果然如此，倒也罢了。世上这些妖言惑众的人，怎么没人治他一下子！"

众人道：

"那时难道你知道了也没找寻他去?"

薛蟠说:

"城里城外,那里没有找到?不怕你们笑话,我找不着他,还哭了一场呢!"

言毕,只是长吁短叹,无精打彩的,不像往日高兴。众伙计见他这样光景,自然不便久坐,不过随便喝了几杯,吃了饭,大家散了。

且说宝玉和着黛玉到宝钗处来,宝玉见了宝钗,便说道:"大哥哥辛辛苦苦的带了东西来,姐姐留着使罢,又送我们。"

宝钗笑道:

"原不是什么好东西,不过是远路带来的土物儿,大家看着新鲜些就是了。"

黛玉道:

"这些东西,我们小时候倒不理会,如今看见,真是新鲜物儿了。"

宝钗因笑道:

"妹妹知道,这就是俗语说的,'物离乡贵',其实可算什么呢!"

宝玉听了这话,正对了黛玉方才的心事,连忙拿话岔道:"明年好歹大哥哥再去时,替我们多带些来"。

黛玉瞅了他一眼,便道:"你要,你只管说,不必拉扯上人。——姐姐,你瞧,宝哥哥不是给姐姐来道谢,竟又要定下明年的东西来了。"

说的宝钗宝玉都笑了。

三个人又闲话了一回,因提起黛玉的病来,宝钗劝了一回,因说道:

"妹妹若觉着身上不爽快,倒要自己勉强挣扎着出来,各处走走逛逛,散散心,比在屋里闷坐着到底好些。我那两日,不是觉着发懒,浑身发热,只是要歪着?也因为时气不好,怕病,因此寻些事情,自己混着。这两日才觉着好些了。"

黛玉道：

"姐姐说的何尝不是？我也是这么想着呢。"大家又坐了一会子方散。宝玉仍把黛玉送至潇湘馆门首，才各自回去了。

且说赵姨娘因见宝钗送了贾环些东西，心中甚是喜欢，想道：

"怨不得别人都说那宝丫头好，会做人，很大方。如今看起来，果然不错！她哥哥能带了多少东西来？她挨门儿送到，并不遗漏一处，也不露出

> 宝钗笼络人心，无微不至。赵姨娘亦拥薛倒林。

谁薄谁厚。连我们这样没时运的，她都想到了。要是那林丫头，她把我们娘儿们正眼也不瞧，那里还肯送我们东西？"一面想，一面把那些东西翻来覆去的摆弄，瞧看一回。忽然想到宝钗和王夫人是亲戚，为何不到王夫人跟前卖个好儿呢？自己便蝎蝎螫螫的，拿着东西，走至王夫人房中，站在旁边，陪笑说道："这是宝姑娘才刚给环哥儿的。难为宝姑娘这么年轻的人，想的这么周到，真是大户人家的姑娘，又展样①，又大方。怎么叫人不敬奉呢！怪不的老太太成日家都夸她疼她。我也不敢自专就收起来，特拿来给太太瞧瞧，太太也喜欢喜欢。"

王夫人听了，早知道来意了，又见她说得不伦不类，也不便不理她。说道：

"你只管收了去给环哥玩罢。"

赵姨娘来时，兴兴头头，谁知抹了一鼻子灰，满心生气，又不敢露出来，只得讪讪的出来了。到了自己房中，将东西丢在一边，嘴里咕咕哝哝，自言自语道：

"这个又算了个什么儿呢！"一面坐着，自生了一回闷气。

却说莺儿带着老婆子们送东西回来，回复了宝钗，将众人道谢的话并赏赐的银钱都回完了，那老婆子便出去了。莺儿走近前来一步，挨着宝钗，悄悄的说道：

"刚才我到琏二奶奶那边，看见二奶奶一脸的怒气。我送下东西出来时，悄悄的问小红，说：'刚才二奶奶从老太太屋里回来，不

似往日欢天喜地的，叫了平儿去，唧唧咕咕的不知说了些什么。'看那个光景，倒像有什么大事的似的。姑娘没听见那边老太太有什么事?"

宝钗听了，也自己纳闷，想不出凤姐是为什么有气，便道:

"各人家有各人的事，咱们那里管得? 你去倒茶去来。"莺儿于是出来，自去倒茶。不提。

且说宝玉送了黛玉回来，想着黛玉的孤苦，不免也替她伤感起来，因要将这话告诉袭人。进来时，却只有麝月秋纹在屋里，因问:

"你袭人姐姐那里去了?"

麝月道:

"左不过在这几个院里，那里就丢了她? 一时不见就这样找!"

宝玉笑着道:

"不是怕丢了她。因我方才到林姑娘那边，见林姑娘又正伤心呢。问起来，却是为宝姐姐送了她东西，她看见是她家乡的土物，不免对景伤情。我要告诉你袭人姐姐，叫她过去劝劝。"

正说着，晴雯进来了，因问宝玉道:"你回来了? 你又要叫劝谁?"

宝玉将方才的话说了一遍。晴雯道:

"袭人姐姐才出去。听见她说，要到琏二奶奶那边去，保不住还到林姑娘那里去呢。"

宝玉听了，便不言语。秋纹倒了茶来，宝玉漱了一口，递给小丫头子，心中着实不自在，就随便歪在床上。

却说袭人因宝玉出门，自己作了一回活计，忽想起凤姐身上不好，这几天也没有过去看看。况闻贾琏出门，正好大家说说话儿，便告诉晴雯:

"好生在屋里，别都出去了，叫二爷回来抓不着人。"

晴雯道:

"嗳哟! 这屋里单你一个人惦记着他，我们都是白闲着，混饭吃的。"

　　袭人笑着，也不答言，就走了。刚来到沁芳桥畔，那时正是夏末秋初，池中莲藕，新残相间，红绿离披。袭人走着，沿堤看玩了一回，猛抬头，看见那边葡萄架底下，有人拿着掸子，在那里掸什么呢。走到跟前，却是老祝妈。

　　那老婆子见了袭人，便笑嘻嘻的迎上来，说着：

　　"姑娘怎么今儿得工夫出来逛逛？"

　　袭人道：

　　"可不是吗？我要到琏二奶奶那里瞧瞧去。你这里做什么呢？"

　　那婆子道：

　　"我在这里赶蜜蜂儿。今年三伏里雨水少，这果子树上都有虫子，把果子吃的疤癞流星的，掉了好些了。姑娘还不知道呢：这马蜂最可恶的，一嘟噜②上，只咬破两三个儿，那破的水滴到好的上头。连这一嘟噜都是要烂的。姑娘，你瞧，咱们说话的空儿没赶，就落上许多了。"

　　袭人道：

　　"你就是不住手的赶，也赶不了多少。你倒是告诉买办，叫他多多做些小冷布口袋儿，一嘟噜套上一个，又透风，又不糟蹋。"

　　婆子笑道：

　　"倒是姑娘说的是。我今年才管上，那里知道这个巧法儿呢？"因又笑着说道：

　　"今年果子虽糟蹋了些，味儿倒好，不信摘一个姑娘尝尝。"

　　袭人正色道：

　　"这那里使得！不但没熟吃不得，就是熟了，上头还没有供鲜，咱们倒先吃了。你是府里使老了的，难道连这个规矩都不懂了？"

　　老祝妈忙笑道：

　　"姑娘说的是。我见姑娘很喜欢，我才敢这么说，可就把规矩错了。我可是老糊涂了！"

　　袭人道：

"这也没有什么,只是你们有年纪的老奶奶们,别先领着头儿这么着就好了。"

说着,遂一径出了园门,来到凤姐这边。一到院里,只听凤姐说道:

"天理良心!我在这屋里熬的越发成了贼了!"

袭人听见这话,知道有原故了,又不好回来,又不好进去,遂把脚步放重些,隔着窗子问道:

"平姐姐在家里么?"

平儿忙答应着迎出来。袭人便问:

"二奶奶也在家里么?身上可大安了?"说着,已走进来。

凤姐装着在床上歪着呢。见袭人进来,也笑着站起来,说:

"好些了,叫你惦着。怎么这几日不过我们这边坐坐?"

袭人道:

"奶奶身上欠安,本该天天过来请安才是,但只怕奶奶身上不爽快,倒要静静儿的歇歇儿。我们来了,倒吵的奶奶烦。"

凤姐笑道:

"烦是没的话,倒是宝兄弟屋里虽然人多,也就靠着你一个照看他,也实在离不开。我常听见平儿告诉我说,你背地里还惦着我,常常问我。这就是你尽心了。"

一面说着,叫平儿挪了张杌子放在床旁边,让袭人坐下。丰儿端进茶来。袭人欠身道:

"妹妹坐着罢。"

一面说闲话儿,只见一个丫头子在外间屋里,悄悄的和平儿说:

"旺儿来了,在二门上伺候着呢。"

又听见平儿也悄悄的道:

"知道了,叫他先去,回来再来。别在门口站着。"

袭人知他们有事,又说了两句话,便起身要走。凤姐道:

"闲来坐坐,说说话儿,我倒开心。"

因命："平儿，送送你妹妹。"

平儿答应着送出来，只见两三个小丫头子都在那里，屏声息气，齐齐的伺侯着，袭人不知何事，便自去了。

却说平儿送出袭人，进来回道：

"旺儿才来了，因袭人在这里，我叫他先到外头等等儿。这会子还是立刻叫他呢，还是等着？请奶奶的示下。"

凤姐道：

"叫他来！"

平儿忙叫小丫头去传旺儿进来。

这里凤姐又问平儿：

"你到底是怎么听见说的？"

平儿道：

"就是头里那小丫头子的话。他说他在二门里头，听见外头两个小厮说：'这个新二奶奶比咱们旧二奶奶还俊呢，脾气儿也好。'不知是旺儿是谁，吆喝了两个一顿。说："什么新奶奶旧奶奶的！还不快悄悄儿的呢！叫里头知道了，把你的舌头还割了呢！""

平儿正说着，只见一个小丫头进来回说：

"旺儿在外头伺候着呢。"

凤姐听了，冷笑了一声，说：

"叫他进来"

那小丫头出来说：

"奶奶叫呢。"

旺儿连忙答应着进来。

旺儿请了安，在外间门口垂手侍立。凤姐儿道：

"你过来，我问你话。"

旺儿才走到里间门旁站着。凤姐儿道：

"你二爷在外头弄了人，你知道不知道？"

旺儿又打着千儿，回道：

"奴才天天在二门上听差事，如何能知道二爷在外头的事呢？"

凤姐冷笑道:

"你自然不知道! 你要知道,你怎么拦人呢?"

旺儿见这话,知道刚才的话已经走了风了,料着瞒不过,便又跪回道:

"奴才实在不知道,就是头里兴儿和喜儿两个人在那里混说,奴才吆喝了他们两句。内中深情底里,奴才不知道,不敢妄回,求奶奶问兴儿,——他是长跟二爷出门的。"

凤姐儿听了,下死劲啐了一口,骂道:

"你们这一起没良心的混帐忘八崽子,都是一条藤儿! 打量我不知道呢! 先去给我把兴儿那个忘八崽子叫了来,你也不许走!问明白了他,回来再问你。好,好,好! 这才是我使出来的好人呢!"

那旺儿只得连声答应几个"是",磕了个头,爬起来出去,去叫兴儿。

却说兴儿正在帐房儿里和小厮们玩呢,听见说二奶奶叫,先吓了一跳,却也想不到是这件事发作了,连忙跟着旺儿进来。旺儿先进去,回说:

"兴儿来了。"

凤姐儿厉声道:

"叫他!"

那兴儿听见这个声音儿,早已没了主意了,只得乍着胆子③进来。凤姐儿一见便说:

"好小子啊! 你和你爷办的好事啊! 你只实说罢!"

兴儿一闻此言,又看见凤姐儿气色,及两边丫头们的光景,早吓软了,不觉跪下,只是磕头。凤姐儿道:

"论起这事来,我也听见说不与你相干;但只你不早来回我知道,这就是你的不是了。你要实说了,我还饶你;再有一句虚言,你先摸摸你腔子上几个脑袋瓜子!"

兴儿战兢兢的朝上磕头道:

"奶奶问的是什么事，奴才和爷办坏了？"

凤姐听了，一腔火都发作起来，喝命：

"打嘴巴！"

旺儿过来，才要打时，凤姐儿骂道：

"什么糊涂忘八崽子！叫他自己打，用你打吗？一会子你再各人打你的嘴巴子还不迟呢！"

那兴儿真个自己左右开弓，打了自己十几个嘴巴。凤姐儿喝声"站住"，问道：

"你二爷外头娶了什么新奶奶旧奶奶的事，你大概不知道啊？"

兴儿见说出这件事来，越发着了慌，连忙把帽子抓下来，在砖地上咕咚咕咚碰的头山响，口里说道：

"只求奶奶超生！奴才再不敢撒一个字儿的谎！"

> 写凤姐的淫威、泼辣，满口"忘八崽子"，与众姐妹教养大不相同。

凤姐道：

"快说！"

兴儿直蹶蹶的跪起来回道：

"这事头里奴才也不知道。就是这一天东府里大老爷送了殡，俞禄往珍大爷朝里去领银子，二爷同着蓉哥儿到了东府里，道儿上，爷儿两个说起珍大奶奶那边的二位姨奶奶来，二爷夸她好，蓉哥儿哄着二爷，说把二姨奶奶说给二爷——"

凤姐听到这里，使劲啐道：

"呸！没脸的忘八蛋！她是你那一门的姨奶奶！"

兴儿忙又磕头说：

"奴才该死！"

往上瞅着，不敢言语。凤姐儿道：

"完了吗？怎么不说了？"

兴儿方才又回道：

"奶奶恕奴才，奴才才敢回。"

凤姐啐道:

"放你妈的屁! 这还什么恕不恕了! 你好生给我往下说,好多着呢!"

兴儿又回道:

"二爷听见这个话,就欢喜了。后来奴才也不知道怎么就弄真了。"

凤姐微微冷笑道:

"这个自然么! 你可那里知道呢? 你知道的,只怕都烦了呢! ——是了,说底下的罢。"

兴儿回道:

"后来就是蓉哥儿给二爷找了房子。"

凤姐忙问道:

"如今房子在那里?"

兴儿道:

"就在府后头。"

凤姐儿道:

"哦!"

回头瞅着平儿,道:

"咱们都是死人哪! 你听听!"

平儿也不敢作声。

兴儿又回道:

"珍大爷那边给了张家不知多少银子,那张家就不问了。"

凤姐道:

"这里头怎么又拉扯上什么张家李家来呢?"

兴儿回道:

"奶奶不知道。这二奶奶——"刚说到这里,又自己打了个嘴巴,把凤姐儿倒怄笑了,两边的丫头也都抿嘴儿笑。兴儿想了一想,说道

"那珍大奶奶的妹子——"

凤姐儿接着道：

"怎么样？快说呀！"

兴儿道：

"那珍大奶奶的妹子原来从小儿有人家的，姓张，叫什么张华，如今穷的待好讨饭。珍大爷许了他银子，他就退了亲了。"

凤姐儿听到这里，点了点头儿，回头便望丫头们说道：

"你们都听见了？小忘八崽子！头里他还说他不知道呢！"

兴儿又回道：

"后来二爷才叫人裱糊了房子，娶过来了。"

凤姐道：

"打那里娶过来的？"

兴儿回道：

"就在他老娘家抬过来的。"

凤姐道：

"好罢咧！"又问："没人送亲么？"

兴儿道：

"就是蓉哥儿，还有几个丫头老婆子们，没别人。"

凤姐道：

"你大奶奶没来吗？"

兴儿道：

"过了两天，大奶奶才拿了些东西来瞧的。"

凤姐儿笑了一笑，回头向平儿道：

"怪道那两天二爷称赞大奶奶不离嘴呢！"掉过脸来，又问兴儿："谁伏侍呢？自然是你了？"

兴儿赶着碰头，不言语。凤姐又问：

"前头那些日子，说给那府里办事，想来办的就是这个了？"

兴儿回道：

"也有办事的时候，也有往新房子里去的时候。"

凤姐又问道：

"谁和她住着呢?"

兴儿道:

"她母亲和她妹子。昨儿她妹子自己抹了脖子了。"

凤姐道:

"这又为什么?"

兴儿随将柳湘莲的事说了一遍。凤姐道:

"这个人还算造化高,省了当那出名儿的忘八!"因又问道:

"没了别的事了么?"

兴儿道:

"别的事奴才不知道,奴才刚才说的,字字是实话。一字虚假,奶奶问出来,只管打死奴才,奴才也无怨的!"

凤姐低了一回头,便又指着兴儿说道:

"你这个猴儿崽子,就该打死,这有什么瞒着我的?你想着瞒了我,就在你那糊涂爷跟前讨了好儿了,你新奶奶好疼你!我不看你刚才还有点怕惧儿,不敢撒谎,我把你的腿不给你呷折了呢!"说着,喝声"起去!"

兴儿磕了个头,才爬起来,退到外间门口,不敢就走。凤姐道:

"过来!我还有话呢。"

兴儿赶忙垂手敬听。凤姐道:

"你忙什么?新奶奶等着赏你什么?"

兴儿也不敢抬头。凤姐道:

"你从今日不许过去!我什么时候叫你,你什么时候到。迟一步儿,你试试! ——出去罢!"

兴儿忙答应几个"是",退出门来。凤姐又叫道:

"兴儿!"

兴儿赶忙答应回来。凤姐道:

"快出去告诉你二爷去,是不是啊?"

兴儿回道:

"奴才不敢!"

凤姐道:

"你出去提一个字儿,提防你的皮!"

兴儿连忙答应着,才出去了。凤姐又叫:

"旺儿呢?"

旺儿连忙答应过来。凤姐把眼直瞪瞪的瞅了两三句话的工夫,才说道:

"好,旺儿很好! 去罢! 外头有人提一个字儿,全在你身上。"

旺儿答应着,也慢慢的退出去了。凤姐便叫:

"倒茶。"

小丫头子们会意,都出去了。

这里凤姐才和平儿说:

"你都听见了。这才好呢!"平儿也不敢答言,只好陪笑儿。凤姐越想越气,歪在枕上,只是出神,忽然眉头一皱,计上心来,便叫平儿来。平儿连忙答应过来。凤姐道:

"我想这件事,竟该这么着才好,也不必等你二爷回来再商量了。"

①　展样——气度开展。
②　嘟噜——一串东西连缀在一起,向下垂着的形状。
③　乍着胆子——本来害怕,勉强壮起胆子来。

第六十八回

苦尤娘赚入大观园
酸凤姐大闹宁国府

话说贾琏起身去后，偏值平安节度巡边在外，约一个月方回，贾琏未得确信，只得住在下处等候。及至回来相见，将事办妥，回程已将近两个月的限了。

谁知凤姐早已心下算定：只等贾琏前脚走了，回来便传各色匠役收拾东厢房三间，照依自己正室一样装饰陈设。至十四日，便回明贾母王夫人，说十五日一早要到姑子庙进香去。只带了平儿、丰儿、周瑞媳妇、旺儿媳妇四人。未曾上车，便将原故告诉了众人，又吩咐众男人，素衣素盖，一径前来。兴儿引路，一直到了门前扣门。鲍二家的开了。兴儿笑道：

"快回二奶奶去，大奶奶来了。"

鲍二家的听了这句，顶梁骨走了真魂，忙飞跑进去，报与尤二姐。尤二姐虽也一惊，但已来了，只得以礼相见，于是忙整理衣裳，迎了出来。至门前，凤姐方下了车进来。二姐一看，只见头上都是素白银器，身上月白缎子袄，青缎子掐银线的褂子，白绫素裙。眉弯柳叶，高吊两梢；目横丹凤，神凝三角。俏丽若三春之桃，清素若九秋之菊。周瑞旺儿的二女人挽进院来。二姐陪笑，忙迎上来拜见，张口便叫"姐姐"，说：

"今儿实在不知姐姐下降，不曾远接，求姐姐宽恕！"

说着，便拜下去。凤姐忙陪笑还礼不迭，赶着拉了二姐儿的手，同入房中。凤姐在上坐，二姐忙命丫头拿褥子便行礼，说：

"妹子年轻，一从到了这里，诸事都是家母和家姐商议主张。今儿有幸相会，若姐姐不弃寒微，凡事求姐姐的指教，情愿倾心吐胆,只伏侍姐姐。"说着,便行下礼去。

凤姐忙下坐还礼,口内忙说:

"皆因我也年轻,向来总是妇人的见识,一味的只劝二爷保重,别在外边眠花宿柳,恐怕叫老爷太太耽心,这都是你我的疑心,谁知二爷倒错会了我的意。若是外头包占人家姐妹,瞒着家里也罢了;如今娶了妹妹作二房,这样正经大事,也是人家大礼,却不曾合我说。我也劝过二爷:早办这件事,果然生个一男半女,连我后来都有靠。不想二爷反以我为那等妒忌不堪的人,私自办了,真真叫我有冤没处诉。我的这个心,惟有天地可表。头十天头里,我就风闻着知道了,只怕二爷又错想了,遂不敢先说;目今可巧二爷走了,所以我亲自过来拜见。还求妹妹体谅我的苦心,起动大驾,挪到家中,你我姐妹同居同处,彼此合心合意的谏劝二爷,谨慎世务,保养身子,这才是大礼呢。要是妹妹在外头,我在里头,妹妹自想想,我心里怎么过的去呢? 再者:叫外人听着,不但我的名声不好听,就是妹妹的名儿也不雅。况且二爷的名声,更是要紧的,倒是谈论咱们姐儿们,还是小事。至于那起下人小人之言,未免见我素昔持家太严,背地里加减些话,也是常情。妹妹想,自古说的,'当家人,恶水缸。'我要真有不容人的地方儿,上头三层公婆,当中有好几位姐姐、妹妹、妯娌们,怎么容的我到今儿? ——就是今儿二爷私娶妹妹,在外头住着,我自然不愿意见妹妹,我如何还肯来呢? 拿着我们平儿说起,我还劝着二爷收她呢。这都是天地神佛不忍的叫这些小人们糟蹋我,所以才叫我知道了。我如今来求妹妹进去,和我一块儿,——住的、使的、穿的、带的,总是一样儿。妹妹这样伶透人,要肯真心帮我,我也得个膀臂。不但那起小人堵了他们的嘴,就是二爷回来一见,他也从今后悔,我并不是那种吃醋调歪[①]的人,你我三人,更加和气,所以妹妹还是我的大恩人呢。要是妹妹不合我去,我也愿意出来陪着妹妹住,只求妹妹在二爷跟前替我好言方便方便,留我个站脚的地方儿。就叫我伏侍妹妹梳头洗脸,我也是愿意的!"

903

说着，便呜呜咽咽，哭将起来了。二姐见了这般，也不免滴下泪来。

二人对见了礼，分序坐下。平儿忙也上来要见礼。二姐见她打扮不凡，举止品貌不俗。料定必是平儿，连忙亲身挽住，只叫：

"妹子快别这么着，你我是一样的人。"

凤姐忙也起身笑说：

"折死了她！妹妹只管受礼。她原是咱们的丫头，以后快别这么着。"

说着，又命周瑞家的从包袱里取出四匹上色尺头②，四对金珠簪环，为拜见的礼。二姐忙拜受了。二人吃茶，对诉已往之事。凤姐口内全是自怨自错："怨不得别人。如今只求妹妹疼我！"

> 写凤姐的大奸、大恶，尤二姐的老实是一强烈对比。但与写宝钗笼络黛玉口气完全不同。写小说必须因人而异惟高手能之。

二姐是个实心人，便认做她是个好人，想道：

"小人不遂心，诽谤主子，也是常理。"故倾心吐胆，叙了一回，竟把凤姐认为知己。又见周瑞家等媳妇在旁边称扬凤姐素日许多善政，"只是吃亏心太痴了，反惹人怨。"又说："已经预备了房屋，奶奶进去，一看便知。"尤氏心中早已要进去同住方好，今又见如此，岂有不允之理？便说：

"原该跟了姐姐去，只是这里怎么着呢？"

凤姐道：

"这有何难？妹妹的箱笼细软，只管着小厮搬了进去。这些粗夯货，要它无用，还叫人看着。妹妹说谁妥当，就叫谁在这里。"

二姐忙说：

"今儿既遇见姐姐，这一进去，凡事只凭姐姐料理。我也来的日子浅，也不曾当过家事，不明白，如何敢作主呢？这几件箱柜拿进去罢。我也没有什么东西，那也不过是二爷的。"

凤姐听了，便命周瑞家的记清，好生看管着，抬到东厢房去。于是催着尤二姐急忙穿戴了，二人携手上车，又同坐一处，又悄悄

的告诉她:

"我们家的规矩大。这事老太太、太太一概不知;倘或知道,二爷孝中娶你,管把他打死了。如今且别见老太太、太太。我们有一个花园子极大,姐妹们住着,容易没人去的。你这一去,且在园子里住两天,等我设个法子,回明白了,那时再见方妥。"

二姐道:

"任凭姐姐裁处。"

那些跟车的小厮们皆是预先说明的,如今不进大门,只奔后门来。下了车,赶散众人,凤姐便带了尤氏进了大观园的后门,来到李纨处相见了。

彼时大观园里的十停人已有九停人知道了。今忽见凤姐带了进来,引动众人来看问。二姐一一见过。众人见了她标致和悦,无不称扬。凤姐一一的吩咐了众人:

"都不许在外走了风声;若老太太、太太知道,我先叫你们死!"

园里的婆子丫头都素惧凤姐的,又系贾琏国孝家孝中所行之事,知道关系非常,都不管这事。

凤姐悄悄的求李纨收养几天,"等回明了,我们自然过去。"李纨见凤姐那边已收拾房屋,况在服中,不好张扬,自是正理,只得收下权住,凤姐又便去将她的丫头一概退出,又将自己的一个丫头送她使唤。暗暗吩咐她园里的媳妇们:

"好生照看着她。若有走失逃亡,一概和你们算帐!"

自己又去暗中行事。不提。

且说合家之人,都暗暗的纳罕,说:

"看她如何这等贤惠起来了?"

那二姐得了这个所在,又见园里姐妹个个相好,倒也安心乐业的,自为得所。谁知三日之后,丫头善姐便有些不服使唤起来。二姐因说:

"没了头油了,你去回一声大奶奶,拿些个来。"

善姐儿便道:

"二奶奶,你怎么不知好歹,没眼色?我们奶奶,天天承应了老太太,又要承应这边太太,那边太太,这些姑娘姊娌们,上下几百男女人,天天起来,都等她的话;一日少说,大事也有一二十件,小事还有三五十件;外头从娘娘算起,以及王公侯伯家,多少人情;家里又有这些亲友的调度;银子上千钱上万,一天都从她一个人手里出入,一个嘴里调度:那里为这点子小事去烦琐她。——我劝你能着些儿罢。咱们又不是明媒正娶来的。这是她亘古少有一个贤良人,才这样待你。若差些儿的人,听见了这话,吵嚷起来,把你丢在外头,死不死,活不活,你又敢怎么着呢?"

> 写凤姐歹毒,玩弄二姐于股掌心上,足见匠心。

一席话,说的尤氏垂了头。自为有这一说,少不得将就些罢了。那善姐渐渐的连饭也懒端来给她吃了,或早一顿、晚一顿,所拿来的东西,皆是剩的。二姐说过两次,她反瞪着眼叫唤起来了。二姐又怕人笑她不安本分,少不得忍着。

隔上五日八日,见凤姐一面。那凤姐却是和容悦色,满嘴里"好妹妹"不离口。又说:

"倘有下人不到之处,你降不住他们,只管告诉我,我打他们。"又骂丫头媳妇说:"我深知你们软的欺,硬的怕,背着我的眼,还怕谁!倘或二奶奶告诉我一个'不'字,我要你们的命!"

二姐见她这般好心,"既有她,我又何必多事?下人不知好歹是常情。我要告了她们,受了委屈,反叫人说我不贤良。"因此,反替她们遮掩。

凤姐一面使旺儿在外打听这二姐的底细,皆已深知,果然已有了婆家的。女婿现在才十九岁,成日在外赌博,不理世业,家私花尽了,父母撵他出来,现在赌钱场存身。父亲得了尤婆子二十两银子,退了亲的,这女婿尚不知道。原来这小伙名叫张华。凤姐都一一尽知原委,便封了二十两银子给旺儿,悄悄命他将张华勾来养活,着他写一张状子,只要往有司衙门里告去,就告琏二爷国孝家孝的里头,背旨瞒亲,仗财依势,强逼退亲,停妻再娶。

906

这张华也深知利害，先不敢造次。旺儿回了凤姐。凤姐气的骂道：

"真是他娘的话！怨不得俗语说：'癞狗扶不上墙的。'你细细说给他，就告我们家谋反也没要紧。不过是借他一闹，大家没脸；要闹大了，我这里自然能够平服的。"

旺儿领命，只得细说与张华。凤姐又吩咐旺儿：

"他若告了你，你就和他对词去，如此，如此，我自有道理。"

旺儿听了有她做主，便又命张华状子上添上自己，说：

"你只告我来旺的过付③，一应调唆二爷做的。"

张华便得了主意，和旺儿商议定了，写了一张状子，次日便往都察院处喊了冤。察院坐堂，看状子是告贾琏的事，上面有"家人来旺一人"，只得遣人去贾府传来旺儿来对词。青衣④不敢擅入，只命人带信。那旺儿正等着此事，不用人带信，早在这条街上等候，见了青衣，反迎上去，笑道：

"起动众位弟兄，必是兄弟的事犯了。说不得，快来套上。"

众清衣不敢，只说：

"好哥哥，你去罢，别闹了。"

于是来至堂前跪了。察院命将状子给他看。旺儿故意看了一遍，碰头说道："这事小的尽知，主人实有此事。但这张华素与小的有仇，故意拉小的在内，其中还有人，求老爷再问。"

张华碰头道：

"虽还有人，小的不敢告他，所以只告他下人。"

旺儿故意的说：

"糊涂东西！还不快说出来！这是朝廷公堂上，凭是主子，也要说出来！"

张华便说出贾蓉来。察院听了无法，只得去传贾蓉。

凤姐又差了庆儿暗中打听告下来了，便忙将王信唤来，告诉他

凤姐设法买通官府胡作非为；是以后抄家伏笔。作者对贾府这个大奸大恶的权臣处处刻意经营，毫不放松。

此事，命他托察院，只要虚张声势，惊吓而已。又拿了三百银子给他去打点。是夜，王信到了察院私宅，安了根子。那察院深知原委，收了赃银，次日回堂，只说张华无赖，因拖欠贾府银两，妄捏虚词，诬赖良人。都察院素与王子腾相好，王信也只到家说了一声，况是贾府之人。巴不得了事，便也不提此事，且都收下，只传贾蓉对词。

且说贾蓉等正忙着贾琏之事，忽有人来报信，说："有人告你们，"如此如此，这般这般，"快作道理。"贾蓉慌忙来回贾珍。贾珍说：

"我却早已防着这一着。倒难为她这么大胆子。"

即刻对了二百银子，着人去打点察院，又命家人去对词。正商议间，又报：

"西府二奶奶来了。"

贾珍听了这话，倒吃了一惊，忙要和贾蓉藏躲。不想凤姐已经进来了，说：

"好大哥哥，带着兄弟们干的好事！"

贾蓉忙请安。凤姐拉了他就进来。贾珍还笑说：

"好生伺候你婶娘，吩咐他们杀牲口备饭。"

说着，使命备马，躲往别处去了。

这里凤姐带着贾蓉，走进上屋。尤氏也迎出来了，见凤姐气色不善，忙说：

"什么事情，这么忙？"

凤姐照脸一口唾沫，啐道：

"你尤家的丫头没人要了，偷着只往贾家送！难道贾家的人都是好的，普天下死绝了男人？你就愿意给，也要三媒六证，大家说明，成了个体统才是。你瘹迷了心，脂油蒙了窍！国孝，家孝，两层在身，就把个人送了来！这会子叫人告我们，连官场中都知道我利害吃醋。如今指名提我，要休我！我到了这里，干错了什么不是，你这么利害？或是老太太、太太有了话在你心里，叫你们做这个圈套挤我出去？如今咱们两个一同去见官，分证明白，回来咱们公同请了合族中人，大家观面说个明白，给我休书，我就走！"

一面说，一面大哭，拉着尤氏，只要去见官。急的贾蓉跪在地下碰头，只求：

"婶娘息怒！"

凤姐一面又骂贾蓉：

"天打雷劈，五鬼分尸的没良心的东西！不知天有多高，地有多厚，成日家调三窝四，干出这些没脸面，没王法，败家破业的营生。你死了的娘，阴灵儿也不容你！祖宗也不容你！还敢来劝我！"

一面骂着，扬手就打。吓的贾蓉忙碰头说道：

"婶娘别动气！只求婶娘别看这一时，侄儿千日的不好，还有一日的好。实在婶娘气不平，何用婶娘打？等我自己打。婶娘只别生气！"

说着，就自己举手，左右开弓，自己打了一顿嘴巴子。又自己问着自己说：

"以后可还再愿三不愿四的不了？以后还单听叔叔的话，不听婶娘的话不了？婶娘是怎么样待你？你这么没天理，没良心的！"

众人又要劝，又要笑，又不敢笑。

凤姐儿滚到尤氏怀里，嚎天动地，大放悲声，只说：

"给你兄弟娶亲，我不恼，为什么使他违旨背亲，把混帐名儿给我背着？咱们只去见官，省了捕快皂隶来拿。再者，咱们过去，只见了老太太、太太和众族人等，大家公议了，我既不贤良，又不容男人买妾，只给我一纸休书，我即刻就走！你妹妹，我也亲身接了来家，生怕老太太、太太生气，也不敢回，现在三茶六饭，金奴银婢的住在园里！我这里赶着收拾房子，和我一样的，只等老太太知道了。原说下接过来大家安分守己的，我也不提旧事了，谁知又是有了人家的！不知你们干的什么事。我一概又不知道。如今告我，我昨日急了，——纵然我出去见官，也丢的是你贾家的脸——少不

909

得偷把太太的五百两银子去打点。如今把我的人还锁在那里!"

说了又哭,哭了又骂。后来又放声大哭起祖宗爷娘来,又要撞头寻死。把个尤氏搓揉成一个面团儿,衣服上全是眼泪鼻涕,并无别话,只骂贾蓉:

"混帐种子! 和你老子做的好事! 我当初就说使不得。"

凤姐儿听说这话,哭着,搬着尤氏的脸,问道:

"你发昏了? 你的嘴里难道有茄子塞着? 不,就是他们给你嚼子衔上了? 为什么你不来告诉我去? 你要告诉了我,这会子不平安了? 怎么得惊官动府,闹到这步田地? 你这会子还怨他们! 自古说'妻贤夫祸少,表壮不如里壮',你但凡是个好的,他们怎敢闹出这些事来? 你又没才干,又没口齿,锯了嘴子的葫芦,就只会一味瞎小心,应贤良的名儿!"

> 这回写凤姐泼辣、歹毒、狡诈;贾蓉的纨绔嘴脸,尤氏的懦弱无能,入木三分。也是作者对凤姐、贾蓉的诛心之作。他将凤姐剥的一丝不挂,是大手笔。

说着,啐了几口。尤氏也哭道:

"何曾不是这样? 你不信,问问跟的人,我何曾不劝的? 也要他们听! 叫我怎么样呢? 怨不得妹妹生气,我只好听着罢了!"

众姬妾丫头媳妇等已是黑压压跪了一地,陪笑求说:

"二奶奶最圣明的。虽是我们奶奶的不是,奶奶也作践够了,当着奴才们。奶奶们素日何等的好来? 如今还求奶奶给留点脸儿!"

说着,捧上茶来。凤姐也捧了。

一回止了哭。挽头发。又喝骂贾蓉:

"出去请你父亲来,我对面问他! 问亲大爷的孝才五七,侄儿娶亲,这个礼,我竟不知道,我问问也好学着,日后教导你们!"

贾蓉只跪着磕头,说:

"这事原不与父母相干,都是侄儿一时吃了屎调唆着叔叔做的。我父亲也并不知道。婶娘要闹起来了,侄儿也是个死;只求婶娘责罚侄儿,侄儿谨领! 这官司还求婶娘料理,侄儿竟不能干这大事。婶娘是何等样人！岂不知俗语说的'胳膊折了，在袖子里'？侄儿糊涂死了，既做了不肖的事，就和那猫儿狗儿一般，少不得还要婶娘费心费力，将外头的事压住了才好。只当婶娘有这个不孝的儿子，就惹了祸，少不得委屈还要疼他呢"！

说着，又磕头不绝。

凤姐儿见了贾蓉这般，心里早软了，只是碍着众人面前，又难改过口来。因叹了一口气，一面拉起来，一面拭泪，向尤氏道：

"嫂子也别恼我，我是年轻不知事的人，一听见有人告了，把我吓昏了，才这么着急的顾前不顾后了。可是蓉儿说的，'胳膊折了，在袖子里。'刚才的话，嫂子可别恼！还得嫂子在哥哥跟前替说，先把这官司按下去才好。"

尤氏贾蓉一齐都说：

"婶娘放心，横竖一点儿连累不着叔叔。婶娘方才说用过了五百两银子，少不得我们娘儿们打点五百两银子，给婶娘送过去，好补上，那有教婶娘又添上亏空的理？那越发我们该死了！但还有一件：老太太、太太们跟前，婶娘还要周全方便，别提这些话才好！"

凤姐又冷笑道：

"你们饶压着我的头干了事，这会子反哄着我，替你们周全。我就是个傻子，也傻不到如此！嫂子的兄弟，是我的什么人？嫂子既怕他绝了后，我难道不更比嫂子更怕绝后？嫂子的妹子，就合我的妹子一样，我一听见这话，连夜喜欢的连觉也睡不成，赶着传人收拾了屋子，就要接进来同住；倒是奴才小人的见识，他们倒说：'奶奶太性急，若是我们的主意，先回了老太太、太太，看是怎么样，再收拾房子去接也不迟。'我听了这话，叫我要打要骂的，才不言语了。谁知偏不称我的意，偏偏儿的打嘴，半空里跑出一个张华来告了我一状。我听见了，吓的两夜没合眼儿，又不敢声张，只得求人去打听这张华是什么人，这样大胆。打听了两日，谁知是个无赖的花子，小子们说：'原是二奶奶许了他的，他如今急了，冻死饿死，也是个死，现在有这个理，他抓住，纵然死了，死的倒比冻死饿死还值些,怎么怨的他告呢? 这事原是二爷做的太急了:国孝一层罪,家孝一层罪,背着父母私娶一层罪,停妻再娶一层罪。俗语说:"拼着一身剐,敢把皇帝拉下马,他穷疯了的人,什么事做不出来? 况且他又拿着这满理,不告等请不成?'——嫂子说,我就是韩信、张良,听了这话,也就把智谋吓回去了! 你兄弟又不在家,又没个人商量,少不得拿钱去垫补。谁知越使钱越叫人拿住刀靶儿。越发来讹。我是'耗子尾巴上长疮——多少脓血儿'! 所以又急又气,少不得来找嫂子。"

尤氏贾蓉不等说完,都说:

"不必操心,自然要料理的。"

贾蓉又道:

"那张华不过是穷急,故舍了命才告;咱们如今想了一个法儿,竟许他些银子,只叫他应个妄告不实之罪,咱们替他打点完了官司,他出来时,再给他些银子就完了。"

凤姐儿咂着嘴儿,笑道:

"难为你想! 怨不得你顾一不顾二的,做出这些事来。原来你竟是这么个有心胸的,我往日错看了你了! 若你说的这话,他暂且依了,且打出官司来,又得了银子,眼前自然了事。这些人既是无赖的小人,银子到手,三天五天一光了,他又来找事讹诈,再要叨登起来,咱们虽不怕,终久耽心。搁不住他说:既没毛病,为什么反给他银子?"

贾蓉原是个明白人,听如此一说,便笑道:

"我还有个主意。'来是是非人,去是是非者',这事还得我了才好。如今我竟问张华个主意,或是他定要人,或是他愿意了事,得钱再娶。他若说一定要人,少不得我去劝我二姨娘,叫她出来还嫁他去;若说要钱,我们少不得给他些个。"

凤姐儿忙道:

"虽如此说,我断舍不得你姨娘出去,——我也断不肯使她出去。他要出去了,咱们家的脸在那里呢? 依我说,只宁可多给钱为是。"

　　贾蓉深知凤姐儿口虽如此，心却是巴不得只要本人出来，她却做贤良人；如今怎么说且只好怎么依着。

　　凤姐儿又说：

　　"外头好处了，家里终久怎么样呢？你也和我过去回明了老太太、太太才是。"

　　尤氏又慌了，拉凤姐儿讨主意，怎么撒谎才好。凤姐冷笑道：

　　"既没这本事，谁叫你干这样事？这会子这个腔儿，我又看不上！待要不出个主意，我又是个心慈面软的人，凭人撮弄我，我还是一片傻心肠儿，说不得等我应起来。如今你们只别露面，我只领了你妹妹去给老太太、太太们磕头。只说：原系你妹妹，我看上了很好，正因我不大生长，原说买两个人放在屋里的；今既见了你妹妹很好，而且又是亲上做亲的，我愿意娶来做二房。皆因家中父母姊妹亲近一概死了，日子又难，不能度日，若等百日之后，无奈无家无业，实在难等。就算我的主意，接进来了，已经厢房收拾出来了，暂且住着，等满了孝再圆房儿，仗着我这不害臊的脸死活赖去，有了不是，也寻不着你们了。——你们娘儿两个想想，可使得？"

　　尤氏贾蓉一齐笑说：

　　"到底是婶娘宽洪大量，足智多谋！等事妥了，少不得我们娘儿们过去拜谢。"

　　凤姐儿道：

　　"罢呀！还说什么拜谢不拜谢！"又指着贾蓉道：

　　"今日我才知道你了！"

　　说着，把脸却一红，眼圈也红了，似有多少委屈的光景。贾蓉忙陪笑道：

　　"罢了！少不得担待我这一次罢。"

　　说着忙又跪下了。凤姐儿扭过脸去不理他，贾蓉才笑着起来了。

　　这里尤氏忙命丫头们舀水，取妆奁，伏侍凤姐儿梳洗了，赶忙

又命预备晚饭。凤姐儿执意要回去,尤氏拦着道:

"今日二姊子要这么走了,我们什么脸还过那边去呢?"

贾蓉旁边笑着劝道:

"好婶娘!亲婶娘!以后蓉儿要不真心孝顺你老人家,天打雷劈!"

凤姐瞅了他一眼,啐道:

"谁信你这——"

说到这里,又咽住了。一面老婆子丫头们摆上酒菜来,尤氏亲自递酒布菜。贾蓉又跪着敬了一钟酒。凤姐便合尤氏吃了饭。丫头们递了漱口茶,又捧上茶来。凤姐喝了两口,便起身回去。贾蓉亲身送过来,进门时,又悄悄的央告了几句私心话,凤姐也不理他,只得怏怏的回去了。

① 调歪——找岔子、故意为难的意思。
② 上色尺头——上等衣料。
③ 过付——买卖和有买卖性质的事务,通过中间人交付财物。
④ 青衣——这里指差人。

第六十九回　弄小巧用借剑杀人
觉大限吞生金自逝

　　且说凤姐进园中,将此事告诉尤二姐,又说,我怎么操心,又怎么打听,须得如此如此,方保得众人无罪:

　　"少不得咱们按着这个法儿来才好。"

　　尤二姐听了,又感谢不尽,只得跟了她来。尤氏那边怎好不过来呢,少不得也过来! 跟着凤姐去回。凤姐笑道:

　　"你只别说话,等我去说。"

　　尤氏道:

　　"这个自然。但有了不是,往你身上推就是了。"

　　说着,大家先至贾母屋里。正值贾母和园里姐妹们笑解闷儿,忽见凤姐带了一个绝标致的小媳妇儿进来,忙觑着眼瞧,说:

　　"这是谁家的孩子? 好可怜见儿的!"

　　凤姐上来笑道:

　　"老祖宗倒细细的看看,好不好?"

　　说着,忙拉二姐儿说:"这是太婆婆,快磕头。"

　　二姐儿忙行了大礼。凤姐又指着众姐妹说,这是某人某人,"太太瞧过,回来好见礼。"二姐儿听了,只得又从新故意的问过,垂头站在旁边。

　　贾母上下瞧了瞧,仰着脸,想了想,因又笑问:

　　"这孩子我倒像那里见过他,好眼熟啊!"

　　凤姐忙又笑道:

　　"老祖宗且别讲那些,只说比我俊不俊。"

　　贾母又带上眼镜,命鸳鸯琥珀:"把那孩子拉过来,我瞧瞧肉皮

915

儿。"

众人都抿着嘴儿笑，推她上去。贾母细瞧了一遍，又命琥珀：

"拿出她的手来我瞧瞧。"

贾母瞧毕，摘下眼镜来，笑说道：

"很齐全。我看比你还俊呢！"

凤姐听说，笑着，忙跪下将尤氏那边所编之话，一五一十，细细的说了一遍：

"少不得老祖宗发慈心，先许她进来住，一年后再圆房儿。"

贾母听了道：

"这有什么不是？既你这样贤良，很好，只是一年后才圆得房。"

凤姐听了，叩头起来，又求贾母：

"着两个女人，一同带去见太太们，说是老祖宗的主意。"

贾母依允，遂使二人带去，见了邢夫人等，王夫人正因她风声不雅，深为忧虑；见她今行此事，岂有不乐之理？于是尤二姐自此见了天日，挪到厢房居住。

凤姐一面使人暗暗调唆张华，只叫他要原妻，这里还有许多陪送外，还给他银子安家过活。张华原无胆无心告贾家的，后来又见贾蓉打发了人对词，那人原说的：

"张华先退了亲，我们原是亲戚，接到家里住着是真，并无强娶之说，皆因张华拖欠我们的债务，追索不给，方诬赖小的主儿。"

那察院都和贾王两处有瓜葛，况又受了贿，只说张华无赖，以穷讹诈，状子也不收，打了一顿赶出来。庆儿在外替张华打点，也没打重，又调唆张华，说：

"这亲原是我家定的，你只要亲事，官必还断给你。"

于是又告。王信那边又透了消息与察院。察院便批：

"张华借欠贾宅之银，令其限内按数交还；其所定之亲，仍令其有力时娶回。"

又传了他父亲来，当堂批准。他父亲亦系庆儿说明，乐得人财两得，便去买家领人。

凤姐一面吓的来回贾母说，如此这般：

"都是珍大嫂子干事不明，那家并没退准，惹人告了。如此官断。"

贾母听了，忙唤尤氏过来，说她做事不妥：

"既你妹子从小与人指腹为婚，又没退断，叫人告了，这是什么事？"

尤氏听了，只得说：

"他连银子都收了，怎么没准？"

凤姐在旁说："张华的口供上，现说没见银子，也没见人去。他老子又说：'原是亲家说过一次，并没应准；亲家死了，你们就接进去做二房。'如此没有对证的话，只好由他去混说。幸而琏二爷不在家，不曾圆房，这还无妨；只是人已来了，怎好送回去？岂不伤脸？"

贾母道：

"又没圆房，没的强占人家有夫之人，名声也不好，不如送给他去。那里寻不出好人来？"

尤二姐听了，又回贾母说：

"我母亲实在某年、某月、某日，给了他二十两银子退准的。他因穷极了告，又翻了口。我姐姐原没错办。"

贾母听了，便说：

"可见刁民难惹。既这样，凤丫头去料理料理。"

凤姐听了，无法，只得应着回来，只命人去找贾蓉。贾蓉深知凤姐之意，若要使张华领回，成何体统？便回了贾珍。暗暗遣人去说张华：

"你如今既有许多银子，何必定要原人？若只管执定主意，岂不怕爷们一怒，寻出一个由头，你死无葬身之地！你有了银子，回家去，什么好人寻不出来？你若走呢，还赏你些路费。"

张华听了，心中想了一想："这倒是好主意！"和父母商议已定，约共也得了有百金，父子次日起了五更，便回原籍去了。

贾蓉打听的真了，来回了贾母凤姐，说：

"张华父子妄告不实，惧罪逃走，官府亦知此，也不追究，大事完毕。"

凤姐听了，心中一想：若必定着张华带回二姐儿去，未免贾琏回来，再花几个钱包占住，不怕张华不依；还是二姐儿不去，自己拉绊着还妥当，且再作道理。只是张华此去，不知何往，倘或他再将此事告诉了别人，或日后再寻出这由头来翻案，岂不是自己害了自己？原先不该如此把刀靶儿递给外人哪！——因此，后悔不迭。复又想了一个主意出来，悄命旺儿遣人寻着了他，或讹他做贼，和他打官司，将他治死，或暗使人算计，务将张华治死，方剪草除根，保住自己的名声。

写凤姐玩法弄权，一手遮天，贾母亦被她玩弄于股掌之上，此处又想治死张华，居心险恶，令人发指。

旺儿领命出来，回家细想：

"人已走了完事，何必如此大做？人命关天，非同儿戏。我且哄过她去。再作道理。"

因此在外躲了几日，回来告诉凤姐，只说：

"张华因有几两银子在身上，逃去第三日，在京口地界，五更天，已被截路打闷棍的打死了。他老子吓死在店房，在那里验尸掩埋。"

凤姐听了不信，说：

"你要撒谎，我再使人打听出来，敲你的牙！"

自此，方丢过不究。凤姐和尤二姐和美非常，竟比亲姐妹还胜几倍。

那贾琏一日事毕回来，先到了新房中，已经静悄悄的关锁，只有一个看房子的老头儿。贾琏问起原故，老头子细说原委，贾琏只在镫中跌足。少不得来见贾赦和邢夫人，将所完之事回明。贾赦十分欢喜，说他中用，赏了他一百两银子，又将房中一个十七岁的丫鬟——名唤秋桐——赏他为妾。贾琏叩头领去，喜之不尽。见了贾母合家众人，回来见了凤姐，未免脸上有些愧色。谁知凤姐反不

似往日容颜，同尤二姐一同出来，叙了寒温。贾琏将秋桐之事说
了，未免脸上有些得意骄矜之色。

凤姐听了，忙命两个媳妇坐车到那边接了来。心中一刺未除，
又平空添了一刺，说不得且吞声忍气，将好颜面换出来遮饰。一面
又命摆酒接风，一面带了秋桐来见贾母与王夫人等。贾琏心中也
暗暗的纳罕。

且说凤姐在家，外面待尤二姐自不必说的，只是心中又怀别
意，无人处，只和尤二姐说：

"妹妹的名声很不好听，连老太太、太太们都知道了，说妹妹在
家做女孩儿就不干净，又和姐夫来往太密，'没人要的，你拣了来，
还不休了，再寻好的！'我听见这话气的什么儿似的。后来打听是
谁说的，又察不出来。日久天长，这些奴才们跟前，怎么说嘴呢？
我反弄了鱼头来折①！"

说了两遍，自己先气病了，茶饭也不吃。除了平儿，众丫头媳
妇无不言三语四，指桑说槐，暗相讥刺。

且说秋桐自以为系贾赦所赐，无人僭她的，连凤姐平儿皆不放
在眼里，岂容那先奸后娶，没人抬举的妇女？凤姐听了暗乐。自后
装病，便不和尤二姐吃饭，每日只命人端了菜饭到她房中去吃。那
菜饭俱系不堪之物。平儿看不过，自己拿钱出来弄菜给她吃；或是
有时只说和她园中逛逛，在园中厨内另做了汤水给她吃。也无人
敢回凤姐。只有秋桐碰见了，便去说舌，告诉凤姐说：

"奶奶名声，生是平儿弄坏了的。这样好菜好饭，浪着不吃，却
往园里去偷吃。"

凤姐听了，骂平儿，说：

"人家养猫会拿耗子，我的猫倒咬鸡！"

平儿不敢多说，自此也就远着了，又暗恨秋桐。

园中姐妹一干人暗为二姐耽心。虽都不敢多言，却也可怜。
每常无人处，说起话来，二姐便淌眼抹泪，又不敢抱怨凤姐儿，因无
一点坏形。

　　贾琏来家时,见了凤姐贤良,也便不留心。况素昔见贾赦姬妾丫鬟最多,贾琏每怀不轨之心,只未敢下手;今日天缘凑巧,竟把秋桐赏了他,真是一对烈火干柴,如胶投漆,燕尔新婚,连日那里拆得开? 贾琏在二姐身上之心也渐渐淡了,只有秋桐一人是命。

　　凤姐虽恨秋桐,且喜借她先可发脱二姐,用"借刀杀人"之法,"坐山观虎斗",等秋桐杀了尤二姐,自己再杀秋桐。 主意已定,没人处,常又私劝秋桐说:

　　"你年轻不知事:她现在是二房奶奶,你爷心坎儿上的人,我还让她三分,你去硬碰她,岂不是自寻其死?"

　　那秋桐听了这话,越发恼了,天天大口乱骂,说:

　　"奶奶是软弱人! 那等贤惠,我却做不来。 奶奶把素日的威风,怎么都没了? 奶奶宽洪大量,我却眼里揉不下沙子去。 让我和这娼妇做一回,她才知道呢!"

　　凤姐儿在屋里,只装不敢出声儿。气的尤二姐在房里哭泣,连饭也不吃,又不敢告诉贾琏。次日,贾母见她眼睛红红的肿了,问她,又不敢说。

　　秋桐正是抓乖卖俏之时,她便悄悄的告诉贾母王夫人等,说:

　　"她专会作死,好好的成天丧气嗐气。背地里咒二奶奶和我早死了,好和二爷一心一计的过。"

　　贾母听了,便说:

　　"人太生娇俏了,可知心就嫉妒了。凤丫头倒好意待她。她倒这样争风吃醋,可知是个贱骨头!"

　　因此,渐次便不大喜欢。众人看见贾母不喜,不免又往上践踏起来。弄得这尤二姐要死不能,要生不得。还是亏了平儿,时常背着凤姐与她排解。

　　那尤二姐,原是"花为肠肚,雪作肌肤"的人,如何经得这般折磨? 不过受了一月的暗气,便恹恹得了一病,四肢懒动,茶饭不进,渐次黄瘦下去。夜来合上眼,只见她妹妹手捧"鸳鸯宝剑",前来说:

"姐姐！你为人一生，心痴意软，终久吃了亏！休信那妒妇花言巧语，外作贤良，内藏奸滑。她发狠定要弄你一死方罢。若妹子在世，断不肯令你进来；就是进来，亦不容她这样。此亦是理数应然，只因你前生淫奔不才，使人家丧伦败行，故有此报。你速依我，将此剑斩了那妒妇，一同回至警幻案下，听其发落。不然，你白白的丧命，也无人怜惜的！"

尤二姐哭道：

"妹妹！我一生品行既亏，今日之报，既系当然；何必又去杀人作孽？"

三姐儿听了，长叹而去。

这二姐惊醒，却是一梦。等贾琏来看时，因无人在侧，便哭着合贾琏说：

"我这病不能好了！我来了半年，腹中已有身孕，但不能预知男女。尚老天可怜，生下来还可；若不然，我的命还不能保，何况于他！"

贾琏亦哭说：

"你只管放心，我请名人来医治。"

于是，出去即刻请医生。

谁知王太医此时也病了，又谋干了军前效力，回来好讨荫封的，小厮们走去，便仍旧请了那年给晴雯看病的太医胡君荣来诊视了，说是经水不调，全要大补，贾琏便说：

"已是三月庚信不行，又常呕酸，恐是胎气。"

胡君荣听了，复又命老婆子请出手来，再看了半日，说：

作者先安排秋桐这时出现是巧着，然后再写凤姐利用秋桐整尤二姐；此处又以尤三姐的话揭穿凤姐的阴谋，是对凤姐一刀一刀的解剖，将凤姐的心剖开给读者看个明白。

"若论胎气，肝脉自应洪大；然木盛则生火，经水不调，亦皆因肝木所致。医生要大胆，须得请奶奶将金面略露一露，医生观看气色，方敢下药。"

贾琏无法，只得命将帐子掀起一缝。尤二姐露出脸来。胡君荣一见，早已魂飞天外，那里还能辨气色？一时掩了帐子，贾琏陪他出来，问是如何。胡太医道：

"不是胎气，只是瘀血凝结。如今只以下瘀通经要紧。"

于是写了一方，作辞而去。

贾琏令人送了药礼，抓了药来，调服下去。只半夜光景，尤二姐腹痛不止，谁知竟将一个已成形的男胎打下来了。于是血行不止，二姐就昏迷过去。贾琏闻知，大骂胡君荣。一面遣人再去请医调治，一面命人去找胡君荣。胡君荣听了，早已卷包逃走。

这里太医便说：

"本来血气亏弱，受胎以来，想是着了些气恼，郁结于中。这位先生误用虎狼之剂，如今大人元气，十伤八九，一时难保就愈。煎丸二药并行，还要一些闲话闲事不闻，庶可望好。"

说毕，也开了个煎药方子并调元散郁的丸药方子，去了。急的贾琏便查谁请的姓胡的来。一时查出，便打了个半死。

凤姐比贾琏更急十倍，只说：

> 用胡庸医下虎狼药是加强二姐自尽的气势。

"咱们命中无子！好容易有了一个，遇见这样没本事的大夫来！"于是天地前烧香礼拜，自己通诚祷告，说："我情愿有病，只求尤氏妹妹身体大愈，再得怀胎，生一男子，我愿吃长斋念佛！"

贾琏众人见了，无不称赞。

贾琏与秋桐在一处。凤姐又做汤做水的着人送与二姐，又叫人出去算命打卦，偏算命的回来又说：

"系属兔的阴人冲犯了。"

大家算将起来，只有秋桐一人属兔儿，说她冲的。

秋桐见贾琏请医调治，打人骂狗，为二姐十分尽心，她心中早浸了一缸醋在内了；今又听见如此，说她冲了，凤姐儿又劝她说：

"你暂且别处躲几日再来。"

秋桐便气得哭骂道：

"理那起饿不死的杂种，混嚼舌根！我和她'井水不犯河水'，怎么就冲了她？好个'爱八哥儿'^②！在外头什么人不见？偏来了就冲了！我还要问问她呢，到底是那里来的孩子？她不过哄我们那个棉花耳朵的爷罢了。纵有孩子，也不知张姓王姓的！奶奶稀罕那杂种羔子，我不喜欢！谁不会养？一年半载养一个，倒还是一点掺杂没有的呢！"

众人又要笑，又不敢笑。可巧邢夫人过来请安，秋桐便告诉邢夫人说：

"二爷二奶奶要撵我回去，我没了安身之处，太太好歹开恩！"

邢夫人听说，便数落了凤姐儿一阵，又骂贾琏：

"不知好歹的种子！凭她怎么样，是老爷给的，为个外来的撵她，连老人都没了！"

说着，赌气去了。

秋桐更又得意，越发走到窗户根底下，大骂起来。尤二姐听了，不免更添烦恼。晚间，贾琏在秋桐房中歇了，凤姐已睡，平儿过尤二姐那边来劝慰了一番，尤二姐哭诉了一回。平儿又嘱咐了几句，夜已深了，方去安息。

这里尤二姐心中自思：

"病已成势，日无所养，反有所伤，料定必不能好。况胎已经打下，无甚悬心，何必受这些零气？不如一死，倒还干净！常听见人说：'金子可以坠死人'，岂不比上吊自刎又干净？"

想毕，挣扎起来，打开箱子，便找出一块金，也不知多重。哭了一回，外边将近五更天气，那二姐咬牙狠命便吞了口中，几次直脖，方咽了下去。于是赶忙将衣裳首饰穿戴齐整，上炕躺下。当下人不知，鬼不觉。

到第二日早晨，丫鬟媳妇们见她不叫人，乐得自己梳洗。凤姐秋桐都上去了。平儿看不过，说：

"丫头们就只配没人心的打着骂着使也罢了，一个病人，也不知可怜可怜！她虽好性儿，你们也该拿出个样儿来，别太过逾了。'墙倒众人堆！'"

923

丫鬟听了，急推房门进来看时，却穿戴的齐齐整整，死在炕上，于是方吓慌了，喊叫起来。平儿进来瞧见，不禁大哭。众人虽素昔惧怕凤姐，然想二姐儿实在温和怜下，如今死去，谁不伤心落泪？只不敢与凤姐看见。

当下合宅皆知，贾琏过来，搂尸大哭不止。凤姐也假意哭道：

"狠心的妹妹！你怎么丢下我去了？辜负了我的心！"

尤氏贾蓉等也都来哭了一场，劝住贾琏。贾琏便回了王夫人，讨了梨香院，停放五日，挪到铁槛寺去。王夫人依允。贾琏忙命人往梨香院收拾停灵，将二姐儿抬上去，用衾单③盖了，八个小厮和八个媳妇围随抬往梨香院来。那里已请下天文生，择定明日寅时入殓大吉，五日出不得，七日方可。贾琏道：

"竟是七日。因家叔家兄皆在外，小丧不敢久停。"

天文生应诺，写了秧榜而去。宝玉一早过来，陪哭一场，众族人也都来了。贾琏忙进去找凤姐，要银子治办丧事。

凤姐儿见抬了出去，推有病，回：

"老太太、太太说，我病着，忌三房，不许我去，我因此也不出来穿孝。"

且往大观园中来，绕过群山，至北界墙根下，往外听了一言半语回来，又回贾母说，如此这般。贾母道：

"信他胡说！谁家痨病死的孩子不烧了？也认真开丧破土起来！既是二房一场，也是夫妻情分，停五七日，抬出来，或一烧，或乱葬埂上埋了完事。"

凤姐笑道：

"可是这话，我又不敢劝他。"

正说着，丫鬟来请凤姐，说：

"二爷在家,等着奶奶拿银子呢。"

凤姐只得来了,便问他:

"什么银子? 家里近日艰难,你还不知道? 咱们的月例一月赶不上一月。 昨儿我把两个金项圈当了三百银,使剩了还有二十几两,你要就拿去。"

说着,便命平儿拿出来,递给贾琏,指着贾母有话,又去了。 恨的贾琏无话可说,只得开了尤氏箱笼,去拿自己体己。 及开了箱柜,一点无存,只有些折簪烂花并几件半新不旧的绸绢衣裳,都是尤二姐素日穿的。 不禁又伤心哭了,想着她死的不分明,又不敢说。 只得自己用个包袱,一齐包了,也不用小厮丫鬟来拿,自己提着来烧。

平儿又是伤心,又是好笑,忙将二百两一包碎银子偷出来,悄递与贾琏,说:

> 贾琏、贾珍都是无能之辈。

"你别言语才好。 你要哭,外头有多少哭不得? 又跑了这里来点眼④。"

贾琏便说道:

"你说的是。"接了银子,又将一条汗巾递与平儿,说:"这是她家常系的,你好生替我收着,做个念心儿⑥!"

平儿只得接了,自己收去。

贾琏收了银子,命人买板进来,连夜赶造,一面分派了人口守灵。 晚上自己也不进去。 只在这里伴宿。 放了七日,想着二姐旧情,虽不大敢作声势,却也不免请些僧道超度亡灵。 贾母唤了他去,吩咐不许送往家庙中,贾琏无法,只得又和时觉说了,就在尤三姐之上点了一个穴,破土埋葬。 那日送殡,只不过族中人与王姓夫妇、尤氏婆媳而已。

① 弄了鱼头来折(zhái)——折鱼头是比喻处理一件麻烦的事情。

② 爱八哥儿——又作"爱不够儿",指可爱的东西。 这里是讥刺被宠爱

的人。

③　衾单——盖死人的单被。

④　点眼——在别人已不注意的时候,故意用一种动作招致别人的注意。

⑤　念心儿——纪念品。也可写作念信儿。

第七十回　林黛玉重建桃花社
史湘云偶填柳絮词

凤姐一应不管，只凭他自去办理。又因年近岁逼，诸事烦杂不算外，又有林之孝开了一个人单子来回：共有八个二十五岁的单身小厮，应该娶妻成房的，等里面有该放的丫头，好求指配。

凤姐看了，先来问贾母和王夫人，大家商议。虽有几个应该发配的，奈各人皆有缘故。第一个鸳鸯，发誓不去。自那日之后，一向未与宝玉说话，也不盛妆浓饰。众人见她志坚，也不好相强。第二个琥珀，现又有病，这次不能了。彩云因近日和贾环分崩，也染了无医之症。只有凤姐儿和李纨房中粗使的大丫头发出去了，其余年纪未足，令他们外头自娶去了。

原来这一向因凤姐儿病了，李纨探春料理家务，不得闲暇，接着过年过节，许多杂事，竟将诗社搁起。如今仲春天气，虽得了工夫，争奈宝玉因柳湘莲遁迹空门；又闻得尤三姐自刎，尤二姐被凤姐逼死，又兼柳五儿自那夜监禁之后，病越重了；连连接接，闲愁胡恨，一重不了一重添，弄的情色若疑，语言常乱，似染怔忡之病。慌的袭人等又不敢回贾母，只百般逗他玩笑。

这日清晨方醒，只听得外间屋内咭咭呱呱，笑声不断。袭人因笑说：

"你快出去拉拉罢。晴雯和麝月两个人按住芳官，那里隔肢①呢。"

宝玉听了，忙披上灰鼠长袄，出来一瞧，只见她三人被褥尚未叠起，大衣也未穿。那晴雯只穿着葱绿杭绸小袄，红绸子小衣儿，披着头发，骑在芳官身上。麝月是红菱抹胸，披着一身旧衣，在那

927

里抓芳官的肋肢。芳官却仰在炕上,穿着撒花紧身儿,红裤绿袜,两脚乱蹬,笑的喘不过气来。宝玉忙笑说:

"两个大的欺负一个小的,等我来挠你们!"

说着,也上床来隔肢晴雯。晴雯触痒,笑的忙丢下芳官,来合宝玉对抓,芳官趁势将晴雯按倒。袭人看他四人滚在一处,倒好笑,因说道:

"仔细冻着了,可不是玩的,都穿上衣裳罢!"

忽见碧月进来说:

"昨儿晚上,奶奶在这里把块手绢子忘了去,不知可在这里没有?"

春燕忙应道:

"有。我在地下捡来,不知是那一位的,才洗了,刚晾着,还没有干呢。"

> 写主仆打闹,装束、动作、语言、神态生动亲切。

碧月见他四人乱滚,因笑道:

"倒是你们这里热闹,大清早起就咭咭呱呱的玩成一处。"

宝玉笑道:

"你们那里人也不少,怎么不玩?"

碧月道:

"我们奶奶不玩,把两个姨娘和姑娘也都拘住了。如今琴姑娘跟了老太太前头去了,更冷冷清清的了。两个姨娘到明年冬天,也都家去了,那才更冷清呢。你瞧瞧,宝姑娘那里出去了一个香菱,就像短了多少人似的,把个云姑娘落了单了。"

正说着,见湘云又打发了翠缕来说:

"请二爷快出去瞧好诗。"

宝玉听了,忙梳洗出去,果见黛玉、宝钗、湘云、宝琴、探春都在那里,手里拿着一篇诗看。见他来时,都笑道.

"这会子还不起来! 咱们的诗社散了一年,也没有一个人作兴作兴;如今正是初春时节,万物更新,正该鼓舞另立起来才好。"

湘云笑道:

　　"一起诗社时是秋天，就不发达。如今却好万物逢春，咱们重新整理起这个社来，自然要有生趣了。况这首'桃花诗'又好，就把海棠社改作桃花社，岂不大妙呢。"

　　宝玉听着点头，说："很好。"

　　且忙着要诗看。众人都又说：

　　"咱们此时就访稻香老农去，大家议定好起社。"

　　说着一齐站起来，都往稻香村来。宝玉一壁走，一壁看，写着是：

桃花行

　　桃花帘外东风软，桃花帘内晨妆懒。
　　帘外桃花帘内人，人与桃花隔不远。
　　东风有意揭帘栊，花欲窥人帘不卷。
　　桃花帘外开仍旧，帘中人比桃花瘦。
　　花解怜人花亦愁，隔帘消息风吹透。
　　风透帘栊花满庭，庭前春色倍伤情。
　　闲苔院落门空掩，斜日栏杆人自凭。
　　凭栏人向东风泣，茜裙偷傍桃花立。
　　桃花桃叶乱纷纷，花绽新红叶凝碧。
　　树树烟封一万株，烘楼照壁红模糊。
　　天机烧破鸳鸯锦，春酣欲醒移珊枕。
　　侍女金盆进水来，香泉饮蘸脂胭冷。
　　胭脂鲜艳何相类？花之颜色人之泪。
　　若将人泪比桃花，泪自长流花自媚。
　　泪眼观花泪易干，泪干春尽花憔粹。
　　悴憔花遮憔悴人，花飞人倦易黄昏。
　　一声杜宇春归尽，寂寞帘栊空月痕！

> ·言为心声。作者不是卖弄诗才，而是借诗表现黛玉心理、性格。否则，诗再高明，在小说里却一无是处。

　　宝玉看了，并不称赞，痴痴呆呆，竟要滚下泪来。又怕众人看见，忙自己拭了。因问：

　　"你们怎么得来？"

宝琴笑道:

"你猜是谁做的?"

宝玉笑道:

"自然是潇湘子的稿子了。"

宝琴笑道:

"现在是我做的呢。"

宝玉笑道:

"我不信。这声调口气,迥乎不像。"

宝琴笑道:

"所以你不通。难道杜工部首首都作'丛菊两开他日泪'不成?一般的也有'红绽雨肥梅','水荇牵风翠带长'等语。"

宝玉笑道:

"固然如此,但我知道姐姐断不许妹妹有此伤悼之句。妹妹本有此才,却也断不肯做的。比不得林妹妹曾经离丧,作此哀音。"

众人听说,都笑了。已至稻香村中,将诗与李纨看了,自不必说,称赏不已。说起诗社,大家议定:明日是三月初二,就起社,便改海棠社为桃花社,黛玉为社主。明日饭后,齐集潇湘馆。因又大家拟题。黛玉便说:

"大家就要桃花诗一百韵。"

宝钗道:

"使不得。古来桃花诗最多,纵作了,必落套,比不得你这一首古风。须得再拟。"

正说着,人回:

"舅太太来了,请姑娘们出去请安。"因此,大家都往前头来见王子腾的夫人,陪着说话。饭毕,又陪着入园中来游玩一遍,至晚饭后掌灯方去。

次日乃是探春的寿日,元春早打发了两个小太监,送了几件玩器。合家皆有寿礼,自不必细说。饭后,探春换了礼服,各处行礼。黛玉笑向众人道:

　　"我这一社，开的又不巧了：偏忘了这两日是她的生日。虽不摆酒唱戏，少不得都要陪她在老太太、太太跟前玩笑一日，如何能得闲空儿？"

　　因此，改至初五。

　　这日，众姐妹皆在房中侍早膳毕，便有贾政书信到了。宝玉请安，将请贾母的安禀拆开，念与贾母听。上面不过是请安的话，说六月准进京等语。其余家信事物之帖，自有贾琏和王夫人开读。众人听说六七月回京，都喜之不尽。偏生这日王子腾将侄女许与保宁侯之子为妻，择于五月间过门，凤姐儿又忙着张罗，常三五日不在家。这日，王子腾的夫人又来接凤姐儿，一并请众甥男甥女乐一日。贾母和王夫人命宝玉、探春、黛玉、宝钗四人，同凤姐儿去。众人不敢违拗，只得回房去，另妆饰了起来。五人去了一日，掌灯方回。

　　宝玉进入怡红院，歇了半刻，袭人便乘机劝他收一收心，闲时把书理一理，好预备着。宝玉屈指算了一算，说：

　　"还早呢。"

　　袭人道：

　　"书还是第二件，到那时纵然你有了书，你的字写的在那里呢？"

　　宝玉笑道：

　　"我时常也有写了的好些，难道都没收着？"

　　袭人道：

　　"何曾没收着？你昨儿不在家，我就拿出来，统共数了一数，才有五百六十几篇。这二三年的工夫，难道只有这几张字不成？依我说，明日起，把别的心先都收起来，天天快临几张字补上。虽不能按日都有，也要大概看的过去。"

　　宝玉听了，忙着自己又亲检了一遍，实在搪塞不过，便说：

　　"明日为始，一天写一百字才好。"

　　说话时，大家睡下。至次日起来，梳洗了，便在窗下恭楷临

帖。贾母因不见他,只当病了,忙使人来问。宝玉方去请安,便说写字之故,因此出来迟了。贾母听说,十分喜欢,就吩咐他:

"以后只管写字,念书,不用出来也使得。你去回你太太知道。"

宝玉听说,遂到王夫人屋里来说明。王夫人便道:

"临阵磨枪,也不中用! 有这会子着急,天天写写念念,有多少完不了的? 这一赶,又赶出病来才罢。"

宝玉回说:

"不妨事。"

宝钗探春等都笑说:

"太太不用着急,书虽替不得他,字却替得的。我们每日每人临一篇给他,搪塞过这一步儿去就完了。一则老爷不生气,二则他也急不出病来。"

王夫人听说,点头而笑。

原来黛玉闻得贾政回家,必问宝玉的功课,宝玉一向分心,到临期自然要吃亏的。因自己只装不耐烦,把诗社更不提起。探春宝钗二人,每日也临一篇楷书字与宝玉。宝玉自己每日也加功,或写二百三百不拘。至三月下旬,便将字又积了许多。

这日正算着再得几十篇,也就搪的过了,谁知紫鹃走来,送了一卷东西。宝玉拆开看时,却是一色去油纸上临的钟王蝇头小楷,字迹且与自己十分相类。喜的宝玉和紫鹃作了一个揖,又亲自来道谢。接着湘云宝琴二人也都临了几篇相送。凑成虽不足功课,亦可搪塞了,宝玉放了心。于是将应读之书,又温理过几次。

正是天天用功,可巧近海一带海啸,又糟踏了几处生民,地方官题本奏闻,奉旨就着贾政顺路查看赈济回来。如此算去,至七月底方回。宝玉听了,便把书字又丢过一边,仍是照旧游荡。

时值暮春之际,湘云无聊,因见柳花飘舞,便偶成一小词,调寄《如梦令》。其词曰:

岂是绣绒才吐卷,起半帘香雾? 织手自拈来,空使鹃啼燕炉。且住，且住！莫使春光别去！

自己做了，心中得意，便用一条纸儿写好，给宝钗看了，又来找黛玉。黛玉看毕。笑道：

"好的很！又新鲜，又有趣儿。"

湘云说道：

"咱们这几社总没有填词，你明日何不起社填词，岂不新鲜些？"

黛玉听了，偶然兴动，便说：

"这话也倒是。"

湘云道：

"咱们趁今日天气好，为什么不就是今日？"

黛玉道：

"也使得。"

说着，一面吩咐预备了几色果点，一面就打发人分头去请。

这里二人便拟了"柳絮"为题，又限出几个调来，写了粘在壁上。众人来看时，"以柳絮为题，限各色小调。"又都看了湘云的，称赏了一回，宝玉笑道：

"这词上我倒平常，少不得也要胡诌了。"

于是大家拈阄。宝钗炷了一支梦甜香，大家思索起来。

一时，黛玉有了，写完。接着宝琴也忙写出来。宝钗笑道：

"我已有了，瞧了你们的，再看我的。"

探春笑道：

"今儿这香怎么这么快，我才有了半首。"因又问宝玉："你可有了？"

宝玉虽做了些，自己嫌不好，又都抹了，要另做，回头看，香已尽了。李纨等笑道：

"宝玉又输了。蕉丫头的呢？"

探春听说，便写出来。众人看时，上面却只半首《南柯子》，写道是：

空挂纤纤缕,徒垂络络丝,也难绾系也难羁,一任东西南北各分离。

李纨笑道:

"这却也好。何不再续上?"

宝玉见香没了,情愿认输,不肯勉强塞责,将笔搁下,来瞧这半首。见没完时,反倒动了兴,乃提笔续道:

落去君休惜,飞来我自知。莺愁蝶倦晚芳时。总是明春再见隔年期。

众人笑道:

"正经你分内的又不能,这却偏有了。纵然好,也算不得。"

说着,看黛玉的是一阕《唐多令》:

粉堕百花洲,香残燕子楼,一团团逐队成毬。漂泊亦如人命薄,空缱绻,说风流! 草木也知愁,韶华竟白头。叹今生谁舍谁收? 嫁与东风春不管,凭尔去,忍淹留!

众人看了,俱点头感叹说:

"太作悲了! 好是果然好的。"

因又看宝琴的《西江月》:

汉苑零星有限,隋隄点缀无穷。三春事业付东风,明月梨花一梦。几处落红庭院? 谁家香雪帘栊? 江南江北一般同,偏是离人恨重。

众人都笑说:

"到底是她的声调悲壮。'几处''谁家'两句最妙。"

宝钗笑道:

"总不免过于丧败。我想,柳絮原是一件轻薄无根的东西,依我的主意,偏要把它说好了,才不落套。所以我诌了一首来,未必合你们的意思。"

众人笑道:

"别太谦了,自然是好的,我们赏鉴赏鉴。"因看这一《阕临江仙》道:

白玉堂前春解舞，东风卷得均匀。

湘云先笑道：

"好一个'东风卷得均匀'！这一句就出人之上了。"

又看底下道：

蜂围蝶阵乱纷纷，几曾随逝水？岂必委芳尘？万缕千丝终不改，任他随聚随分。韶华休笑本无根，好风凭借力，送我上青云。

众人拍案叫绝，都说：

"果然翻的好！自然这首为尊。缠绵悲戚，让潇湘子；情致妩媚，却是枕霞；小薛与蕉客，今日落第，要受罚的。"

宝琴笑道：

"我们自然受罚，但不知交白卷子的，又怎么罚？"

李纨道：

"不用忙，这定要重重的罚他，下次为例。"

一语未了，只听窗外竹子上一声响，恰似窗屉子倒了一般，众人吓了一跳，丫鬟们出去瞧时，帘外丫头子们回道：

"一个大蝴蝶风筝，挂在竹梢上了。"

众丫鬟笑道：

"好一个齐整风筝！不知是谁家放的，断了线。咱们拿下它来。"

宝玉等听了，也都出来看时，宝玉笑道：

"我认得这风筝，这是大老爷那院里嫣红姑娘放的。拿下来给她送过去罢。"

紫鹃笑道：

"难道天下没有一样的风筝，单她有这个不成？二爷也太死心眼儿了！我不管，我且拿起来。"

探春笑道：

> "好风凭借力，送我上青云"，最足表现宝钗善于利用机会和别人的性格，心机，是个投机政客。黛玉则是纯粹的诗人、词人。

"紫鹃也太小器,你们一般有的,这会子拾人走了的,也不嫌个忌讳?"

黛玉笑道:

"可是呢。把咱们的拿出来,咱们也放放晦气。"

丫头们听见放风筝,巴不得一声儿,七手八脚,都忙着拿出来,也有美人儿的,也有沙雁儿的。丫头们搬高墩,捆剪子股儿②,一面拨起籰子③来。宝钗等立在院门前,命丫头们在院外敞地上放去。宝琴笑道:

"你这个不好看,不如三姐姐的一个软翅子大凤凰好。"

宝钗回头向翠墨笑道:

"你去把你们的拿来也放放。"

宝玉又兴头起来,也打发个小丫头子家去,说:

"把昨日赖大娘送的那个大鱼取来。"

小丫头去了半天,空手回来,笑道:

"晴雯姑娘昨儿放走了。"

宝玉道:

"我还没放一遭儿呢。"

探春笑道:

"横竖是给你放晦气罢了。"

宝玉道:

"再把大螃蟹拿来罢。"

丫头去了,同了几个人,扛了一个美人并籰子来,回说:

"袭姑娘说,昨儿把螃蟹给了三爷了。这一个是林大娘才送来的,放这一个罢。"

宝玉细看了一回,只见这美人做的十分精致,心中欢喜,便叫放起来。

此时探春的也取了来了,丫头们在那山坡上已放起来。宝琴叫丫头放起一个大蝙蝠来,宝钗也放起一个一连七个大雁来,独有宝玉的美人儿,再放不起来。宝玉说丫头们不会放,自己放了半

天,只起房高,就落下来,急的头上的汗都出来了。众人都笑他,他便恨的摔在地下。指着风筝,说道:

"要不是个美人儿,我一顿脚跺个稀烂!"

黛玉笑道:

"那是顶线不好。拿去叫人换好了,就好放了。再取一个来放罢。"

宝玉等大家都仰面看天上。这几个风筝起在空中,一时风紧,众丫鬟都用绢子垫着手放。黛玉见风力紧了,过去将　子一松,只听豁喇喇一阵响,登时线尽,风筝随风去了。黛玉因让众人来放。众人都说:

"林姑娘的病根儿都放了去了,咱们大家都放了罢。"

于是丫头们拿过一把剪子来,绞断了线,那风筝都飘飘飒飒随风而去。一时只有鸡蛋大,一展眼只剩下一点黑星儿,一会儿就不见了。众人仰面说道:

"有趣,有趣!"说着,有丫头来请吃饭。大家方散。

从此,宝玉的功课,也不敢像先竟撂在脖子后头了,有时写写字,有时念念书,闷了也出来合姐妹们玩笑半天,或往潇湘馆去闲话一回。众姐妹都知他功课亏欠,大家自去吟诗取乐,或讲习针黹,也不肯去招他。那黛玉更怕贾政回来,宝玉受气,每每推睡,不大兜揽他。宝玉也只得在自己屋里,随便用些工夫。

① 隔肢——用手搔别人的腋下或项下,使他痒得发笑。
② 捆剪子股儿——放风筝时,在竹竿上端斜捆一个小棍,成为剪子股形状,在交叉处挑起风筝线,以便抖放。
③ 籰(yuè)子——络丝的工具。这里借来指放风筝的绕线工具,北京话说线　(guǎng 桄)子。

第七十一回　嫌隙人有心生嫌隙
鸳鸯女无意遇鸳鸯

展眼已是夏末秋初。一日,贾母处两个丫头,匆匆忙忙来叫宝玉,口里说道:

"二爷快跟着我们走罢,老爷家来了。"

宝玉听了,又喜又愁,只得忙忙换了衣服,前来请安。贾政正在贾母房中,连衣服未换,看见宝玉进来请安,心中自是喜欢,却又有些伤感之意。又叙了些任上的事情,贾母便说:

"你也乏了,歇歇去罢。"

贾政忙站起来,笑着答应了个"是",又略站着,说了几句话,才退出来。宝玉等也都跟过来。贾政自然问问他的功课,也就散了。

原来贾政回京复命,因是学差,故不敢先到家中。珍、琏、宝玉头一天便迎出一站去接见了。贾政先请了贾母的安,便命都回家伺候。次日面圣,诸事完毕,才回家来。又蒙恩赐假一月,在家歇息。因年景渐老,事重身衰,又近因在外几年,骨肉离异,今得宴然复聚,自觉喜幸不尽,一应大小事务一概付之度外,只是看书,闷了便与清客们下棋吃酒,或日间在里边,母子夫妻,共叙天伦之乐。

因今岁八月初三乃贾母八旬大庆,又因亲友全来,恐筵宴排设不开,便早同贾赦及贾琏等商议:议定于七月二十八日起,至八月初五日止,宁荣两处,齐开筵宴。宁国府中单请官客,荣国府中单请堂客。大观园中,收拾出缀锦阁并嘉荫堂等几处大地方来,做退居。二十八日,请皇亲、驸马、王公、诸王、郡主、王妃、公主、国君、太君、夫人等;二十九日,便是阁府督镇及诰命等;三十日,便是诸官长及诰命并远近亲友及堂客。初一日,是贾赦的家宴;初二日,是贾政;初三日,是贾珍贾琏;初四日,是贾府中合族长幼大小共凑家宴;初五日,是赖大林之孝等家下管事人等共凑一日。

自七月上旬,送寿礼者便络绎不绝。礼部奉旨:钦赐金玉如意一柄,彩缎四端,金玉杯各四件,帑银五百两。元春又命太监送出金寿星一尊,沉香拐一枝,伽楠珠一串,福寿香一盒,金锭一对,银锭四对,彩缎十二匹,玉杯四只。余者,自亲王驸马以及大小文武官员家,凡所来往者,莫不有礼,不能胜记。堂屋内设下大桌案,铺了红毡,将凡有精细之物都摆上,请贾母过目。先一二日,还高兴过来瞧瞧,后来烦了,也不过目,只说:

"叫凤丫头收了,改日闷了再瞧。"

至二十八日,两府中俱悬灯结彩,屏开鸾凤,褥设芙蓉。笙箫鼓乐之音,通衢越巷。宁府中,本日只有北静王、南安郡王、永昌驸马、乐善郡王并几位世交公侯荫袭;荣府中,南安王太妃、北静王妃并世交公侯诰命。贾母等皆是按品大妆迎接。大家厮见,先请至大观园内嘉荫堂,茶毕更衣,方出至荣庆堂上拜寿入席。大家谦逊半日,方才入坐。上面两席是南北王妃;下面依序,便是众公侯命妇。左边下手一席,陪客是锦乡侯诰命与临昌伯诰命;右边下手方是贾母主位。邢夫人王夫人带领尤氏凤姐并族中几个媳妇,两溜雁翅,站在贾母身后侍立;林之孝赖大家的带领众媳妇,都在竹帘外面伺候上菜上酒;周瑞家的带领几个丫鬟,在围屏后伺候呼唤。凡跟来的人,早又有人款待,别处去了。

一时,参了场[①],台下一色十二个未留发的小丫头,都是小厮打扮,垂手伺候,须臾,一个捧了戏单至阶下,先递给回事的媳妇。这媳妇接了,才递给林之孝家的。林之孝家的用小茶盘托上,挨身入帘来,递给尤氏的侍妾佩凤。佩凤接了,才奉与尤氏。尤氏托着,走至上席,南安太妃谦让了一回,点了一句吉庆戏文,然后又让北静王妃,也点了一出。众人又让了一回,命随便拣好的唱罢了。

少时,菜已四献,汤始一道,跟来各家的放赏,大家便更衣服，入園來，另獻好菜。南安太妃因問寶玉。賈母笑道：

"今日幾處廟裡念'保安延壽經'，他跪經去了。"

又問眾小姐們。賈母笑道：

"她們姐妹們病的病，弱的弱，見人腼腆，所以叫她們給我看屋子去了。有的是小戲子，傳了一班，在那邊廳上，陪着她姨媽家姐妹們也看戲呢。"

南安太妃笑道：

"既這樣，叫人請來。"

賈母回頭命了鳳姐兒，去把史、薛、林四位姑娘帶來：

"再只叫你三妹妹陪着來罷。"

鳳姐答應了，來至賈母這邊，只見她姐妹們正吃果子看戲，寶玉也才從廟裡跪經回來。鳳姐說了。寶釵姐妹與黛玉湘雲五人來至園中，見了大眾，俱請安問好。內中也有見過的，還有一兩家不曾見過的，都齊聲夸贊不絕。其中湘雲最熟，南安太妃因笑道：

"你在這裡，聽見我來了還不出來，還等請去！我明兒和我叔叔算帳。"因一手拉着探春，一手拉着寶釵，問：

"十幾歲了？"

又連聲夸贊。因又松了她兩個，又拉着黛玉寶琴，也着實細看，極夸一回，又笑道：

"都是好的！不知叫我夸那一個的是！"

早有人將備用禮物，打點出幾分來：金玉戒指各五個，腕香珠五串。南安太妃笑道：

"你姐妹們別笑話，留着賞丫頭們罷。"

五人忙拜謝過。北靜王妃也有五樣禮物。餘者不必細說。

吃了茶，園中略逛了一逛，賈母等因又讓入席。南安太妃便告辭說：

"身上不快。今日若不來，實在使不得。因此，想我竟先要告別了。"

賈母等聽說，也不便強留，大家又讓了一回，送至園門，坐轎而去。接着北静王妃略坐了一坐，也就告辞了，余者也有终席的，也有不终席的。贾母劳乏了一日，次日便不见人，一应都是邢夫人款待。有那些世家子弟拜寿的，只到厅上行礼，贾赦、贾政、贾珍还礼，看待至宁府坐席。不在话下。

这几日，尤氏晚间也不回那府去，白日间待客，晚上陪贾母玩笑，又帮着凤姐料理出入大小的器皿以及收放礼物。晚上往园内李氏房中歇宿。这日伏侍过贾母晚饭后，贾母因说：

"你们乏了，我也乏了，早些找点子什么吃了，歇歇去罢。明儿还要早起呢。"

尤氏答应着，退出去，到凤姐儿屋里来吃饭。凤姐儿正在楼上看着人收送来的围屏呢，只有平儿在屋里给凤姐叠衣裳。尤氏想起二姐儿在时，多承平儿照应，便点着头儿，说道：

"眼圈一红"，道尽平儿多少委屈。

"好丫头！你这么个好心人，难为在这里熬！"

平儿把眼圈儿一红，忙拿话岔过去了。尤氏因笑问道：

"你们奶奶吃了饭了没有？"

平儿笑道：

"吃饭呢还不请奶奶去？"

尤氏笑道：

"既这么着，我别处找吃的去罢，饿的我受不得了。"

说着，就走。平儿忙笑道：

"奶奶请回来，这里有饽饽，且点补些儿，回来再吃饭。"

尤氏笑道：

"你们忙忙的，我园里和她姐儿们闹去。"

一面说，一面走。平儿留不住，只得罢了。

且说尤氏一径来至园中，只见园中正门和各处角门仍未关好，犹吊着各色彩灯，因回头命小丫头叫该班的女人。那丫鬟走入班房中，竟没一个人影，回来回了尤氏，尤氏便命传管家的女人。这丫头应了便出去，到二门外鹿顶内，乃是管事的女人议事取齐之所。到了这里，只有两个婆子分果菜吃。因问：

"那一位管事的奶奶在这里？东府里的奶奶立等一位奶奶，有话吩咐。"

这两个婆子只顾分菜果，又听见是东府里的奶奶，不大在心上，因就回说：

"管家奶奶们才散了。"

小丫头道：

"既散了，你们家里传她去。"

婆子道：

"我们只管看屋子，不管传人；姑娘要传人，再派传人的去。"

小丫头听了道：

"嗳呀！这可反了！怎么你们不传去？代哄新来的，怎么哄起我来了？素日你们不传，谁传去？这会子打听了体己信儿，或是赏了那位管家奶奶的东西，你们争着，狗颠屁股儿的传去，不知谁是谁呢？琏二奶奶要传，你们也敢这么回吗？"

这婆子，一则吃了酒，二则被这丫头揭着弊病，便羞恼成怒了，因回口道：

"扯你的臊！我们的事传不传，不与你相干。你倒会揭挑我们！你想想：你那老子娘，在那边管家爷们跟前，比我们还更会溜呢。各门各户的，你有本事排揎你们那边的人去！我们这边，你离着还远些呢！"

丫头听了，气白了脸，因说道：

"好，好！这话说的好！"

一面转身进来回话。

尤氏已早进园来。因遇见了袭人、宝琴、湘云三人，同着地藏庵的两个姑子，正说故事玩笑，尤氏因说："饿了。"先到怡红院，袭人装了几样荤素点心出来，给尤氏吃。那小丫头子一径找了来，气狠狠的，把方才的话都说了。尤氏听了半晌，冷笑道：

"这是两个什么人？"

两个姑子笑推这丫头道：

"你这姑娘好气性大！那糊涂老妈妈们的话，你也不该来回才是。咱们奶奶万金之体，劳乏了几日，黄汤辣水没吃，咱们只有哄她欢喜的，说这些话做什么？"

袭人也忙着拉她出去，说：

"好妹子！你且出去歇歇，我打发人叫她们去。"

尤氏道：

"你不用叫人，你去就叫这两个老婆来，到那边把她们家的凤姐叫来。"

袭人笑道：

"我请去。"

尤氏笑道：

"偏不用你。"

两个姑子忙立起身来笑说：

"奶奶素日宽洪大量，今日老祖宗千秋，奶奶生气，岂不惹人议论？"

宝琴湘云二人也都笑劝。尤氏道：

"不为老太太的千秋，我一定不依！且放着就是了。"

说话之间，袭人早又遣了一个丫头去到园门外找人。可巧遇见周瑞家的，这小丫头子就把这话告诉她了。周瑞家的虽不管事，因她素日仗着王夫人的陪房，原有些体面，心性乖滑，专惯各处献勤讨好，所以各房主子都喜欢她。她今日听了这话，忙跑入怡红院，一面飞走，一面说：

"可了不得！气坏了奶奶了。偏我不在跟前！且打她们几个耳刮子，再等过了这几天算帐！"

尤氏见了她，也便笑道：

"周姐姐，你来，有个理你说说。这早晚园门还大开着，明灯蜡烛，出入的人又杂，倘有不防的事，如何使得？因此，叫该班的人吹灯关门。谁知一个人芽儿也没有！"

943·

周瑞家的道：

"这还了得！前儿二奶奶还吩咐过的，今儿就没了人。过了这几日，必要打几个才好。"

尤氏又说小丫头子的话。周瑞家的说：

> 写大小奴才心理、嘴脸各尽其妙。

"奶奶不用生气。等过了事，我告诉管事的，打她个贼死，只问她们谁说'各门各户'的话。我已经叫她们吹灯关门呢。奶奶也别生气了。"

正乱着，只见凤姐儿打发人来请吃饭。尤氏道：

"我也不饿了，才吃了几个饽饽，请你奶奶自己吃罢。"

一时，周瑞家的出去，便把方才之事回了凤姐。凤姐便命：

"将那两个的名字记上，等过了这几日，捆了送到那府里，凭大奶奶开发。或是打，或是开恩，随她就完了。什么大事！"

周瑞家的听了，巴不得一声，——素日因与这几个人不睦——出来了，便命一个小厮到林之孝家去传凤姐的话，立刻叫林之孝家的进来见大奶奶；一面又传人立刻捆起这两个婆子来，交到马圈里，派人看守。

林之孝家的不知什么事，忙坐车进来，先见凤姐，至二门上传进话去。丫头们出来说：

"奶奶才歇下了。大奶奶在园内，叫大娘见见大奶奶就是了。"

林之孝家的只得进园来，到稻香村。丫鬟们回进去。尤氏听了反过不去，忙唤进她来。因笑向她道：

"我不过为找人找不着，因问你，你既去了，也不是什么大事，谁又把你叫进来？倒叫你白跑一趟。不大的事，已经撂过手了。"

林之孝家的也笑回道：

"二奶奶打发人传我，说奶奶有话吩咐。"

尤氏道：

"大约周姐姐说的。你家去歇着罢，没有什么大事。"

李纨又要说原故，尤氏反拦住了。

林之孝家的见如此，只得便回身出园去。可巧遇见赵姨娘，因笑道：

“嗳呀呀！我的嫂子！这会子还不家去歇歇，跑什么?!”

林之孝家的便笑说：

“何曾没家去？”

如此这般进来了。赵姨娘便说：

“这事也值一个屁？开恩呢，就不理论，心窄些儿，也不过打几下就完了。也值的叫你进来！你快歇歇去，我也不留你喝茶了。”

说毕，林之孝家的出来，到了侧门前，就有才两个婆子的女儿上来哭着求情。林之孝家的笑道：

“你这孩子好糊涂！谁叫她好喝酒，混说话？惹出事来，连我也不知道。二奶奶打发人捆她。连我还有不是呢，我替谁讨情去？”

这两个小丫头子才十来岁，原不识事，只管啼哭求告。缠的林之孝家的没法，因说道：

“糊涂东西！你放着门路不去求，尽着缠我！你姐姐现给了那边大太太的陪房费大娘的儿子，你过去告诉你姐姐，叫亲家娘和大太太一说，什么完不了的？”

一语提醒了这一个，那一个还求。林之孝家的啐道：

“糊涂攮的！她过去一说，自然都完了。没有单放他妈，又打你妈的理！”

说毕，上车去了。

这一个小丫头子，果然过来告诉了她姐姐，和费婆子说了。这费婆子原是个大不安静的，便隔墙大骂一阵，走了来求邢夫人，说：

“我亲家与大奶奶的小丫头白斗了两句话，周瑞家的挑唆了二奶奶，现捆在马圈里；等过两日还要打呢。求太太和二奶奶说声，饶她一次罢！”

邢夫人自为要鸳鸯讨了没意思，贾母冷淡了她。且前日南安太妃来，贾母又单令探春出来，自己心内早已怨忿，又有在侧一干小人，心内嫉妒，挟怨凤姐，便调唆的邢夫人着实憎恶凤姐；如今又

945

听了如此一篇话，也不说长短。至次日一早，见过贾母，众族人到齐开戏。贾母高兴，又今日都是自己族中子侄辈，只便妆出来堂上受礼，当中独设一榻，引枕、靠背、脚踏俱全，自己歪在榻上。榻之前后左右，皆是一色的矮凳。宝钗、宝琴、黛玉、湘云、迎春、探春、惜春姐妹等围绕。因贾瑞之母也带了女儿喜鸾，贾琼之母也带了女儿四姐儿，还有几房的孙女儿，大小共有二十来个，贾母独见喜鸾四姐儿生得又好，说话行事与众不同，心中欢喜，便叫她两个也坐在榻前。宝玉却在榻上，与贾母捶腿。首席便是薛姨妈；下边两溜顺着房头辈数下去。帘外两廊，都是族中男客，也依次而坐。先是那女客一起一起行礼，后是男客行礼。贾母歪在榻上，只命人说："免了罢。"然后赖大等带领众家人，从仪门直跪至大厅上磕头。礼毕，又是众家下媳妇，然后各房丫鬟，足闹了两三顿饭时。然后又抬了许多雀笼来，在当院中放了生。贾赦等焚过天地寿星纸，方开戏饮酒。直到歇了中台，贾母方进来歇息，命她们取便，因命凤姐儿留下喜鸾四姐儿，玩两日再去，凤姐儿出来，便和她母亲说　她两个母亲素日承凤姐的照顾，愿意在园内玩笑，至晚便不回去了。

邢夫人直至晚间散时，当着众人，陪笑和凤姐求情说：

"我昨日晚上，听见二奶奶生气，打发周管家的奶奶儿捆了两个老婆，可也不知犯了什么罪。论理，我不该讨情。我想老太太好日子，发狠的还要舍钱舍米，周贫济老，咱们先倒挫磨起老奴才来了？就不看我的脸，权且看老太太，暂且竟放了她们罢！"

说毕，上车去了。

凤姐听了这话，又当着众人，又羞又气，一时找寻不着头脑，憋的脸紫胀，回头向赖大家的等冷笑道：

"这是那里的话！昨儿因为这里的人得罪了那府里大奶奶，我怕大奶奶多心，所以尽让她发放，并不为得罪了我。这又是谁的耳报神这么快？"

王夫人因问：

"什么事？"

凤姐儿笑将昨日的事说了。尤氏也笑道：

"连我并不知道，你原也太多事了。"

凤姐儿道：

"我为你脸上过不去，所以等你开发，不过是个礼。就如我在你那里，有人得罪了我，你自然送了来尽我。凭她是什么好奴才，到底错不过这个礼去。这又不知谁过去，没的献勤儿，这也当作一件事情去说！"

王夫人道：

"你太太说的是，就是你珍大嫂子，也不是外人，也不用这些虚礼。老太太的千秋要紧，放了她们为是。"

说着，回头便命人去放了两个婆子。

凤姐由不得越想越气越愧，不觉的一阵心灰，落下泪来。因赌气回房哭泣，又不使人知觉。偏是贾母打发琥珀来叫，立等说话，琥珀见了，诧异道：

作者写那夫人报复凤姐与赵姨娘报复芳官不同，各如其分，恰到好处。

"好好的，这是什么原故？那里立等你呢。"

凤姐听了，忙擦干了泪，洗面另施了脂粉，方同琥珀过来，贾母因问道：

"前儿这些人家送礼来的，共有几家有围屏？"

凤姐儿道：

"共有十六家。有十二架大的，四架小的炕屏。内中只有甄家一架大屏，十二扇大红缎子刻丝满床笏，一面泥金百寿图的是头等。还有粤海将军邬家的一架玻璃的还罢了。"

贾母道：

"既这么样，这两架别动，好生搁着，我要送人的。"

凤姐答应了。

鸳鸯忽过来向凤姐脸上细瞧。引的贾母问，说：

写鸳鸯细心，凤姐乖巧，十分细赋。

"你不认得她？只管瞧什么？"

947

鸳鸯笑道：

"我看她的眼肿肿的，所以我诧异。"

贾母便叫过来，也细细的看，凤姐笑道：

"才觉的发痒，揉肿了些。"

鸳鸯笑道：

"别又是受了谁的气了罢？"

凤姐笑道：

"谁敢给我气受？就受了气，老太太好日子，我也不敢哭啊。"

贾母道：

"正是呢。我正要吃饭，你在这里打发我吃，剩下的，你和珍儿媳妇吃了。你们两个在这里帮着师父们，替我拣佛豆儿，你们也积积寿。前儿你妹妹们和宝玉都拣了，如今也叫你们拣拣，别说我偏心。"

说话时，先摆上一桌素馔来，两个姑子吃。然后摆上荤的，贾母吃毕，抬出外间，尤氏凤姐二人正吃着，贾母又叫把喜鸾四姐儿二人叫来，跟她二人吃毕，洗了手，点上香，捧上一升豆子来，两个姑子先念了佛偈，然后一个一个的拣在一个筐笋内，明日煮熟了，令人在十字街结寿缘。贾母歪着，听两个姑子说些因果。

鸳鸯早已听见琥珀说凤姐哭之一事，又在平儿前打听得原故，晚间人散时，便回说：

"二奶奶还是哭的，那边大太太当着人给二奶奶没脸。"

贾母因问：

"为什么原故？"

鸳鸯便将原故说了。贾母道：

"这才是凤丫头知礼处。难道为我的生日，由着奴才们把一族中的主子都得罪了，也不管罢？这是大太太素日没好气，不敢发作，所以今儿拿着这个作法，明是当着众人给凤姐儿没脸罢了。"

正说着，只见宝琴来了，也就不说了。

贾母忽想起留下的喜鸾儿四姐儿，叫人吩咐园中婆子们：

“要和家里的姑娘一样照应。倘有人小看了她们，我听见可不饶!”

婆子答应了，方要走时，鸳鸯道：

“我说去罢，她们那里听她的话?”

说着便一径往园里来。先到稻香村中，李纨与尤氏都不在这里。问丫鬟们，都说：

“在三姑娘那里呢。”

鸳鸯回身，又来至晓翠堂，果见那园中人都在那里说笑。见她来了，都笑说：

“你这会子又跑到这里做什么?”

又让她坐。鸳鸯笑道：

“不许我逛逛么?”

于是把方才的话说了一遍。李纨忙起身听了，即刻就叫人把各处的头儿唤了一个来，令她们传与诸人知道。不在话下。

这里尤氏笑道：

“老太太也太想的到。实在我们年轻力壮的人，捆上十个也赶不上。”

李纨道：

“凤丫头仗着鬼聪明，还离脚踪儿不远，咱们是不能的了。”

鸳鸯道：

“罢哟! 还提‘凤丫头’‘虎丫头’呢。她的为人，也可怜见儿的。虽然这几年没有在老太太、太太跟前有个错缝儿，暗里也不知得罪了多少人。总而言之，为人是难做的: 若太老实了，没有个机变，公婆又嫌太老实了，家里人也不怕;若有些机变，未免又治一经损一经。如今咱们家更好，新出来的这些底下字号的奶奶们，一个个心满意足，都不知道要怎么样才好，少不得意，不是背地里嚼舌根，就是调三窝四的。我怕老太太生气，一点儿也不肯说;不然，我告诉出来，大家别过太平日子。这不是我当着三姑娘说: 老太太偏疼宝玉，有人背地怨言还罢了，算是偏心;如今老太太偏疼你，我听着也是不好。这可笑不可笑?"

探春笑道:

"糊涂人多,那里较量得许多? 我说:倒不如小户人家,虽然寒素些,倒是天天娘儿们欢天喜地,大家快乐。我们这样人家,人都看着我们不知千金万金,何等快乐,殊不知这里说不出来的烦难更利害!"

宝玉道:

"谁都像三妹妹多心多事? 我常劝你总别听那些俗语,想那些俗事,只管安富尊荣才是,比不得我们,没这清福,应该混闹的。"

尤氏道:

"谁都像你是一心无挂碍,只知道和姐妹们玩笑? 饿了吃,困了睡,再过几年,不过是这样,一点后事也不虑。"

宝玉笑道:

"我能够和姐妹们过一日是一日,死了就完了,什么后事不后事!"

李纨等都笑道:

"这可又是胡说了! 就算你是个没出息的,终老在这里,难道她姐儿们都不出门子罢?"

尤氏笑道:

"怨不得都说你空长了个好胎子,真真是个傻东西!"

宝玉笑道:

"人事难定,谁死谁活? 倘或我在今日明日,今年明年死了,也算是随心一辈子了!"

众人不等说完,便说:

"越发胡说了。别和他说话才好。要和他说话,不是呆话,就是疯话。"

喜鸾因笑道:

"二哥哥,你别这么说,等这里姐姐们果然都出了门,横竖老太太、太太也闷的慌,我来和你作伴儿。"

李纨尤氏都笑道：

"姑娘别说呆话。难道你是不出门子的吗?"一句说的喜鸾臊了。低了头。当下已起更时分,大家各自归房安歇。不提。

且说鸳鸯一径回来,刚至园门前,只见角门虚掩,犹未上闩。此时园内无人来往,只有班儿房子里,灯光掩映,微月半天。鸳鸯又不曾有伴,她不曾提灯,独自一个,脚步又轻,所以该班的人皆不理会。偏要小解,因下了甬路,找微草处走动,行至一块湖山石后,大桂树底下来。刚转至石边,只听一阵衣衫响,吓了一惊不小。定睛看时,只见是两个人在那里,见她来了,便想往树丛石后藏躲,鸳鸯眼尖,趁着半明的月色,早看见一个穿红袄儿,梳鬏头,高大丰壮身材的,是迎春房里司棋。鸳鸯只当她和别的女孩子也在此方便,见自己来了,故意藏躲,吓着玩耍,因便笑叫道:

"司棋! 你不快出来,当贼吓着我,我就喊起来,拿了。这么大丫头,也没个黑家白日只玩不够!"

这本是鸳鸯戏语,叫她出来。谁知她贼人胆虚,只当鸳鸯已看见她的首尾了,生怨叫喊出来,使众人知觉,更不好;且素日鸳鸯又和自己亲厚,不比别人,便从树后跑出来,一把拉住鸳鸯,便双膝跪下,只说:

"好姐姐! 千万别嚷!"

鸳鸯反不知她为什么,忙拉她起来问道:

"这是怎么说?"司棋只不言语,浑身乱颤。鸳鸯越发不解。再瞧了一瞧,又有一个人影儿,恍惚像是个小厮,心下便猜着了八九分,自己反羞的心跳耳热,又怕起来。因定了一会,忙悄问:

"那一个是谁?"

司棋又跪下道:

"是我姑舅哥哥。"

鸳鸯啐了一口,却羞的一句话也说不出来。司棋又回头悄叫

> 宝玉以前在东府里遇见茗烟按着丫头干不可告人之事,此回又写鸳鸯遇着司棋与表哥苟且。贾府复杂情形,作者写得多彩多姿。如果将大观园写成大成殿便不足观!

道：

　　"你不用藏着，姐姐已经看见了。快出来磕头。"

　　那小厮听了，只得也从树后跑出来，磕头如捣蒜。鸳鸯忙要回身，司棋拉住苦求，哭道：

　　"我们的性命，都在姐姐身上，只求姐姐超生我们罢！"

　　鸳鸯道：

　　"你不用多说了，快叫他去罢。横竖我不告诉人就是了。你这是怎么说呢？"

　　一语未了，只听角门上有人说道：

　　"金姑娘已经出去了，角门上锁罢。"鸳鸯正被司棋拉住，不得脱身，听见如此说，便忙着接声道：

　　"我在这里有事，且略等等儿，我出来了。"

　　司棋听了，只得松手，让她去了。

　　① 参了场——从前私人有喜庆的事，演戏庆祝，开场前，演员们在台上
　　　 向主人行礼祝贺，叫作参场。
　　② 溜——讽刺人讨好拍马的意思。

第七十二回　王熙凤恃强羞说病
来旺妇倚势霸成亲

且说鸳鸯出了角门，脸上犹热，心内突突的乱跳，真是意外之事。因想："这事非常，若说出来，奸盗相连，关系人命，还保不住带累旁人。横竖与自己无干，且藏在心内，不说给人知道。"回房复了贾母的命，大家安息。不提。

却说司棋因从小儿和他姑表兄弟一处玩笑，起初时小儿戏言，便都订下将来不娶不嫁。近年大了，彼此又出落得品貌风流，常时司棋回家时，二人眉来眼去，旧情不断，只不能入手。又彼此生怕父母不从，二人便设法，彼此里外买嘱园内老婆子们，留门看道，今日赶乱，方从外进来。初次入港，虽未成双，却也海誓山盟，私传表记，已有无限风情。忽被鸳鸯惊散，那小厮早穿花度柳，从角门出去了。

司棋一夜不曾睡着，又后悔不来。至次日，见了鸳鸯，自是脸上一红一白，百般过不去，心内怀着鬼胎，茶饭无心，起坐恍惚。挨了两日，竟不听见有动静，方略放下了心。这日晚间，忽有个婆子来悄悄告诉道：

"你表兄竟逃走了，三四天没上家。如今打发人四处找他呢。"

司棋听了，又急又气又伤心。因想道：

"纵然闹出来，也该死在一处。真真男人没情意，先就走了！"因此，又添了一层气，次日便觉心内不快，支持不住，一头躺倒，恹恹的成了病了。

鸳鸯闻知那边无故走了一个小厮，园内司棋病重，要往外挪，心下料定是二人惧罪之故，"生怕我说出来。"因此，自己反过意不

953

去,指着来望候司棋,支出人去,反自己赌咒发誓,与司棋说:

"我若告诉一个人,立刻现死现报! 你只管放心养病,别白糟蹋了小命儿!"

司棋一把拉住,哭道:

"我的姐姐! 咱们从小儿耳鬓厮磨,你不曾拿我当外人待,我也不敢怠慢了你。如今我虽一着走错了,你若果然不告诉一个人,你就是我的亲娘一样! 从此后,我活一日,是你给我一日,我的病要好了,把你立个长生牌位,我天天烧香磕头,保佑你一辈子福寿双全的。我若死了时,变驴变狗报答你! 倘或咱们散了,以后遇见,我自有报答的去处。"

一面说,一面哭。

这一席话,反把鸳鸯说的酸心,也哭起来了。因点头道:

"你也是自家要作死呀! 我做什么管你这些事,坏你的名儿,我白去献勤儿? 况且这事我也不便开口和人说。你只放心。从此养好了,可要安分守己的,再别胡行乱闹了。"

司棋在枕上点首不绝。

鸳鸯又安慰了她一番,方出来。因知贾琏不在家中,又因这两日凤姐儿声色怠惰了些,不似往日一样,便顺路来问候。刚进入凤姐院中,二门上的人见是她来,便站立待她进去。鸳鸯来至堂屋,只见平儿从里头出来,见了她来,便忙上来悄声笑道:

"才吃了一口饭,歇了中觉了。你且这屋里略坐坐。"

鸳鸯听了,只得同平儿到东边房里来。小丫头倒了茶来。鸳鸯悄问道:"你奶奶这两日是怎么了? 我近来看着她懒懒的。"

平儿见问,因房内无人,便叹道:

"她这懒懒的,也不止今日了! 这有一月前头,就是这么着。这几日忙乱了几天。又受了些闲气,从新又勾起来,这两日又比先添了些病,所以支不住,就露出马脚来了。"

鸳鸯道:

"既这样,怎么不早请大夫治?"

平儿叹道：

"我的姐姐！你还不知道她那脾气的？别说请大夫来吃药，我看不过，白问一声。'身上觉怎么样？'她就动了气，反说我咒她病了。饶这样，天天还是察三访四，自己再不看破些，且养身子！"

鸳鸯道：

"虽然如此，到底该请大夫来瞧瞧是什么病，也都好放心。"

平儿叹道：

"说起病来，据我看，也不是什么小症候！"

鸳鸯忙道：

"是什么病呢？"

平儿见问，又往前凑了一凑，向耳边说道：

"只从上月行了经之后，这一个月，竟沥沥淅淅的没有止住。这可是大病不是？"

鸳鸯听了，忙答应道：

"嗳呀！依这么说，可不成了'血山崩'了吗？"

平儿忙啐了一口，又悄笑道：

"你个女孩儿家，这是怎么说？你倒会咒人！"

鸳鸯见说，不禁红了脸，又悄笑道：

"究竟我也不懂什么是崩不崩的。你倒忘了不成：先我姐姐不是害这病死了？我也不知是什么病，因无心中听见妈和亲家妈说，我还纳闷，后来听见原故，才明白了一二分。"

二人正说着，只见小丫头向平儿道：

"方才朱大娘又来了。我们回了她：奶奶才歇中觉。她往太太上头去了。"平儿听了点头。鸳鸯问：

"那一个朱大娘？"平儿道：

"就是官媒婆朱嫂子。因有个什么孙大人来和咱们求亲，所以她这两日天天弄个帖子来，闹得人怪烦的。"

一语未了，小丫头跑来说：

"二爷进来了。"

　　说话之间，贾琏已走至堂屋门口，平儿忙迎出来。贾琏见平儿在东屋里，便也过这间房内来。走至门前，忽见鸳鸯坐在炕上，便煞住脚，笑道：

　　"鸳鸯姐姐，今儿贵步幸临贱地！"

　　鸳鸯只坐着，笑道：

　　"来请爷奶奶的安，偏又不在家的不在家，睡觉的睡觉。"

　　贾琏笑道：

　　"姐姐一年到头辛苦，伏侍老太太，我还没看你去，那里还敢劳动来看我们！"又说："巧的很。我才要找姐姐去，因为穿着这袍子热，先来换了夹袍子，再过去找姐姐去，不想老天爷可怜，省我走这一趟。"

　　一面说，一面在椅子上坐下。

　　鸳鸯因问：

　　"又有什么说的？"

　　贾琏未语，先笑道：

　　"因有一件事竟忘了。只怕姐姐还记得。上年老太太生日，曾有一个外路和尚来孝敬一个腊油冻的佛手，因老太太爱，就即刻拿过来摆着。因前日老太太的生日，我看古董帐，还有一笔在这帐上，却不知此时这件着落在何处。古董房里的人也回过了我两次，等我问准了，好注上一笔。所以我问姐姐：如今还是老太太摆着呢？还是交到谁手里去了呢？"

　　鸳鸯听说，便说道：

　　"老太太摆了几日，厌烦了，就给你们奶奶了。你这会子又问我来了。我连日子还记得，还是我打发了老王家的送来。你忘了，或是问你们奶奶和平儿。"

　　平儿正拿衣裳，听见如此说，忙出来回说：

　　"交过来了，现在楼上放着呢。奶奶已经打发人去说过，她们发昏没记上，又来叨登这些没要紧的事。"

　　贾琏听说，笑道：

956

"既然给了你奶奶,我怎么不知道,你们就昧下了?"

平儿道:

"奶奶告诉二爷,二爷还要送人,奶奶不肯,好容易留下的。这会子自己忘了,倒说我们昧了! 那是什么好东西! 比那强十倍的,也没昧下一遭儿,这会子就爱了那不值钱的咧?"

贾琏垂头含笑,想了想,拍手道:

"我如今竟糊涂了! 丢三忘四,惹人抱怨,竟大不像先了。"

鸳鸯笑道:

"也怨不得。事情又多,口舌又杂,你再喝上两钟酒,那里记得许多?"

一面说,一面起身要走。贾琏忙也立起身来说道:

"好姐姐,略坐一坐儿,兄弟还有一事相求。"说着,便骂小丫头:"怎么不沏好茶来? 快拿干净盖碗,把昨日进上的新茶沏一碗来!"说着,向鸳鸯道:"这两日,因老太太千秋,所有的几千两都使了,几处房租、地租,统在九月才得,这会子竟接不上。明儿又要送南安府里的礼。又要预备娘娘的重阳节,还有几家红白大礼,至少还得二三千两银子用,一时难去支借。俗语说的好:'求人不如己。'说不得姐姐担个不是,暂且把老太太查不着的金银家伙,偷着运出一箱子来,暂押千数两银子,支腾过去,不上半月的光景,银子来了,我就赎了交还,断不能叫姐姐落不是。"

鸳鸯听了,笑道:

"你倒会变法儿! 亏你怎么想了!"

贾琏笑道:

"不是我撒谎。若论除了姐姐,也还有人手里管得起千数两银子,只是她们为人,都不如你明白有胆量。我和她们一说,反吓住了他们,所以我'宁撞金钟一下,不打铙钹三千'。"

一语未了,贾母那边小丫头子,忙忙走来找鸳鸯,说:

"老太太找姐姐呢。这半日,我那里没找到? 却在这里。"

鸳鸯听说,忙着去见贾母。

贾琏见她去了,只得回来瞧凤姐。谁知凤姐已醒了,听她和鸳鸯借当,自己不便答话,只躺在榻上。听见鸳鸯去了,贾琏进来,凤姐因问道:

"她可应准了?"

贾琏笑道:

"虽未应准,却有几分成了。须得你再去和她说一说,就十分成了。"

凤姐笑道:

"我不管这些事。倘或说准了,这会子说着好听,到了有钱的时节,你就搁在脖子后头了,谁和你打饥荒去?倘或老太太知道了,倒把我这几年的脸面都丢了!"

贾琏笑道:

"好人!你要说定了,我谢你。"

凤姐笑道:

"你说谢我什么?"

贾琏笑道:

"你说要什么就有什么。"

平儿一旁笑道:

"奶奶不用要别的。刚才正说要做一件什么事,恰少一二百银子使,不如借了来,奶奶拿这么一二百银子,岂不两全其美?"

凤姐笑道:

"幸亏提起我来。就是这么也罢了。"

贾琏笑道:

"你们也太狠了!你们这会子别说一千两的当头,就是现银子;要三五千,只怕也难不倒。我不和你们借就罢了;这会子,烦你说一句话,还要个利钱,难为你们和我——"

凤姐不等说完,翻身起来说道:

"我三千五千,不是赚的你的!如今里外上下,背着嚼说我的

> "烦你说句话,还要个利钱。"写凤姐的无情和贪心,一针见血。

不少了，就短了你来说我了。可知'没家亲引不出外鬼来'。我们看着你家什么石崇邓通？把我王家的缝子扫一扫，就够你们一辈子过的了。说出来的话也不害臊！现有对证：把太太和我的嫁妆细看看，比一比，我们那一样是配不上你们的？"

贾琏笑道：

"说句玩话儿就急了。这有什么的呢？你要使一二百两银子值什么？多的没有，这还能够，先拿进来，你使了，再说去。如何？"

凤姐道：

"我又不等着'衔口垫背'①，忙什么呢？"

贾琏道：

"何苦来？犯不着这么肝火盛！"

凤姐听了，又笑起来道：

"不是我着急，你说的话，戳人的心。我因为想着后日是二姐的周年，我们好了一场，虽不能别的，到底给她上个坟，烧张纸，也是姐妹一场。她虽没个儿女留下，也别'前人洒土，迷了后人的眼睛'才是。"

> 又写凤姐猫儿哭老鼠的大奸口吻。

贾琏半晌方道：

"难为你想的周全。"

凤姐一语倒把贾琏说没了话，低头打算，说：

"既是后日才用，若明日得了这个，你随便使多少就是。"

一语未了，只见旺儿媳妇走进来。凤姐便问：

"可成了没有？"

旺儿媳妇道：

"竟不中用。我说须得奶奶作主就成了。"

贾琏便问：

"又是什么事？"

凤姐儿见问，便说道：

"不是什么大事。旺儿有个小子，今年十七岁了，还没娶媳妇儿,因要求太太房里的彩霞,不知太太心里怎么样。前日太太见彩霞大了,二则又多病多灾的,因此开恩,打发她出去了,给她老子随便自己择女婿去罢。因此,旺儿媳妇来求我。我想她两家也就算门当户对了,一说去,自然成的;谁知她这会子来了,说不中用!"

贾琏道:

"这是什么大事? 比彩霞好的多着呢!"

旺儿家的便笑道:

"爷虽如此说,连她家还看不起我们,别人越发看不起我们了。好容易相看准一个媳妇儿,我只说求爷奶奶的恩典,替作成了,奶奶又说她必是肯的,我就烦了人过去试一试,谁知白讨了个没趣儿。若论那孩子,倒好,据我素日合意儿,试她心里,没有什么说的,只是她老子娘两个老东西太心高了些。"

一语戳动了凤姐和贾琏。凤姐因贾琏在此,且不做一声,只看贾琏的光景。贾琏心中有事,那里把这点事放在心里? 待要不管,只是看着了凤姐儿的陪房,且素日出过力的,脸上实在过不去,因说:

"什么大事? 只管咕咕唧唧的! 你放心,且去。我明日作媒,打发两个有体面的人,一面说,一面带着定礼去,就说是我的主意。她十分不依,叫她来见我。"

旺儿家的看着凤姐,凤姐便努嘴儿。旺儿家的会意,忙爬下就给贾琏磕头谢恩。这贾琏忙道:

"你只管给你们姑奶奶磕头。我虽说了,到底也得你们姑奶奶打发人叫他女人上来,和她好说,更好些;不然,太霸道了,日后你们两亲家也难走动。"

凤姐忙道:

"连你带这么开恩操心呢,我反倒袖手旁观不成? ——旺儿家的,你听见了:这事说了,你也忙忙的给我完了事来,说给你男人,外头所有的帐目,一概赶今年年底都收进来,少一个钱也不依。我的名声不好,再放一年,都要生吃了我呢!"

旺儿媳妇笑道:

"奶奶也太胆小了。谁敢议论奶奶? 若收了时,我也是一场痴心白使了。"

凤姐道:

"我真个还等钱做什么? 不过为的是日用,出的多,进的少。这屋里有的没的,我和你姑爷一月的月钱,再连上四个丫头的月钱,通共一二十两银子,还不够三五天使用的呢。若不是我千凑万挪的,早不知过到什么破窑里去了! 如今倒落了一个放帐的名儿。既这样,我就收了回来。我比谁不会花钱? 咱们以后就坐着花,到多早晚,就是多早晚。这不是样儿? 前儿老太太生日,太太急了两个月,想不出法儿来,还是我提了一句,后楼上现有些没要紧的大铜锡家伙,四五箱子,拿出去弄了三百银子,才把太太遮羞礼儿搪过去了。我是你们知道的,那一个金自鸣钟卖了五百六十两银子。没有半个月,大事小事没十件,白填在里头。今儿外头也短住了,不知是谁的主意,搜寻上老太太了。明儿再过一年,便搜寻到头面衣裳,可就好了!"

旺儿媳妇笑道:

"那一位太太奶奶的头面衣裳折变了不够过一辈子的? 只是不肯罢咧。"

凤姐道:

"不是我说没能耐的话,要像这么着,我竟不能了。昨儿晚上,忽然做了个梦,说来可笑。梦见一个人,虽然面善,却又不知姓名,找我说:娘娘打发他来,要一百匹锦。我问他是那一位娘娘,他说的又不是咱们的娘娘。我就不肯给他,他就来夺。正夺着,就醒了。"

旺儿家的笑道:

"这是奶奶日间操心,惦记应候宫里的事。"

一语未了,人回:

"夏太监打发了一个小内家来说话。"

贾琏听了,忙皱眉道:

"又是什么话?一年他们也搬够了!"

凤姐道:

"你藏起来,等我见他,若是小事,罢了;若是大事,我自有回话。"

贾琏便躲入内套间去。

这里凤姐命人带进小太监来,让他椅上坐了吃茶,因问何事。那小太监便说:

"夏爷爷因今儿偶见一所房子,如今竟短二百两银子,打发我来问舅奶奶家里,有现成的银子暂借一二百,这一两日就送来。"

凤姐儿听了,笑道:

"什么是送来?有的是银子,只管先兑了去。改日等我们短住,再借去也是一样。"

小太监道:

"夏爷爷还说:土两回还有一千二百两银子没送来,等今年年底下,自然一齐都送过来的。"

凤姐笑道:

"你夏爷爷好小器。这也值的放在心里?我说一句话,不怕他多心:要都这么记清了还我们,不知要还多少了。只怕我们没有,要有,只管拿去。"因叫旺儿媳妇来,"出去,不管那里先支二百两银子来。"

旺儿媳妇会意,因笑道:

"我才因别处支不动,才来和奶奶支的。"

凤姐道:

"你们只会里头来要钱;叫你们外头弄去,就不能了。"说着,叫平儿:"把我那两个金项圈拿出去,暂且押四百两银子。"

平儿答应去了,果然拿了一个锦盒子来,里面两个锦袱包着。打开时,一个金累丝攒珠的,那珍珠都有莲子大小;一个点翠嵌宝石的:两个都与宫中之物不离上下。一时拿去,果然拿了四百两银子来。凤姐给小太监打叠一半，那一半与了旺儿媳妇，命她拿去办八月中秋的节。那小太监便告辞了。凤姐命人替他拿着银子，送出大门去了。

这里贾琏出来笑道：

"这一起外祟，何日是了？"

凤姐笑道：

"刚说着，就来了一股子！"

贾琏道：

"昨儿周太监来，张口一千两，我略应慢了些，他就不自在。将来得罪人的地方儿多着呢。这会子再发个三五万的财就好了！"

> 作者人情世故之深于此可见。写凤姐押金项圈打发小太监也是妙着，正可以表现凤姐的机变。

一面说，一面平儿伏侍凤姐另洗了脸，更衣往贾母处伺候晚饭。

这里贾琏出来，刚至外书房，忽见林之孝走来。贾琏因问何事。林之孝说道：

"才听见雨村降了，却不知何事，只怕未必真。"

贾琏道：

"真不真，他那官儿未必保的长。只怕将来有事，咱们宁可疏远着他好。"

林之孝道：

"何尝不是？只是一时难以疏远。如今东府大爷和他更好，老爷又喜欢他，时常来往，那个不知？"

贾琏道：

"横竖不和他谋事，也不相干。你去再打听真了，是为什么。"

林之孝答应了，却不动身，坐在椅子上再说闲话，因又说起家道艰难，便趁势说：

"人口太众了，不如拣个空日，回明老太太老爷，把这些出过力的老家人，用不着的，开恩放几家出去：一则他们各有营运，二则家里一年也省口粮月钱。再者，里头的姑娘也太多。俗语说，'一时比不得一时',如今说不得先时的例了,少不的大家委屈些,该使八个的使六个,使四个的使两个。若各房算起来,一年也可以省得许多月米月钱。况且里头的女孩子们,一半都大了,也该配人的配人,成了房,岂不又滋生出些人来?"

贾琏道:

"我也这么想,只是老爷才回家来,多少大事未回,那里议到这个上头?前儿官媒拿了个庚帖来求亲,太太还说老爷才来家,每日欢天喜地的说'骨肉完聚',忽然提起这事,恐老爷又伤心,所以且不叫提起。"

林之孝道:

"这也是正理,太太想的周到。"

贾琏道:

"正是。提起这话,我想起一件事来。我们旺儿的小子,要说太太屋里的彩霞,他昨儿求我,我想:什么大事?不管谁去说一声去,就说我的话。"

林之孝答应了,半晌,笑道:

"依我说,二爷竟别管这件事。旺儿的那小子,虽然年轻,在外吃酒赌钱,无所不至。虽说都是奴才,到底是一辈子的事。彩霞这孩子,这几年我虽没看见,听见说,越发出挑的好了,何苦来白糟蹋一个人呢?"

贾琏道:

"哦!他小子竟会喝酒不成人吗?这么着,那里还给他老婆?且给他一顿棍,锁起来,再问他老子娘。"

林之孝笑道:

"何必在这一时?等他再生事,我们自然回爷处治,如今且也不用究办。"

贾琏不语。一时,林之孝出去。

晚间,凤姐已命人唤了彩霞之母来说媒。那彩霞之母,满心纵不愿意,见凤姐自和她说,何等体面,便心不由己的满口应了出去。

少时，贾琏进来，凤姐又问贾琏：

"可说了没好？"

贾琏因说：

"我原要说来着，听见他这小子大不成人，所以还没说。若果然不成人，且管教他两日再给他老婆不迟。"

凤姐笑道：

"我们王家的人，连我还不中你们的意，何况奴才呢！我已经和她娘说了，她娘倒欢天喜地，难道又叫进她来，不要了不成？"

贾琏道：

"你既说了，又何必退呢？明日说给他老子，好生管他就是了。"这里说话，不提。

且说彩霞因前日出去等父母择人，心中虽与贾环有旧，尚未作准。今日又见旺儿每每来求亲，早闻得旺儿之子酗酒赌博，而且容颜丑陋，不能如

意。自此，心中越发懊恼，惟恐旺儿仗势作成，终身不遂，未免心中急躁。至晚间，悄命他妹子小霞进二门来找赵姨娘，问个端底。赵姨娘素日深与彩霞好，巴不得给了贾环，方有个膀臂，不承望王夫人又放出去了。每每调唆贾环去讨，一则贾环羞口难开，二则贾环也不在意，——不过是个丫头，她去了，自然还有好的——遂迁延住不肯说去，意思便丢开了手。无奈赵姨娘又不舍，又见她妹子来问，是晚得空，便先求了贾政。贾政说道：

"且忙什么！等他们再念一二年书，再放人不迟。我已经看中了两个丫头，一个给宝玉，一个给环儿。只是年纪还小，又怕他们误了念书，再等一二年再提。"

赵姨娘还要说话，只听外面一声响，不知何物，大家吃了一惊。

忙问时，原来是外间窗屉不曾扣好，滑了屈戌②掉下来。赵姨娘骂了丫头几句，自己带领丫鬟上好，方进来打发贾政安歇。不在

话下。

①　衔口垫背 ——一种迷信的风俗。在死人嘴里放一颗珠子或一些米叫衔口；入殓时在装殓的褥下放一些钱叫作垫背。

②　屈戌(qū xū) ——门窗上的铰钮，上边扣上"了吊"便可加锁。

第七十三回　痴丫头误拾绣春囊
　　　　　懦小姐不问累金凤

　　却说怡红院中，宝玉方才睡下，丫鬟们正欲各散安歇，忽听有人来敲院门。老婆子开了，见是赵姨娘房内的丫头，名唤小鹊的，问她作什么，小鹊不答，直往里走来找宝玉。只见宝玉才睡下，晴雯等犹在床边坐着，大家玩笑。见她来了，都问：

　　"什么事，这时候又跑了来？"

　　小鹊连忙悄向宝玉道：

　　"我来告诉你个信儿。方才我们奶奶，咕咕唧唧的，在老爷前不知说了你些个什么，我只听见'宝玉'二字。我来告诉你，仔细明儿老爷和你说话罢。"

　　一面说着，回身就走。袭人命人留她吃茶。因怕关门，遂一直去了。

　　宝玉听了，知道赵姨娘心术不端，合自己仇人似的，又不知她说些什么，便如孙大圣听见了"紧箍儿咒"的一般，登时四肢五内，一齐皆不自在起来。想来想去，别无他法，且理熟了书，预备明儿盘考。只能书不舛错，就有别事，也可搪塞。一面想罢，忙披衣起来要读书。心中自后悔："这些日子，只说不提了，偏又丢生了。早知该天天好歹温习些。"如今打算打算，肚子里现可背诵的，不过只有《学庸》、《二论》还背得出来。至上本《孟子》，就有一半是夹生的，若凭空提一句，断不能背；至下本《孟子》，就有大半生的。算起《五经》来，因近来做诗，常把《五经》集些，虽不甚熟，还可塞责。别的虽不记得，素日贾政幸未叫读的，纵不知，也还不妨。至于古文，这是那几年所读过的几篇左传国策公羊谷梁汉唐等文，这几年未

967

曾读得。不过一时之兴，随看随忘，未曾下过苦功，如何记得？这是更难塞责的。更有时文八股一道，因平素深恶，说这原非圣贤之制撰，焉能阐发圣贤之奥，不过是后人饵名钓禄之阶。虽贾政当日起身，选了百十篇命他读的，不过是后人的时文，偶见其中一二股内，或承起之中，有作的精致——或流荡，或游戏，或悲感——稍能动性等，偶尔一读，不过供一时之兴趣，究竟何曾成篇潜心玩索？如果若温习这个，又恐明日盘究那个；若温习那个，又恐盘驳这个。一夜之工，亦不能全然温习。因此，越添了焦躁。自己读书，不值紧要，却累着一房丫鬟们都不能睡。袭人等在旁剪烛斟茶，那些小的都困倦起来，前仰后合。晴雯骂道：

"什么小蹄子们！一个个黑家白日挺尸挺尸不够，偶然一次睡迟了些，就装出这个腔调儿来了。再这么着，我拿针扎你们两下子！"

话犹未了，只听外间咕咚一声。急忙看时，原来是个小丫头坐着打盹，一头撞到壁上，从梦中惊醒，却正是晴雯说这话之时，她怔怔的只当是晴雯打了她。一下子，遂哭着央说：

"好姐姐！我再不敢了！"

众人都笑起来。宝玉忙劝道：

"饶她罢。原该叫她们睡去。你们也该替换着睡。"

袭人道：

"小祖宗！你只顾你的罢！统共这一夜的工夫，你把心暂且用在这几本书上，等过了这一关，由你再张罗别的，也不算误了什么。"

宝玉听她说的恳切，只得又读几句。麝月斟了一杯茶来润舌，宝玉接茶吃了。因见麝月只穿着短袄，宝玉道：

"夜静了，冷，到底穿一件大衣裳才是啊。"

麝月笑指着书道：

"你暂且把我们忘了，使不得吗？且把心搁在这上头些罢。"

话犹未了，只听春燕秋纹从后房门跑进来，口内喊说：

"不好了！一个人打墙上跳下来了！"

968

众人听说,忙问:

"在那里?"

即喝起人来,各处寻找。

晴雯因见宝玉读书苦恼,劳费一夜神思,明日也未必妥当,心下正要替宝玉想个主意,好脱此难。忽然碰着这一惊,便生计向宝玉道:

"趁这个机会快装病,只说吓着了。"

这话正中宝玉心怀。因叫起上夜的来,打着灯笼,各处搜寻,并无踪迹,都说:

> 写晴雯机智、口齿伶俐,性格突出。

"小姑娘们想是睡花了眼出去,风摇的树枝儿,错认了人?"

晴雯便道:

"别放屁!你们查的不严,怕耽不是,还拿这话来支吾!刚才并不是一个人见的,宝玉和我们出去,大家亲见的。如今宝玉吓得颜色都变了,满身发热,我这会子还要上房里取安魂丸药去呢,太太问起来,是要回明白了的,难道依你说就罢了?"

众人听了,吓得不敢则声,只得又各处去找。晴雯和秋纹二人果出去要药去,故意闹的众人皆知宝玉着了惊吓病了。王夫人听了,忙命人来看视给药,又吩咐各上夜人仔细搜查;又一面叫查二门外邻园墙上夜的小厮们。于是园内灯笼火把直闹了一夜。至五更天,就传管家的细看查访。

贾母闻知宝玉被吓,细问原因,众人不敢再隐,只得回明。贾母道:

"我不料有此事。如今各处上夜的都不小心,还是小事,只怕他们就是贼,也未可知。"

当下邢夫人尤氏等都过来请安。李纨凤姐及姐妹等皆陪侍,听贾母如此说,都默然无所答。独探春出位笑道:

"近因凤姐姐身子不好几日,园里的人,比先放肆许多。先前不过是大家偷着一时半刻,或夜里坐更时,三四个人聚在一处,或掷骰,或斗牌,小玩意儿,不过为熬困起见。如今渐次放诞,竟开了

969

赌局,甚至头家局主,或三十吊五十吊的大输赢。半月前,竟有争斗相打的事。”

贾母听了,忙说:

“你既知道,为什么不早回我来?”

探春道:

“我因想着太太事多,且连日不自在,所以没回,只告诉大嫂子和管事的人们,戒饬过几次,近日好些了。”

贾母忙道:

“你姑娘家那里知道这里头的利害? 你以为赌钱常事,不过怕起争端;不知夜间既耍钱,就保不住不吃酒,既吃酒,就未免门户任意开锁,或买东西,其中夜静人稀,趁便藏贼引盗,什么事做不出来? 况且园内你姐儿们起居所伴者,皆系丫头媳妇们,贤愚混杂,贼盗事小,倘有别事,略沾带些,关系非小! 这事岂可轻恕?”探春听说,便默然归坐。 凤姐虽未大愈,精神未尝消灭,今见贾母如此说,便忙道:“偏偏我又病了。”遂回头命人速传林之孝家的等总理家事的四个媳妇来了,当着贾母申饬了一顿。贾母命即刻查了头家赌家来,有人出首者赏,隐情不告者罚。

林之孝家的等见贾母动怒,谁敢徇私。忙去园内传齐,又一一盘查。虽然大家赖一回,终不免水落石出。查得大头家三人,小头家八人,聚赌者统共二十多人,都带来见贾母,跪在院内,磕响头

写贾母老姜本色。

求饶。

贾母先问大头家名姓,和钱之多少。原来这大头家,一个是林之孝家的两姨亲家,一个是园内厨房内柳家媳妇之妹,一个是迎春之乳母:这是三个为首的,余者不能多记。贾母便命将骰子纸牌一并烧毁,所有的钱入官,分散与众人;将为首者每人打四十大板,撵出去,总不许再入;从者每人打二十板,革去三月月钱,拨入圊厕行①内。又将林之孝家的申饬了一番。

林之孝家的见她的亲戚又给她打嘴,自己也觉没趣。迎春在

坐也觉没意思。黛玉、宝钗、探春等见迎春的乳母如此，也是物伤其类的意思，遂都起身笑向贾母讨情说：

"这个奶奶，素日原不玩的，不知怎么，也偶然高兴。求看二姐姐面上，饶过这次罢。"

贾母道：

"你们不知道！大约这些奶子们，一个个仗着奶过哥儿姐儿，原比别人有些体面，她们就生事，比别人更可恶！专管调唆主子，护短偏向。我都是经过的。况且要拿一个作法，恰好果然就遇见了一个。你们别管，我自有道理。"宝钗等听说，只得罢了。

一时，贾母歇响，大家散出，都知贾母生气，皆不敢回家，只得在此暂候。尤氏到凤姐儿处来闲话了一回，因她也不自在，只得园内去闲谈。邢夫人在王夫人处坐了一回，也要到园内走走。刚至园门前，只见贾母房内的小丫头子，名唤傻大姐的，笑嘻嘻走来，手内拿着个花红柳绿的东西，低头瞧着只管走，不防迎头撞见邢夫人，抬头看见，方才站住。邢夫人因说：

"这傻丫头，又得个什么爱巴物儿[2]，这样喜欢？拿来我瞧瞧。"

原来这傻大姐年方十四岁，是新挑上来给贾母这边专做粗活的。因她生的体肥面阔，两只大脚，做粗活很爽利简捷，且心性愚顽，一无知识，出言可以发笑。贾母喜欢，便起名为傻大姐；若有错失，也不苛责她。无事时，便入园内来玩耍。正往山石背后掏促织去；忽见一个五彩"绣香囊"，上面绣的并非花鸟等物，一面却是两个人，赤条条的相抱；一面是几个字。这痴丫头原不认得是春意儿，心下打量：

"敢是两个妖精打架？不，就是两个人打架呢？"左右猜解不来，正要拿去给贾母看呢，所以笑嘻嘻走回。忽见邢夫人如此说，便笑道：

"太太真个说的巧，真是个爱巴物儿！太太瞧一瞧。"

说着便送过去。邢夫人接来一看，吓得连忙死紧攥住，忙问：

"你是那里得的?"

傻大姐道:

> 以傻大姐拾绣春囊才能引出许多妙文,如果是袭人鸳鸯拾了,此囊结局便不相同。我们也看不到抄检大观园的好文章了。

"我掏促织儿,在山子石后头拣的。"

邢夫人道:

"快别告诉人! 这不是好东西。连你也要打死呢。因你素日是个傻丫头,以后再别提了。"

这傻大姐听了,反吓得黄了脸,说:"再不敢了!"磕了头,呆呆而去。

邢夫人回头看时,都是些女孩儿,不便递给她们,自己便塞在袖里。心内十分罕异,揣摩此物从何而来,且不形于声色,到了迎春房里。迎春正因她乳母获罪,心中不自在,忽报母亲来了,遂接入。奉茶毕,邢夫人因说道:

"你这么大了,你那奶妈子行此事,你也不说说她;如今别人都好好的,偏咱们的人做出这事来,什么意思?"

迎春低头弄衣带,半晌答道:

"我说她两次,她不听,也叫我没法儿。况因她是妈妈,只有她说我的,没有我说她的。"

邢夫人道:

"胡说! 你不好了,她原该说;如今她犯了法,你就该拿出姑娘的身分来。她敢不依,你就回我去才是。如今直等外人共知,这可是什么意思! 再者:放头儿,还只怕她巧语花言的和你借贷些簪环衣裳做本钱。你这心活面软,未必不周济她些。若被她骗了去,我是一个钱没有的,看你明日怎么过节!"

迎春不语,只低着头。邢夫人见她这般,因冷笑道:

"你是大老爷跟前的人养的,这里探丫头是二老爷跟前的人养的,出身一样,你娘比赵姨娘强十分,你也该比探丫头强才是。怎么你反不及她一点? ——倒是我无儿女的一生干净,也不能惹人笑话!"

人回：

"琏二奶奶来了。"邢夫人听了，冷笑两声，命人出去说：

"请她自己养病，我这里不用她伺侯。"接着又有探事的小丫头来报说：

"老太太醒了。"

邢夫人方起身往前边来。

迎春送至院外方回。绣橘因说道：

"如何？前儿我回姑娘那一个攒珠累丝金凤，竟不知那里去了，回了姑娘，竟不问一声儿。我说必是老奶奶拿去当了银子放头儿了，姑娘不信，只说司棋收着，叫问司棋。司棋虽病，心里却明白，说：'没有收起来，还在书架上匣里放着，预备八月十五日要戴呢。'姑娘该叫人去问老奶奶一声。"

迎春道：

"何用问？那自然是她拿了去摘了肩儿了[3]。我只说她悄悄的拿了出去，不过一时半晌，仍旧悄悄的放在里头，谁知她就忘了。今日偏又闹出来，问她也无益。"

绣橘道：

"何曾是忘记？她是试准了姑娘的性格儿，才这么着。如今我有个主意：到二奶奶屋里，将此事回了她，或着人要她，或省事拿几吊钱来替她赎了，如何？"

迎春忙道：

"罢，罢！省事些好。宁可没有了，又何必生事？"

绣橘道：

"姑娘怎么这样软弱？都要省起事来，将来姑娘还骗了去！我竟去的是。"

说着便走。迎春便不言语，只好由她。

谁知迎春的乳母之媳玉柱儿媳妇为她婆婆得罪，来求迎春去讨情，她们正说金凤一事，且不进去。也因素日迎春懦弱，她们都不放在心上；如今

> 曹雪芹能写大奸、大恶、大能的王熙凤，也能写懦弱无能的贾迎春。

973

见绣橘立意去回凤姐，又看这事脱不过去，只得进来，陪笑先向绣橘说：

"姑娘，你别去生事。姑娘的'金丝凤'，原是我们老奶奶老糊涂了，输了几个钱，没的捞梢，所以借去，不想今日弄出事来。虽然这样，到底主子的东西，我们不敢迟误，终久是要赎的。如今还要求姑娘看着从小儿吃奶的情，往老太太那边去讨一个情儿，救出她来才好！"

迎春便说道：

"好嫂子，你趁早打消了这妄想。要等我去说情儿，等到明年，也是不中用的。方才连宝姐姐林妹妹，大伙儿说情，老太太还不依，何况是我一个人？我自己臊还臊不过来，还去讨臊去？"

绣橘便说：

"赎金凤是一件事，说情是一件事，别绞在一处。难道姑娘不去说情，你就不赔了不成？嫂子且取了金凤来再说。"

玉柱儿家的听见迎春如此拒绝她，绣橘的话又锋利，无可回答，一时脸上过不去，也明欺迎春素日好性儿，乃向绣橘说道：

"姑娘，你别太张势了！你满家子算一算，谁的妈妈奶奶不仗着主子哥儿姐儿得些便宜？偏咱们就这样丁是丁卯是卯的。只许你们偷偷摸摸的，哄骗了去！自从邢姑娘来了，太太吩咐一个月俭省出一两银子来给舅太太去，这里饶添了邢姑娘的使费，反少了一两银子。时常短了这个，少了那个，那不是我们供给，谁又要去？不过大家将就些罢了。算到今日，少说也有三十两了！我们这一向的钱，岂不白填了限呢？"

绣橘不待说完，便啐一口，道：

"做什么你白填了三十两？我且和你算算帐！姑娘要了些什么东西？"

迎春听了这媳妇发邢夫人之私意，忙止道：

"罢，罢！不能拿了金凤来，你不必拉三扯四的乱嚷。我也不要那凤了。就是太太问时，我只说丢了，也妨碍不着你什么，你去歇歇儿去罢，何苦呢？”

一面叫绣橘倒茶来。绣橘又气又急，因说道：

“姑娘虽不怕，我是做什么的？把姑娘的东西丢了，她倒赖说姑娘使了她们的钱，这如今竟要准折起来，倘或太太姑娘为什么使了这些钱，敢是我们就中取势？这还了得！”

一行说，一行就哭了。司棋听不过，只得勉强过来，帮着绣橘，问着那媳妇。迎春劝止不住，自拿了一本太上感应篇去看。

三人正没开交，可巧宝钗、黛玉、宝琴、探春等，因恐迎春今日不自在，都约着来安慰。她们走至院中，听见几个人讲究，探春从纱窗内一看，只见迎春倚在床上看书，若有不闻之状，探春也笑了。小丫头们忙打起帘子报道：

“姑娘们来了。”

迎春放下书起身。那媳妇见有人来，且又有探春在内，不劝自止了，遂趁便就走。探春坐下，便问：

“刚才谁在这里说话？倒像拌嘴似的。”

迎春笑道：

“没有什么，左不过她们小题大做罢了，何必问她？”

探春笑道：

“我才听见什么‘金凤’，又是什么‘没有钱，只合我们奴才要’。谁和奴才要钱了？难道姐姐和奴才要钱不成？”

司棋绣橘道：

“姑娘说的是了。姑娘何曾和她要什么了？”

探春笑道：

“姐姐既没有和她要，必定是我们和她们要了不成？你叫她进来，我倒要问问她。”

迎春笑道：

“这话又可笑。你们又无沾碍，何必如此？”

探春道：

“这倒不然。我和姐姐一样，姐姐的事，和我的一般。她说姐姐,即是说我。我那边有人怨我,姐姐听见,也是合怨姐姐一样。咱们是主子,自然不理论那些钱财小事,只知想起什么要什么,也是有的事。但不知金累丝凤怎么又夹在里头?"

那玉柱儿媳妇生恐绣橘等告出她来,遂忙进来用话掩饰。探春深知其意,因笑道:

"你们所以糊涂。如今你奶奶已得了不是,趁此求二奶奶的把方才的钱——未曾散人的——拿出些来赎来就完了。比不得没闹出来,大家都藏着留脸面;如今既是没了脸,趁此时,纵有十个罪也只一人受罚,没有砍两颗头的理。你依我说,竟是和二奶奶趁便说去。在这里大声小气,如何使得?"

这媳妇被探春说出真病,也无可赖了,只不敢往凤姐处自首。探春笑道:

"我不听见便罢;既听见,少不得替你们分解分解。"

谁知探春早使了眼色与侍书,侍书出去了。这里正说话,忽见平儿进来。宝琴拍手笑道:

"三姐姐敢是有驱神召将的符术?"

黛玉笑道:

"这倒不是道家法术,倒是用兵最精的,所谓守如处女,出如脱兔,出其不备'的妙策。"

二人取笑,宝钗便使眼色与二人,遂以别话岔开。探春见平儿来了,遂问:

"你奶奶可好些了?真是病糊涂了,事事都不在心上,叫我们受这样委屈。"

平儿忙道:

"谁敢给姑娘气受?姑娘吩咐我。"

那玉柱儿媳妇方慌了手脚,遂上来赶着平儿叫:

"姑娘坐下,让我说原故,姑娘请听。"

平儿正色道:

"姑娘这里说话,也有你混插嘴的理吗?你但凡知礼,只该在

> 以探春的凌厉俐落更衬托出迎春的懦弱无能。如无探春介入,便嫌平淡。

外头伺侯。也有外头的媳妇们无故到姑娘屋里来的?"

绣橘道:

"你不知我们这屋里是没礼的,谁爱来就来。"

平儿道:

"都是你们不是。姑娘好性儿,你们就该打出去,然后再回太太才是。"

柱儿媳妇见平儿出了言,红了脸,方退出去。探春接着道:

"我且告诉你:要是别人得罪了我,倒还罢了;如今这柱儿媳妇和她婆婆,仗着是妈妈,又瞧着二姐姐好性儿,私自拿了首饰去赌钱,而且还捏造假帐,逼着去讨情,和这两个丫头在卧房里大嚷大叫,二姐姐竟不能辖治。——所以我看不过,才请你来问一声:还是她本是天外的人,不知道理?还是有谁主使她如此?先把二姐姐制伏了,然后就要治我和四姑娘了。"

平儿忙陪笑道:

"姑娘怎么今日说出这话来?我们奶奶如何担得起!"

探春冷笑道:

"俗语说的'物伤其类,唇亡齿寒',我自然有些心惊么。"

平儿问迎春道:

"若论此事,本好处的;但只她是姑娘的奶嫂,姑娘怎么样呢?"

当下迎春只合宝钗看感应篇故事,究竟连探春的话也没听见,忽见平儿如此说,仍笑道:

"问我,我也没什么法子。她们的不是,自作自受,我也不能讨情,我也不去加责就是了。至于私自拿去的东西,送来我收下;不送来,我也不要了。太太们要来问我,可以隐瞒遮饰的过去,是她的造化;要瞒不住,我也没法儿。没有个为她们反欺柱太太们的理,少不得直说。你们要说我好性儿,没个决断,如有好主意八面周全,不叫太太们生气,任凭你们处治,我也不管。"

众人听了,都好笑起来。黛玉笑道:

"真是'虎狼屯于阶陛,尚谈因果。'要是二姐姐是个男人,一家上下这些人,又如何裁治他们?"

迎春笑道:

"正是。多少男人,衣租食税,及至事到临头,尚且如此。况且太太说的好,救人急难,最是阴骘事。我虽不能救人,何苦来白白去和人结怨结仇,作那样无益有损的事呢?"

① 圊(qīng)厕行 ——管理或打扫厕所的职务。
② 爱巴物儿 ——可爱的东西。
③ 摘了肩儿了 ——原是减轻负担的意思。在这里指自己手中没有钱,把别人的钱或东西暂时挪动一下。

第七十四回　惑奸谗抄检大观园
避嫌隙杜绝宁国府

话说平儿听迎春说了，正自好笑。忽见宝玉也来了。原来管厨房柳家媳妇的妹子，也因放头开赌得了不是。因这园中有素和柳家的不好的，便又告出柳家的来，说和她妹子是伙计，赚了平分。因此，凤姐要治柳家的罪。那柳家的听得此言，便慌了手脚，因思素与怡红院的人最为深厚，故走来悄悄的央求晴雯芳官等人，转告诉了宝玉。宝玉因思内中迎春的乳母也现有此罪，不若来约同迎春去讨情，比自己独去单为柳家的说情又更妥当，故此前来。忽见许多人在此，见他来时，都问道：

"你的病可好了？跑来做什么？"宝玉不便说出讨情一事，只说：

"来看二姐姐。"

当下众人也不在意，且说些闲话。平儿便出去办累丝金凤一事。那玉柱儿媳妇紧跟在后，口内百般央求，只说：

> 此回又是大好文章，不但人物描写极佳，结构布局尤妙。

"姑娘好歹口内超生，我横竖去赎了来！"

平儿笑道：

"你迟也赎，早也赎。既有今日，何必当初？你的意思得过就过。既这么样，我也不好意思告诉人，趁早儿取了来，交给我，一字不提。"

玉柱儿媳妇听说，方放下心来，就拜谢。又说：

"姑娘自去贵干，赶晚赎了来，先回了姑娘再送去？如何？"

平儿道：

979

"赶晚不来,可别怨我。"

说毕,二人方分路,各自散了。

平儿到房,凤姐问他:

"三姑娘叫你做什么?"

平儿笑道:

"三姑娘怕奶奶生气,叫我劝着奶奶些,问奶奶这两天可吃些什么。"

凤姐笑道:

"倒是她还惦记我。刚才又出来了一件事,有人来告柳二媳妇和她妹子通同开局,凡妹子所为都是她作主。我想你素日肯劝我多一事不如少一事,自己保养保养也是好的,我因听不进去,果然应了,先把太太得罪了,而且反赚了一场病。如今我也看破了,随她们闹去罢,横竖还有许多人呢。我白操一会子心,倒惹的万人咒骂,不如且自家养养病。就是病好了,我也会做好好先生,得乐且乐,得笑且笑,一概是非且都凭她们去罢。所以我只答应着知道了。"

平儿笑道:

"奶奶果然如此,那就是我们的造化了!"

一语未了,只见贾琏进来,拍手叹气道:

"好好儿的又生事!前儿我和鸳鸯借当,那边太太怎么知道了?刚才太太叫过我去,叫我不管那里先借二百银子,做八月十五节下使用。我回没处借。太太就说:'你没有钱就有地方挪移,我白和你商量,你就搪塞我!你就没地方儿?前儿一千银子的当是那里的?连老太太的东西,你都有神通弄出来,这会二百银子,你就这样难!亏我没和别人说去!'我想太太分明不短,何苦来又寻事奈何了!"

凤姐儿道:

"那日并没个外人,谁走了这个消息?"

平儿听了,也细想那日有谁在此,想了半日,笑道:

"是了！那日说话时没人，就只晚上送东西来的时候儿，老太太那边傻大姐的娘，可巧来送浆洗衣裳。她在下房里坐了一会子，看见一大箱子东西，自然要问，必是丫头们不知道，说出来了也未可知。"因此，便唤了几个小丫头来问："那日谁告诉傻大姐的娘了？"

众小丫头慌了，都跪下赌神发誓说："自来也没敢多说一句话。有人凡问什么，都答应不知道，这事如何敢说？"

凤姐详情度理，说：

"她们必不敢多说一句话，倒别委屈了她们。如今把这事靠后，且把太太打发了去要紧。宁可咱们短些，别又讨没意思。"因叫："平儿，把我的金首饰再去押二百银子来，送去完事。"

贾琏道："索性多押二百，咱们也要使呢。"

凤姐道：

"很不必。我没处使。这不知还指那一项赎呢！"

平儿拿了吩咐旺儿媳妇领去，不一时，拿了银子来，贾琏亲自送去。不在话下。

这里凤姐和平儿猜疑走风的人，"反叫鸳鸯受累，岂不是咱们之过？"正在胡想，人报：

"太太来了。"

凤姐听了诧异，不知何事，遂与平儿等忙迎出来。只见王夫人气色更变，只带一个贴己小丫头走来，一语不发，走至里间坐下。凤姐忙捧茶，因陪笑问道：

"太太今日高兴到这里逛逛？"

王夫人喝命：

"平儿出去！"

平儿见了这般，不知怎么了，忙应了一声，带着众小丫头，一齐出去，在房门外站住。一面将房门掩了，自己坐在台阶上。所有的人一个不许进去。

凤姐也着了慌，不知有何事。只见王夫人含着泪，从袖里扔出

一个香袋来,说:

"你瞧!"

凤姐忙拾起一看,见是十锦春意香袋,也吓了一跳,忙问:

"太太从那里得来?"

王夫人见问,越发泪如雨下,颤声说道:

"我从那里得来,我天天坐在井里,想你是个细心人,所以我才偷空儿。谁知你也和我一样!

> 写王夫人走来先声夺人,"平儿出去",凤姐跪后表现事态严重。气势制造得好。

这样东西,大天白日明摆在园里山石上,被老太太的丫头拾着,不亏你婆婆看见,早已送到老太太跟前去了,我且问你:这个东西如何丢在那里?"

凤姐听得,也更了颜色,忙问:

"太太怎么知道是我的?"

王夫人又哭又叹道:

"你反问我?你想,一家子除了你们小夫小妻,余者老婆子们,要这个何用?女孩子们是从那里得来?自然是那琏儿——不长进下流种子——那里弄来的!你们又和气,当作一件玩意儿,年轻的人,儿女闺房私意是有的,你还和我赖!幸而园内上下人还不解事,尚未拣得;倘或丫头们拣着,你姐妹看见,这还了得!不然,有那小丫头们拣着出去,说是园内拣的,外人知道,这性命脸面要也不要?"

凤姐听说,又急又愧,登时紫胀了面皮,便挨着炕沿双膝跪下,也含泪诉道:

"太太说的固然有理,我也不敢辩。但我并无这样东西,其中还要求太太细想。这香袋儿是外头仿着内工绣的,连穗子一概都是市卖的东西,我虽年轻不尊重,也不肯要这样东西。再者,这也不是常带着的,我纵然有,也只好在私处搁着,焉肯在身上常带,各处逛去?况且又在园里去,个个姐妹,我们都肯拉拉扯扯,倘或露出来,不但在姐妹前看见,就是奴才看见,我有什么意思?三则论

982

主子内，我是年轻媳妇，算起来，奴才比我更年轻的又不止一个了。况且她们也常在园内走动，焉知不是她们掉的？再者，除我常在园里，还有那边太太常带过几个小姨娘来，嫣红翠云那几个人，也都是年轻的人，她们更该有这个了。还有那边珍大嫂子，她也不算很老，也常带过佩凤她们来，又焉知不是她们的？况且园内丫头也多，保不住都是正经的。或者年轻大些的，知道了人事，一刻查问不到，偷出去了；或借着因由，合二门上小么儿们打牙摺嘴儿，外头得了来的，也未可知。不但我没此事，就连平儿，我也可以下保的，太太请细想！"

王夫人听了这一席话，很近情理，因叹道：

"你起来。我也知道你是大家子的姑娘出身，不至这样轻薄，不过我气激你的话。但只如今且怎么处？你婆婆才打发人封了这个给我瞧，把我气了个死！"

凤姐道：

"太太快别生气。若被众人觉察了，保不定老太太不知道。且平心静气，暗暗访察，才能得这个实在；纵然访不着，外人也不能知道。如今惟有趁着赌钱的因由，革了许多人这空儿，把周瑞媳妇旺儿媳妇等四五个贴近不能走话的人，安插在园里，以查赌为由。再，如今她们的丫头也太多了，保不住人大心大，生事作耗。等闹出来，反悔之不及。如今若无故裁革，不但姑娘们屈委，就连太太和我也过不去。不如趁着这机会，以后凡年纪大些的，或有些磨牙难缠的，拿个错儿，撵出去，配了人，一则保的住没有别事，二则也可省些用度。太太想我这话如何？"

王夫人叹道：

"你说的何尝不是？但从公细想，你这几个姐妹，每人只有两个丫头像人，余者竟是小鬼儿似的，如今再去了，不但我心里不忍，只怕老太太未必就依。虽然艰难，也还穷不至此。我虽没受过大荣华，比你们是强些，如今宁可省我些，别委屈了她们。你如今且叫人传周瑞家的等人进来，就吩咐她们快暗访这事要紧！"

凤姐即唤平儿进来，吩咐出去。

一时，周瑞家的与吴兴家的、郑华家的、来旺家的、来喜家的——现在五家陪房——进来。王夫人正嫌人少，不能勘察，忽见邢夫人的陪房王善保家的走来，正是方才是她。送香袋来的。王夫人向来看视邢夫人之得力心腹人等，原无二意，今见她来打听此事，便向她说：

"你去回了太太，也进园来照管照管，比别人强些。"

王善保家的因素日进园去，那些丫鬟们不大

安排王善保家的抄检大观园是一大妙笔。

趋奉她，她心里不自在，要寻她们的故事又寻不着，恰好生出这件事来，以为得了把柄；又听王夫人委托她，正碰在心坎上，道：

"这个容易。不是奴才多话，论理，这事早该严紧些的。太太也不大往园里去，这些女孩子们，一个个倒像受了诰封似的，她们就成了千金小姐了。闹下天来，谁敢哼一声儿？不然，就调唆姑娘们，说欺负了姑娘们了，谁还耽得起？"

王夫人点头道：

"跟姑娘们的丫头比别的娇贵些，这也是常情。"

王善保家的道：

"别的还罢了，太太不知，头一个是宝玉屋里的晴雯。那丫头仗着她的模样儿比别人标致些，又长了一张巧嘴，天天打扮的像个西施样子，在人跟前能说惯道，抓尖要强。一句话不投机，她就立起两双眼睛来骂人，妖妖调调，大不成个体统！"

王夫人听了这话，猛然触动往事，便问凤姐道：

"上次我们跟了老太太进园逛去，有一个水蛇腰，削肩膀儿，眉眼又有些像你林妹妹的，正在那里骂小丫头。我心里很看不上那狂样子，因同老太太走，我不曾说她。后来要问是谁，偏又忘了。今日对了槛儿①，这丫头想必就是她了？"

凤姐道：

"若论这些丫头们，共总比起来，都没晴雯长得好。论举止言语,她原轻薄些。方才太太说的倒很像她。我也忘了那日的事,不敢混说。"

王善保家的便道:

"不用这样,此刻不难叫了她来,太太瞧瞧。"

王夫人道:

"宝玉屋里常见我的,只有袭人麝月,这两个笨笨的倒好。要有这个,她自然不敢来见我呀。我一生最嫌这样的人。且又出来这个事,好好的宝玉,倘或叫这蹄子勾引坏了,那还了得!"因叫自己的丫头来,吩咐她道:"你去,只说我有话问她。留下袭人麝月伏侍宝玉不必来,有一个晴雯最伶俐,叫她即刻快来。你不许和她说什么。"

小丫头答应了,走入怡红院,正值晴雯身上不好,睡中觉才起来,发闷呢。听如此说,只得跟了她来。

素日晴雯不敢出头,因连日不自在,并没十分妆饰,自为无碍。及到了凤姐房中,王夫人一见她钗軃鬓松,衫垂带褪,大有春睡捧心之态,而且形容面貌,恰是上月的那人,不觉勾起方才的火来。王夫人便冷笑道:

"好个美人儿!真像个病西施了!你天天作这轻狂样儿给谁看?你干的事,打量我不知道呢!我且放着你,自然明儿揭你的皮——宝玉今日可好些?"

晴雯一听如此说,心内大异,便知有人暗算了。她虽然着恼,只不敢作声。她本是个聪明过顶的人,见问宝玉可好些,她便不肯以实话答应,忙跪下,回道:

"我不大到宝玉房里去,又不常和宝玉在一处,好歹不能知。那都是袭人合麝月两个人的事,太太问她们。"

王夫人道:

"这就该打嘴!你难道是死人?要你们做什么?"

晴雯道:

"我原是跟老太太的人,因老太太说园里空,大人少,宝玉害怕，所以拨了我去，外间屋里上夜，不过看屋子。我原回过我笨，不能伏侍，老太太骂了我，'又不叫你管他的事，要伶俐的做什么?'我听了，不敢不去，才去的。不过十天半月之内，宝玉叫着了，答应几句说，就散了。至于宝玉的饮食起居，上一层有老奶奶老妈妈们，下一层有袭人、麝月、秋纹几个人。我闲着还要做老太太屋里的针线，所以宝玉的事，竟不曾留心。太太既怪，从此后我留心就是了。"

> 这一段文字写晴雯的标致、机灵、性格十分突出。这是晴雯被撵的伏笔，但和打金钏儿写法不同。真是运笔如神，变化莫测。

王夫人信以为实了，忙说：

"阿弥陀佛！你不近宝玉，是我的造化！竟不劳你费心！既是老太太给宝玉的，我明儿回了老太太再撵她。"因向王善保家的道："你们进去，好生防她几日，不许她在宝玉屋里睡觉。等我回过老太太再处治她。"喝声："出去！站在这里，我看不上这浪样儿！谁许你这样花红柳绿的妆扮！"

晴雯只得出来，这气非同小可，一出门，便拿绢子握着脸，一头走，一头哭，直哭到园内去。

这里王夫人向凤姐等自怨道：

"这几年，我越发精神短了，照顾不到。这样妖精似的东西，竟没看见！只怕这样的还有，明日倒是查查。"

凤姐儿见王夫人盛怒之际，又因王善保家的是邢夫人的耳目，常时调唆的邢夫人生事，纵有千百样言语，此刻也不敢说，只低头答应着。王善保家的道：

"太太且请息怒。这些小事，只交与奴才。如今要查这个是极容易的。等到晚上园门关了的时节，内外不通风，我们竟给她们个冷不防，带着人到各处丫头们房里搜寻。想来谁有这个，断不单有这个，自然还有别的。那时翻出别的来，自然这个也是她的了。"

王夫人道：

"这话倒是，若不如此，断乎不能明白。"

因问凤姐如何。凤姐只得答应说：

“太太说是，就行罢了。”

王夫人道：

“这主意很是，不然，一年也查不出来！”

于是大家商议已定。至晚饭后，待贾母安寝了，宝钗等人园时，王家的便请了凤姐一并进园。喝命将角门皆上锁，便从上夜的婆子处来抄检起。不过抄检些多余攒下蜡烛灯油等物。王善保家的道：

“这也是贼，不许动的。等明日回过太太再动。”

于是先就到怡红院中，喝命关门。当下宝玉正因晴雯不自在，忽见这一干人来，不知为何直扑了丫头们的房门去，因迎出凤姐来，问是何故。凤姐道：

“丢了一件要紧的东西，因大家混赖，恐怕有丫头们偷了，所以大家都查一查去疑儿。”

一面说，一面坐下吃茶。

王家的等搜了一回，又细问这几个箱子是谁的，都叫本人来亲自打开。袭人因见晴雯这样，必有异事，又见这番抄检，只得自己先出来打开了箱子并匣子，任其搜检一番，不过平常通用之物。随放下，又搜别人的。挨次都一一搜过，到晴雯的箱子，因问：

“是谁的？怎么不打开叫搜？”

袭人方欲替晴雯开时，只见晴雯挽着头发，闯进来，豁啷一声，将箱子掀开，两手提着底子，往地下一倒。将所有之物尽都倒出来。王善保家的也觉没趣儿，便紫胀了脸，说道：

> 写晴雯的神态、动作、口齿维妙维肖，真是画龙点晴、直欲破壁飞去。

“姑娘，你别生气。我们并非私自就来的，原是奉太太的命来搜查。你们叫翻呢，我们就翻一翻；不叫翻，我们还许回太太去呢。那用急的这个样子？”

晴雯听了这话，越发火上浇油，便指着她的脸，说道：

“你说你是太太打发来的，我还是老太太打发来的呢！太太那边的人，我也都见过，就只没看见你这么个有头有脸大管事的奶奶！”

凤姐见晴雯说话锋利尖酸，心中甚喜，却碍着邢夫人的脸，忙喝住晴雯。那王善保家的又羞又气，刚要还言。凤姐道：

“妈妈，你也不必和她们一般见识，你且细细搜你的。咱们还到各处走走呢。再迟了走了风，我可担不起。”

王善保家的只得咬咬牙，且忍了这口气，细细的看了一看，也无甚私弊之物，回了凤姐，要别处去。凤姐道：

“你可细细的查。若这一番查不出来，难回话的。”

众人都道：

“尽都细翻了，没有什么差错东西；虽有几样男人物件，都是小孩子的东西，想是宝玉的旧物，没甚关系的。”

凤姐听了，笑道：

“既如此，咱们就走，再瞧别处去。”

说着，一径出来，向王善保家的道：

“我有一句话，不知是不是。要抄检只抄检咱们家的人；薛大姑娘屋里，断乎抄检不得的。”

王善保家的笑道：

“这个自然。岂有抄起亲戚家来的？”

凤姐点头道：

“我也这样说呢。”

一头说，一头到了潇湘馆内。黛玉已睡了，忽报这些人来，不知为甚事，才要起来。只见凤姐已走进来，忙按住她不叫起来，只说：

“睡着罢，我们就走的。”

这边且说些闲话。

那王善保家的带了众人，到了丫鬟房中，也一一开箱倒笼，抄检了一番。因从紫鹃房中搜出两副宝玉往常换下来的寄名符儿，一副束带上的鞢带，两个荷包并扇套，套内有扇子，打开看时，皆是宝玉往日手内曾拿过的。王善保家的自为得了意，遂忙请凤姐过来验视，又说：

"这些东西，从那里来的？"

凤姐笑道：

"宝玉和她们从小儿在一处混了几年，这自然是宝玉的旧东西。况且这符儿合扇子，都是老太太和太太常见的。妈妈不信，咱们只管拿了去。"

王家的忙笑道：

"二奶奶既知道就是了。"

凤姐道：

"这也不是什么稀罕事，撂下再往别处去是正经。"

紫鹃笑道：

"直到如今，我们两下里的帐也算不清！要问这一个，连我也忘了是那年月日有的了。"

这里凤姐合王善保家的又到探春院内。谁知早有人报与探春了。探春也就猜着必有原故，所以引出这等丑态来，遂命丫鬟秉烛开门而待。一时，众人来了，探春故问：

"何事？"

凤姐笑道：

"因丢了一件东西，连日访察不出人来，恐怕旁人赖这些女孩子们，所以大家搜一搜，使人去疑儿，倒是洗净她们的好法子。"

探春笑道：

"我们的丫头。自然都是些贼，我就是头一个窝主。既如此，先来搜我的箱柜，她们所偷了来的，都交给我藏着呢。"

说着，便命丫鬟们把箱一齐打开，将镜奁、妆盒、衾袱、衣包，若大若小之物，一齐打开，请凤姐去抄阅。凤姐陪笑道：

"我不过是奉太太的命来，妹妹别错怪了我。"因命丫鬟们："快

写探春命丫鬟"秉烛开门而待"就气势不凡、探春的胆识、严正。只此几字便表现无遗。探春词锋的凌厉。凤姐也要退避三尺。偏王善保家的不识题。招来探春一耳光。

989

快给姑娘关上。"

平儿丰儿等先忙着替侍书等关的关，收的收。探春道：

"我的东西，倒许你们搜阅，要想搜我的丫头，这可不能，我原比众人歹毒：凡丫头所有的东西，我都知道，都在我这里间收着。一针一线，她们也没得收藏。要搜，所以只来搜我。你们不依，只管去回太太，只说我违背了太太，该怎处治，我去自领。你们别忙，自然你们抄的日子有呢！你们今日早起，不是议论甄家，自己盼着好好的抄家，果然今日真抄了。咱们也渐渐的来了！可知这样大族人家，若从外头杀来，一时是杀不死的。这可是古人说的，'百足之虫，死而不僵'！必须先从家里自杀自灭起来，才能一败涂地呢！"

说着，不觉流下泪来。

凤姐只看看众媳妇们。周瑞家的便道：

"既是女孩子的东西全在这里，奶奶且请到别处去罢，也让姑娘好安寝。"

凤姐便起身告辞。探春道：

"可细细搜明白了。若明日再来，我就不依了。"

凤姐笑道：

"既然丫头们的东西都在这里，就不必搜了。"

探春冷笑道：

"你果然倒乖！连我的包袱都打开了，还说没翻？明日敢说我护着丫头们，不许你们翻了？你趁早说明，若还要翻，不妨再翻一遍！"

凤姐知道探春素日与众不同的，只得陪笑道：

"已经连你的东西都搜查明白了。"

探春又问众人：

"你们也都搜明白了没有？"

周瑞家的等都陪笑说：

写探春的不可侵犯妙极。作者在五十五回、五十六回已使探春崭露头角，驾凌凤姐；此回又将探春的"威严"、"胆识"、"担当"写得淋漓尽致。

"都明白了。"

那王善保家的本是个心内没成算的人，素日虽闻探春的名，她想众人没眼色，没胆量罢了，那里一个姑娘就这样利害起来？况且又是庶出，她敢怎么着？自己又仗着是邢夫人的陪房，连王夫人尚另眼相待，何况别人？只当是探春认真单恼凤姐，与她们无干，她便要趁势作脸，因越众向前，拉起探春的衣襟，故意一掀，嘻嘻的笑道：

"连姑娘身上我都翻了，果然没有什么。"

凤姐见她这样，忙说：

"妈妈走罢，别疯疯癫癫的。"

一语未了，只听拍的一声，王家的脸上早着了探春一巴掌。探春登时大怒，指着王家的问道：

"你是什么东西，敢来拉扯我的衣裳！我不过看着太太的面上，你又有几岁年纪，叫你一声'妈妈'，你就狗仗人势，天天作耗，在我们跟前逞脸！如今越发了不得了！你索性望我动手动脚的了！你打量我是和你们姑娘那么好性儿，由着你们欺负，你就错了主意了！你来搜检东西，我不恼，你不该拿我取笑儿！"

说着，便亲自要解钮子，拉着凤姐儿细细的翻：

"省得叫你们奴才来翻我！"

凤姐平儿等都忙与探春理裙整袄，口内喝着王善保家的说：

"妈妈吃两口酒，就疯疯癫癫起来。前儿把太太也冲撞了。快出去，别再讨脸了！"又忙劝探春："好姑娘，别生气。她算什么，姑娘气着，倒值多了。"

探春冷笑道：

"我但凡有气，早一头碰死了！不然，怎么许奴才来我身上搜贼脏呢？明儿一早，先回过老太太、太太，再过去给大娘赔礼。该怎么着，我去领！"

那王善保家的讨了个没脸，赶忙躲出窗外，只说：

"罢了，罢了！这也是头一遭挨打！我明儿回了太太，仍回老娘家去罢！这个老命要她做什么？"

探春喝命丫鬟："你们听着她说话！还等我和她拌嘴去不成？"
侍书听说，便出去喊道：

"妈妈，你知点道理儿，省一句儿罢。你果然回老娘家去，倒是
我们的造化了！只怕你舍不得去！你去了，叫谁讨主子的好儿，调
唆着察考姑娘，折磨我们呢？"

凤姐笑道：

"好丫头！真是有其主必有其仆。"

探春冷笑道：

"我们做贼的人，嘴里都有三言两语的，就只不会背地里调唆
主子！"

平儿忙也陪笑解劝，一面又拉了侍书进来。周瑞家的等人劝
了一番。凤姐直待伏侍探春睡下，方带着人往对过暖香坞来。

彼时李纨犹病在床上。她与惜春是紧邻，又和探春相近，故顺
路先到这两处。因李纨吃了药睡着，不好惊动，只到丫鬟们房中，
一一的搜了一遍，也没有什么东西。遂到惜春房中来。因惜春年
少，尚未识事，吓得不知当有什么事故，凤姐少不得安慰她。谁知
竟在入画箱中寻出一大包银锞子来，约共三四十个，为察奸情，反
得贼脏。又有一副玉带版子②并一包男人的靴袜等物。凤姐也黄
了脸，因问：

"是那里来的？"入画只得跪下哭诉真情，说：

"这是珍大爷赏我哥哥的，因我们老子娘都在南方，如今只跟
着叔叔过日子。我叔叔婶子，只要喝酒赌钱。我哥哥怕交给他们
又花了，所以每常得了，悄悄的烦老妈妈带进来，叫我收着的。"

惜春胆小，见了这个，也害怕，说：

"我竟不知道。这还了得！二嫂子要打她。好歹带出她去打
罢，我听不惯的。"

凤姐笑道：

"若果真呢，也倒可恕，只是不该私自传送进来。这个可以传

递，怕什么不可传递，这倒是传递人的不是了。若这话不真，倘是偷来的，你可就别想活了!"

入画跪哭道：

"我不敢撒谎! 奶奶只管明日问我们奶奶和大爷去。若说不是赏的，就拿我和哥哥一同打死无怨!"

凤姐道：

"这个自然要问的。——只是真赏的，你也有不是。谁许你私自传送东西呢? 你且说是谁接的，我就饶你。下次万万不可。"

惜春道：

"嫂子别饶她。这里人多，是不管了她，那些大的听见了，又不知怎么样呢。嫂子要依她，我也不依!"

凤姐道：

"素日我看她还使得。谁没一个错? 只这一次，二次再犯，两罪俱罚。但不知传递是谁?"

惜春道：

"若说传递，再无别人，必是后门上的老张妈。她常和这些丫头们鬼鬼祟祟的，这些丫头们也都肯照顾她。"

凤姐听说，便命人记下，将东西且交给周瑞家的暂且拿着，等明日对明再议。谁知那老张妈原和王善保家有亲，近因王善保家的在邢夫人跟前作了心腹人，便把亲戚和伴儿们都看不到眼里

> 惜春胆小、怕事、没有担当，与探春恰成对比。

了。后来张家的气不平，斗了两次口，彼此都不说话了。如今王家的听见是她传递，碰在她心坎儿上; 更兼刚才挨了探春的打，受了侍书的气，没处发泄，听见张家的这事，因掇撺凤姐道：

"这传东西的事，关系更大。想来那些东西，自然也是传递进来的。奶奶，倒不可不问!"

凤姐儿道：

"我知道，不用你说。"

于是别了惜春，方往迎春房内去。迎春已经睡着了，丫鬟们也

才要睡，众人叩门，半日才开。凤姐吩咐：

"不必惊动姑娘。"

遂往丫鬟们房里来。因司棋是王善保家的外孙女儿，凤姐要看王家的可藏私不藏，遂留神看她搜检。先从别人箱子搜起，皆无别物，及到了司棋箱中，随意掏了一会，王善保家的说：

"也没有什么东西。"才要关箱时，周瑞家的道：

"这是什么话？有没有，总要一样看看才公道。"

说着，便伸手掣出一双男子的锦袜并一双锻鞋，又有一个小包袱。打开看时，里面是一个同心如意并一个字帖儿，一总递给凤姐。

凤姐因理家久了，每每看帖看帐，也颇识得几个字了。那帖是大红双喜笺，便看上面写道：

> 上月你来家后，父母已觉察了。但姑娘未出阁，尚不能完你我心愿。若园内可以相见，你可托张妈给一信。若得在园内一见，倒比来家好说话。千万，千万！再所赐香珠二串，今已查收。外特寄香袋一个，略表我心。千万收好！表兄潘又安具。

凤姐看了，不由的笑将起来。那王善保家的素日并不知道他姑表弟兄妹有这一节风流故事，见了这鞋袜，心内已有些毛病；又见有一红帖，凤姐看着笑，她便说道：

"必是他们写的帐不成字，所以奶奶见笑？"

凤姐笑道：

"正是。这个帐竟算不过来，你是司棋的老娘，她表兄也该姓王，怎么又姓潘呢？"

王善保家的见问的奇怪，只得勉强告道：

"司棋的姑妈给了潘家，所以她姑表兄姓潘。上次逃走了的潘又安就是他。"

凤姐笑道：

"这就是了。"因说："我念给你听听。"

说着，从头念了一遍。大家都吓了一跳。

这王家的一心只要拿人的错儿，不想反拿住了她外孙女儿，又气又臊。周瑞家的四人听见凤姐儿念了，都吐舌头，摇头儿。周瑞家的道：

"王大妈听见了：这是明明白白，再没得话说了。这如今怎么样呢？"

王家的只恨无地缝儿可钻。凤姐只瞅着她，抿着嘴儿嘻嘻的笑，向周瑞家的道：

"这倒也好。不用她老娘操一点心儿，鸦雀不闻，就给他们弄了个女婿来了"

周瑞家的也笑着凑趣儿。王家的无处煞气，只好打着自己的脸，骂道：

"老不死的娼妇！怎么造下孽了？说嘴打嘴，现世现报！"

众人见她如此，要笑又不敢笑，也有趁愿的，也有心中感动报应不爽的。

> 作者此着最妙，在故事、结构上亦是画龙点睛。而且语言幽默，王善保家的自打自骂十分有趣，此回作者蓄势甚久，至此方揭开底牌，高。

凤姐见司棋低头不语，也并无畏惧惭愧之意，倒觉可异。料此时夜深，且不必盘问，只怕她夜间自寻短志，遂唤两个婆子监守，且带了人，拿了赃证回来歇息，等待明日料理。谁知夜里下面淋血不止，次日便觉身体十分软弱起来，遂掌不住，请医诊视。开方立案，说要保重而去，老嬷嬷们拿了方子，回过王夫人，不免又添一番愁闷，遂将司棋之事暂且搁起。

可巧这日尤氏来看凤姐，坐了一回，又看李纨等。忽见惜春遣人来请尤氏到她房中，惜春便将昨夜之事细细告诉了，又命人将入画的东西一概要来与尤氏过目。尤氏道：

"实是你哥哥赏她哥哥的，只不该私自传送。如今官盐反成了私盐了。"因骂入画："糊涂东西。"

惜春道：

"你们管教不严，反骂丫头。这些姐妹，独我的丫头没脸，我如

995

何去见人？昨儿叫凤姐姐带了她去又不肯，今日嫂子来的恰好，快带了她去。或打，或杀，或卖，我一概不管。”

入画听说，跪地哀求，百般苦告。尤氏和奶妈等人也都十分解说：

“她不过一时糊涂，下次再不敢。看她从小儿伏侍一场。”

谁知惜春年幼，天性孤僻，任人怎说，只是咬定牙，断乎不肯留着，更又说道：

“不但不要入画，如今我也大了，连我也不便往你们那边去了。况且近日闻得多少议论，我若再去，连我也编派。”

尤氏道：

“谁敢议论什么？又有什么可议论的？姑娘是谁？我们是谁？姑娘既听见人议论我们，就该问着他才是。”

惜春冷笑道：

“你这话问着我倒好！我一个姑娘家，只好躲是非的，我反寻是非，成个什么人了？况且古人说的，‘善恶生死，父子不能有所勖助’，何况你我二人之间？我只能保住自己就够了。以后你们有事，好歹别累我。”

尤氏听了，又气又好笑，因向众人道：

“怪道人人都说四姑娘年轻糊涂，我只不信。你们听这些话，无原无故，又没轻重，真真的叫人寒心！”

众人都劝说道：

“姑娘年轻，奶奶自然该吃些亏的。”

惜春冷笑道：

“我虽年轻，这话却不年轻！你们不看书，不识字，所以都是呆子，倒说我糊涂！”

尤氏道：

“你是状元，第一个才子！我们湖涂人，不如你明白！”

惜春道：

“据你这话就不明白。状元难道没有糊涂的？可知你们这些人都是世俗之见，那里眼里识的出真假，心里分的出好歹来？你们要看真人，总在最初一步的心上看起，才能明白呢！"

尤氏笑道：

"好，好！才是才子，这会子又做大和尚，讲起参悟来了。"

惜春道：

"我也不是什么参悟。我看如今人一概也都是入画一般，没有什么大说头儿！"

尤氏道：

"可知你真是个心冷嘴冷的人。"

惜春道：

"怎么我不冷？我清清白白的一个人，为什么叫你们带累坏了？"

尤氏心内原有病，怕说这些话。听说有人议论，已是心中羞恼：只是今日惜春分上，不好发作，忍耐了大半天。今见惜春又说这话，因按捺不住，便问道：

"怎么就带累了你？你的丫头的不是，无故说我，我倒忍了这半日，你倒越发得了意，只管说这些话。你是千金小姐，我们以后就不亲近你，仔细带累了小姐的美名儿！即刻就叫人将入画带了过去。"

说着便赌气起身去了。惜春道：

"你这一去了，若果然不来，倒也省了口舌是非，大家倒还干净！"

尤氏听了，越发生气，但终久她是姑娘，任凭怎么样，也不好和她认真的拌起嘴来，只得索性忍了这口气，便也不答言，一径往前边去了。

---

①　对了榫(nǎo)儿 —— 问题恰好对头、条件相符的意思。

②　玉带版子 —— 明朝以前，腰带上嵌玉版，这里影射清朝带子上玉的带头。

第七十五回　开夜宴异兆发悲音
　　　　　　　赏中秋新词得佳谶

　　话说尤氏从惜春处赌气出来,正欲往王夫人处去。跟从的老嬷嬷们因悄悄的道:"回奶奶:且别往上屋里去。才有甄家的几个人来,还有些东西,不知是什么机密事。奶奶这一去,恐怕不便。"

　　尤氏听了道:

> 七十五回与七十四回相较,平淡很多。

　　"昨日听见你老爷说:看见抄报上,甄家犯了罪,现今抄没家私,调取进京治罪。怎么又有人来?"

　　老嬷嬷道:

　　"正是呢。才来了几个女人,气色不成气色,慌慌张张的,想必有什么瞒人的事。"

　　尤氏听了,便不往前去,仍往李纨这边来了。恰好太医才诊了脉去。李纨近日也觉清爽了些,拥衾倚枕,坐在床上,正欲人来说些闲话。因见尤氏进来,不似方才和蔼,只呆呆的坐着,李纨因问道:

　　"你过来了,可吃些东西? 只怕饿了?"命素云:"瞧有什么新鲜点心拿来。"

　　尤氏忙止道:

　　"不必,不必。你这一向病着,那里有什么新鲜东西? 况且我也不饿。"

　　李纨道:

　　"昨日人家送来的好茶面子,倒是对碗,你喝罢。"

　　说毕,便吩咐去对茶。

998

尤氏出神无语。跟来的丫头媳妇们因问:

"奶奶今日晌午尚未洗脸,这会子趁便可净一净好?"

尤氏点头。李纨忙命素云来取自己妆奁。素云又将自己脂粉拿来,笑道:

"我们奶奶就少这个。奶奶不嫌腌脏,能着用些。"

李纨道:

"我虽没有,你就该往姑娘们那里取去,怎么公然拿出你的来?幸而是她,要是别人,岂不恼呢?"

尤氏笑道:

"这有何妨?"

说着,一面洗脸。丫头只弯腰捧着脸盆。李纨道:

"怎么这样没规矩?"

那丫头赶着跪下。尤氏笑道:

"我们家下大小的人,只会讲外面假礼假体面,究竟做出来的事都够使的了!"

李纨听如此说,便已知道昨夜的事,因笑道:

"你这话有因。是谁做的事够使的了?"

尤氏道:

"你倒问我,你敢是病着过阴去了?"

一语未了,只见人报:

"宝姑娘来了。"

二人忙说快请。宝钗已走进来。尤氏忙擦脸起身让坐,因问:

"怎么一个人忽然走进来,别的姊妹都不见?"

宝钗道:

"正是,我也没有见她们。只因今日我们奶奶身上不自在,家里两个女人也都因时症未起炕,别的靠不得,我今儿要出去陪着老人家夜里作伴。

> 宝钗世故,回家避嫌。

要去回老太太、太太,我想又不是什么大事,且不用提,等好了,我横竖进来呢。所以来告诉大嫂子一声。"

999

李纨听说，只看着尤氏笑，尤氏也看着李纨笑。

一时，尤氏盥洗已毕，大家吃面茶。李纨因笑着向宝钗道：

"既这样，且打发人去请姨妈的安，问是何病。我也病着，不能亲自来瞧。好妹妹，你去只管去，我且打发人到你那里去看屋子。你好歹住一两天还进来，别叫我落不是。"

宝钗笑道："落什么不是呢？也是人之常情。你又不曾卖放了贼。依我的主意，也不必添人过去，竟把云丫头请了来，你和她住一两日，岂不省事？"

尤氏道：

"可是史大妹妹往那里去了？"

宝钗道：

"我才打发她们找你们探丫头去了，叫她同到这里来，我也明白告诉她。"

正说着，果然报：

"云姑娘和三姑娘来了。"

大家让坐已毕，宝钗便说要出去一事。探春道：

"很好。不但姨妈好了过来，就便好了不来也使得。"

尤氏笑道：

"这话又奇了。怎么撺起亲戚来了？"

探春冷笑道：

"正是呢。有别人撺的，不如我先撺！亲戚们好，也不必要死住着才好。咱们倒是一家子亲骨肉呢，一个个不像乌眼鸡似的，恨不得你吃了我，我吃了你！"

尤氏忙笑道：

"我今儿是那里来的晦气？偏都碰着你姐儿们气头儿上了。"

探春道：

"谁叫你趁热灶火来了？"因问："谁又得罪了你呢？"因又寻思道："凤丫头也不犯合你怄气。是谁呢？"

尤氏只含糊答应。

探春知她怕事，不肯多言，因笑道：

"你别装老实了。除了朝廷治罪，没有砍头的，你不必吓的这个样儿。告诉你罢：我昨日把王善保的老婆打了，我还顶着徒罪呢。也不过背地里说些闲话罢咧，难道也还打我一顿不成？"

宝钗忙问：

"因何又打她？"

探春悉把昨夜的事一一都说了。尤氏见探春已经说出来了，便把惜春方才的事也说了一遍。探春道：

"这是她向来的脾气，孤介太过，我们再扭不过她的。"又告诉她们说："今日一早不见动静，打听凤丫头病着，就打发人四下里打听王善保家的是怎么样。回来告诉我说：王善保家的挨了一顿打，嗔着她多事。"

尤氏李纨道：

"这倒也是正理。"

探春冷笑道：

"这种遮人眼目儿的事，谁不会做？且再瞧就是了。"

尤氏李纨皆默无所答。一时，丫头们来请用饭，湘云宝钗回房打点衣衫。不在话下。

尤氏辞了李纨，往贾母这边来。贾母歪在榻上。王夫人正说甄家因何获罪，如何抄没了家产，来治罪等话。贾母听了，心中甚不自在，恰好见他姊妹来了，因问：

"从那里来的？可知凤姐儿妯娌两个病着，今日怎么样？"

尤氏等忙回道：

"今日都好些。"

贾母点头叹道：

"咱们别管人家的事，且商量咱们八月十五赏月是正经。"

王夫人笑道：

"已预备下了，不知老太太拣那里好？只是园里恐夜晚风凉。"

贾母笑道：

"多穿两件衣服何妨？那里正是赏月的地方，岂可倒不去的？"

说话之间，媳妇们抬过饭桌。王夫人尤氏等忙上来放筯捧饭。贾母见自己几色菜已摆完，另有两大捧盒内，盛了几色菜，便是各房孝敬的旧规矩。贾母说：

"我吩咐过几次，罢了罢，你们都不听。"

王夫人笑道：

"不过都是家常东西。今日我吃斋，没有别的孝顺。那些面筋豆腐，老太太又不甚爱吃，只拣了一样椒油莼虀酱来。"

贾母笑道：

"我倒也想这个吃。"

鸳鸯听说，便将碟子挪在跟前。宝琴一一的让了，方归坐。贾母便命探春来同吃。探春也都让过了，便和宝琴对面坐下。侍书忙去取了碗箸。鸳鸯又指那几样菜道：

"这两样看不出是什么东西来，是大老爷孝敬的。这一碗是鸡髓笋，是外头老爷送上来的。"

一面说，一面就这碗箸送至桌上。贾母略尝了两点，便命将那几样着人都送回去：

"就说我吃了，以后不必天天送。我想吃什么，自然着人来要。"

媳妇们答应着仍送过去。不在话下。

贾母因问：

"拿稀饭来吃些罢。"

尤氏早捧过一碗来，说是红稻米粥。贾母接来吃了半碗，便吩咐将这粥送给凤姐儿吃去；又指着这一盘果子，独给平儿吃去；又向尤氏道：

"我吃了，你就来吃了罢。"

尤氏答应着，待贾母漱口洗手毕。贾母便下地，和王夫人说闲话行食①。尤氏告坐吃饭。贾母又命鸳鸯等来陪吃。贾母见尤氏吃的仍是白米饭，因问说：

"怎么不盛我的饭?"

丫头们回道:

"老太太的饭完了。今日添了一位姑娘,所以短了些。"

鸳鸯道:

"如今都是'可着头做帽子'了,要一点儿富余也不能的。"

王夫人忙回道:

"这一二年旱涝不定,庄上的米都不能按数交的。这几样细米更艰难,所以都是可着吃的做。"

贾母笑道:

"正是,巧媳妇做不出没米儿粥来。"

众人都笑起来。鸳鸯一面回头向门外伺候媳妇们道:

"既这样,你们就去把三姑娘的饭拿来添上,也是一样。"

尤氏笑道:

"我这个就够了,也不用去取。"

鸳鸯道:

"你够了,我不会吃的?"

媳妇们听说,方忙着取去了。

一时,王夫人也去用饭。这里尤氏直陪贾母说话取笑。到起更的时候,贾母说:

"你也过去罢。"

尤氏方告辞出来。走至二门外,上了车,众媳妇放下帘子来,四个小厮拉出来,套上牲口,几个媳妇带着小丫头子们先走,到那边大门口等着去了。这里送的丫鬟们也回来了。尤氏在车内,因见自己门首两边狮子下,放着四五辆大车,便知系来赴赌之人,向小丫头银蝶儿道:

"你看,坐车的是这些,骑马的又不知有几个呢。"

说着,进府,已到了厅上。贾蓉媳妇带了丫鬟媳妇,也都秉着羊角手罩接出来了。尤氏笑道:

"成日家我要偷着瞧瞧他们赌钱,也没得便,今儿倒巧,顺便打他们窗户跟前走过去。"

众媳妇答应，提灯引路。又有一个先去悄悄的知会伏侍的小厮们，不许失惊打怪。于是尤氏一行人悄悄的来至窗下，只听里面称三赞四，耍笑之音虽多，又兼有恨五骂六，忿怨之声亦不少。

原来贾珍近因居丧，不得游玩，无聊之极，便生了个破闷的法子，日间以习射为由，请了几位世家弟兄及诸富贵亲友来较射。因说白白的只管乱射终是无益，不但不能长进，且坏了式样，必须立了罚约，赌个利物，大家才有勉力之心。因此，天香楼下箭道内立了鹄子，皆约定每日早饭后时射鹄子。贾珍不好名出，便命贾蓉做局家。这些都是少年，正是斗鸡走狗、问柳评花的一干游侠纨绔。因此，大家议定，每日轮流做晚饭之主。天天宰猪割羊，屠鹅杀鸭，好似"临潼斗宝"②的一般，都要卖弄自己家里的好厨役，好烹调。

不到半月工夫，贾政等听见这般，不知就里，反说：

"这才是正理。文既误了，武也当习，况在武荫之属。"

遂也令宝玉、贾环、贾琮、贾兰等四人，于饭后过来跟着贾珍习射一回，方许回去。

贾珍志不在此，再过几日，便渐次以歇肩养力为由，晚间或抹骨牌，赌个酒东儿，至后渐次至钱。如今三四个月的光景，竟一日一日的赌胜于射了，公然斗叶③掷骰，放头开局，大赌起来。家下人借此各有些利益，巴不得如此，所以竟成了局势，外人皆不知一字。近日邢夫人的胞弟邢德全也酷好如此，所以也在其中；又有薛蟠头一个惯喜送钱与人的，见此岂不快乐？

这邢德全虽系邢夫人的胞弟，却居心行事大不相同。他只知吃酒赌钱，眠花宿柳为乐，手中滥漫使钱，待人无心，因此，都叫他傻大舅。薛蟠早已出名呆大爷。今日二人凑在一处，都爱抢快，便又会了两家，以外间炕上抢快。又有几个在当地下大桌子上赶羊④。里面又有一起斯文些的抹骨牌，打天九。此间伏侍的小厮都是十五岁以下的孩子。——此是前话。

且说尤氏潜至窗外偷看。其中有两个陪酒的小么儿，都打扮的粉妆锦饰。今日薛蟠又掷输了，正没好气，幸而后手里渐渐翻过来了，除了冲帐的，反赢了好些，心中自是兴头起来。贾珍道：

"且打住，吃了东西再来。"因问："那两处怎么样？"

此时打天九赶老羊的未清，先摆下一桌，贾珍陪着吃。薛蟠兴头了，便搂着一个小么儿喝酒，又命将酒去敬傻大舅。

傻大舅输家，没心肠，喝了两碗，便有些醉意，嗔着陪酒的小么儿只赶赢家不理输家了，因骂道：

"你们这起兔子，真是没良心的忘八羔子！天天在一处，谁的恩你们不沾？只不过这会子输了几两银子，你们就这样三六九等儿的了。难道从此以后再没有求着我的事了？"众人见他带酒，那些输家不便言语，只抿着嘴儿笑。那些赢家忙说：

"大舅骂的很是。这小狗攮的们都是这个风俗儿。"因笑道："还不给舅太爷斟酒呢！"

两个小孩子都是演就的圈套，忙都跪下奉酒，扶着傻大舅的腿，一面撒娇儿，说道：

"你老人家别生气，看着我们两个小孩子罢。我们师父教的：不论远近厚薄，只看一时有钱的就亲近。你老人家不信，回来大大的下一注，赢了，白瞧瞧我们两个是什么光景儿！"

说的众人都笑了。这傻大舅掌不住也笑了，一面伸手接过酒来，一面说道：

"我要不看着你们两个素日怪可怜见儿的，我这一脚，把你们的小蛋黄子踢出来。"说着，把腿一抬。两个孩子趁势儿爬起来，越发撒娇撒痴，拿着酒花绢子，托了傻大舅的手，把那钟酒灌在傻大舅嘴里。

傻大舅哈哈的笑着，一扬脖儿，把一钟酒都干了，因拧了那孩子的脸一下儿，笑说道：

"我这会子看着又怪心疼的了！"

说着，忽然想起旧事来，乃拍案对贾珍说道：

"昨日我和你令伯母怄气，你可知道么？"

贾珍道:

"没有听见。"

傻大舅叹道:"就为钱这件东西!老贤甥,你不知我们邢家的底里。我们老太太去世时,我还小呢,世事不知。她姐妹三个人,只有你令伯母居长。她出阁时,把家私都带过来了。如今你二姨儿也出了门子了,她家里也很艰窘。你三姨儿尚在家里。一应用度,都是这里陪房王善保家的掌管。我就是来要几个钱,也并不是要贾府里的家私。我邢家的家私也就够我花了,无奈竟不得到手!你们就欺负我没钱!"

贾珍见他酒醉,外人听见不雅,忙用话解劝。外面尤氏等听得十分真切,乃悄向银叶儿等笑说:

"你听见了:这是北院里的大太太的兄弟抱怨她呢。可见她亲兄弟还是这样,就怨不得这些人了。"

因还要听时,正值赶老羊的那些人也歇住了,要酒。有一个人问道:"方才是谁得罪了舅太爷?我们竟没听明白。且告诉我们评评理。"

邢德全把两个陪酒的孩子不理的话说了一遍。那人接过来就说:

"可恼!怨不得舅太爷生气。我问你:舅太爷不过输了几个钱罢咧,并没有输掉了氍毹,怎么你们就不理了?"说着,大家都笑起来。邢德全也喷了一地饭,说:

"你这个东西,动不动儿就撒村捣怪的!"

尤氏在外面听了这话,悄悄的啐了一口,骂道:

"你听听这一起没廉耻的小挨刀的!再灌丧了黄汤,还不知出些什么新样儿的来呢!"

一面便进去卸妆安歇。

至四更时,贾珍方散,往佩凤房里去了。次日起来,就有人回:

"西瓜月饼都全了,只待分派送人。"

贾珍吩咐佩凤道:

“你请奶奶看着送罢，我还有别的事呢。”

佩凤答应去了，回了尤氏，一一分派遣人送去。

一时，佩凤来说：

“爷问奶奶今儿出门不出门。说咱们是孝家，十五过不得节，今儿晚上倒好，可以大家应个景儿。”

尤氏道：

“我倒不愿意出门呢。那边珠大奶奶又病了，琏二奶奶也躺下了，我再不去，越发没个人了。”

佩凤道：

“爷说：奶奶出门，好歹早些回来，叫我跟了奶奶去呢。”

尤氏道：

“既这么样，快些吃了，我好走。”

佩凤道：

“爷说早饭在外头吃，请奶奶自己吃罢。”

尤氏问道：

“今日外头有谁？”

佩凤道：

“听见外头有两个南京新来的，倒不知是谁。”

说毕，吃饭更衣，尤氏等仍过荣府来，至晚方回去。

果然贾珍煮了一口猪，烧了一腔羊，备了一桌菜蔬果品，在汇芳园丛绿堂中，带领妻子姬妾先吃过晚饭，然后摆上酒，开怀作乐赏月。将一更时分，真是风清月朗，银河微隐。贾珍因命佩凤等四个人也都入席，下面一溜坐下，猜枚掷拳。饮了一回，贾珍有了几分酒高兴起来，便命取了一枝紫竹箫来，命佩凤吹箫，文花唱曲。喉清韵雅，甚令人心动神移。唱罢，复又行令。

> 先写贾珍聚赌，再写墙下悲叹之声。是贾府衰败伏笔。

那天将有三更时分，贾珍酒已八分，大家正添衣喝茶换盏更酌之际，忽听那边墙下有人长叹之声。大家明明听见，都毛发竦然。

贾珍忙厉声叱问:

"谁在那边?"

连问几声,无人答应。尤氏道:

"必是墙外边家里人,也未可知。"

贾珍道:

"胡说! 这墙四面皆无下人的房子,况且那边又紧靠着祠堂,焉得有人?"

一语未了,只听得一阵风声,竟过墙去了。恍惚闻得祠堂内槅扇开阖之声,只觉得阴气森森,比先更觉凄惨起来。看那月色时,也淡淡的,不似先前明朗,众人都觉毛发倒竖。贾珍酒已吓醒了一半,只比别人拿得住些,心里也十分警畏,便大没兴头。勉强又坐了一会,也就归房安歇去了。

次日一早起来,乃是十五日,带领众子侄开祠行朔望之礼。细察祠内,都仍是照旧好好的,并无怪异之迹。贾珍自以为醉后自怪,也不提此事。礼毕,仍旧闭上门,看着锁禁起来。

贾珍夫妻,至晚饭后,方过荣府来。只见贾赦贾政都在贾母房里坐着说闲话儿,与贾母取笑呢。贾琏、宝玉、贾环、贾兰皆在地下侍立。贾珍来了,都一一见过,说了两句话,贾珍方在挨门小杌子上告了坐,侧着身子坐下。贾母笑问道:

"这两日,你宝兄弟的箭如何了?"

贾珍忙起身笑道:

"大长进了,不但式样好,而且弓也长了一个劲。"

贾母道:

"这也够了,且别贪力,仔细努伤着。"

贾珍忙答应了几个"是"。贾母又道:"你昨日送来的月饼好;西瓜看着倒好,打开却也不怎么样。"

贾珍陪笑道:

"月饼是新来的一个饽饽厨子,我试了试果然好,才敢做了孝敬来的。西瓜往年都还可以,不知今年怎么就不好了。"

贾政道:"大约今年雨水太勤之过。"

贾母笑道:

"此时月亮已上来了,咱们且去上香。"

说着,便起身扶着宝玉的肩,带领众人,齐往园中来。

当下园子正门俱已大开,挂着羊角灯。嘉荫堂月台上,焚着斗香,秉着烛,陈设着瓜果月饼等物。邢夫人等皆在里面久候。真是月明灯彩,人气香烟,晶艳氤氲,不可名状。地下铺着拜毯锦褥。贾母盥手上香,拜毕,于是大家皆拜毕。贾母便说:"赏月在山上最好。"因命在那山上的大花厅上去。众人听说,就忙着在那里铺设。贾母且在嘉荫堂中吃茶少歇,说些闲话。

一时,人回:"都齐备了。"

贾母方扶着人上山来。王夫人等因回说:

"恐石上苔滑,还是坐竹椅子上去。"

贾母道:

"天天打扫,况且极平稳的宽路,何不疏散疏散筋骨也好?"

于是贾赦贾政等在前引导,又是两个老婆子秉着两把羊角手罩,鸳鸯、琥珀、尤氏等贴身搀扶,邢夫人等在后围随。从下逶迤不过百余步,到了主山峰脊上,便是一座敞厅。因在山之高脊,故名曰凸碧山庄。厅前平台上列下桌椅,又用一架大围屏隔做两间。凡桌椅形式皆是圆的,特取团圆之意。上面居中,贾母坐下,左边贾赦、贾珍、贾琏、贾蓉,右边贾政、宝玉、贾环、贾兰,团团围坐,只坐了半桌,下面还有半桌余空。

贾母笑道:

"往常倒还不觉人少,今日看来,究竟咱们的人也甚少,算不得什么。想当年过的日子,今夜男女三四十个,何等热闹! 今日那有那些人? 如今叫女孩儿们来坐那边罢。"

于是令人向围屏后邢夫人等席上将迎春、探春、惜春三个叫过来。贾琏宝玉等一齐出坐,先尽她姊妹坐了,然后在下依次坐定。

贾母便命折一枝桂花来,叫个媳妇在屏后击鼓传花,若花在手中，饮酒一杯，罚说笑话一个。于是先从贾母起，次贾赦，一一接过。鼓声两转，恰恰在贾政手中住了，只得饮了酒。众姊妹弟兄都你悄悄的扯我一下，我暗暗的又捏你一把，都含笑，心里想着，倒要听是何笑话儿。

贾政见贾母欢喜，只得承欢。方欲说时，贾母又笑道：

"若说的不笑了，还要罚。"

贾政笑道：

"只得一个，若不说笑了，也只好愿罚。"

贾母道：

"你就说这一个。"

贾政因说道：

"一家子一个人，最怕老婆。"

只说了这一句，大家都笑了。因从没听见贾政说过，所以才笑。贾母笑道：

"这必是好的。"

贾政笑道：

"若好，老太太先多吃一杯。"

贾母笑道：

"使得。"

贾赦连忙捧杯，贾政执壶斟了一杯。贾赦仍旧递给贾政，贾赦旁边侍立。贾政捧上，安放在贾母面前，贾母饮了一口。贾赦贾政退回本位。于是贾政又说道：

"这个怕老婆的人，从不敢多走一步。偏偏那日是八月十五，到街上买东西，便见了几个朋友，死活拉到家里去吃酒。不想吃醉了，便在朋友家里睡着了。第二日醒了，后悔不及，只得来家赔罪。他老婆正洗脚，说：'既是这样，你替我舐舐就饶你。'这男人只得给她舐，未免恶心，要吐。他老婆便恼了，要打，说：'你这样轻狂！'吓得她男人忙跪下，求说：'并不是奶奶的脚肮脏，只因昨儿喝多了黄酒，又吃了月饼馅子，所以今儿有些作酸呢。'"说得贾母和众人都笑了。贾政忙又斟了一杯送与贾母。贾母笑道：

"既这样，快教人取烧酒菜，别教你们有媳妇的人受累。"

众人又都笑起来。只贾琏宝玉不敢大笑。

于是又击鼓，便从贾政起，可巧到宝玉鼓止。宝玉因贾政在坐，早已踧踖不安，偏又在他手中，因想：

"说笑话，倘若说不好了，又说没口才；说好了，又说正经的不会，只惯贫嘴，更有不是。不如不说。"乃起身辞道："我不能说，求限别的罢。"

贾政道：

"既这样，限个'秋'字，就即景做一首诗。好便赏你；若不好，明日仔细！"

贾母忙道：

"好好的行令，怎么又做诗？"

贾政陪笑道：

"他能的。"

贾母便说：

"既这样。就做。快命人取纸笔来。"

贾政道：

"只不许用这些'水''晶''冰''玉''银''彩''光''明''素'等堆砌字样。要另出主见，试试你这几年情思。"

宝玉听了，碰在心坎儿上，遂立想了四句，向纸上写了，呈与贾政看。贾政看了，点头不语。贾母见这般，知无甚不好，便问：

"怎么样？"贾政因欲贾母喜欢，便说：

"难为他。只是不肯念书，到底词句不雅。"

贾母道：

"这就罢了。就该奖励，以后越发上心了。"

贾政道：

"正是。"因回头命个老嬷嬷出去："吩咐小厮们，把我海南带来的扇子取来给两把与宝玉。"

宝玉磕了一个头，仍复归坐行令。

当下贾兰见奖励宝玉，他便出席，也做一首呈与贾政看。贾政看了，更觉欣喜，遂并讲与贾母听。时贾母也十分欢喜，也忙命贾政赏他。

于是大家归坐，复行起令来。这次贾赦手内住了，只得吃了酒，说笑话，因说道：

"一家子一个儿子最孝顺，偏生母亲病了，各处求医不得，便请了一个针灸的婆子来。这婆子原不知道脉理，只说是心火，一针就好了。这儿子慌了，便问：'心见铁就死，如何针得?'婆子道：'不用针心，只针肋条就是了。'儿子道：'肋条离心远着呢，怎么就好了呢?'婆子道：'不妨事。你不知天下作父母的，偏心的多着呢!'"

众人听说，也都笑了。贾母也只得吃半杯酒，半日笑道：

"我也得这婆子针一针就好了。"

贾赦听说，自知出言冒撞，贾母疑心，忙起身笑与贾母把盏，以别言解释。贾母亦不好再提，且行令。不料这花却在贾环手里。

贾赦甚少露面，此一笑话不但幽默，而且切合实情，不是无的放矢，贾政的笑话不同。

贾环近日读书稍进，亦好外务。今见宝玉做诗受奖，他便技痒，只当着贾政，不敢造次。如今可巧花在手中，便也索纸笔来，立就一绝，呈与贾政。贾政看了，亦觉罕异，只见词句中终带着不乐读书之意，遂不悦道：

"可见是弟兄了，发言吐意，总属邪派。古人中有'二难'，你两个也可以称'二难'了。就只不是那一个'难'字，却是'难以教训'的'难'字讲才好。哥哥是公然温飞卿自居，如今兄弟又自为曹唐再世了。"说得众人都笑了。

贾赦道：

"拿诗来我瞧。"便连声赞好道："这诗据我看，甚是有气骨。想来咱们这样人家，原不必寒窗萤火，只要读些书，比人略明白些，可以做得官时，就跑不了一个官儿的。何必多费了工夫，反弄出书呆子来？所以我爱他这诗，竟不失咱们侯门的气概!"因回头吩咐人去取自己的许多玩物来赏赐与他，因又拍着贾环的脑袋，笑道："以后就这样做去，这世袭的前程就跑不了你袭了。"

贾政听说，忙劝说：

"不过他胡诌如此，那里就轮到后事了？"

说着，便斟了酒，又行了一回令。贾母便说：

"你们去罢。自然外头还有相公们候着，也不可轻忽了他们。况且二更多了，你们散了，再让姑娘们多乐一会子，好歇着了。"贾政等听了，方止令起身。大家公进了一杯酒，才带着子侄们出去了。

① 行食——指饭后散步说话借以帮助消化。

② "临潼斗宝"——元杂剧名，叙秦穆公要吞并十七国，就邀请这些诸侯在临潼开会，各带宝物二件，做赛宝会。后来楚国伍员在会上举鼎示威，用宝剑威劫秦穆公，秦国原来的计划失败了。这里借来比喻各家夸耀豪奢，争强赌胜。

③ 斗叶——明清时流行的马吊牌和较后出的纸牌，都叫叶子。玩牌说斗牌，也说斗叶或斗叶子。

④ 赶羊——掷骰子的一种，用六颗骰子掷点子来比赛，主要是除去三颗点数相同的骰子，按照其余三颗的点数多少来比赛，决定输赢。也叫赶老羊。

第七十六回　凸碧堂品笛感凄清
凹晶馆联诗悲寂寞

　　且说贾母这里命将围屏撤去，两席并作一席。众媳妇另行擦桌整果，更杯洗箸，陈设一番。贾母等都添了衣，盥漱吃茶，方又坐下，团团围绕。贾母看时，宝钗姊妹二人不在坐内，知她家去圆月。且李纨凤姐二人又病。少了这四个人，便觉冷清了好些。贾母因笑道：

　　"往年你老爷们不在家，咱们都是请过姨太太来，大家赏月，却十分热闹，忽一时想起你老爷来，又不免想到母子夫妻儿女不能一处，也都没兴。及至今年，你老爷来了，正该大家团圆取乐，又不便请她们娘儿们来说笑说笑。况且她们今年又添了两口人，也难撂下她们，跑到这里来。偏又把凤丫头病了。有她一个人说说笑笑，还抵得十个人的空儿。——可见天下事总难十全！"

　　说毕，不觉长叹一声，随命拿大杯来斟热酒。王夫人笑道：

　　"今日得母子团圆，自比往年有趣；往年娘儿们虽多，终不似今年骨肉齐全的好。"

　　贾母笑道：

　　"正是为此，所以我才高兴拿大杯来吃酒。她们也换大杯才是。"

　　邢夫人等只得换上大杯。因夜深体乏，且不能胜酒，未免都有些倦意。无奈贾母兴犹未阑，只得陪饮。贾母又命将毡毯铺在阶上，命将月饼、西瓜、果品等类都叫搬下去，命丫头媳妇们也都团团围坐赏月。

　　贾母因见月至天中，比先越发精彩可爱，因说：

"如此好月，不可不闻笛。"

因命又将十番上女子传来。贾母道：

"音乐多了，反失雅致，只用吹笛的远远的吹起来就够了。"

说毕，刚才去吹时，只见跟邢夫人的媳妇走来向邢夫人说了两句话，贾母便问：

"什么事？"

邢夫人便回说："方才大老爷出去，被石头绊了一下，歪了腿。"

贾母听说，忙命两个婆子快看去，又命邢夫人快去。邢夫人遂告辞起身。贾母便又说：

"珍哥媳妇也趁便儿就家去罢，我也就睡了。"

尤氏笑道：

"我今日不回去了，定要和老祖宗吃一夜。"

贾母笑道：

"使不得。你们小两口儿今夜要团团圆圆的，如何为我耽搁了？"

尤氏红了脸，笑道：

"老祖宗说的我们太不堪了。虽是我们年轻，已经是二十来年的夫妻，也奔四十岁的人了，况且孝服未满。陪着老太太玩一夜是正理。"

贾母听说，笑道：

"这点很是。我倒也忘了孝服未满。可怜你公公已死了二年多了！可是我倒忘了，该罚我一大杯。既这样，你就别送，竟陪着我罢。叫蓉儿媳妇送去，就顺便回去罢。"

尤氏说给贾蓉媳妇答应着，送出邢夫人，一同至大门，各至上车回去。不在话下。

这里众人赏了一回桂花，又入席换暖酒来。正说着闲话，猛不防那壁厢桂花树下，呜咽悠扬，吹出笛声来。趁着这明月清风，天空地静，真令人烦心顿释，万虑齐除。肃然危坐，默然相赏，听约两盏茶时，方才止住，大家称赞不已。于是遂去斟上暖酒来。贾母笑道：

"果然好听么？"

众人笑道：

"实在好听！我们也想不到这样。须得老太太带领着，我们也得开些心儿。"

贾母道：

"这还不大好，须得拣那曲谱越慢的吹来越好听。"

便命斟一大杯酒，送给吹笛之人，慢慢的吃了，再细细的吹一套来。媳妇们答应了，方送去，只见方才看贾赦的两个婆子回来说：

"瞧了。右脚面上白肿了些。如今调服了药，疼的好些了，也没大关系。"

贾母点头叹道：

"我也太操心！打紧说我偏心，我反这样。"

说着，鸳鸯拿巾兜与大斗篷来，说：

"夜深了，恐露水下了，风吹了头，坐坐也该歇了。"

贾母道：

"偏今儿高兴，你又来催。难道我醉了不成？偏要坐到天亮！"

因命再斟来，一面戴上兜巾，披了斗篷，大家陪着又饮，说些笑话。只听桂花荫里又发出一缕笛声来，果然比先越发凄凉，大家都寂然而坐。夜静月明，各人随心想向，彼此都不禁有凄凉寂寞之意，半日方知贾母伤感，才忙转身陪笑，说话解释，又命换酒止笛。尤氏笑说道：

"我也就学了一个笑话，说给老太太解闷儿。"

贾母勉强笑道：

"这样更好，快说来我听。"

尤氏乃说道：

"一家子养了四个儿子：大儿子只一个眼睛；二儿子只一个耳朵；三儿子只一个鼻子眼，四儿子倒都齐全，偏又是个哑巴。"

正说到这里，只见席上贾母已朦胧双眼，似有睡去之态。尤氏方住了，忙和王夫人轻轻叫请。贾母睁眼笑道：

"我不困，白闭闭眼养神。你们只管说，我听着呢。"

王夫人等道：

"夜已深了，风露也大，请老太太安歇罢了，明日再赏。十六月色也好。"

贾母道：

"什么时候？"

王夫人笑道：

"已交四更。她们姊妹们熬不过，都去睡了。"

贾母听说，细看了一看，果然都散了，只有探春一人在此。贾母笑道：

"也罢，你们也熬不惯。况且弱的弱，病的病，去了倒省心。只是三丫头可怜，尚还等着。你也去罢，我们散了。"

说着，便起身，吃了一口清茶，便坐竹椅小轿，两个婆子搭起，众人围随出园去了。不在话下。

这里众媳妇收拾杯盘，却少了个细茶杯，各处寻觅不见，又问众人：

"必是失手打了，撂在那里。告诉我，拿了磁瓦去交，好作证见；不然，又说偷起来了。"

众人都说：

"没有打碎。只怕跟姑娘的人打了，也未可知。你细想想，或问问她们去。"

一语提醒了那媳妇，笑道：

"是了。那一会记得是翠缕拿着的，我去问她。"

说着便找时，刚到了甬道，就遇见紫鹃和翠缕来了。

翠缕便问道：

"老太太散了？可知我们姑娘那里去了？"

这媳妇道：

"我来问你一个茶钟那里去了,你倒问我要姑娘。"

翠缕笑道:

"我因倒茶给姑娘喝来着,展眼回头就连姑娘也没了。"

那媳妇道:

"太太才说,都睡觉去了。你不知那里玩去了,还不知道呢。"

翠缕和紫鹃道:

"断乎没有悄悄睡去的,只怕在那里走了一走。如今老太太走了,赶过前边送去,也未可知。我们且往前边找去。有了姑娘,自然你的茶钟也有了。你明日一早再找罢,有什么忙的?"

媳妇笑道:

"有了下落,就不必忙了,明儿和你要罢。"

说毕,回去查收家伙。这里紫鹃和翠缕便往贾母处来。不在话下。

原来黛玉和湘云二人并未去睡。只因黛玉见贾府中许多人赏月,贾母犹叹人少,又想宝钗姐妹家去,母女弟兄自去赏月,不觉对景感怀,自去倚栏垂泪;宝玉近因晴雯病势甚重,诸务无心,王夫人再四遣他去睡,他从此去了;探春又因近日家事恼着,无心游玩;虽有迎春惜春二人,偏又素日不大甚合,所以止剩湘云一人宽慰她。因说:

"你是个明白人,还不自己保养。可恨宝姐姐琴妹妹天天说亲道热,早已说今年中秋,要大家一处赏月,必要起诗社,大家联句;到今日,便扔下咱们,自己赏月去了,社也散了,诗也不做了。倒是他们父子叔侄纵横起来! 你可知宋太祖说的好:'卧榻之侧,岂容他人酣睡?'她们不来,咱们两个人竟联起句来,明日羞她们一羞!"

黛玉见她这般勤慰,也不肯负她的豪兴,因笑道:

"你看这里这等人声嘈杂,有何时兴!"

湘云笑道:

"这山上赏月虽好,总不及近水赏月更妙。你知道这山坡底下就是池沼。山凹里近水一个所在,就是凹晶馆。可知当日盖这园子，就有学问。这山之高处，就叫凸碧；山之低洼近水处，就叫凹晶。这'凸''凹'二字，历来用的人最少，如今直用作轩馆之名，更觉新鲜，不落窠臼。可知这两处，一上一下，一明一暗，一高一矮，一山一水，竟是特因玩月而设此处。有爱那山高月小的，便往这里来；有爱那皓月清波的，便往那里去。只是这两个字俗念作'洼''拱'二音，便说俗了，不大见用。只陆放翁用了一个'凹'字，'古砚微凹聚墨多。'还有人批他俗，岂不可笑？"

黛玉道：

"也不止放翁才用，古人中用者太多，如江淹《青苔赋》，东方朔《神异经》，以至《画记》上云'张僧繇画一乘寺'的故事，不可胜举。只是今日不知，误作俗字用了。实和你说罢：这两个字，还是我拟的呢。因那年试宝玉，宝玉拟了未妥，我们拟写出来，送给大姐姐瞧了，她又带出来，命给舅舅瞧过，所以都用了。如今咱们就往凹晶馆去。"

说着，二人同下山坡，只一转弯就是。池沼上一带竹栏相接，直通着那边藕香榭的路径，只有两个婆子上夜。因知在凸碧山庄赏月，与她们无干，早已息了灯睡了。黛玉湘云见息灯，都笑道：

"倒是她们睡了好，咱们就在卷蓬底下赏这水月，何如？"

二人遂在两个竹墩上坐下。只见天上一轮皓月，池中一个月影，上下争辉，如置身于晶宫鲛室①之内。微风一过，粼粼然，池面皱碧叠纹，真令人神清气爽。湘云笑道：

"怎么得这会子上船吃酒才好！要是在我家里，我就立刻坐船了。"

黛玉道：

"正是古人常说的'事若求全何所乐'？据我说，这也罢了，何必偏要坐船？"

湘云笑道：

"得陇望蜀，人之常情。"

正说间，只听笛韵悠扬起来，黛玉笑道：

"今日老太太、太太高兴。这笛子吹的有趣,倒是助咱们的兴趣了。咱们两个都爱五言,就还是五言排律罢。"

湘云道:

"什么韵?"

黛玉笑道:

"咱们数这个栏杆上的直棍,这头到那头为止,它是第几根,就是第几韵。"

湘云笑道:

"这倒别致!"

于是二人起身,便从头数至尽头,止得十三根。

湘云道:

"偏又是'十三元'了。这个韵可用的少,作排律,只怕牵强不能压韵呢。少不得你先起一句罢了。"

黛玉笑道:

"倒要试试咱们谁强谁弱,只是没有纸笔记。"

湘云道:

"明儿再写,只怕这一点聪明儿还有。"

黛玉道:

"我先起一句现成的俗语罢。"因念道:"三五中秋夕,"

湘云想了一想,道:

"清游拟上元。撒天箕斗灿,"

黛玉笑道:

"匝地管弦繁。几处狂飞盏,"

湘云笑道:

"这一句'几处狂飞盏'有些意思! 这倒要对得好呢。"想了一想,笑道:"谁家不启轩? 轻寒风剪剪,"

黛玉道:

"好对! 比我的却好,只是这句又说俗话了,就该加劲说了去才是。"

湘云笑道：

"诗多韵险，也要铺陈些才是。纵有好的，且留在后头。"

黛玉笑道：

"到后头没有好的，我看你羞不羞？"因联道："良夜景喧喧。争饼嘲黄发，"

湘云笑道：

"这句不好，杜撰。用俗事来难我了。"

黛玉笑道：

"我说你不曾见过书呢，'吃饼'是旧典。《唐书》《唐志》，你看了来再说。"

湘云笑道：

"这也难不倒，我也有了。"因联道："分瓜笑绿媛。香新荣玉桂，"

黛玉道：

"这可实实是你的杜撰了！"

湘云笑道：

"明日咱们对查了出来，大家看看，这会子别耽搁工夫。"

黛玉笑道：

"虽如此，下句也不好。不犯又用'玉桂''金兰'等字样样来塞责。"因联道："色健茂金萱。蜡烛辉琼宴，"

湘云笑道：

"'金萱'二字，便宜了你，省了多少力！这样现成的韵，被你得了。只不犯着替她们颂圣去。况且下句你也是塞责了。"

黛玉笑道：

"你不说'玉桂'，我难道强对个'金萱'罢？再也要铺陈些富丽，方是即景之实事。"

湘云只得又联道：

"觥筹乱绮园。分曹尊一令，"

黛玉笑道：

"下句好,只难对些。"因想了一想,联道:"射覆听三宣。骰彩红成点,"

湘云笑道:"'三宣'有趣,竟化俗成雅了,只是下句又说上'骰子'!"少不得联道:"传花鼓滥喧。晴光摇院宇,"

黛玉笑道:

"对得却好,下句又溜了。只管拿些风月来塞责吗?"

湘云道:"究竟没说到月上。也要点缀点缀,方不落题。"

黛玉道:

"且姑存之,明日再斟酌。"因联道:"素彩接乾坤。赏罚无宾主,"

湘云道:

"又说他们做什么?不如说咱们。"因联道:"吟诗序仲昆。构思时僚槛,"

黛玉道:

"这可以入上你我了。"因联道:"拟句或依门。酒尽情犹在,"

湘云说道:

"这时候了!"乃联道:"更残乐已谖。渐闻语笑寂。"

黛玉说道:

"这时候,可知一步难似一步了。"因难道:"空剩雪霜痕。阶露团朝菌,"

湘云道:"这一句怎么叶韵?让我想想。"因起身负手想了一想,笑道:"够了。幸而想出一个字来,不然,几乎败了!"因联道:"庭烟敛夕楛。秋湍泻石髓,"

黛玉听了,不禁也起身叫妙,说:

"这促狭鬼!果然留下好的。这会子方说'楛'字,亏你想得出!"

湘云道:

"幸而昨日看历朝文选,见了这个字。我不知是何树,因要查一查,宝姐姐说,不用查,这就是如今俗叫做'朝开夜合'的。我信不及,到底查了一查,果然不错。看来宝姐姐知道的竟多。"

黛玉笑道:"'楂'字用在此时更恰,也还罢了;只是'秋湍'一句,亏你好想! 只这一句,别的都要抹倒。我少不得打起精神来对这一句,只是再不能似这一句了。"因想了又想,方对道:"风叶聚云根。宝婺情孤洁,"

湘云道:

"这对得也还好。只是这一句,你也溜了。幸而是景中情,不单用'宝婺'来塞责。"

因联道:

"银蟾气吐吞。药催灵兔捣,"

黛玉不语,点头半日,遂念道:

"人向广寒奔。犯斗邀牛女,"

湘云也望月点头,联道:

"乘槎访帝孙。盈虚轮莫定,"

黛玉道:

"对句不好合掌,下句推开一步,倒还是'急脉缓受法。'"因又联道:"晦朔魄空存。壶漏声将涸,"

湘云方欲联时,黛玉指池中黑影与湘云看道:

"你看那河里,怎么像个人到黑影里去了? 敢是个鬼?"

湘云笑道:

"可是又见鬼了! 我是不怕鬼的,等我打他一下。"

因弯腰拾了一块小石片,向那池打去。只听打得水响,一个大圆圈将月影激荡,散而复聚者几次。只听那黑影里嘎的一声,却飞起一个白鹤来,直往藕香榭去了。黛玉笑道:

"原来是它。猛然想不到,反吓了一跳。"

湘云笑道:

"正是这个鹤有趣,倒助了我了!"因联道:"窗灯焰已昏。寒塘渡鹤影,"

黛玉听了,又叫好,又跺足,说:

"了不得！这鹤真是助她的了。这一句更比'秋湍'不同，叫我对什么才好？'影'字只有一个'魂'字可对。况且'寒塘渡鹤'，何等自然，何等现成，何等有景，且又新鲜，我竟要搁笔了。"

湘云笑道：

"大家细想就有了；不然，就放着明日再联也可。"

黛玉只看天，不理她。半日，猛然笑道：

"你不必捞嘴②，我也有了！你听听。"因对道："冷月葬诗魂。"

湘云拍手赞道：

"果然好极，非此不能对。好个'葬诗魂！'"因又叹道："诗固新奇，只是太颓丧了些！你现病着，不该作此过于凄清奇谲之语。"

黛玉笑道：

"不如此，如何压倒你？只为用工在这一句了。"

一语未了，只见栏外山石后转出一个人来，笑道：

"好诗，好诗。果然太悲凉了，不必再往下做。若底下只这样去，反不显这两句了，倒弄的堆砌牵强。"

二人不防，倒吓了一跳。细看时不是别人，却是妙玉，二人皆诧异，因问：

"你如何到了这里？"

妙玉笑道：

"我听见你们大家赏月，又吹得好笛，我也出来玩赏这清池皓月。顺脚走到这里，忽听见你们两个吟诗，更觉清雅异常，故此就听住了。只是方才听见这一首中，有几句虽好，只是过于颓败凄楚。此亦关人之气数，所以我出来止住你们。如今老太太都早已散了，满园的人想俱已睡熟了，你两个的丫头还不知在那里找你们呢。你们也不怕冷了？快同我来。到我那里去吃杯茶，只怕就天亮了。"

黛玉笑道："谁知道就这个时候了！"

三人遂一同来至栊翠庵中。只见龛焰犹青，炉香未烬，几个老道婆也都睡了，只有小丫头在蒲团上垂头打盹。妙玉唤她起来现烹茶。忽听叩门之声，小丫鬟忙开门看时，却是紫鹃翠缕和几个老嬷嬷，来找她姊妹两个。进来见她们正吃茶，因都笑道：

"叫我们好找！一个园子里走遍了，连姨太太那里都找到了。那小亭里找时，可巧那里上夜的正睡醒了。我们问他们，他们说：'方才亭外头棚下两个人说话，后来又添了一个人，听见说，大家往庵里去。'我们就知道这里来了。"

妙玉忙命丫鬟引她们到那里去坐着歇息吃茶，自却取了笔砚纸墨出来，将方才的诗，命她二人念着，遂从头写出来。黛玉见她今日十分高兴，便笑道：

"从来没见你这样高兴，我也不敢唐突请教。这还可以见教否？若不堪时，便就烧了；若或可改，即请改正改正。"

妙玉笑道：

"也不敢妄评。只是这才有二十二韵。我意念想着你二位警句已出，再续时，倒恐后力不加。我竟要续貂③，又恐有玷。"

黛玉从没见妙玉做过诗，今见她高兴如此，忙说：

"果然如此，我们虽不好，亦可以带好了。"

妙玉道：

五十回"庐雪亭争联即景诗"已够热闹缤纷，湘云黛玉亦大展才华，此回再写湘云黛玉联吟，稍嫌卖弄。七十五、七十六回均写中秋赏月，其实可以并作一回，我之所以未并，在于保持章回的匀称。

"如今收结，到底还归到本来面目上去。若只管丢了真情真事，且去搜奇捡怪，一则失了咱们的闺阁面目，二则也与题目无涉了。"林史二人皆道："极是。"

妙玉提笔微吟，一挥而就，递与她二人，道：

"休要见笑。依我必须如此，方翻转过来。虽前有凄楚之句，亦无甚碍了。"

二人接了看时，只见她续道：

> 香篆销金鼎，冰脂腻玉盆。箫憎嫠妇泣，衾倩侍儿温。
> 空帐悲金凤，闲屏散彩鸳。露浓苔更滑，霜重竹难扪。

犹步萦纡沼，还登寂历原。石奇神鬼缚，木怪虎狼蹲。
赑屃朝光透，罘罳晓露屯。振林千树鸟，啼谷一声猿。
歧熟焉忘径？泉知不问源。钟鸣栊翠寺，鸡唱稻香村。
有兴悲何极！无愁意岂烦？芳情只自遣，雅趣向谁言？
彻旦休云倦，烹茶更细论。

后书"右中秋夜大观园即景联句三十五韵。"

黛玉湘云二人称赞不已，说：

"可见咱们天天是舍近求远。现有这样诗人在此，却天天去纸上谈兵！"

妙玉笑道：

"明日再润色。此时已天明了，到底也歇息歇息才是。"

林史二人听说，便起身告辞，带领了丫鬟出来。妙玉送至门外，看她们去远，方掩门进来。不在话下。

这里翠缕向湘云道：

"大奶奶那里有人等着咱们睡去呢。如今还是那里去好。"

湘云笑道：

"你顺路告诉她们，叫她们睡罢。我这一去，未免惊动病人，不如闹林姑娘去罢。"

说着，大家走至潇湘馆中。有一半人已睡去，二人进去，卸妆宽衣，盥洗已毕，方上床安歇。紫鹃放下绡帐，移灯掩门出去。

谁知湘云有择席之病，虽在枕上，只是睡不着。黛玉又是个心血不足，常常失眠的，今日又错过困头，自然也是睡不着。二人在枕上翻来复去。黛玉因问道：

"怎么还睡不着？"

湘云微笑道：

"我有个择席的病，况且走了困，只好躺躺儿罢；你怎么也睡不着？"

黛玉叹道："我这睡不着，也并非一日！大约一年之中，通共也只好睡十夜满足的觉。"

湘云道:"你这病就怪不得了!"

① 鲛室——古代神话传说鲛人像鱼,住在海底,滴泪成珠。
② 捞嘴——多嘴、耍嘴。
③ 续貂——谚语"狗尾续貂",用狗尾接在貂皮上,比喻前后优劣不相
   称。

第七十七回　俏丫鬟抱屈夭风流
美优伶斩情归水月

话说王夫人见中秋已过，凤姐病也比先减了，虽未大愈，然亦可以出入行走得了。仍命大夫每日诊脉服药，又开了丸药方来配调经养荣丸。因用上等人参二两，王夫人取时，翻寻了半日，只向小匣内寻了几枝簪挺粗细的。王夫人看了嫌不好，命再找去，又找了一大包须沫出来。王夫人焦躁道：

"用不着偏有，但用着了，再找不着。成日家我叫你们查一查，都归拢一处，你们白不听，就随手混撂。"

彩云道：

"想是没了，就只有这个。上次那边的太太来寻了去了。"

王夫人道：

"没有的话。你再细找找。"

彩云只得又去找寻，拿了几包药材来说：

"我们不认的这个，请太太自看。除了这个没有了。"

王夫人打开看时，也都忘了，不知都是什么，并没有一枝人参，因一面遣人去问凤姐有无。凤姐来说：

"也只有些参膏芦须。虽有几根，也不是上好的，每日还要煎药里用呢。"

王夫人听了，只得向邢夫人那里问去。说因上次没了，才往这里来寻，早已用完了。王夫人没法，只得亲身过来请问贾母。贾母忙命鸳鸯取出当日余的来，竟有一大包，皆有手指头粗细不等，遂秤了二两给王夫人。王夫人出来，交给周瑞家的拿去，令小厮送与医生家去；又命将那几包不能辨的药也带了去，命医生认了，各包号上。

一时，周瑞家的又拿进来，说：

"这几样都各包号上名字了。但那一包人参，固然是上好的，只是年代太陈。这东西比别的却不同，凭是怎么好的，只过一百年后，就自己成了灰了。如今这个虽未成灰，然已成了糟朽烂木，也没有力量了。请太太收了这个，倒不拘粗细，多少再换些新的才好。"

王夫人听了，低头不语，半日才说：

"这可没法了，只好去买二两来罢。"也无心看那些，只命："都收了罢。"因问周瑞家的："你就去说给外头人们，拣好的换二两来。倘若一时老太太问你们，只说用的是老太太的，不必多说。"

周瑞家的方才要去时，宝钗因在座，乃笑道：

"姨娘且住。如今外头人参都没有好的。虽有全枝，他们也必截做两三段，镶嵌上芦泡须枝，掺匀了好卖，看不得粗细。我们铺子里常和行里交易，如今我去和妈妈说了，哥哥去托个伙计过去和参行里要他二两原枝来，不妨咱们多使几两银子，到底得了好的。"

王夫人笑道：

"倒是你明白。但只还得你亲自走一趟，才能明白。"

于是宝钗去了半日，回来说：

"已遣人去，赶晚就有回信。明日一早去配也不迟。"

王夫人自是喜悦，因说道：

"'卖油的娘子水梳头。'自来家里有的，给人多少；这会子轮到自己用，反倒各处寻去。"

说毕，长叹。宝钗笑道：

"这东西虽然值钱，总不过是药，原该济众散人才是。咱们比不得那没见世面的人家，得了这个，就珍藏密敛的。"

王夫人点头道：

"你这话也是。"

一时宝钗去后，因见无别人在室，遂唤周瑞家的，问：

"前日园中搜检的事情,可得下落?"

周瑞家的是已和凤姐商议停妥,一字不隐,遂回明王夫人。王夫人吃了一惊,想到司棋系迎春丫头,乃系那边的人,只得令人去回邢氏。周瑞家的回道:

"前日那边太太嗔着王善保家的多事,打了几个嘴巴子,如今她也装病在家,不肯出头了。况且又是她外孙女儿,自己打了嘴,她只好装个忘了,日久平服了再说。如今我们过去回时,恐怕又多心,倒像咱们多事似的;不如直把司棋带过去,一并连脏证与那边太太瞧了,不过打了一顿配了人,再指个丫头来,岂不省事? 如今白告诉去,那边太太再推三阻四的,又说:'即这样,你太太就该料理,又来说什么呢?'岂不倒耽搁了? 倘或那丫头瞅空儿寻了死,反不好了。如今看了两三天,都有些偷懒,倘一时不到,岂不倒弄出事来?"

王夫人想了一想,说:

"这也倒是。快办了这一件,再办咱们家的那些妖精。"

周瑞家的听说,会齐了那边几个媳妇,先到迎春房里回明迎春。迎春听了,含泪似有不舍之意。因前夜之事,丫头们悄悄说了原故,虽数年之情难舍,但事关风化,亦无可如何了。那司棋也曾求了迎春,实指望能救,只是迎春语言迟慢,耳软心活,是不能作主的。司棋见了这般,知不能免,因跪着哭道:

"姑娘好狠心! 哄了我这两日,如今怎么连一句话也没有?"

周瑞家的说道:

"你还要姑娘留你不成? 便留下,你也难见园里的人了。依我们的好话,快快收了这样子,倒是人不知鬼不觉的去罢,大家体面些。"

迎春手里拿着一本书正看呢,听了这话,书也不看,话也不答,只管扭着身子,呆呆的坐着。周瑞家的又催道:

"这么大女孩儿,自己作的还不知道,把姑娘都带的不好了,你还敢紧着缠磨她!"

迎春听了,方发话道:

"你瞧入画也是几年的,怎么说去就去了?自然不止你两个,想这园里凡大的都要去呢。依我说,将来总有一散,不如各人去罢。"周瑞家的道:

"所以到底是姑娘明白。明儿还有打发的人呢。你放心罢。"

司棋无法,只得含泪给迎春磕头,和众人告别。又向迎春耳边说:

"好歹打听我受罪,替我说个情儿,就是主仆一场!"

迎春亦含泪答应:"放心。"于是周瑞家的等人带了司棋出去。又有两个婆子将司棋所有的东西都与她拿着。走了没几步,只见后头绣橘赶来,一面也擦着泪,一面递给司棋一个绢包,说:

"这是姑娘给你的。主仆一场,如今一旦分离,这个给你做个念心儿罢。"

司棋接了,不觉更哭起来了,又和绣橘哭了一回。周瑞家的不耐烦,只管催促,二人只得散了。司棋因又哭告道:

"婶子大娘们,好歹略徇个情儿:如今且歇一歇,让我到相好姊妹跟前辞一辞,也是这几年我们相好一场。"

周瑞家的等人皆各有事,做这些事便是不得已了;况且又深恨她们素日大样,如今那里有工夫听她的话?因冷笑道:

"我劝你去罢!别拉拉扯扯的了!我们还有正经事呢。谁是你一个衣胞里爬出来的?辞她们做什么?你不过挨一会是一会,难道算了不成?依我说,快去罢!"

一面说,一面总不住脚,直带着出后角门去。司棋无奈,又不敢再说,只得跟着出来。

可巧正值宝玉从外头进来,一见带了司棋出去,又见后面人抱着许多东西,料着此去再不能来了。因听见上夜的事,并晴雯的病也因那日加重;细问晴雯,又不说是为何。今见司棋亦走,不觉如丧魂魄,因忙拦住,问道:

"那里去?"

周瑞家的等皆知宝玉素昔行为,又恐唠叨误事,因笑道:

"不干你事,快念书去罢。"

宝玉笑道:

"姐姐们且站一站,我有道理。"

周瑞家的便道:

"太太吩咐不许少捱时刻,又有什么道理?我们只知道太太的话,管不得许多。"

司棋见了宝玉,因拉住哭道:

"她们做不得主,好歹求求太太去!"

宝玉不禁也伤心,含泪说道:

"我不知你做了什么大事。晴雯也气病着,如今你又要去了,这却怎么着好!"

周瑞家的发躁向司棋道:

"你如今不是副小姐了,要不听说,我就打得你了。别想往日有姑娘护着,任你们作耗!越说着!还不好生走!一个小爷见了面,也拉拉扯扯的,什么意思?"

那几个妇人不由分说,拉着司棋,便出去了。

宝玉又恐她们去告舌,恨的只瞪着她们。看走远了,方指着恨道:

"奇怪,奇怪!怎么这些人,只一嫁了汉子,染了男人的气味,就这样混帐起来,比男人更可杀了!"

守园门的婆子听了,也不禁好笑起来,因问道:

"这样说,凡女儿个个是好的了,女人个个是坏的了?"

宝玉发狠道:

"不错,不错!"

正说着,只见几个老婆子走来,忙说道:

"你们小心,传齐了伺候着。此刻太太亲自到园里查人呢。又吩咐快叫怡红院晴雯姑娘的哥嫂来,在这里等着,领出他妹子去。"因又笑道:"阿弥陀佛!今日天睁了眼,把这个祸害妖精退送了,大家清静些。"

宝玉一闻得王夫人进来亲查，便料晴雯也保不住了，早飞也似的赶了去，所以后来趁愿的话竟未听见。宝玉及到了怡红院，只见一群人在那里。王夫人在屋里坐着，一脸怒色，见宝玉也不理。晴雯四五日水米不曾沾牙，如今现打炕上拉下来，蓬头垢面的，两个女人搀架起来去了。王夫人吩咐：

"把她贴身的衣服撂出去，余者留下，给好的丫头们穿。"

又命把这里所有的丫头们叫来一一过目。原来王夫人惟怕丫头们教坏了宝玉，乃从袭人起，以至于极小的粗活小丫头们，个个亲自看了一遍。因问：

"谁是和宝玉一日的生日？"

本人不敢答言。老嬷嬷指道：

"这一个蕙香，又叫做四儿的，是同宝玉一日生日的。"

王夫人细看了一看，虽比不上晴雯一半，却有几分水秀，视其行止，聪明皆露在外面，且也打扮的不同。王夫人冷笑道：

"这也是个没廉耻的货！她背地里说的同日生日就是夫妻，——这可是你说的？打量我隔的远，都不知道呢！可知我身子虽不大来，我的心耳神意时时都在这里。难道我统共一个宝玉，就白放心凭你们勾引坏了不成？"

这个四儿见王夫人说着她素日和宝玉的私语，不禁红了脸，低头垂泪。王夫人即命：

"也快把她家人叫来领出去配人。"又问："那芳官呢？"

芳官只得过来。王夫人道：

"唱戏的女孩子，自然更是狐狸精了！上次放你们，你们又不愿去，可就该安分守己才是；你就成精鼓捣起来，调唆宝玉，无所不为！"

芳官等辩道："并不敢调唆什么了。"

王夫人笑道：

"你还强嘴！你连你干娘都压倒了，岂止别人！"因喝命："唤她干娘来领去! 就赏她外头找个女婿罢。她的东西,一概给她。"

吩咐上年凡有姑娘分的唱戏女孩子们,一概不许留在园里,都令其各人干娘带出,自行聘嫁。一语传出,这些干娘皆感恩趁愿不尽,都约齐给王夫人磕头领去。

王夫人又满屋里搜检宝玉之物。凡略有眼生之物,一并命收卷起来,拿到自己房里去了。因说:

"这才干净,省得旁人口舌。"又吩咐袭人麝月等人:"你们小心! 往后再有一点分外之事,我一概不饶! 因叫人查看了,今年不宜迁挪,暂且挨过今年,明年一并给我仍旧搬出去才心净。"

说毕,茶也不吃,遂带领众人又往别处去查人。

暂且说不到后文。如今且说宝玉只道王夫人不过来搜检搜检,无甚大事,谁知竟这样雷嗔电怒的来了。所责之事,皆系平日私语,一字不爽,料必不能挽回的。虽心下恨不能一死,但王夫人盛怒之际,自不敢多言。一直跟送王夫人到沁芳亭,王夫人命:

"回去好生念念那书。仔细明儿问你,才已发下狠了。"

宝玉听如此说才回来,一路打算:

"谁这样犯舌? 况这里事也无人知道,如何就都说着了?
……"

一面想,一面进来,只见袭人在那里垂泪。且去了第一等的人,岂不伤心? 便倒在床上大哭起来。袭人知他心里别的犹可,独有晴雯是第一件大事,乃劝道:

"哭也不中用。你起来,我告诉你:晴雯已经好了,她这一家去倒心净养几天。你果然舍不得她,等太太气消了,你再求老太太慢慢的叫进来也不难。太太不过偶然听了别人的闲言,在气头上罢了。"

宝玉道:

"我究竟不知晴雯犯了什么迷天大罪!"

袭人道:

"太太只嫌她生的太好了,未免轻狂些。太太是深知这样美人似的人，心里是不能安静的，所以很嫌她。像我们这粗粗笨笨的倒好。”

宝玉道：

“美人似的，心里就不安静么？你那里知道，古来美人安静的多着呢？——这也罢了，咱们私自玩话，怎么也知道了？又没外人走风，这可奇怪了！”

袭人道：

“你有什么忌讳的？一时高兴，你就不管有人没人了。我也曾使过眼色，也曾递过暗号，被那人知道了，你还不觉。”

宝玉道：

“怎么人人的不是，太太都知道了，单不挑出你和麝月秋纹来？”

袭人听了这话，心内一动，低头半日，无可回答，因便笑道：

“正是呢。若论我们，也有玩笑不留心的去处，怎么太太竟忘了？想是还有别的事，等完了，再发放我们，也未可知。”

宝玉笑道：

“你是头一个出了名的至善至贤的人。她两个又是你陶冶教育的，焉得有什么该罚之处？只是芳官尚小，过于伶俐些，未免倚强压倒了人，惹人厌。四儿是我误了她。还是那年我和你拌嘴的那日起，叫上来做细活的。众人见我待她好，未免夺了地位，也是有的，故有今日。只是晴雯，也是和你们一样，从小儿在老太太屋里过来，虽生的比人强些，也没什么妨碍着谁的去处。就只是她的性情爽利，口角锋芒，竟也没见她得罪了那一个。可是你说的，想是她过于生得好了，反被这个好带累了！”

> 宝钗宠络黛玉、黛玉不察，宝玉却心里明白。晴雯被撵，宝玉怀疑袭人，足见宝玉并不糊涂。晴雯、芳官、四儿三人一去，怡红院自然要冷落了。

说毕，复又哭起来。

袭人细揣此话，真是宝玉有疑她之意，竟不好再劝，因叹道：

“天知道罢了！此时也查不出人来了，白哭一点子，也无益了。"

宝玉冷笑道:

"原是想她自幼娇生惯养的,何尝受过一日委屈?如今是一盆才透出嫩箭的兰花送到猪圈里去一般。况又是一身重病,里头一肚子闷气。她又没有亲爹热娘,只有一个醉泥鳅姑舅哥哥,她这一去,那里还等得一月半月?再不能见一面两面的了!"

说着,越发心痛起来。

袭人笑道:

"可是你自许州官放火,不许百姓点灯。我们偶说一句妨碍的话,你就说不吉利;你如今好好的咒她,就该的了?"

宝玉道:

"我不是妄口咒人,今年春天已有兆头的。"

袭人忙问何兆。宝玉道:

"这阶下好好的一株海棠花竟无故死了半边,我就知道有坏事,果然应在她身上。"

袭人听了,又笑起来说:

"我要不说,又掌不住:你也太婆婆妈妈的了。这样的话,怎么是你读书的人说的?"

宝玉叹道:

"你们那里知道?不但草木,凡天下有情有理的东西,也和人一样,得了知己,便极有灵验的。若用大题目比,就像孔子庙前桧树,坟前的蓍草,诸葛祠前的柏树,岳武穆坟前的松树:这都是堂堂正大之气,千古不磨之物。世乱,它就枯干了;世治,它就茂盛了。凡千年枯了又生的几次,这不是应兆么?若是小题目比,就像杨太真沉香亭的木芍药,端正楼的相思树,王昭君坟上的长青草,难道不也有灵验?——所以这海棠亦是应着人生的。"

袭人听了这篇痴话,又可笑,又可叹,因笑道:

"真真的这话越发说上我的气来了!那晴雯是个什么东西?就费这样的心思,比出这些正经人来!还有一说:她纵好,也越不

过我的次序去。就是这海棠，也该先来比我，也还轮不到她。想是
我要死的了。”

宝玉听说，忙掩她的嘴，劝道：

“这是何苦？一个未是，你又这样起来。罢了，再别提这事，别
弄的去了三个，又饶上一个。”

袭人听说，心下暗喜道：

“若不如此，也没个了局。”

宝玉又道：

“我还有一句话要和你商量，不知你肯不肯？现在她的东西，
是‘瞒上不瞒下’，悄悄的送还她去。再或有咱们常日积攒下的钱，
拿几吊出去给她养病，也是你姐妹好了一场。”袭人听了，笑道：

“你太把我看得忒小器又没人心了。这话还等你说？我才把
她的衣裳各物已打点下了，放在那里。如今白日里人多眼杂，又恐
生事，且等到晚上，悄悄的叫宋妈给她拿去。我还有攒下的几吊
钱，也给她去。”

宝玉听了，点点头儿。袭人笑道：

“我原是久已‘出名的贤人’，连这一点子好名还不会买去不
成？”

宝玉听了她方才说的，又陪笑抚慰她，怕她寒了心。晚间，果
遣宋妈送去。

宝玉将一切人稳住，便独自得便，到园子后角门，央一个老婆
子带他到晴雯家去。先这婆子百般不肯，只说：

“怕人知道，回了太太，我还吃饭不吃饭？”

无奈宝玉死活央告，又许她些钱，那个婆子方带了他去。

却说这晴雯当日是赖大买的。还有个姑舅哥哥，叫做吴贵，人
都叫他贵儿。那时晴雯才得十岁，时常赖嬷嬷带进来，贾母见了喜
欢，故此，赖嬷嬷就孝敬了贾母。过了几年，赖大又给他姑舅哥哥娶
了一房媳妇。谁知贵儿一味胆小老实。那媳妇却倒伶俐，又兼有几
分姿色，看着贵儿无能为，便每日家打扮的妖妖调调，两只眼儿水汪

汪的，招惹的赖大家人如蝇逐臭，渐渐做出些风流勾当来。那时晴雯已在宝玉屋里，他便央及了晴雯，转求凤姐，合赖大家的要过来。目今两口儿就在园子后角门外居住，伺候园中买办杂差。

这晴雯一时被撵出来，住在他家。那媳妇那里有心肠照管，吃了饭，便自去串门子，只剩下晴雯一人在外间屋内爬着。宝玉命那婆子在外瞭望，他独掀起布帘进来，一眼就看见晴雯睡在一领芦席上，幸而被褥还是旧日铺盖的，心内不知自己怎么才好，因上来含泪伸手轻轻拉她，悄唤两声。

当下晴雯又因着了风，又受了哥嫂的歹话，病上加病，嗽了一日，才朦胧睡了。忽闻有人唤她，强展双眸，一见宝玉，又惊又喜，又悲又痛，一把死攥住他的手，哽咽了半日，方说道：

"我只道不得见你了！"

接着便嗽个不住。宝玉也只有哽咽之分。晴雯道：

"阿弥陀佛！你来得好，且把那茶倒半碗我喝。渴了半日，叫半个人也叫不着。"

宝玉听说，忙拭泪，问：

"茶在那里？"

晴雯道：

"在炉台上。"

宝玉看时，虽有个黑煤乌嘴的吊子，也不像个茶壶。只得桌上去拿一个碗，未到手内，先闻得油膻之气。宝玉只得拿了来，先拿些水洗了两次，复用自己的绢子拭了，闻了闻，还有些气味。没奈何，提起茶来斟了半碗，看时，绛红的也不大像茶。晴雯扶枕道：

"快给我喝一口罢！这就是茶了。那里比得咱们的茶呢！"

宝玉听说，先自己尝了一尝，并无茶味，咸涩不堪，只得递给晴雯。只见晴雯如得了甘露一般，一气都灌下去了。

宝玉看着，眼中泪直流下来，连自己的身子都不知为何物了，一面问道：

"你有什么说的？趁着没人告诉我。"

晴雯呜咽道：

"有什么可说的！不过是挨一刻是一刻，挨一日是一日！我已知横竖不过三五日的光景，我就好回去了。只是一件，我死也不甘心。我虽生得比别人好些，并没有私情勾引你，怎么一口死咬定了我是个狐狸精！我今儿既担了虚名，况且没了远限，不是我说一句后悔的话：早知如此，我当日——"说到这里，气往上咽，便说不出来，两手已经冰凉。宝玉又痛，又急，又害怕。便歪在席上，一只手攥着她的手，一只手轻轻的给她捶打着。又不敢大声的叫，真真万箭攒心。

两三句话时，晴雯才哭出来。宝玉拉着她的手，只觉瘦如枯柴，腕上犹戴着四个银镯，因哭道：

"除下来，等好了再戴上去罢。"又说："这一病好了，又瘦好些。"

晴雯拭泪，把那手用力拿回，搁在口边，狠命一咬，只听咯吱一声，把两根葱管一般的指甲齐根咬下，拉了宝玉的手，将指甲搁在他手里。又回手扎挣着，连揪带脱，在被窝内，将贴身穿着的一件旧红绫小袄儿脱下，递给宝玉。不想虚弱透了的人，那里禁得这么抖搜，早喘成一处了。

宝玉见她这般，已经会意，连忙解开外衣，将自己的袄儿褪下来盖在她身上，却把这件穿上，不及扣钮子，只用外头衣裳掩了。刚系腰时，只见晴雯睁眼道：

"你扶起我来坐坐。"

宝玉只得扶她。那里扶得起？好容易欠起半身，晴雯伸手把宝玉的袄儿往自己身上拉。宝玉连忙给她披上，拖着胳膊，伸上袖子，轻轻放倒，然从将她的指甲装在荷包里。晴雯哭道：

"你去罢！这里腌臜，你那里受得！你的身子要紧。今日这一来，我就死了，也不枉担了虚名！"

> 写晴雯的深情至情至性，含冤受屈，手法细腻；而以晴雯嫂子的淫荡更衬托出晴雯的坚贞，是对比手法。写晴雯屈死比金钏儿屈死感人，而和尤氏金钏儿屈死的写法又完全不同。

一语未完，只见她嫂子笑嘻嘻掀帘进来道：

"好呀！你两个的话，我已都听见了。"又向宝玉道："你一个做主子的，跑到下人房里来做什么？看着我年轻长的俊，你敢只是调戏我么？"

宝玉听见，吓得忙陪笑央及道：

"好姐姐，快别大声。她伏侍我一场，我私自来瞧瞧她。"

那媳妇儿点着头儿，笑道：

"怨不得人家都说你有情有义儿的。"

便一手拉了宝玉进里间来，笑道：

"你要不叫我嚷，这也容易：你只是依我一件事。"

说着，便自己坐在炕沿上，把宝玉拉在怀中，紧紧的将两条腿夹住。

宝玉那里见过这个，心内早突突的跳起来了，急得满面红胀，身上乱战，又羞又愧，又怕又恼，只说：

"好姐姐，别闹！"

那媳妇也乜斜了眼儿，笑道：

"呸！成日家听见你在女孩儿们身上做工夫，怎么今儿个就发起讪来了？"

宝玉红了脸，笑道：

"姐姐撒开手，有话咱们慢慢儿的说。外头有老妈妈听见，什么意思呢？"

那媳妇那里肯放，笑道：

"我早进来了。已经叫那老婆子去到园门口儿等着呢。我等什么儿似的，今日才等着你！你要不依我，我就嚷起来。叫里头太太听见了，我看你怎么样！你这么个人，只这么大胆子儿。我刚才进来了好一会子，在窗下细听，屋里只你两个人，我只道有些个休己话儿。这么看起来，你们两个人竟还是各不相扰儿呢。我可不能像她那么傻。"

说着，就要动手。宝玉急的死往外搉。

正闹着,只听窗外有人问道:

"晴雯姐姐在这里住呢不是?"

那媳妇子也吓了一跳,连忙放了宝玉。这宝玉已经吓怔了,听不出声音。外边晴雯听见她嫂子缠磨宝玉,又急,又躁,又气,一阵虚火上攻,早昏晕过去。那媳妇连忙答应着出来看,不是别人,却是柳五儿和他母亲两个抱着一个包袱。柳家的拿着几吊钱,悄悄的问那媳妇道:

"这是里头袭姑娘叫拿出来给你们姑娘的。她在那屋里呢?"

那媳妇儿笑道:

"就是这个屋子,那里还有屋子?"

那柳家的领着五儿,刚进得来,只见一个人影儿往屋里一闪。柳家的素知这媳妇子不妥,只打量是她的私人。看见晴雯睡着了,连忙放下,带着五儿,便往外走。谁知五儿眼尖,早已见是宝玉,便问她母亲道:

"头里不是袭人姐姐那里悄悄的找宝二爷呢吗?"

柳家的道:

"嗳呀! 可是忘了。方才老宋妈说: '见宝二爷出角门来了。门上还有人等着,要关园门呢。'"

因回头问那媳妇儿。那媳妇儿自己心虚,便道:

"宝二爷那里肯到我们这屋里来?"

柳家的听说,便要走。这宝玉一则怕关了门,二则怕那媳妇子进来又缠,也顾不得什么了,连忙揪了帘子出来道:

"柳嫂子,你等等我,一路儿走。"

柳家的听了,倒吓了一大跳,说:

"我的爷! 你怎么跑了这里来了?"

那宝玉也不答言,一直飞走。那五儿道:

"妈妈,你快叫住宝二爷不用忙,留神冒冒失失,被人碰见倒不好。况且才出来时,袭人姐姐已经打发人留了门了。"

说着,赶忙同她妈来赶宝玉。这里晴雯的嫂子干瞅着把个妙人儿走了。

却说宝玉跑进角门，才把心放下来，还是突突乱跳。又怕五儿关在外头，眼巴巴瞅着她母女也进来了。远远听见里边嬷嬷们正查人，若再迟一步就关了园门了。宝玉忙进入园中，且喜无人知道，到了自己房里，告诉袭人，只说在薛姨妈家去的，也就罢了。

一时铺床，袭人不得不问：

"今日怎么睡？"

宝玉道：

"不管怎么睡罢了。"

原来这一二年来，袭人因王夫人看重了她，越发自要尊重，凡背人之处，或夜晚之间，总不与宝玉狎昵，较先小时，反倒疏远了。虽无大事办理，然一应针线并宝玉及诸小丫头出入银钱衣履什物等事，也甚烦琐。且有吐血之症，故近来夜间总不与宝玉同房。宝玉夜间胆小，醒了便要唤人，因晴雯睡卧警醒，故夜间一应茶水起坐呼唤之事悉皆委她一人，所以宝玉外床只是晴雯睡着。她今去了，袭人只得将自己铺盖搬来铺设床外。

宝玉发了一晚上的呆。袭人催她睡下，然后自睡。只听宝玉在枕上长吁短叹，覆去翻来，直至三更以后，方渐渐安顿了。袭人方放心，也就朦胧睡着。没半盏茶时，只听宝玉叫晴雯。袭人忙连声答应，问：

"做什么？"

宝玉因要茶吃。袭人倒了茶来，宝玉乃叹道：

"我近来叫惯了她，却忘了是你。"

袭人笑道：

"她乍来，你也曾睡梦中叫我，以后才改了的。"

说着，大家又睡下，宝玉又翻转了一个更次，至五更方睡去时，只见晴雯从外走来，仍是往日形景，进来向宝玉道：

"你们好生过罢。我从此就别过了！"

说毕，翻身就走。宝玉忙叫时，又将袭人叫醒。袭人还只当他

惯了口乱叫,却见宝玉哭了,说道:

"晴雯死了!"

袭人笑道:

"这是那里的话? 叫人听着,什么意思?"

宝玉那里肯听,恨不得一时亮了就遣人问信。

及至亮时,就有王夫人房里小丫头叫开前角门传王夫人的话:

"'即时叫起宝玉,快洗脸,换了衣裳来。因今儿有人请老爷赏秋菊,老爷因喜欢他前儿做的诗好,故此要带了他们去。'这都是太太的话。你们快告诉去,立逼他快来,老爷在上屋里等他们吃面茶呢。环哥儿早来了。快快儿的去罢。我去叫兰哥儿去了。"

里面的婆子听一句应一句,一面扣着钮子,一面开门。袭人听得叩门,便知有事,一面命人问时,自己已起来了。听得这话,忙催人来舀了洗脸水,催宝玉起来梳洗,她自去取衣。因思跟贾政出门,便不肯拿出十分出色的新鲜衣服来,只拣那三等成色的来。

宝玉此时已无法,只得忙忙前来。果然贾政在那里吃茶,十分喜悦。宝玉请了早安。贾环贾兰二人也都见过。贾政命坐吃茶,向环兰二人道:

"宝玉读书,不及你两个;论题联和诗这种聪明,你们皆不及他。今日此去,未免叫你们做诗,宝玉须随便助他们两个。"

王夫人自来不曾听见这等考语,真是意外之喜。一时,候他父子去了,方欲过贾母那边来时,就有芳官等三个干娘走来,回说:

"芳官自前日蒙太太的恩典赏出来了,她就疯了似的,茶饭都不吃,勾引上藕官蕊官,三个人寻死觅活,只要铰了头发做尼姑去。我只当是小孩子家一时出去不惯,也是有的,不过隔两日就好了,谁知越闹越凶,打骂着也不怕。实在没法所以来求太太,或是依她们去做尼姑去,或教导她们一顿,赏给别人做女孩儿去罢。我们没这福。"

王夫人听了,道:

"胡说! 那里由得她们起来? 佛门也是轻易进去的么? 每人

1043

打一顿给她们看,还闹不闹!"

当下因八月十五日,各庙内上供去,皆有各庙内的尼姑来送供尖,因曾留下水月庵的智通与地藏庵的圆信住下。来回听得此信,就想拐两个女孩子去做活使唤,都向王夫人说:

"府上到底是善人家。因太太好善,所以感应得这些小姑娘们皆如此。虽然说'佛门容易难上',也要知道'佛法平等'。我佛立愿,愿度一切众生。如今两三个姑娘既然无父母,家乡又远,他们既经了这富贵,又想从小命苦,入了风流行次。将来知道终身怎么样?所以'苦海回头',立意出家,修修来世,也是她们的高意。太太倒不要阻了善念。"

王夫人原是个善人,起先听见这话,谅是小孩子不遂心的话,将来熬不得清净,反致获罪。今听了这两个拐子的话大近情理,且近日家中多故,——又有邢夫人遣人过来知会,明日接迎春家去住两日,以备人家相看;且又有官媒来求说探春等——心绪正烦,那里着意在这些小事?既听此言,便笑答道:

"你两个既这等说,你们就带了做徒弟去,如何?"

二姑子听了,念一声佛道:

"善哉,善哉!若如此,可是老人家的阴功不小。"

说毕,便稽首拜谢。王夫人道:

"既这样,你们问她去。若果真心,即上来当着我拜了师父去罢。"

这三个女人听了出去,果然将她三人带来。王夫人问之再三,她三人已立定主意,遂与两个姑子叩了头,又拜辞了王夫人。王夫人见她们意皆决断,知不可强了,反倒伤心可怜,忙命人来取了东西来赏了她们,又送了两个姑子礼物,从此,芳官跟了水月庵的智通,蕊官藕官二人跟了地藏庵的圆信,各自出家去了。

王夫人先屈死金钏儿,再屈死晴雯,又将芳官等三人让拐子带走,乃大糊涂人,非大善人。她的外貌忠厚,内无心机,与贾政的方正迂腐,作者着笔不多,但很成功。

第七十八回　老学士闲征姽嫿词
痴公子杜撰芙蓉诔

　　话说两个尼姑领了芳官等去后，王夫人便往贾母处来。见贾母喜欢，便趁便回道：

　　"宝玉屋里有个晴雯，那个丫头也大了，而且一年之间病不离身；我常见她比别人分外淘气，也懒。前日又病倒了十几天，叫大夫瞧，说是女儿痨，所以我就赶着叫她下去了。若养好了，也不用叫她进来，就赏她家配人去也罢了。再那几个学戏的女孩子，我也做主放了：一则她们都会戏，口里没轻没重只会混说，女孩儿们听了，如何使得？二则她们唱会子戏，白放了她们，也是应该的。况丫头们也太多——若说不够使，再挑上几个来，也是一样。"

　　贾母听了，点头道：

　　"这是正理。我也正想着如此。但晴雯这丫头，我看她甚好，言谈针线都不及她，将来还可以给宝玉使唤的。谁知变了！"

　　王夫人笑道：

　　"老太太挑中的人原不错，只是她命里没造化，所以得了这个病。俗语又说：'女大十八变。'况且有本事的人未免有些调歪，老太太还有什么不曾经历过的？三年前，我也就留心这件事，先只取中了她。我留心看了去，她色色比人强，只是不大沉重。知大体，莫若袭人第一，虽说贤妻美妾，也要性情和顺，举止沉重的更好些。袭人的模样虽比晴雯次一等，然放在屋里，也算是一二等的。况且行事大方，心地老实，这几年从未同着宝玉淘气。凡宝玉十分胡闹的事，她只有死劝的。因此，品择了二年，一点不错了，我悄悄的把她丫头的月钱止住，我的月分银子里批出二两银子来给她。

不过使她自己知道，越发小心效好之意，且没有明说。一则宝玉年纪尚小，老爷知道了，又恐说耽误了书；二则宝玉自以为自己跟前的人，不敢劝他说他，反倒纵性起来。所以直到今日，才回明老太太。"

贾母听了，笑道：

"原来这样，如此更好了！袭人本来从小儿不言不语，我只说是没嘴的葫芦。既是你深知，岂有大错误的？"

王夫人又回今日贾政如何夸奖，如何带他们逛去。贾母听了，更加喜悦。

一时，只见迎春妆扮了前来告辞过去。凤姐也来请早安，伺候早饭。又说笑一回，贾母歇晌，王夫人便唤了凤姐，问她丸药可曾配来。凤姐道：

"还不曾呢，如今还是吃汤药。太太只管放心，我已大好了。"

王夫人见她精神复初，也就信了，因告诉撵逐晴雯等事。又说：

"宝丫头怎么私自回家去了？你们都不知道？我前儿顺路都查了一查。谁知兰小子的这一个新进来的奶子也十分的妖调，也不喜欢她。我说给你大嫂子了：好不好，叫她各自去罢。我因问你大嫂子：'宝丫头出去，难道你们不知道吗？'她说是告诉了她了，不两三日，等姨妈病好了就进来。姨妈究竟没什么大病，不过咳嗽腰疼，年年是如此的。她这去的必有原故。不是有人得罪了她了？她孩子心重，亲戚们住一场，别得罪了人，反不好了。"

凤姐笑道：

"谁可好好的得罪着她？"

王夫人道：

"别是宝玉有嘴无心，从来没个忌讳；高了兴信嘴胡说，也是有的。"

凤姐笑道：

"这可是太太过于操心了。若说他出去干正经事，说正经话去,却像傻子;若只叫他进来,在这些姐妹跟前,以至于大小的丫头跟前,最有尽让,又忌怕得罪了人,那是再不得有人恼他的。我想薛妹妹此去必是为前夜搜检众丫头的原故,她自然为信不及园里的人,她又是亲戚,现也有丫头老婆在内,我们又不好去搜检,她恐我们疑她,所以多了这个心,自己回避了。也是应该避嫌疑的。"

王夫人听了这话不错,自己遂低头一想,便命人去请了宝钗来,分晰前日的事以解她的疑心,又仍命她进来照旧居住。宝钗陪笑道:

"我原要早出去的,因姨妈有许多大事,所以不便来说。可巧前日妈妈又不好了,家里两个靠得的女人又病,所以我趁便去了。姨妈今日既已知道了,我正好回明:就从今日辞了,好搬东西。"

> 凤姐与王夫人相比,精明糊涂亦见分晓。

王夫人凤姐都笑道:

"你太固执了。正经再搬进来为是,休为没要紧的事反疏远了亲戚。"

宝钗笑道:

"这话说的太重了,并没为什么事出去。我为的是妈妈近来神思比先大减,而且夜晚没有得靠的人,统共只我一个人;二则如今我哥哥眼看娶嫂子,多少针线活计并家里一切动用器皿尚有未齐备的,我也须得帮着妈妈去料理料理。姨妈和凤姐姐都知道我们家的事,不是我撒谎。再者:自我在园里,东南上小角门子就常开着,原是为我走的,保不住出入的人图省走路,也从那里走,又没个人盘查,设若从那里弄出事来,岂不两碍?而且我进园里来睡,原不是什么大事。因前几年年纪都小,且家里没事,在外头不如进来,姊妹们在一处玩笑作针线,都比在外头一人闷坐好些。如今彼此都大了,况姨娘这边历年皆遇不遂心之事,所以那园子里,倘有一时照顾不到的,皆有关系。惟有少几个人就可以少操些心了。所以今日不但我决意辞去,此外还要劝姨娘:如今该减省的就减省些,也不为失了大家的体统。据我看:园里这一项费用也竟可以免的，说不得当日的话。姨娘深知我家的，难道我家当日也是这样零落不成？"

凤姐听了这篇话，便向王夫人笑道：

"这话依我竟不必强她。"

王夫人点头道：

"我也无可回答，只好随你的便罢了。"

说话之间，只见宝玉已回来了，因说：

"老爷还未散，恐天黑了，所以先叫我们回来了。"

王夫人忙问：

"今日可丢了丑了没有？"

宝玉笑道：

"不但不丢丑，还拐了许多东西来。"

接着就有老婆子们从二门上小厮手内接进东西来。王夫人一看时，只见扇子三把，扇坠三个，笔墨共六匣，香珠三串，玉条环三个。宝玉说道：

"这是梅翰林送的，那是杨侍郎送的，这是李员外送的，每人一份。"

说着，又向怀中取出一个檀香小护身佛来，说：

"这是庆国公单给我的。"

王夫人又问在席何人，做何诗词。说毕，只将宝玉一分令人拿着，同宝玉、环、兰，前来见贾母。贾母看了，喜欢不尽，不免又问些话。无奈宝玉一心记着晴雯，答应完了，便说：

"骑马颠了，骨头痛。"

贾母便说：

"快回房去换了衣服疏散疏散就好了，不许睡。"

宝玉听了，便忙进园来。

当下麝月秋纹已带了两个丫头来等候。见宝玉辞了贾母出来，秋纹便将笔墨等物拿着，随宝玉进园来。宝玉满口里说："好热！"一面走，一面便摘冠解带，将外面的大衣服都脱下来，麝月拿

着,只穿着一件松花绫子夹袄,襟内露出血红般大红裤子来。秋纹见这条红裤是晴雯针线,因叹道:

"真是'物在人亡'了!"

麝月将秋纹拉了一把,笑道:

"这裤子配着松花色袄儿,石青靴子,越显出靛青的头,雪白的脸来了!"

宝玉在前,只装没听见,又走了两步便止步道:

"我要走一走,这怎么好?"

麝月道:

"大白日里还怕什么?还怕丢了你不成?"因命两个小丫头跟着:"我们送了这些东西去再来。"

宝玉道:

"好姐姐,等一等我再去。"

麝月道:

"我们去了就来。两个人手里都有东西,倒像摆执事的,一个捧着文房四宝,一个捧着冠袍带履,成个什么样子!"

宝玉听了,正中心怀,便让她二人去了。他便带了两个小丫头到一块山子石后头悄问她二人道:

"自我去了,你袭人姐姐打发人去瞧晴雯姐姐没有?"

这一个答道:

"打发宋妈瞧去了。"

宝玉道:

"回来说什么?"

小丫头道:

"回来说:晴雯姐姐直着脖子叫了一夜,今日早起就闭了眼住了口,世事不知,只有倒气的分儿了。"

宝玉忙道:

"一夜叫的是谁?"

小丫头道:

"一夜叫的是娘。"

宝玉拭泪道:

"还叫谁?"

小丫头说:

"没有听见叫别人了。"

宝玉道:

"你糊涂,想必没有听真。"

旁边那一个小丫头最伶俐,听宝玉如此说,便上来说:

"真个她糊涂!"又向宝玉说:"不但我听的真切,我还亲自偷着看去来着。"

宝玉听说,忙问:

"怎么又亲自看去?"

小丫头道:

"我想,晴雯姐姐素日和别人不同,待我们极好。如今她虽受了委屈出去,我们不能别的法子救她,只亲去瞧瞧,也不枉素日疼我们一场。就是人知道了,回了太太,打我们一顿,也是愿受的。所以我拼着一顿打,偷着出去瞧了一瞧。谁知她平生为人聪明,至死不变。见我去了,便睁开眼拉我的手问:'宝玉那里去了?'我告诉她了。她叹了一口气,说:'不能见了!'我就说:'姐姐何不等一等他回来见一面?'她就笑道:'你们不知道,我不是死。如今天上少了一个花神,玉皇爷叫我去管花儿。我如今在未正二刻就上任去了,宝玉须得未正三刻才到家,只少一刻儿的工夫,不能见面。世上凡有该死的人,阎王勾取了去,是差些个小鬼来拿他的魂儿。要迟延一时半刻,不过烧些纸,浇些浆饭,那鬼只顾抢钱去了,该死的人,就可挨磨些工夫。我这如今是天上的神仙来请,那里捱得时刻呢?'我听了这话,竟不大信。及进来到屋里,留神看时辰表,果然是未正二刻她咽了气,正三刻上就有人来叫我们,说你来了。"

宝玉忙道:

"你不认得字,所以不知道,这原是有的。不但花有一花神,还有总花神。但她不知做总花神去了,还是单管一样花神?"

这丫头听了,一时诌不来。恰好这是八月时节,园中池上芙蓉正开。这丫头便见景生情,忙答道:

"我已曾问她:'是管什么花的神?告诉我们,日后也好供养的。'她说:'你只可告诉宝玉一人,除他之外,不可泄了天机。'就告诉我说,她就是专管芙蓉花的。"

宝玉听了这话,不但不为怪,亦且去悲生喜,便回头来看着那芙蓉笑道:

"此花也须得这样一个人去主管。我就料定她那样的人必有一番事业!虽然超生苦海,从此再不能相见了,免不得伤感思念。"因又道:"虽然临终未见,如今且去灵前一拜,也算尽这五六年的情意。"

想毕,忙至屋里,正值麝月秋纹找来。

宝玉又自穿戴了,只说去看黛玉,遂一人出园,往前次看望之处来,意为停柩在内。谁知她哥嫂见她一咽气,便回了进去,希图早些得几两发送例银。王夫人闻知,便命赏了十两银子。又命:

"即刻送到外头焚化了罢。女儿痨死的,断不可留!"

她哥嫂听了这话,一面得银,一面催人立刻入殓,抬往城外化人厂上去了。剩的衣裳簪环,约有三四百金之数,她哥嫂自收了,为后日之计。二人将门锁上,一同送殡去了。

宝玉走来,扑了一个空,站了半天,并无别法,只得复身进入园中。及回至房中,甚觉无味,因顺路来找黛玉,不在房里,问其何往。丫鬟们回说:

"往宝姑娘那里去了。"

宝玉又至衡芜院中,只见寂静无人,房内搬出,空空落落,不觉吃一大惊,才想起前日仿佛听见宝钗要搬出去,只因这两日功课忙,就混忘了。这时看见如此,才知道果然搬出。怔了半天,因转念一想:

"不如还是和袭人厮混,再与黛玉相伴。只这两三个人,只怕还是同死同归。"

想毕仍往潇湘馆来，偏黛玉还未回来。正在不知所之，忽见王夫人的丫头进来找他，说：

"老爷回来了，找你呢。又得了好题目。快走，快走。"

宝玉听了，只得跟了出来。到王夫人屋里，他父亲已出去了，王夫人命人送宝玉至书房里。

彼时贾政正与众幕友们谈论寻秋之胜。又说：

"临散时，忽谈及一事，最是千古佳谈。'风流隽逸，忠义感慨'八字皆备。倒是个好题目，大家要做一首挽词。"

众幕宾听了，都请教系何等妙事。贾政乃道：

"当日曾有一位王爵，封曰恒王，出镇青州。这恒王最喜欢女色，且公余好武，因选了许多美女，日习武事，令众美女学习战攻斗伐之事。内中有个姓林行四的，姿色既佳，且武艺更精，皆呼为林四娘。恒王最得意，遂超拔林四娘统辖诸姬，又呼为姽婳将军。"

众清客都称：

"妙极神奇，意以'姽婳'下加'将军'二字，反更觉妖媚风流，真绝世奇文也。想这恒王也是千古第一风流人物了？"

贾政笑道：

"这话自然如此。但更有可奇可叹之事。"

众清客都惊问道：

"不知底下有何等奇事？"

贾政道：

"谁知次年便有'黄巾''赤眉'一干流贼余党复又乌合，抢掠山左一带。恒王意为犬羊之辈，不足大举，因轻骑进剿。不意贼众诡谲，两战不胜，恒王遂被众贼所戮。于是青州城内，文武官员，各各皆谓：'王尚不胜，你我何为？'遂将有献城之举。林四娘得闻凶信，遂聚集众将，发令说道：'你我皆向蒙王恩，戴天履地，不能报其万一。今王既殒身国患，我意亦当殒身于下。尔等有愿随者，即同我前往；不愿者，亦早自散去。'众女将听她这样，都一齐说：'愿

1052

意！’于是林四娘带领众人，连夜出城，直杀至贼营里头。众贼不防，也被斩杀了几个首贼。后来大家见是不过几个女人，料不能济事，遂回戈倒兵，奋力一阵，把林四娘等一个不曾留下，倒作成了这林四娘的一片忠义之志。后来报至都中，天子百官，无不叹息。想其朝中自然又有人去剿灭，天兵一到，化为乌有，不必深论。只就林四娘一节，众位听了，可羡不可羡？”

众幕友都叹道：

“实在可羡可奇，实是个妙题，原该大家挽一挽才是。”

说着，早有人取了笔砚，按贾政口中之言，稍加改易了几个字，便成了一篇短序，递给贾政看了。贾政道：

“不过如此。他们那里已有原序。昨日又奉恩旨：着察核前代以来应加褒奖而遗落未经奏请各项人等，——无论僧、尼、乞丐、女妇人等——有一事可嘉，即行汇送履历至礼部，备请恩奖。所以他这原序也送往礼部去了。大家听了这新闻，所以都要作一首‘词’，以志其忠义。”

众人听了，都又笑道：

“这原该如此。只是更可羡者，本朝皆系千古未有之旷典，可谓圣朝无阙事了。”

贾政点头道：

“正是。”

说话间，宝玉、贾环、贾兰俱起身来看了题目。贾政命他三人各吊一首，谁先做成者赏，佳者额外加赏。贾环贾兰二人近日当着许多人皆做过几首了，胆量愈壮。今看了题目，遂自去思索。

一时，贾兰先有了，贾环生恐落后，也就有了。二人皆已录出，宝玉尚自出神。贾政与众人且看他二人的二首。贾兰的是一首七言绝句，写道是：

> 姽婳将军林四娘，玉为肌骨铁为肠。
>
> 捐躯自报恒王后，此日青州土尚香！

众幕宾看了便皆大赞：

"小哥儿十三岁的人就如此,可知家学渊源,真不诬矣!"

贾政笑道:

"稚子口角,也还难为他。"

又看贾环的,是首五言律,写道是:

> 红粉不知愁,将军意未休。
> 掩啼离绣幕,抱恨出青州。
> 自谓酬王德,讵能复冠仇?
> 谁题忠义墓,千古独风流!

众人道:

"更佳! 到底大几岁年纪,立意又自不同。"

贾政道:

"倒还不甚大错,终不恳切。"

众人道:

"这就罢了。三爷才大不多几岁,俱在未冠之时。 如此用心做去,再过几年,怕不是大阮小阮了么?"

贾政笑道:

"过奖了。只是不肯读书的过失。"

因问宝玉。众人道:

"二爷细心镂刻,定又是风流悲感,不同此等的了。"

宝玉笑道:

"这个题目似不称近体,须得古体,或歌或行,长篇一首,方能恳切。"

众人听了,都站起身来点头拍手道:

"我说他立意不同! 每一题到手,必先度其体格宜与不宜: 这便是老手妙法。 这题目名曰姽婳词,且既有了序,此必是长篇歌行,方合体式。 或拟温八叉击瓯歌,或拟李长吉会稽歌,或拟白乐天长恨歌,或拟咏古词,半叙半咏,流利飘逸,始能尽妙。"

贾政听说,也合了主意,遂自提笔向纸上要写。 又向宝玉笑道:

"如此甚好。你念，我写。若不好了，我捶你的肉。谁许你先大言不惭的！"

宝玉只得念了一句道：

恒王好武兼好色。

贾政写了看时，摇头道：

"粗鄙！"

一幕友道：

"要这样方古，究竟不粗。且看他底下的。"

贾政道：

"姑存之。"

宝玉又道：

遂教美女习骑射。秾歌艳舞不成欢，列阵挽戈为自得。

贾政写出，众人都道：

"只这第三句便古朴老健，极妙。这第四句平叙，也最得体。"

贾政道：

"休谬加奖誉，且看转的如何。"

宝玉念道：

眼前不见尘沙起，将军俏影红灯里。

众人听了这两句，便都叫：

"妙！好个'不见尘沙起'！又续了一句'俏影红灯里'，用字用句，皆入神化了。"

宝玉道：

叱咤时闻口舌香，霜矛雪剑娇难举。

众人听了更拍手笑道：

"越发画出来了！当日敢是宝公也在座，见其娇而且闻其香？不然，何体贴至此？"

宝玉笑道：

"闺阁习武，任其勇悍，怎似男人？不问而可知娇怯之形了。"

贾政道：

"还不快续！这又有你说嘴的了。"

宝玉只得又想了一想，念道：

丁香结子芙蓉绦。

众人都道：

"转'绦''萧'韵更妙，这才流利飘逸；而且这句子也绮摩秀媚得妙。"

贾政写了道：

"这一句不好，已有过了'口舌香'，'娇难举'，何必又如此？这是力量不加，故又弄出这些堆砌货来搪塞。"

宝玉笑道：

"长歌也须得要些词藻点缀点缀；不然，便觉萧索。"

贾政道：

"你只顾说那些。这一句底下如何转至武事呢？若再多说两句，岂不蛇足了？"

宝玉道：

"如此，底下一句兜转煞住，想也使得。"

贾政冷笑道：

你有多大本事！上头说了一句大开门的散话，如今又要一句转带煞，岂不心有余而力不足呢？"

宝玉听了，垂头想了一想，说了一句道：

不系明珠系宝刀。

忙问：

"这一句可还使得？"

众人拍案叫绝。贾政笑道：

"且放着再续。"

宝玉道：

"使得我便一气联下去了；若使不得，索性涂了，我再想别的意思出来，再另措词。"

贾政听了，便喝道：

“多话！不好了再做。便做十篇百篇，还怕辛苦了不成？”

宝玉听了，只得想了一会，便念道：

　　战罢夜阑心力怯，脂痕粉渍污鲛鮹。

贾政道：

“这又是一段了。底下怎么样？”

宝玉道：

　　明年流寇走山东，强吞虎豹势如蜂。

众人道：

“好个‘走’字！便见得高低了。且通句转的也不板。”

宝玉又念道：

　　王率天兵思剿灭，一战再战不成功。
　　腥风吹折陇中麦，日照旌旗虎帐空。
　　青山寂寂水澌澌，正是恒王战死时。
　　雨淋白骨血染草，月冷黄昏鬼守尸。

众人都道：

“妙极，妙极！布置，叙事，词藻，无不尽美。且看如何至四娘，必另有妙转奇句。”

宝玉又念道：

　　纷纷将士只保身，青州眼见皆灰尘。
　　不期忠义明闺阁，愤起恒王得意人。

众人都道：

“铺叙得委婉！”

贾政道：

“太多了，底下只怕累赘呢。”

宝玉又道：

　　恒王得意数谁行？姽嫿将军林四娘。
　　号令秦姬驱赵女，秾桃艳李临疆场。
　　绣鞍有泪春愁重，铁甲无声夜气凉。
　　胜负自难先预定，誓盟生死报前王。

贼势猖獗不可敌,柳折花残血凝碧。

马践胭脂骨髓香,魂依城郭家乡隔。

星驰时报入京师,谁家儿女不伤悲?

天子惊慌愁失守,此时文武皆垂首。

何事文武立朝纲,不及闺中林四娘?

我为四娘长叹息,歌成余意尚彷徨!

念毕,众人都大赞不止。又从头看了一遍。贾政笑道:"虽说了几句,到底不大恳切。"说:"去罢。"

三人如放了赦的一般,一齐出来,各自回房。众人皆无别话,不过至晚安歇而已。独有宝玉一心凄楚,回至园中,猛见池上芙蓉,想起小丫鬟说晴雯做了芙蓉之神,不觉又喜欢起来,乃看着芙蓉嗟叹了一会。忽又想起:"死后并未至灵前一祭,如今何不在芙蓉前一祭,岂不尽了礼?"想毕,便欲行礼。忽又止道:"虽如此,亦不可太草率了,须得衣冠整齐,奠仪周备,方为诚敬。"想了一想:"古人云,'潢污行潦,苹藻蘋蘩之贱,可以羞王公,荐鬼神',原不在物之贵贱,只在心之诚敬而已。然非自作一篇诔①文,这一段凄惨酸楚,竟无处可以发泄了。"因用晴雯素日所喜之冰鲛縠一幅,楷字写成,名曰芙蓉女儿诔,——前序后歌——又备了晴雯素喜的四样吃食。于是黄昏人静之时,命那小丫头捧至芙蓉前,先行礼毕,将那诔文即挂于芙蓉枝上,乃泣涕念曰:

维太平不易之元,蓉桂竞芳之月,无可奈何之日,怡红院浊玉,谨以群花之蕊,冰鲛之縠,沁芳之泉,枫露之茗,——四者虽微,聊以达诚申信——乃致祭于白帝宫中,抚司艳芙蓉女儿之前曰:

窃思女儿自临人世,迄今凡二十载。其先之乡籍姓氏,湮沦而莫能考者久矣。而玉得于衾枕栉沐之间,栖息宴游之夕,亲昵狎亵,相与共处者,仅五年八月有奇。忆女曩生之昔:其为质则金玉不足喻其贵;其为体则冰雪不足喻其洁;其为神则星日不足喻其精;其为貌则花月不足喻其色。姊娣悉慕英娴，妪媪咸仰慧德。孰料鸠鸩恶其高，鹰鸷翻遭罦罬；薋葹妒其臭，茝兰竟被芟锄！花原自怯，岂奈狂飙？柳本多愁，何禁骤雨？偶遭蛊虿之谗，遂抱膏肓之疾。故樱唇红褪，韵吐呻吟；杏脸香枯，色陈颥颔。诼谣謑诟，出自屏帷，棘荆蓬榛，蔓延户牖。既怀幽沉于不尽，复含罔屈于无穷。高标见嫉，闺帏恨比"长沙"；贞烈遭危，巾帼惨于"雁塞"。自蓄辛酸，谁怜夭折？仙云既散，芳趾难寻。洲迷聚窟，何来却死之香？海失灵槎，不获回生之药。眉黛烟青，昨犹我画；指环玉冷，今倩谁温？鼎炉之剩药犹存，襟泪之余痕尚渍。镜分鸾影，愁开麝月之奁；梳化龙飞，哀折檀云之齿。委金钿于草莽，拾翠盒于尘埃。楼空鳲鹊，徒悬七夕之针；带断鸳鸯，谁续五丝之缕？况乃金天属节，白帝司时，孤衾有梦，空室无人。桐阶月暗，芳魂与倩影同销；蓉帐香残，娇喘共

此处又以诔词形容晴雯的"质"、"体"、"神"、"貌"。作者创造此一人物，亦煞费苦心。晴雯这个人物典型至此也就完成，八十九回"人亡、物死、公子填词"，更是表现宝玉悼念之深，久久不忘。晴雯亦永远活在读者心里。"红楼梦"里屈死鬼多，最感人的自然是黛玉，其次是晴雯和尤氏姊妹，而这些人物在文学上却永远不死。

细腰俱绝。连天衰草，岂独兼葭。匝地悲声，无非蟋蟀。露阶晚砌，穿帘不度寒砧；雨荔秋垣，隔院希闻怨笛。芳名未泯，檐前鹦鹉犹呼；艳质将亡，槛外海棠预萎。捉迷屏后，莲瓣无声；斗草庭前，兰芳枉待。抛残绣线，银笺彩袖谁裁？折断冰丝，金斗御香未熨。昨承严命，既趋车而远涉芳园；今犯慈威，复拄杖而遽抛孤柩。及闻蕙棺被燹，顿违共穴之情；石椁成灾，愧逮同灰之诮。尔乃西风古寺，淹滞青燐；落日荒邱，零星白骨。楸榆飒飒，蓬艾萧萧。隔雾圹以啼猿，绕烟塍而泣鬼。岂道红绡帐里，公子情深；始信黄土陇中，女儿命薄！汝南斑斑泪血，洒向西风；梓泽默默余衷，诉凭冷月。呜呼！固鬼蜮之为灾，岂

神灵之有妒？钳泼妇之口，讨岂从宽？剖悍妇之心，忿犹未释！在卿之尘缘虽浅，而玉之鄙意尤深。因蓄卷卷之思，不禁谆谆之问。始知上帝垂旌，花宫待诏，生侪兰蕙，死辖芙蓉。听小婢之言，似涉无稽；据浊玉之思，深为有据。何也？昔叶法善摄魂以撰碑，李长吉被诏而为记，事虽殊，其理则一也。故相物以配才，苟非其人，恶乃滥乎？始信上帝委托权衡，可谓至洽至协，庶不负其所秉赋也。因希其不昧之灵，或陟降于兹，特不揣鄙俗之词，有污慧听。乃歌而招之曰：

天何如是之苍苍兮，乘玉虬以游乎穹窿耶？地何如是之茫茫兮，驾瑶象以降乎泉壤耶？望缴盖之陆离兮，抑箕尾之光耶？列羽葆而为前导兮，卫危虚于旁耶？驱丰隆以为庇从兮，望舒月以临耶？听车轴而伊轧兮，御鸾鹥以征耶？闻馥郁而飘然兮，纫蘅杜以为佩耶？岚裙裾之烁烁兮，镂明月以为珰耶？藉葳蕤而成坛畸兮，檠莲焰以烛兰膏耶？文瓠匏以为觯斝兮，漉醽醁以浮桂醑耶？瞻云气而凝眸兮，仿佛有所觇耶？俯波痕而属耳兮，恍惚有所闻耶？期汗漫而无际兮，捐弃予于尘埃耶？倩风廉之为余驱车兮，冀联辔而携归耶？余中心为之慨然兮，徒
　　而何为耶？卿偃然而长寝兮，岂天运之变于斯耶？既窀穸且安稳兮，反其真而又奚化耶？余犹桎梏而悬附兮，灵格余以嗟来耶？来兮止兮，卿其来耶！

若夫鸿濛而居，寂静以处，虽临于兹，余亦莫睹。搴烟萝而为步障，列苍蒲而森行伍。警柳眼之贪眠，释莲心之味苦。素女约于桂岩，宓妃迎于兰渚。弄玉吹笙，寒簧击敔。征嵩岳之妃，启骊山之姥。龟呈洛浦之灵，兽作咸池之舞。潜赤水兮龙吟，集珠林兮凤翥。爰格爰诚，匪簠匪筥。发轫乎霞城，还旌乎玄圃。既显微而若通，复氤氲而倏阻。离合兮烟云，空蒙兮雾雨。尘霾敛兮星高，溪山

丽兮月午。何心意之怦怦，若寤寐之栩栩？余乃歔歔怅怏，泣涕彷徨。人语兮寂历，天籁兮篔筜，鸟惊散而飞，鱼唼喋以响。志哀兮是祷，成礼兮期祥。呜呼哀哉！尚飨！

读毕，遂焚帛奠茗，依依不舍。小丫鬟催至再四，方才回身。忽听山石之后有一人笑道："且请留步。"

二人听了，不觉大惊。那小丫环回头一看，却是个人影儿从芙蓉花里走出来，她便大叫："不好，有鬼！晴雯真来显魂了！"吓得宝玉也忙看时，不是别人，却是黛玉，满面含笑，口内说道："好新奇的祭文，可与曹娥碑并传了。"

宝玉听了，不觉红了脸，笑答道："我想着世上这些祭文都过于熟烂了，所以改个新样。原不过是我一时的玩意儿，谁知被你听见了。有什么大使不得的，何不改削改削？"

黛玉道："原稿在那里？倒要细细的看看。长篇大论，不知说的是什么。只听见中间两句什么'红绡帐里，公子情深；黄土陇中，女儿命薄'。这一联意思却好。只是'红绡帐里'，未免俗滥些。放着现成的真事，为什么不用？"

宝玉忙问："什么现成的真事？"

黛玉笑道："咱们如今都系霞绡纱糊的窗槅，何不说'茜纱窗下，公子多情'呢？"

宝玉听了，不禁跌脚笑道："好极，好极！到底是你想得出，说得出。可知天下古今现成的好景好事尽多，只是我们愚人想不出来罢了。但只一件：虽然这一改新妙之极，却是你在这里住着还可以，我实在不敢当的。"

说着，又连说"不敢"。黛玉笑道："何妨？我的窗即可为你之窗，何必如此分晰，也太生疏了。古人异姓陌路，尚然'肥马轻裘，敝之无憾'，何况咱们？"宝玉笑道："论交道，不在'肥马轻裘'，即'黄金白璧'亦不当'锱铢较量'。倒是这唐突闺阁上头，却万万使不得的。如今我索性将'公子''女儿'改去，竟算是你诔她的倒

1061

妙。况且素日你又待她甚厚，所以宁可弃了这一篇文，万不可弃这'茜纱'新句。莫若改作'茜纱窗下，小姐多情：黄土陇中，丫鬟薄命'。如此一改，虽与我无涉，我也惬怀。"

黛玉笑道："她又不是我的丫头，何用此话？况且小姐丫鬟亦不典雅。等得紫鹃死了，我再如此说，还不算迟呢。"

宝玉听了，笑道："这是何苦咒她？"

黛玉笑道："是你要咒的，并不是我说的。"

宝玉道："我又有了，这一改恰就妥当了。莫若说'茜纱窗下，我本无缘：黄土陇中，卿何薄命！'"

黛玉听了，陡然变色。虽有无限狐疑，外面却不肯露出，反连忙含笑点头称妙，说：

"果然改得好。再不必乱改了，快去干正经事罢。刚才太太打发人叫你，说明儿一早过大舅母那边去呢。你二姐姐已有人家求准了，所以叫你们过去呢。"

宝玉忙道："何必如此忙？我身上也不大好，明儿还未必能去呢。"

黛玉道："又来了。我劝你把脾气改改罢。一年大，二年小，——"

一面说话，一面咳嗽起来。宝玉忙道：

"这里风冷，咱们只顾站着，凉着呢可不是玩的，快回去罢。"

黛玉道："我也家去歇息了，明儿再见罢。"说着，便自取路去了。宝玉只得闷闷的转步，忽想起黛玉无人随伴，忙命小丫头子跟送回去。自己到了怡红院中，果有王夫人打发嬷嬷们来，吩咐他明日一早过贾赦这边来，与方才黛玉之言相对。

> "茜纱窗下，我本无缘；黄土陇中，卿何薄命"，黛玉听了变色，正是伏笔。黛玉也是屈死的，作者写法不同。使她屈死的却是凤姐和贾母、宝钗，杀她还背了一个好人的美名。黛玉亦不自觉，这才是大屈。作者由"芙蓉诔"扯到黛玉身上，不为无因，反而更具匠心。

① 诔(lěi)——哀祭文的一种。

第七十九回　薛文起悔娶河东吼
　　　　　　贾迎春误嫁中山狼

　　原来贾赦已将迎春许与孙家了。这孙家乃是大同府人氏，祖上系军官出身，乃当日宁荣府中之门生，算来亦系至交，如今孙家只有一人在京，现袭指挥之职。此人名唤孙绍祖，生得相貌魁梧，体格健壮，弓马娴熟，应酬权变，年纪未满三十，且又家资饶富，现在兵部候缺题升。因未曾娶妻，贾赦见是世交子侄，且人品家当都相称合，遂择为东床娇婿。亦曾回明贾母，贾母心中却不大愿意。但想儿女之事自有天意，况且她亲父主张，何必出头多事？因此，只说"知道了"三字，余不多及。贾政又深恶孙家，虽是世交，不过是他祖父当日希慕宁荣之势，有不能了结之事，挽拜在门下的，并非诗礼名族之裔。因此，倒劝谏过两次，无奈贾赦不听，也只得罢了。

　　宝玉却未曾会过这孙绍祖一面的，次日只得过去，聊以塞责。只听见那娶亲的日子甚近，不过今年就要过门的。又见邢夫人等回了贾母，将迎春接出大观园去，越发扫兴，每每痴痴呆呆的，不知作何消遣。又听说要陪四个丫头过去，更又跌足道：

　　"从今后，这世上又少了五个清净人了！"

　　因此，天天到紫菱洲一带地方徘徊瞻顾。见其轩窗寂寞。屏帐翛然①，不过只有几个该班上夜的老妪。再看那岸上的蓼花苇叶，也都觉摇摇落落，似有追忆故人之态，迥非素常逞妍斗色可比，所以情不自禁，乃信口吟成一歌曰：

　　　　池塘一夜秋风冷，吹散芰荷红玉影。

　　　　蓼花菱叶不胜悲，重露繁霜压纤梗。

不闻永昼敲棋声，燕泥点点污棋枰。

古人惜别怜朋友，况我今当手足情。

宝玉方才吟罢，忽闻背后有人笑道：

"你又发什么呆呢？"宝玉回头忙看是谁，原来是香菱。宝玉忙转身，笑问道：

"我的姐姐，你这会子跑到这里来做什么？许多日子也不进来逛逛。"

香菱拍手，笑嘻嘻的说道：

"我何曾不要来？如今你哥哥回来了，那里比先时自由自在的了！刚才我们太太使人来找你凤姐姐去，竟没有找着，说往园子里来了。我听见这个话，我就讨了这个差进来找她。遇见她的丫头，说在稻香村呢。如今我往稻香村去，谁知又遇见了你。我还要问你：袭人姐姐这几日可好？怎么忽然把个晴雯姐姐也没了？到底是什么病？二姑娘搬出去的好快！你瞧瞧，这地方一时间就空落落的了。"

> 自宝钗迁出，晴雯死，迎春嫁出，大观园盛极而衰。

宝玉只有一味答应，又让她同到怡红院去吃茶。香菱道：

"此刻竟不能，等找着琏二奶奶，说完了正经话再来。"

宝玉道：

"什么正经话，这般忙？"

香菱道：

"为你哥哥娶嫂子的话，所以要紧。"

宝玉道：

"正是说的是那一家的好？只听见吵嚷了这半年，今儿又说张家的好，明儿又要李家的，后儿又议论王家的好。这些人家的女儿，她也不知造了什么罪，叫人家好端端的议论。"

香菱道：

"如今定了，可以不用拉扯别人家了。"

宝玉问道:

"定了谁家的?"

香菱道:

"因你哥哥上次出门时,顺路到了个亲戚家去。这门亲原是老亲,且又和我们是同在户部挂名行商,也是数一数二的大门户。前日说起来时,你们两府都也知道的,合京城里,上至王侯,下至买卖人,都称他家是'桂花夏家'"。

宝玉忙笑道:

"如何又称为'桂花夏家'?"

香菱道:

"本姓夏,非常的富贵。其余田地不用说,单有几十顷地种着桂花。凡这'长安',那城里城外桂花局,俱是他家的,连宫里一应陈设盆景亦是他家贡奉。因此,才有这个混号。如今太爷也没了,只有老奶奶带着一个亲生的姑娘过活,也并没有哥儿弟兄。可惜他竟一门尽绝了后。"

宝玉忙道:

"咱们也别管他绝后不绝后,只是这姑娘可好? 你们大爷怎么就中意了?"

香菱笑道:

"一则是天缘,二来是'情人眼里出西施'。当年时又通家来往,从小儿都在一处玩过。叙亲是姑舅兄妹,又没嫌疑。虽离了这几年,前儿一到他家,夏奶奶又是没儿子的,一见了你哥哥出落的这么,又是哭,又是笑,竟比见了儿子的还胜。又令他兄妹相见。谁知这姑娘出落的花朵似的了,在家里也读书写字,所以你哥哥当时就一心看准了。连当铺里老伙计们一群人叨扰了人家三四日,她们还留多住几天。好容易苦辞才放回家。你哥哥一进门就咭咭唧唧求我们太太去求亲。我们太太原是见过的,又且门当户对,也依了。和这里姨太太凤姑娘商议了,打发人去一说就成了。只是娶的日子太急。所以我们忙乱的很。我也巴不得早些娶过来,又添了一个做诗的人了。"

宝玉冷笑道:

"虽如此说,但只我倒替你担心虑后呢!"

香菱道:

"这是什么话?我倒不懂了。"

宝玉笑道:

"这有什么不懂的?只怕再有个人来,薛大哥就不肯疼你了。"

香菱听了,不觉红了脸,正色道:

"这是怎么说?素日咱们都是厮抬厮敬,今日忽然提起这些事来,怪不得人人都说你是个亲近不得的人!"

一面说,一面转身走了。

宝玉见她这样,便怅然如有所失,呆呆的站了半日,只得没精打彩,还入怡红院来。一夜不曾安睡,种种不宁。次日便懒进饮食,身体发热。也因近日抄检大观园,逐司棋,别迎春,悲晴雯等,羞辱惊恐悲凄所致,兼以风寒外感,遂致成疾,卧床不起。贾母听得如此,天天亲来看视。王夫人心中自悔,不合因晴雯过于逼责了他。心中虽如此,脸上却不露出,只吩咐众奶娘等好生伏侍看守,一日两次,带进医生来诊脉下药。一月之后,方才渐渐的痊愈。好生保养过百日,方许动荤腥油面,方可出门行走。这百日内,院门前皆不许到,只在屋里玩笑。四五十天后,就把他拘的火星乱迸,那里忍耐的住?虽百般设法,无奈贾母王夫人执意不从,也只得罢了。因此,和些丫鬟们无所不至,恣意耍笑。又听得薛蟠那里摆酒唱戏,热闹非常,已娶亲入门。闻得这夏家小姐十分俊俏,也略通文翰,宝玉恨不得就过去一见才好。再过些时,又闻得迎春出了阁。宝玉思及当时姊妹,耳鬓厮磨,从今一别,纵得相逢,必不得似先前这等亲热了。眼前又不能去一望,真令人凄惶不尽。少不得潜心忍耐,暂同这些丫鬟们厮闹释闷,幸免贾政责备逼迫读书之难。这百日内只不曾拆毁了怡红院,和这些丫头们无法无天,凡世上所无之事都玩耍出来。如今且不消细说。

　　且说香菱自那日抢白了宝玉之后，自为宝玉有意唐突，"从此倒要远避他些才好"。因此，以后连大观园也不轻易进来了。日日忙乱着，薛蟠娶过亲，因为得了护身符，自己身上，分去责任，到底比这样安静些；二则又知是个有才有貌的佳人，自然是典雅和平的：因此，心里盼过门的日子比薛蟠还急十倍呢。好容易盼得一日娶过来，她便十分殷勤小心伏侍。

　　原来这夏家小姐今年方十七岁，生得亦颇有姿色，亦颇识得几个字。若论心里的邱壑泾渭，颇步熙凤的后尘。只吃亏了一件：从小时，父亲去世的早，又无同胞兄弟，寡母独守此女，娇养溺爱，不啻珍宝，凡女儿一举一动，她母亲皆百依百顺。因此，未免酿成个盗跖的情性——自己尊若菩萨，他人秒如粪土；外具花柳之姿，内秉风雷之性。在家里和丫鬟们使性赌气，轻骂重打的。今儿出了阁，自为要作当家的奶奶，比不得做女儿时腼腆温柔，须要拿出威风来，才钤压②得住人。况且见薛蟠气质刚硬，举止骄奢，若不趁热灶一气炮制，将来必不能自竖旗帜矣。又见有香菱这等一个才貌俱全的爱妾在室，越发添了"宋太祖灭南唐"之意③。因她家多桂花，她小名就叫做金桂。她在家时，不许人口带出"金桂"二字来。凡人有不留心，误道一字者，她便定要苦打重罚才罢。她因想"桂花"二字是禁止不住的，须得另换一名。想桂花曾有广寒嫦娥之说，便将桂花改为"嫦娥花"又寓自己身分。如今薛蟠本是个怜新弃旧的人，且是有酒胆无饭力的。如今得了这一个妻子，正在新鲜兴头上，凡事未免尽让她些。那夏金桂见是这般形景，便也试着，一步紧似一步。一月之中，二人气概都还相平；至两月之后，便觉薛蟠的气概渐次的低矮了下去。

　　一日，薛蟠酒后，不知要行何事，先和金桂商议。金桂执意不从，薛蟠便忍不住，便发了几句话，赌气自行了。金桂便哭的如醉人一般，茶汤不进，装起病来，请医疗治，医生又说。"气血相逆，当

作者先将夏金桂年龄、姿色、性格、家世作一番交代，作为以后写她"妒""泼"、"狠毒"的张本。

1067

进宽胸顺气之剂"。薛姨妈恨得骂了薛蟠一顿，说：

"如今娶了亲，眼前抱儿子了，还是这么胡闹！人家凤凰似的，好容易养了一个女儿，比花朵儿还轻巧。原看的你是个人物，才给你做媳妇。你不说收了心，安分守己，一心一计，和和气气的过日子，还是这么胡闹，喝了黄汤，折磨人家。这会子花钱吃药白操心！"

一席话，说的薛蟠后悔不迭，反来安慰金桂。金桂见婆婆如此说，越发得了意，更装出些张致来，不理薛蟠，薛蟠没了主意，惟有自叹而已。好容易十天半月之后，才渐渐的哄转过金桂的心来，自此，便加一倍小心，气概不免又矮了半截下来。

那金桂见丈夫旗纛渐倒，婆婆良善，也就渐渐的持戈试马。先时不过挟制薛蟠，后来倚娇作媚，将及薛姨妈，后将至宝钗，宝钗久察其不轨之心，每每随机应变，暗以言语弹压其志。金桂知其不可犯，便欲寻隙，苦于无隙可乘，倒只好曲意俯就。

① 翛(xiāo)然 —— 和"萧然"意思相同。
② 钤(qián)压 —— 镇压。
③ "宋太祖灭南唐"之意 —— 宋太祖伐南唐时说："江南又有什么罪？天下必须一统，卧榻旁边那容得他人打鼾睡觉呢？"这里语意双关，表示金桂的妒嫉。

第八十回　美香菱屈受贪夫棒
王道士胡诌妒妇方

一日,金桂无事,因和香菱闲谈,问香菱家乡父母。香菱皆答忘记。金桂便不悦,说有意欺瞒了她。因问:

"香菱"二字是谁起的?

香菱便答道:

"姑娘起的。"

金桂冷笑道:

"人人都说姑娘通,只这一个名字就不通。"

香菱忙笑道:

"奶奶若说姑娘不通,奶奶没合姑娘讲究过。说起来,她的学问,连咱们姨老爷常时还夸的呢!"

金桂听了,将脖项一扭,嘴唇一撇,鼻孔里哧哧①两声,冷笑道:

"菱角花开,谁见香来?若是菱角香了,正经那些香花放在那里?可是不通之极!"

香菱道:

"不独菱花香,就连荷叶,莲蓬,都是有一股清香的,但它原不是花香可比,若静日静夜,或清早半夜,细领略了去,那一股清香比花都好闻呢。就连菱角、鸡头、苇叶、芦根,得了风露,那一股清香也是令人心神爽快的。"

金桂道:

"依你说,这兰花桂花,倒香的不好了?"

香菱说到热闹头上忘了忌讳,便接口道:

“兰花桂花的香又非别的香可比。”

一句未完，金桂的丫鬟——名唤宝蟾的——忙指着香菱的脸，说道：

“你可要死！你怎么叫起姑娘的名字来？”

香菱猛省了，反不好意思，忙陪笑说：

“一时顺了嘴，奶奶别计较。”

金桂笑道：

“这有什么，你也太小心了。但只是我想这个‘香’字到底不妥，意思要换一个字，不知你服不服？”

香菱笑道：

“奶奶说那里话？此刻连我一身一体俱是奶奶的，何得换一个名字，反问我服不服？叫我如何当得起？奶奶说那一个字好就用那一个。”

金桂冷笑道：

“你虽说得是，只怕姑娘多心！”

香菱笑道：

“奶奶原来不知：当日买了我时，原是老太太使唤的，故此姑娘起了这个名字。后来伏侍了爷，就与姑娘无涉了。如今又有了奶奶，越发不与姑娘相干。且姑娘又是极明白的人，如何恼得这些呢？”

金桂道：

“既这样说，‘香’字竟不如‘秋’字妥当。菱花虽盛于夏菱角却盛于秋，岂不比香字有来历些？”

香菱笑道：

“就依奶奶这样罢了。”

自此后遂改了“秋”字。宝钗亦不在意。

只因薛蟠天性是“得陇望蜀”的，如今娶了金桂，又见金桂的丫头宝蟾有三分姿色，举止轻浮可爱，便时常要茶要水，故意撩逗她。宝蟾虽亦解事，只是怕金桂，不敢造次，且看金桂的眼色。金桂亦觉察其意，想着："正要摆布香菱，无处寻隙，如今她既看上宝蟾，我且舍出宝蟾与他，他一定就和香菱疏远了。我再乘他疏远之时，摆布了香菱，那时宝蟾原是我的人，也就好处了。"打定了主意，俟机而发。

这日，薛蟠晚间微酲，又命宝蟾倒茶来吃。薛蟠接碗时，故意捏她的手。宝蟾又乔装躲闪，连忙缩手。两下失误，豁琅一声，茶碗落地，泼了一身一地的茶。薛蟠不好意思，佯说宝蟾不好生拿着。宝蟾说：

"姑爷不好生接。"

金桂冷笑道：

"两个人的腔调儿都够使的了。别打量谁是傻子!"

薛蟠低头微笑不语。宝蟾红了脸出去。

安歇之时，金桂便故意的撵薛蟠别处去睡。

"省的得了馋痨似的。"

薛蟠只是笑。金桂道：

"要做什么和我说，别偷偷摸摸的，不中用。"

薛蟠听了，仗着酒盖脸，就势跪在被上，拉着金桂，笑道：

"好姐姐! 你若把宝蟾赏了我，你要怎样就怎样。你要活人脑子，也弄来给你。"

> 前面写金桂一步步摆布薛蟠，此处又写她设计陷害秋菱，折磨秋菱，也是一步步发展。金桂的性格便全盘托出。

金桂笑道：

"这话好不通。你爱谁，说明了，就收在房里，省得别人看着不雅，我可要什么呢?"

薛蟠得了这话，喜的称谢不尽。是夜，曲尽丈夫之道，竭力奉承金桂。次日也不出门，只在家中厮闹，越发放大了胆了。

至午后，金桂故意出去，让个空儿与他二人，薛蟠便拉拉扯扯的起来。宝蟾心里也知八九分了，也就半推半就，正要入港，谁知金桂是有心等候的，料着在难分之际，便叫小丫头子舍儿过来。原来这小丫头也是金桂在家从小使唤的，因她自小父母双亡，无人看

管,便大家叫她做小舍儿,专做些粗活。金桂如今有意,独唤她来吩咐道:

"你去告诉秋菱,到我屋里,将我的绢子取来,不必说我说的。"

小舍儿听了,一径去寻着秋菱,说:"菱姑娘,奶奶的绢子忘记在屋里了,你去取了来送上去,岂不好?"

秋菱正因金桂近日每每的挫折她,不知何意,百般竭力挽回,听了这话,忙往房里来取。不防正遇见他二人推就之际,一头撞进去了,自己倒羞的耳面通红,转身回避不及。薛蟠自为是过了明路的,除了金桂,无人可怕,所以连门也不掩,这会子秋菱撞来,故不十分在意。无奈宝蟾素日最是说嘴要强,今既遇见秋菱,便恨无地可入,忙推开薛蟠,一径跑了。口内还怨恨不绝,说他强奸力逼。薛蟠好容易哄得上手,却被秋菱打散,不免一腔的兴头,变做了一腔的恶怒,都在秋菱身上。不容分说,赶出来,啐了两口,骂道:

"死娼妇! 你这会子做什么来撞尸游魂?"

秋菱料事不好,三步两步,早已跑了。薛蟠再来找宝蟾,已无踪迹了。于是只恨的骂秋菱。至晚饭后,已吃得醺醺然,洗澡时,不防水略热了些,烫了脚,便说秋菱有意害他,他赤条精光,赶着秋菱踢打了两下。秋菱虽未受过这气苦,既到了此时,也说不得了,只好自悲自怨,各自走开。

彼时金桂已暗和宝蟾说明,今夜令薛蟠在秋菱房中去成亲,命秋菱过来陪自己安睡。先是秋菱不肯。金桂说她嫌腌臜了,再必是图安逸,怕夜里伏侍劳动。又骂说:

"你没见世面的主子,见一个爱一个,把我的丫头霸占了去,又不叫你来,到底是什么主意? 想必是逼死我就罢了!"

薛蟠听了这话,又怕闹黄了⑧宝蟾之事,忙又赶来骂秋菱:

"不识抬举! 再不去就要打了!"

秋菱无奈,只得抱了铺盖来。金桂命她在地下铺着睡,秋菱只得依命。刚睡下,便叫倒茶,一时又要捶腿。如是者,一夜七八次,总不使其安逸稳卧片时。

那薛蟠得了宝蟾，如获珍宝，一概都置之不顾。恨得金桂暗暗的发恨道：

"且叫你乐几天，等我慢慢的摆弄了她，那时可别怨我！"

一面隐忍，一面设计摆弄秋菱。半月光景，忽又装起病来，只说心痛难忍，四肢不能转动，疗治不效。众人都说是秋菱气的。

闹了两天，忽又从金桂枕头内抖出个纸人来，上面写着金桂的年庚八字，有五根针钉在心窝并肋肢骨缝等处。于是，众人当作新闻，先报与薛姨妈。薛姨妈先忙手忙脚的；薛蟠自然更乱起来，立刻要拷打众人。金桂道：

"何必冤枉众人？大约是宝蟾的镇魔法儿。"

薛蟠道：

"她这些时并没多空儿在你房里，何苦赖好人？"

金桂冷笑道：

"除了她还有谁？莫不是我自己害自己不成？虽有别人，如何敢进我的房呢？"

薛蟠道：

"秋菱如今是天天跟着你，她自然知道，先拷问她就知道了。"

金桂冷笑道：

"拷问谁？谁肯认？依我说，竟装个不知道，大家丢开手罢了。横竖治死我，也没什么要紧，乐得再娶好的。若据良心上说，左不过是你们三个多嫌我！"

一面说着，一面痛哭起来。

薛蟠更被这些话激怒，顺手抓起一根门闩来，一径抢步，找着秋菱，不容分说，便劈头劈脸浑身打起来，一口只咬定是秋菱所施。秋菱叫屈。薛姨妈跑来禁喝道：

"不问明白就打起人来了！这丫头伏侍这几年，那一时不小心？她岂肯如今做这没良心的事！你且问个清浑皂白，再动粗鲁。"

金桂听见她婆婆如此说，怕薛蟠心软意活了，便泼声浪气大哭

起来。说:

"这半个多月,把我的宝蟾霸占了去,不容进我的房,惟有秋菱跟着我睡。我要拷问宝蟾,你又护在头里。你这会子又赌气打她去。治死我,再拣富贵的标致的娶来就是了,何苦做出这些把戏来?"

薛蟠听了这些话,越发着了急。

薛姨妈听见金桂句句挟制着儿子,百般恶赖的样子,十分可恨。无奈儿子偏不硬气,已是被她挟制软惯了。如今又勾搭上丫头,被她说霸占了去,自己还要占温柔让夫之体。这魇魔法究竟不知谁做的。正是俗语说的好,"清官难断家务事",此时正是公婆难断床帏的事了。因无法,只得赌气喝薛蟠,说:

"不争气的孽障,狗也比你体面些! 谁知你三不知的,把陪房丫头也摸索上了,叫老婆说霸占了丫头。什么脸出去见人? 也不知谁使的法子,也不问清就打人。我知道你是个得新弃旧的东西,白辜负了当日的心。她既不好,你也不该打。我即刻叫人牙子来卖了她,你就心净了。"气着,又命:"秋菱,收拾了东西,跟我来。"一面叫人:"去! 快叫个人牙子来,多少卖几两银子,拔去肉中刺,眼中钉,大家过太平日子!"

薛蟠见母亲动了气,早已低了头。金桂听了这话,便隔着窗子,往外哭道:

"你老人家只管卖人,不必说着一个,拉着一个的。我们很是那吃醋拈酸容不得下人的不成? 怎么拔去肉中刺,眼中钉? 是谁的钉? 谁的刺? 但凡多嫌着她。也不肯把我的丫鬟也收在房里了。"

薛姨妈听说,气得身战气咽,道:

"这是谁家的规矩? 婆婆在这里说话,媳妇隔着窗子拌嘴。亏你是旧人家的女儿! 满嘴里大呼小喊,说的是什么!"

薛蟠急得跺脚，说：

"罢哟，罢哟！看人家听见笑话！"金桂意谓一不做，二不休，越发喊起来了，说：

"我不怕人笑话！你的小老婆治我，害我，我倒怕人笑话了？再不然，留下她，卖了我！谁还不知道薛家有钱，行动拿钱压人，又有好亲戚挟制着别人！你不趁早施为，还等什么？嫌我不好，谁叫你们瞎了眼，三求四告的跑了我们家做什么去了？"

一面哭喊，一面自己拍打。薛蟠急的说又不好，劝又不好，打又不好，央告又不好，只是出入嗳声叹气，抱怨说：

"运气不好！"

当下薛姨妈被宝钗劝进去了，只命人来卖香菱。宝钗笑道：

"咱们家只知买人，并不知卖人之说。妈妈可是气糊涂了？倘或叫人听见，岂不笑话？哥哥嫂子嫌她不好，留着我使唤，我正也没人呢。"

薛姨妈道：

"留下她还是惹气，不如打发了她干净。"

宝钗笑道：

"她跟着我也是一样，横竖不叫她到前头去。从此，断绝了他那里，也和卖了的一样。"

香菱早已跑到薛姨妈跟前，痛哭哀求，不愿出去，情愿跟姑娘。薛姨妈只得罢了。

自此以后，香菱果跟随宝钗去了，把前面路径竟自断绝。虽然如此，终不免对月伤悲，挑灯自叹。虽然在薛蟠房中几年，皆因血分中有病，是以并无胎孕。今复加以气怒伤肝，内外折挫不堪，竟酿成干血之症，日渐羸瘦，饮食懒进，请医服药无效。

那时金桂又吵闹了数次。薛蟠有时仗着酒胆，挺撞过两次，持棍欲打，那金桂便递身叫打；这里持刀欲杀时，便伸着脖项。薛蟠也实不能下手，只得乱了一阵罢了。如今已成习惯自然，反使金桂

> 写金桂的"泼"与写凤姐的"泼"，又不相同。金桂的心机不如凤姐细密深沉，作风则更下作。两人气质不同，才有如此差别。写人物必须把握此种重要关键。

越长威风,又渐次辱嗔宝蟾。

宝蟾比不得香菱,正是个烈火干柴,既和薛蟠情投意合,便把金桂放在脑后。近见金桂又作践她,她便不肯低服半点。先是一冲一撞的拌嘴,后来金桂气急,甚至于骂,再至于打。她虽不敢还手,便也撒泼打滚,寻死觅活,—— 昼则刀剪,夜则绳索——无所不闹。

薛蟠一身难以两顾,惟徘徊观望,十分闹得无法便出门躲着。金桂不发作性气,有时喜欢,便纠聚人来斗牌掷骰行乐。又生平最喜啃骨头,每日务要杀鸡鸭,将肉赏人吃,只单是油炸的焦骨头下酒。吃得不耐烦,便肆行侮骂,说:

"有别的忘八粉头乐的,我为什么不乐!"

薛家母女总不去理她,惟暗里落泪。薛蟠亦无别法,惟悔恨不该娶这"搅家精",都是一时没了主意。于是宁荣二府之人,上上下下,无有不知,无有不叹者。

此时宝玉已过了百日,出门行走。亦曾过来见过金桂,举止形容也不怪厉,一般是鲜花嫩柳,与众姊妹不差上下,焉得这等情性?可为奇事。因此,心中纳闷。这日,与王夫人请安去,又正遇见迎春奶娘来家请安,说起孙绍祖甚属不端:

"姑娘惟有背地里淌眼泪,只要接了家来散荡两日。"

王夫人因说:

"我正要这两日接她去,只是七事八事的,都不遂心,所以就忘了。前日宝玉去了,回来也曾说过的。明日是个好日子,就接她去。"

正说时,贾母打发人来找宝玉,说:

"明儿一早往天齐④庙还愿去。"

宝玉如今巴不得各处去逛逛,听见如此,喜的一夜不曾合眼。次日一早,梳洗穿戴已毕,随了两三个老嬷嬷,坐车出西城门外天齐庙烧香还愿。这庙里已于昨日预备停妥的。宝玉天性怯懦,不敢近狰狞神鬼之像,是以忙忙的焚过纸马钱粮,便退至道院歇息。

一时吃饭毕，众嬷嬷和李贵等围随宝玉到各处玩耍了一回，宝玉困倦，复回至净室安歇。众嬷嬷生恐他睡着了，便请了当家的老王道士来陪他说话儿。这老道士专在江湖上卖药，弄些海上方治病射利，庙外现挂着招牌，丸散膏药，色色俱备。亦常在宁荣二府走动惯熟，都给他起了个混号，唤他做王一贴。言他膏药灵验，一贴病除。

当下王一贴进来。宝玉正歪在炕上，看见王一贴进来，便笑道：

"来的好。我听见说你极会说笑话儿的，说一个给我们大家听听。"

王一贴笑道：

"正是呢。哥儿别睡，仔细肚子里面筋作怪。"

说着，满屋里的都笑了。宝玉也笑着起身整衣。王一贴命徒弟们快沏好茶来。焙茗道：

"我们爷不吃你的茶，坐在这屋里还嫌膏药气息呢。"

王一贴笑道：

"不当家花拉的，膏药从不拿进屋里来的。知道二爷今日必来，三五日头里就拿香薰了。"

宝玉道：

"可是呢，天天只听见说你的膏药好，到底治什么病？"

王一贴道：

"若问我的膏药，说来话长，其中底细，一言难尽。共药一百二十味，君臣相济，温凉兼用。内则调元补气，养荣卫，开胃口，宁神定魄，去寒去暑，化食化痰；外则和血脉，舒筋络，去死生新，去风散毒。其效如神，贴过便知。"

宝玉道：

"我不信，一张膏药就治这些病？我且问你，倒有一种病，也贴得好么？"

王一贴道：

"百病千灾,无不立效:若不效,二爷只管揪胡子,打我这老脸,拆我这庙,何如? 只说出病原来。"

宝玉道:

"你猜。 若猜的着,便贴得好了。"

王一贴听了,寻思一会,笑道:

"这倒难猜,只怕膏药有些不灵了。"

宝玉命他坐在身边。 王一贴心动,便笑着悄悄的说道:

"我可猜着了! 想是二爷如今有了房中的事情,要滋助的药,可是不是?"

> 谈笑间将王一贴老狐狸嘴脸完全勾画出来,世故幽默高人一筹。

话犹未完,焙茗先喝道:

"该死! 打嘴!"

宝玉犹未解,忙问他说什么。 焙茗道:

"信他胡说!"

吓得王一贴不等再问,只说:

"二爷明说了罢。"

宝玉道:

"我问你,可有贴女人妒病的方子没有?"

王一贴听了,拍手笑道:

"这可罢了! 不但没说有方子,就是听也没有听见过。"

宝玉笑道:

"这样还算不得什么。"

王一贴又忙说道:

"这贴妒的膏药倒没经过。 有一种汤药,或者可医,只是慢些儿,不能立刻见效的。"

宝玉道:

"什么汤药? 怎么吃法?"

王一贴道:

"这叫做'疗妒汤'。 用极好的秋梨一个,二钱冰糖,一钱陈皮,水三碗,梨熟为度。 每日清晨吃这一个梨。 吃来吃去就好了。"

宝玉道:

"这也不值什么。只怕未必见效。"

王一贴道:

"一剂不效,吃十剂;今日不效,明日再吃;今年不效,明年再吃。横竖这三味药都是润肺开胃不伤人的。甜丝丝的,又止咳嗽,又好吃。吃过一百岁,人横竖是要死的,死了还妒什么?那时就见效了。"

说着,宝玉焙茗都大笑不止,骂:

"油嘴的牛头!"

王一贴道:

"不过是闲着解午盹罢了,有什么关系?说笑了你们就值钱。告诉你们说:连膏药也是假的。我有真药,我还吃了做神仙呢,有真的跑到这里来混?"

正说着,吉时已到,请宝玉出去奠酒,焚化钱粮,散福。功课完毕,宝玉方进城回家。

那时迎春已来家好半日,孙家婆娘媳妇等人已待晚饭,打发回家去了。迎春方哭哭啼啼在王夫人房中诉委屈,说:

"孙绍祖一味好色,好赌,酗酒,家中所有的媳妇丫头将及淫遍。略劝过两三次,便骂我是醋汁

子老婆拧出来的。又说老爷曾收着五千银子,不该使了他的。如今他来要了两三次不得,便指着我的脸道:'你别和我充夫人娘子!你老子使了我五千银子,把你准折卖给我的。好不好,打你一顿,撵到下房里睡去!当日有你爷爷在时,希冀上我们的富贵,赶着相与的。论理,我和你父亲是一辈,如今压着我的头,晚了一辈,不该做了这门亲。倒没的叫人看着赶势利似的。'"

一行说,一行哭的呜呜咽咽,连王夫人并众姊妹无不落泪。王夫人只得用言解劝说:

"已是遇见不晓事的人,可怎么样呢?想当日你叔叔也曾劝过

1079

大老爷, 不叫做这门亲的; 大老爷执意不听, 一心情愿。到底做不好了。我的儿; 这也是你的命。"

迎春哭道:

"我不信我的命就这么苦: 从小儿没有娘, 幸而过姊娘这边来, 过了几年心净日子; 如今偏又是这么个结果!"

王夫人一面劝, 一面问她随意要在那里安歇。迎春道:

"乍乍的离了姊妹们, 只是眠思梦想; 二则还惦记着我的屋子: 还得在园里住个三五天, 死也甘心了。不知下次来还得住不得住了呢!"

王夫人忙劝道:

"快休乱说。年轻的夫妻们, 斗牙斗齿, 也是泛泛人的常事, 何必说这些丧气话?"

仍命人忙忙的收拾紫菱洲房屋, 命姊妹们陪伴着解释。又吩咐宝玉:

"不许在老太太跟前走漏一些风声。倘或老太太知道了这些事, 都是你说的。"

宝玉唯唯的听命。

迎春是夕仍在旧馆安歇。众姊妹丫鬟等更加亲热异常。一连住了三日, 才往邢夫人那边去。先辞过贾母王夫人, 然后与众姊妹分别, 各皆悲伤不舍。还是王夫人薛姨妈等安慰劝释, 方止住了。过那边去, 又在邢夫人处住了两日, 就有孙家的人来接去。迎春虽不愿去, 无奈孙绍祖之恶, 勉强忍情作辞去了。邢夫人本不在意, 也不问其夫妻和睦, 家务烦难, 只面情塞责而已。

① 哧(chi) ——冷笑声, 是看不起或不以为然的表示。
② 过了明路 ——已经公开了的。
③ 闹黄了 ——黄了是不成功的意思, 闹黄了, 即搅散了。
④ 天齐 ——东岳山神, 称为天齐王。

第八十一回　占旺相四美钓游鱼
奉严词两番入家塾

　　且说迎春归去之后，邢夫人像没有这事。倒是王夫人抚养一场，却甚是伤感，在房中自己叹息了一回。只见宝玉走来请安，看见王夫人脸上似有泪痕，也不敢坐，只在旁边站着。王夫人叫他坐下，宝玉才捱上炕来，就在王夫人身旁坐了。

　　王夫人见他呆呆的瞅着，似有欲言不言的光景，便道：

　　"你又为什么这样呆呆的？"

　　宝玉道：

　　"并不为什么。只是昨儿听见二姐姐这种光景，我实在替她受不得。虽不敢告诉老太太，却这两夜只是睡不着，我想咱们这样人家的姑娘，那里受得这样的委屈？况且二姐姐是个最懦弱的人，向来不会和人拌嘴，偏偏儿的遇见这样没人心的东西，竟一点儿不知道女人的苦处！"

　　说着，几乎滴下泪来。王夫人道：

　　"这也是没法儿的事。俗语说的：'嫁出去的女孩儿，泼出去的水。'叫我能怎么呢？"

　　宝玉道：

　　"我昨儿夜里倒想了一个主意；咱们索性回明了老太太，把二姐姐接回来，还叫她紫菱洲住着，仍旧我们姐妹弟兄们一块儿吃，一块儿玩，省得受孙家那混账行子的气。等他来接，咱们硬不叫她去。由他接一百回，咱们留她一百回。只说是老太太的主意。——这个岂不好呢？"

　　王夫人听了，又好笑，又好恼，说道：

"你又发了呆气了！混说的是什么？大凡做了女孩儿，终久是要出门子的，嫁到人家去，娘家那里顾得？也只好看她自己的命运，碰的好就好，碰的不好也就没法儿。你难道没听见人说：'嫁鸡随鸡，嫁狗随狗。'那里个个都像你大姐姐做娘娘呢？况且你二姐姐是新媳妇，孙姑爷也还是年轻的，各人有各人的脾气，新来乍到，自然要有些整扭的。过几年，大家摸着脾气儿，生儿长女以后，那就好了。你断断不许在老太太跟前说起半个字。我知道了，是不依你的。快去干你的去罢，别在这里混说了。"

说的宝玉也不敢作声，坐了一回，无精打彩的出来了，憋着一肚子闷气，无处可泄，走到园中，一径往潇湘馆来。刚进了门，便放声大哭起来。

> 作者写宝玉不仅重儿女私情，也重骨肉之情，是至情化身。写宝玉感伤情形与黛玉感伤情形又不相同，各尽其妙。

黛玉正在梳洗才毕，见宝玉这个光景，倒吓了一跳，问：

"是怎么了？合谁怄了气了？"

连问几声，宝玉低着头，伏在桌子上，呜呜咽咽，哭得说不出话来。黛玉便在椅子上怔怔的瞅着他，一会子问道：

"到底是别人合你怄了气了，还是我得罪了你呢？"

宝玉摇手道：

"都不是，都不是！"

黛玉道：

"那么着，为什么这么伤心起来？"

宝玉道：

"我只想着：咱们大家越早些死的越好，活着真真没有趣儿！"

黛玉听了这话更觉惊讶，道：

"这是什么话？你真正发了疯了不成？"

宝玉道：

"也并不是发疯。我告诉你，你也不能不伤心。前儿二姐姐回来的样子和那些话，你也都听见看见了。我想人到大的时候为什么要嫁？嫁出去，受人家这般苦楚！还记得咱们初结海棠社的时候，大家吟诗做东道，那时候何等热闹！如今宝姐姐家去了，连香菱也不能过来，二姐姐又出了门子了，几个知心知意的人都不在一处，弄得这样光景！我原打算去告诉老太太，接二姐姐回来，谁知太太不依，倒说我呆，混说。我又不敢言语。这不多几时，你瞧瞧，园中光景已经大变了。若再过几年，又不知怎么样了。故此，越想不由的人心里难受起来。"

黛玉听了这番言语，把头渐渐的低了下去，身子渐渐的退至炕上，一言不发，叹了口气，便向里躺下去了。紫鹃刚拿进茶来，见他两个这样，正在纳闷。只见袭人来了，进来看见宝玉，便道：

"二爷在这里呢么？老太太那里叫呢。我估量着二爷就是在这里。"

黛玉听见是袭人，便欠身起来让坐。黛玉的两个眼圈儿已经哭的通红了。宝玉看见，道：

"妹妹，我刚才说的不过是些呆话，你也不用伤心了。要想我的话时，身子更要保重才好。你歇歇儿罢。老太太那边叫我，我看看去就来。"

说着，往外走了。袭人悄问黛玉道：

"你两个人又为什么？"

黛玉道：

"他为他二姐姐伤心；我是刚才眼睛发痒揉的，并不为什么。"

袭人也不言语，忙跟了宝玉出来，各自散了。宝玉来到贾母那边，贾母却已经歇晌，只得回到怡红院。

到了午后，宝玉睡了中觉起来，甚觉无聊，随手拿了一本书看，袭人见他看书，忙去沏茶伺候。谁知宝玉拿的那本书却是《古乐府》，随手翻来，正看见曹孟德"对酒当歌，人生几何"一首，不觉刺心。因放下这一本，又拿一本看时，却是《晋文》，翻了一页，忽然把书掩上，托着腮，只管痴痴的坐着。袭人倒了茶来，见他这般光景，

便道:

"你为什么又不看了?"宝玉也不答言,接过茶来,喝了一口,便放下了。袭人一时摸不着头脑,也只管站在旁边,呆呆的看着他。忽见宝玉站起来,嘴里咕咕哝哝的说道:

"好一个'放浪形骸之外'!"袭人听了,又好笑,又不敢问他,只得劝道:

"你若不爱看这些书,不如还到园里逛逛,也省得闷出毛病来。"

那宝玉一面口中答应,只管出着神,往外走了。一时,走到沁芳亭,但是萧疏景象,人去房空,又来至蘅芜院,更是香草依然,门窗掩闭。转过藕香榭来,远远的只见几个人,在蓼溆一带栏杆上靠着,有几个小丫头蹲在地下找东西。宝玉轻轻的走在假山背后听着。只听一个说道:

"看它伏上来不伏上来。"好似李绮的语音。

一个笑道:"好!下去了。我知道它不上来的。"这个却是探春的声音。

一个又道:"是了。姐姐,你别动,只管等着,它横竖上来。"

一个又说:"上来了,"这两个却是李纹邢岫烟的声儿。

宝玉忍不住,拾了一块小砖头儿,往那水里一撂。咕咚一声,四个人都吓了一跳,惊讶道:"这是谁这么促狭,吓了我们一跳!"宝玉笑着从山子后直跳出来,笑道:

"你们好乐啊!怎么不叫我一声儿?"

探春道:"我就知道再不是别人,必是二哥哥,这么淘气。没什么说的,你好好儿的赔我们的鱼罢!刚才一个鱼上来,刚刚儿的要钓着,叫你吓跑了。"

宝玉笑道:

"你们在这里玩,竟不找我,我还要罚你们呢。"大家笑了一回。

宝玉道:

"咱们大家今儿钓鱼，占占谁的运气好。看谁钓得着，就是他今年的运气好；钓不着，就是他今年运气不好。咱们谁先钓？"探春便让李纹，李纹不肯。探春笑道：

"这样就是我先钓。"回头向宝玉说道："二哥哥，你再赶走了我的鱼，我可不依了。"

宝玉道："头里原是我要吓你们玩，这会子你只管钓罢。"

探春把丝绳抛下，没十来句话的工夫，就有一个杨叶窜儿①，吞着钩子，把漂儿坠下去。探春把竿一挑，往地下一撩，却是活进的。侍书在满地上乱抓，两手捧着搁在小磁坛内，清水养着。探春把钓竿递与李纹。李纹也把钓竿垂下，但觉丝儿一动，忙挑起来，却是个空钩子。又垂下去半晌，钩丝一动，又挑起来，还是空钩子。李纹把那钩子拿上来一瞧，原来往里钩了。李纹笑道：

"怪不得钓不着！"忙叫素云把钩子敲好了，换上新虫子，上边贴好了苇片儿。垂下去一会儿，见苇片直沉下去，急忙提起来，倒是一个二寸长的鲫瓜儿②。李纹笑着道：

"宝哥哥钓罢。"

宝玉道：

"索性三妹妹合邢妹妹钓了我再钓。"岫烟却不答言。只见李绮道：

"宝哥哥先钓罢。"说着，水面上起了一个泡儿。

探春道：

"不必尽着让了。你看那鱼都在三妹妹那边呢，还是三妹妹快着钓罢。"李绮笑着接了钓竿儿，果然沉下去就钓了一个，然后岫烟来钓着一个，随将竿子仍旧递给探春，探春才递与宝玉。

宝玉道：

"我是要做姜太公的③。"便走下石矶，坐在池边钓起来。岂知那水里的鱼，看见人影儿，都躲到别处去了。宝玉抢着钓竿等了半天，那钓丝儿动也不动。刚有一个鱼儿在水边吐沫，宝玉把竿子一幌，又吓走了，急的宝玉道：

"我最是个性儿急的人,他偏性儿慢,这可怎么样呢?好鱼儿,快来罢! 你也成全成全我呢。"

说的四人都笑了。一言未了,只见钓丝微微一动。宝玉喜极,满怀用力往上一兜,把钓竿往石上一碰,折作两段,丝也振断了,钩子也不知往那里去了。众人越发笑起来。探春道:

"再没见像你这样卤人。"

正说着,只见麝月慌慌张张的跑来说:

"二爷,老太太醒了,叫你快去呢。"五个人都吓了一跳。探春便问麝月道:

"老太太叫二爷什么事?"

麝月道:

"我也不知道。就只听见说是什么闹破了,叫宝玉来问;还要叫琏二奶奶一块儿查问呢。"

吓得宝玉发了一回呆,说道:

"不知又是那个丫头遭了瘟了!"

探春道:

"不知什么事,二哥哥,你快去。有什么信儿,先叫麝月来告诉我们一声儿。"说着,便同李纹、李绮、岫烟走了。

宝玉走到贾母房中,只见王夫人价陪着贾母摸牌。宝玉看见无事,才把心放下了一半。贾母见他进来。便问道:

"你前年那一次得病的时候,后来亏了一个疯和尚和一个瘸道士治好了的。那会子病里,你觉得是怎么样?"宝玉想了一回,道:"我记得得病的时候儿,好好的站着,倒像背地里有人把我拦头一棍,疼的眼睛前头漆黑,看见满屋子里都是些青面獠牙,拿刀举棒的恶鬼。躺在炕上,觉着脑袋上加了几个脑箍似的。以后便疼的任什么不知道了。到好的时候,又记得堂屋里一片金光,直照到我床上来,那些鬼都跑着躲避,就不见了。我的头也就不疼了,心上也就清楚了。"

贾母告诉王夫人道:

"这个样儿也就差不多了。"

说着,凤姐也进来了。见了贾母,又回身见过了王夫人,说道:"老祖宗要问我什么?"贾母道:

"你那年中了邪的时候儿,你还记得么?"

凤姐儿笑道:

"我也不很记得了。但觉自己身子不由自主,倒像有什么人,拉拉扯扯,要我杀人才好。有什么拿什么,见什么杀什么,自己原觉很乏,只是不能住手。"

贾母道:

"好的时候儿呢?"

凤姐道:"好的时候好像空中有人说了几句话似的,却不记得说什么来着。"

贾母道:

"这么看起来,竟是他了。他姐儿两个病中的光景合才说的一样。这老东西竟这样坏心! 宝玉枉认了她做干妈! 倒是这个和尚道人,阿弥陀佛,才是救宝玉性命的。只是没有报答他。"

凤姐道:

"怎么老太太想起我们的病来呢?"

贾母道:

"你问你太太去,我懒怠说。"

王夫人道:

"刚才老爷进来,说起宝玉的干妈竟是个混帐东西,邪魔外道的。如今闹破了,被锦衣府④拿住,送入刑部监,要问死罪的了。前几天被人告发的。那个人叫做什么潘三保,有一所房子卖给斜对过当铺里。这房子加了几倍价钱,潘三保还要加,当铺里那里还肯? 潘三保便嘱买了这老东西——因她常到当铺里去,那当铺里人的内眷都和她好的——她就使了个法儿,叫人家的内人便得了邪病,家翻宅乱起来。她又去说,这个病他能治,就用些神马纸钱烧献了,果然见效。她又向人家内眷们要了十几两银子。岂知老

1087

佛爷有眼，应该败露了。这一天急要回去，掉了一个绢包儿，当铺里人捡起来一看，里头有许多纸人，还有四丸子很香的药。正诧异着呢，那老东西倒回来找这绢包儿。这里的人就把她拿住。身边一搜，搜出一个匣子，里面有象牙刻的一男一女，不穿衣裳，光着身子的两个魔王，还有七根朱红绣花针。立时送到锦衣府去，问出许多官员家大户太太姑娘们的隐情事来，所以知会了营里，把她家中一抄。抄出好些泥塑的煞神，几匣子闷香。炕背后空屋子里挂着一盏七星灯。灯下有几个草人，有头上戴着脑箍的，有胸前穿着钉子的，有项上拴着锁子的。柜子里无数纸人儿。底下几篇小账，上面记着某家验过，应找银若干。得人家油钱香分也不计其数。"

凤姐道：

"咱们的病一准是她。我记得咱们病后，那老妖精向赵姨娘那里来过几次，和赵姨娘讨银子，见了我，就脸上变貌变色，两眼鸳鸯似的㊽。我当初还猜了几遍，总不知什么原故。如今说起来，却原来都是有因的。但只我在这里当家，自然惹人恨怨。怪不得别人治我。宝玉可合人有什么仇呢？忍得下这么毒手！"

贾母道：

"焉知不因我疼宝玉，不疼环儿，竟给你们种了毒了。"

王夫人道：

"这老货已经问了罪，决不好叫她来对证。没有对证，赵姨娘那里肯认账？事情又大，闹出来，外面也不雅，等她自作自受，少不得要自己败露的。"

贾母道：

"你这话说的也是。这样事，没有对证，也难作准。只是佛爷菩萨看的真，他们姐儿两个，如今又比谁不济了呢？罢了，过去的事，凤哥儿也不必提了。今日你合你太太都在我这边吃了晚饭再过去罢。"遂叫鸳鸯琥珀等传饭。凤姐赶忙笑道：

"怎么老祖宗倒操起心来？"

王夫人也笑了。只见外头几个媳妇伺候。凤姐连忙告诉了小

丫头子传饭:

"我合太太都跟着老太太吃。"

正说着,只见玉钏儿走来对王夫人道:

"老爷要找一件什么东西,请太太伺候了老太太的饭完了,自己去找一找呢。"

贾母道:

"你去罢,保不住你老爷有要紧的事。"

王夫人答应着,便留下凤姐儿伺候,自己退了出来,回至房中,合贾政说了些闲话,把东西找出来了。贾政便问道:

"迎儿已经回去了? 她在孙家怎么样?"

王夫人道:

"迎丫头一肚子眼泪,说孙姑爷凶横的了不得。"

因把迎春的话述了一遍。贾政叹道:

"我原知不是对头,无奈大老爷已说定了,教我也没法。不过迎丫头受些委屈罢了。"

王夫人道:

"这还是新媳妇,只指望她以后好了好。"

说着,嗤的一笑。贾政道:

"笑什么?"

王夫人道:

"我笑宝玉儿早起,特特的到这屋里来,说的都是些小孩子话。"

贾政道:

"他说什么?"

王夫人把宝玉的言语笑述了一遍。贾政也忍不住的笑,因又说道:

"你提宝玉,我正想起一件事来了。这孩子天天放在园里,也不是事。生女儿不得济,还是别人家的人;生儿若不济事,关系非浅。前日倒有人和我提起一位先生来,学问人品都是极好的,也是南边人。但我想南边先生，性情最是和平。咱们城里的孩子，个个踢天弄井，鬼聪明倒是有的，可以搪塞就搪塞过去了；胆子又大，先生再要不肯给没脸，一日哄哥儿似的，没的白耽误了。所以老辈子不肯请外头的先生，只在本家择出有年纪再有点学问的请来掌家塾。如今儒大太爷虽学问也只中平，但还弹压的住这些小孩子们，不至以颟顸了事。我想宝玉闲着总不好，不如仍旧叫他家塾中读书去罢了。"

王夫人道：

"老爷说的很是。自从老爷外任去了，他又常病，竟耽搁了好几年。如今且在家里温习温习，也是好的。"

贾政点头，又说些闲话。不提。

且说宝玉次日起来，梳洗已毕，早有小厮们传进话来，说：

"老爷叫二爷说话。"

宝玉忙整理了衣裳，来至贾政书房中，请了安，站着。贾政道：

"你近来作些什么功课？虽有几篇文字，也算不得什么。我看你近来的光景，越发比头几年散荡了；况且每每听见你推病，不肯念书。如今可大好了？我还听见你天天在园子里和姊妹们玩玩笑笑，甚至和那些丫头们混闹，把自己的正经事总丢在脑袋后头。就是做得几句诗词，也并不怎么样，有什么稀罕处？比如应试选举，到底以文章为主。你这上头倒没有一点儿工夫。我可嘱咐你：自今日起，再不许做诗做对的了，单要习学八股文章⑧。限你一年，若毫无长进，你也不用念书了，我也不愿有你这样的儿子了。"遂叫李贵来，说："明儿一早，传焙茗跟了宝玉去。收拾应念的书籍，一齐拿过来我看看，亲自送他到家学里去。"喝命宝玉："去罢！明日起早来见我。"

宝玉听了，半日竟无一言可答，因回到怡红院来。袭人正在着急听信，见说取书，倒也喜欢。独是宝玉要人即刻送信给贾母，欲叫拦阻。贾母得信，便命人叫过宝玉来，告诉他说：

"只管放心先去，别叫你老子生气。有什么难为你，有我呢。"

宝玉没法,只得回来,嘱咐了丫头们:

"明日早早叫我,老爷要等着送我到家学里去呢。"

袭人等答应了,同麝月两个倒替着醒了一夜。

次日一早,袭人便叫醒宝玉,梳洗了,换了衣裳,打发小丫头子传了焙茗在二门上伺候,拿着书籍等物。袭人又催了两遍,宝玉只得出来,过贾政书房中来,先打听老爷过来了没有。书房中小厮答应:

"方才一位清客相公请老爷回话,里边说梳洗呢,命清客相公出去候着去了。"

宝玉听了,心里稍稍安顿,连忙到贾政这边来。恰好贾政着人来叫,宝玉便跟着进去。贾政不免又吩咐几句话,带了宝玉,上了车——焙茗拿着书籍——一直到家塾中来。早有人先抢一步,回代儒说:

"老爷来了。"

代儒站起身来,贾政早已走入,向代儒请了安。代儒拉着手问了好,又问:

"老太太近日安么?"

宝玉过来也请了安。贾政站着,请代儒坐了,然后坐下。贾政道:

"我今日自己送他来,因要求托一番。这孩子年纪也不小了,到底要学个成人的举业,才是终身立身成名之事。如今他在家中,只是和些孩子们混闹。虽懂得几句诗词,也是胡诌乱道的。就是好了,也不过是风云月露,与一生的正事,毫无关涉。"

代儒道:

"我看他相貌也还体面,灵性也还去得,为什么不念书,只是心野贪玩? 诗词一道,不是学不得的,只是发达了以后,再学还不迟呢。"

贾政道:

"原是如此。目今只求教他读书讲书作文章。倘或不听教训,还求太爷认真的管教管教他，才不至有名无实的，白耽误了他的一世。"

说毕，站起来，又作了一个揖，然后说了些闲话，才辞了出去。代儒送至门首，说：

"老太太前替我问好请安罢。"

贾政答应着，自己上车去了。

代儒回身进来，看见宝玉在西南角靠窗户摆着一张花梨小桌，右边堆下两套旧书，薄薄儿的一本文章，叫焙茗将纸墨笔砚都搁在抽屉里藏着。代儒道：

"宝玉，我听见说，你前儿有病，如今可大好了？"

宝玉站起来道：

"大好了。"

代儒道：

"如今论起来，你可该用功了。你父亲望你成人恳切的很。你且把从前念过的书打头儿理一遍。每日早起理书，饭后写字，晌午讲书，念几遍文章就是了。"

宝玉答应了个"是"，回身坐下时，不免四面一看。见昔时金荣辈不见了几个，又添了几个小学生，都是些粗俗异常的。忽然想起秦钟来，如今没有一个做得伴、说句知心话儿的，心上凄然不乐。却不敢作声，只是闷着看书。代儒告诉宝玉道：

"今日头一天，早些放你家去罢。明日要讲书了。但是你又不是很愚夯的，明日我倒要你先讲一两章书我听，试试你近来的功课何如，我才晓得你到怎么个分儿上头。"说的宝玉心中乱跳。

① 杨叶窜儿——一种像杨树叶似的小鱼，喜欢在水面上窜来窜去的。也叫穿䰾儿。
② 鲫瓜儿——鲫鱼。
③ 我是要做姜太公的——俗语说："姜太公钓鱼，愿者上钩。"相传他

在渭水边上钓鱼,钓鱼钩是直的,所以有"愿者上钩"的说法。

④　锦衣府 —— 即指明代的锦衣卫,保卫帝王,专管巡察缉捕,是当时皇帝的特务。这里借喻清代司法机关。

⑤　两眼鳖(lǐ)鸡似的 —— 指眼色不宁,有猜疑惊恐的神气。

⑥　八股文章 —— 从前科举时代考试所规定的文章格式和体裁。一篇文章中间的部分常分为八段,应考的人一定要按着这格式去写。

第八十二回 老学究讲义警顽心
病潇湘痴魂惊恶梦

话说宝玉下学回来,见了贾母。贾母笑道:

"好了! 如今野马上了笼头了。去罢,见见你老爷去来,散散儿去罢。"

宝玉答应着,去见贾政。贾政道:

"这早晚就下了学了么? 师父给你定了功课没有?"

宝玉道:

"定了:早起理书,饭后写字,晌午讲书念文章。"

贾政听了,点点头儿,因道:

"去罢,还到老太太那边陪着坐坐去。你也该学些人功道理,别一味的贪玩。晚上早些睡,天天上学,早些起来,你听见了?"

宝玉连忙答应几个"是",退出来,忙忙又去见王夫人,又到贾母那边打了个照面儿,赶着出来,恨不得一走就走到潇湘馆才好。刚进门口,便拍着手笑道:

"我依旧回来了。"猛可里倒吓了黛玉一跳。紫鹃打起帘子,宝玉进来坐下。黛玉道:

"我恍惚听见你念书去了,这么早就回来了。"

宝玉道:

"嗳呀! 了不得! 我今儿不是被老爷叫了念书去了么? 心上倒像没有和你们见面的日子了。好容易熬了一天,这会子瞧见你们,竟如死而复生的一样。真真古人说,'一日三秋'①,这话再不错的。"

黛玉道:

1094

"你上头去过了没有?"

宝玉道:

"都去过了。"

黛玉道:

"别处呢?"

宝玉道:

"没有。"

黛玉道:

"你也该瞧瞧她们去。"

宝玉道:

"我这会子懒怠动了,只和妹妹坐着说一会子话儿罢。老爷还叫早睡早起,只好明儿再瞧她们去了。"

黛玉道:

"你坐坐儿,可是正该歇歇儿去了。"

宝玉道:

"我那里是乏? 只是闷得慌。这会子咱们坐着,才把闷散了,你又催起我来。"

黛玉微微的一笑,因叫紫鹃:

"把我的龙井茶给二爷沏一碗。二爷如今念书了,比不得头里。"

紫鹃笑着答应,去拿茶叶,叫小丫头子沏茶。宝玉接着说道:

"还提什么念书? 我最厌这些道学话。更可笑的,是八股文章,拿他诓功名,混饭吃,也罢了,还要说代圣贤立言! 好些的,不过拿些经书凑搭凑搭还罢了;更有一种可笑的,肚子里原没有什么,东拉西扯,弄的牛鬼蛇神,还自以为博奥。这那里是阐发圣贤的道理! 目下老爷口口声声叫我学这个,我又不敢违拗,你这会子还提念书呢。"

黛玉道:

"我们女孩儿家虽然不要这个,但小时跟着你们雨村先生念书,也曾看过。内中也有近情近理的,也有清微淡远的。那时候虽不大懂,也觉得好,不可一概抹倒。况且你要取功名,这个也清贵些。"

宝玉听到这里,觉得不甚入耳,因想黛玉从来不是这样人,怎么也这样势欲薰心起来? 又不敢在她跟前驳回,只在鼻子眼里笑了一声。

> 宝玉反对功利思想,反对科举,与主题有关,此其一。

正说着,忽听外面两个人说话,却是秋纹和紫鹃。只听秋纹道:

"袭人姐姐叫我老太太那里接去,谁知却在这里。"

紫鹃道:

"我们这里才沏了茶,索性让他喝了再去。"

说着,二人一齐进来。宝玉和秋纹笑道:

"我就过去,又劳动你来找。"

秋纹未及答言,只见紫鹃道:

"你快喝了茶去罢,人家都想了一天了。"

秋纹啐道:

"呸! 好混帐丫头!"

说的大家都笑了。宝玉起身,才辞了出来。黛玉送到屋门口儿,紫鹃在台阶下站着,宝玉出去,才回房里来。

却说宝玉回到怡红院中,进了屋子,只见袭人从里间迎出来,便问:

"回来了么?"

秋纹应道:

"二爷早来了。在林姑娘那边来着。"

宝玉道:

"今日有事没有?"

袭人道:

"事却没有。方才太太叫鸳鸯姐姐来吩咐我们:如今老爷发狠叫你念书,如有了鬟们再敢和你玩笑,都要照着晴雯司棋的例办。我想伏侍你一场,赚了这些言语,也没什么趣儿!"

说着,便伤起心来。宝玉忙道:

"好姐姐!你放心。我只好生念书,太太再不说你们了。我今儿晚上还要看书,明日师父叫我讲书呢。我要使唤,横竖有麝月秋纹呢,你歇歇去罢。"

袭人道:

"你要真肯念书,我们伏侍你也是欢喜的。"

宝玉听了,赶忙的吃了晚饭,就叫点灯,把念过的四书翻出来,"只是从何处看起?"翻了一本看去,章章里头,似乎明白;细按起来,却不很明白。看着小注,又看讲章,闹到起更以后了,自己想道:

"我在诗词上觉得很容易,在这个上头竟没头脑!"

便坐着呆呆的呆想。袭人道:

"歇歇罢。做工夫也不在这一时的。"

宝玉嘴里只管胡乱答应。麝月袭人才伏侍他睡下,两个才也睡了。及至睡醒一觉,听得宝玉炕上还是翻来复去。袭人道:

"你还醒着呢么?你倒别混想了,养养神,明儿好念书。"

宝玉道:

"我也是这样想,只是睡不着,你来给我揭去一层被。"

袭人道:

"天气不热,别揭罢。"

宝玉道:

"我心里烦躁的很。"

自把被窝褪下来。袭人忙爬起来按住,把手去他头上一摸,觉得微微有些发烧。袭人道:

"你别动了,有些发烧了。"

宝玉道:

"可不是?"

袭人道：

"这是怎么说呢？"

宝玉道：

"不怕，是我心烦的原故，你别吵嚷。省得老爷知道了，必说我装病逃学；不然，怎么病的这么巧？明儿好了，仍到学里去，就完事了。"

袭人也觉得可怜，说道：

"我靠着你睡罢。"

便和宝玉捶了一回脊梁，不知不觉，大家都睡着了，直到红日高升，方才起来。宝玉道：

"不好了，晚了。"

急忙梳洗毕，问了安，就往学里来了。代儒已经变着脸，说：

"怪不得你老爷生气，说你没出息。第二天你就懒惰。这是什么时候才来？"

宝玉把昨儿发烧的话说了一遍，方过去了，仍旧念书。到了下午，代儒道：

"宝玉，有一章书，你来讲讲。"

宝玉过来一看，却是《后生可畏》章。宝玉心上说：

"这还好！幸亏不是《学》《庸》。"问道："怎么讲呢？"

代儒道：

"你把节旨句子细细儿讲来。"

宝玉把这章先朗朗的念了一遍，说：

"这章书是圣人勉励后生，教他及时努力，不要弄到——"

说到这里，抬头向代儒一看。代儒觉得了，笑了一笑道：

"你只管说，讲书是没有什么避忌的。《礼记》上说：'临文不讳。'[22]只管说，不要弄到什么？"

宝玉道：

"不要弄到老大无成。先将'可畏'二字激发后生的志气，后把'不足畏'三字警惕后生的将来。"

说罢,看着代儒。代儒道:

"也还罢了。串讲呢?"

宝玉道:

"圣人说:人生少时,心思才力,样样聪明能干,实在是可怕的,那里料的定他后来的日子,不像我的今日? 若是悠悠忽忽,到了四十岁,又到五十岁,既不能够发达,这种人,虽是他后生时像个有用的,到了那个时候,这一辈子就没有人怕他了。"

代儒笑道:

"你方才节旨讲的倒清楚,只是句子里有些孩子气。'无闻'二字不是不能发达做官的话。'闻'是实在自己能够明理见道,就不做官也是有闻的;不然,古圣贤有'遁世不见知'的,岂不是不做官的人? 难道也是无闻么?'不足畏'是使人料得定,方与'焉知'的'知'字对针,不是怕的字眼。要从这里看出,方能入细,你懂得不懂得?"

宝玉道:

"懂得了。"

代儒道:

"还有一章,你也讲一讲。"

代儒往前揭了一篇,指给宝玉。宝玉看是:《吾未见好德如好色者也》。

宝玉觉得这一章却有些刺心,便陪笑道:

"这句话没有什么讲头。"

代儒道:

"胡说! 譬如场中出了这个题目,也说没有做头么?"

宝玉不得已,讲道:

"是圣人看见人不肯好德,见了色,便好的了不得,殊不想德是性中本有的东西,人偏都不肯好

> 德是社会行为标准,非关天理;色是人性,与生俱来。老学究之流不正视人性,此宝玉之与当时社会格格不入也。此种矛盾,作者能贯彻始终也把握住。

它。至于那个色呢,虽也是从先天中带来,无人不好的,但是德乃

天理,色是人欲,人那里肯把天理好的像人欲似的? 孔子虽是叹息的话,又是望人回转来的意思。并且见得人就有好德的,好的终是浮浅,直要像色一样的好起来,那才是真好呢。"

代儒道:

"这也讲的罢了。我有句话问你: 你既懂得圣人的话,为什么正犯着这两件病? 我虽不在家中,你们老爷也不曾告诉我,其实你的毛病,我却尽知的。做一个人,怎么不望长进? 你这会儿正是'后生可畏'的时候。'有闻','不足畏',全在你自己做去了。我如今限你一个月,把念过的旧书全要理清。再念一个月文章,以后我要出题目叫你作文章了。如若懈怠,我是断乎不依的。自古道:'成人不自在,自在不成人。'你好生记着我的话。"

宝玉答应了,也只得天天按着功课干去。不提。

且说宝玉上学之后,怡红院中甚觉清净闲暇,袭人倒可做些活计,拿着针线要绣个槟榔包儿。想这如今宝玉有了功课,丫头们可也没有饥荒了,早要如此,晴雯何至弄到没有结果? 兔死狐悲,不觉叹起气来。忽又想到自己终身,本不是宝玉的正配,原是偏房。宝玉的为人,却还拿得住;只怕娶了一个利害的,自己便是尤二姐香菱的后身。素来看着贾母王夫人光景,及凤姐儿往往露出话来,自然是黛玉无疑了。那黛玉就是个多心人。——想到此际,脸红心热,拿着针不知戳到那里去了。便把活计放下,走到黛玉处去探探她的口气。

黛玉正在那里看书,见是袭人,欠身让坐。袭人也连忙迎上来,问:

"姑娘这几天身子可大好了。"

黛玉道:

"那里能够? 不过略硬朗些。你在家里做什么呢?"

袭人道:

"如今宝二爷上了学,屋里一点事儿没有,因此来瞧瞧姑娘,说说话儿。"

说着,紫鹃拿茶来。袭人忙站起来道:

"妹妹坐着罢。"因又笑道:"我前儿听见秋纹说,妹妹背地里说我们什么来着?"

紫鹃也笑道:

"姐姐信她的话?我说宝二爷上了学,宝姑娘又隔断了,连香菱也不过来,自然是闷的。"

袭人道:

"你还提香菱呢!这才苦呢!撞着这位'太岁奶奶',难为她怎么过!"把手伸着两个指头,道:"说起来,比她还利害,连外头的脸面都不顾了。"

黛玉接着道:

"她也够受了!尤二姑娘怎么死了?"

袭人道:

"可不是?想来都是一个人,不过名分里头差些,何苦这样毒?外面名声也不好听。"

黛玉从不闻袭人背地里说人,今听此话有因,心里一动,便说道:

"这也难说。但凡家庭之事,'不是东风压了西风,就是西风压了东风。'"

袭人道:

"做了旁边人,心里先怯,那里倒敢欺负人呢?"

说着,只见一个婆子在院里问道:

"这里是林姑娘的屋么?那位姐姐在这里呢?"

雪雁出来一看,模糊认的是薛姨妈那边的人,便问道:

"作什么?"

婆子道:

"我们姑娘打发来给这里林姑娘送东西的。"

雪雁道:

"略等等儿。"

雪雁进来回了黛玉,黛玉便叫领她进来。

那婆子进来请了安,且不说送什么,只是觑着眼瞧黛玉。看的黛玉脸上倒不好意思起来,因问道:

"宝姑娘叫你来送什么?"

婆子方笑着回道:

"我们姑娘叫给姑娘送了一瓶儿蜜饯荔枝来。"回头又瞧见袭人,便问道:"这位姑娘,不是宝二爷屋里的花姑娘么?"

袭人笑道:

"妈妈怎么认的我?"

婆子笑道:

"我们只在太太屋里看屋子,不大跟太太姑娘出门,所以姑娘们都不大认得。姑娘们碰着到我们那边去,我们都模糊记得。"说着,将一个瓶儿递给雪雁,又回头看看黛玉,因笑着向袭人道:"怨不得我们太太说:这林姑娘和你们宝二爷是一对儿。原来真是天仙似的!"

袭人见她说话造次,连忙岔道:

"妈妈,你乏了,坐坐吃茶罢。"

那婆子笑嘻嘻的道:

"我们那里忙呢,都张罗琴姑娘的事呢。姑娘还有两瓶荔枝,叫给宝二爷送去。"

说着,颤颤巍巍,告辞出去。

> 袭人拥薛由来已久,此处又以宝钗的婆子来作反面文章更能引起读者同情,是一妙笔。

黛玉虽恼这婆子方才冒撞,但因是宝钗使来的,也不好怎么样她,等她出了屋门,才说一声道:

"给你们姑娘道费心。"

那老婆子还只管嘴里咕咕哝哝的说:

"这样好模样儿,除了宝玉,什么人擎受的起!"

黛玉只装没听见。袭人笑道:

"怎么人到了老来,就是混说白道的,叫人听着又生气,又好笑。"

　　一时，雪雁拿过瓶子来给黛玉看。黛玉道：

"我懒怠吃，拿了搁起去罢。"

　　又说了一回话，袭人才去了。

　　一时，晚妆将卸，黛玉进了套间，猛抬头看见了荔枝瓶，不禁想起日间老婆子的一番混话，甚是刺心。当此黄昏人静，千愁万绪，堆上心来。想起自己身子不牢，年纪又大了，看宝玉的光景，心里虽没别人，但是老太太舅母又不见有半点意思，深恨父母在时，何不早定了这头婚姻，又转念一想道：

"倘若父母在时，别处定了婚姻，怎能够似宝玉这般人材心地？不如此时尚有可图。"

　　心内一上一下，辗转缠绵，竟像辘轳一般，叹了一回气，掉了几点泪，无情无绪，和衣倒下。不知不觉，只见小丫头走来说道：

"外面雨村贾老爷请姑娘。"

　　黛玉道：

"我虽跟他读过书，却不比男学生，要见我做什么？况且他和舅舅往来，从未提起，我也不必见的。"

　　因叫小丫头回复：

"身上有病，不能出来，与我请安道谢就是了。"

　　小丫头道：

"只怕要与姑娘道喜，南京还有人来接。"

　　说着，又见凤姐同邢夫人、王夫人、宝钗等都来笑道：

"我们一来道喜，二来送行。"

　　黛玉慌道：

"你们说什么话？"

　　凤姐道：

"你还装什么呆？你难道不知道林姑爷升了湖北的粮道，娶了一位继母，十分合心合意。如今想着你撂在这里，不成事体，因托了贾雨村作媒，将你许了你继母的什么亲戚，还说是续弦。所以着人到这里来接你回去,大约一到家中就要过去的。都是你继母作主。怕的是道儿上没有照应,还叫你琏二哥哥送去。"

说得黛玉一身冷汗。

黛玉又恍惚父亲果在那里做官的样子,心上急着,硬说道:

"没有的事,都是凤姐姐混闹!"

只见邢夫人向王夫人使个眼色儿:

"她还不信呢,咱们走罢。"

黛玉含着泪道:

"二位舅母坐坐去。"

众人不言语,都冷笑而去。

黛玉此时心中干急,又说不出来,哽哽咽咽,恍惚又是和贾母在一处的似的,心中想道:"此事惟求老太太,或还有救。"于是两腿跪下去,抱着贾母的腿,说道:

"老太太救我!我南边是死也不去的。况且有了继母,又不是我的亲娘,我情愿跟着老太太一块儿的。"

但见贾母呆着脸儿笑道:

"这个不干我的事。"

黛玉哭道:

"老太太,这是什么事呢!"

老太太道:

"续弦也好,倒多得一幅妆奁。"

黛玉哭道:

"我在老太太跟前,决不使这里分外的闲钱,只求老太太救我!"

贾母道:

"不中用了。做了女人总是要出嫁的,你孩子家不知道,在此地终非了局。"

黛玉道:

"我在这里,情愿自己做个奴婢过活,自做自吃,也是愿意。只求老太太作主!"

见贾母总不言语,黛玉又抱着贾母哭道:

"老太太! 你向来最是慈悲的,又最疼我的,到了紧急的时候儿,怎么全不管? 你别说我是你的外孙女儿,是隔了一层了;我的娘是你的亲生女儿,看我娘分上,也该护庇些!"

说着,撞在怀里痛哭。听见贾母道:

"鸳鸯,你来送姑娘出去歇歇,我倒被她闹乏了。"

黛玉情知不是路了,求之无用,不如寻个自尽,站起来,往外就走。深痛自己没有亲娘,便是外祖母与舅母姊妹们,平时何等待的好,可见都是假的。又一想:

"今日怎么独不见宝玉? 或见他一面,看他还有法儿。"

便见宝玉站在面前,笑嘻嘻的说:

"妹妹大喜呀!"

黛玉听了这一句话,越发急了,也顾不得什么? 把宝玉紧紧拉住,说:

"好! 宝玉,我今日才知道你是个无情无义的人了!"

宝玉道:

"我怎么无情无义? 你既有了人家儿,咱们各自干各自的了。"

黛玉越听越气,越没了主意,只得拉着宝玉,哭道:

"好哥哥! 你叫我跟了谁去?"

宝玉道:

"你要不去,就在这里住着。 你原是许了我的,所以你才到我这里来。 我待你是怎么样的,你也想想。"

黛玉恍惚又像果曾许过宝玉的,心内忽又转悲作喜,问宝玉道:

"我是死活打定主意的了,你到底叫我去不去?"

宝玉道:

"我说叫你住下。 你不信我的话,你就瞧瞧我的心!"

说着,就拿着一把小刀子往胸口上一划,只见鲜血直流。黛玉

吓得魂飞魄散,忙用手握着宝玉的心窝,哭道:

"你怎么做出这个事来? 你先来杀了我罢!"

宝玉道:

"不怕! 我拿我的心给你瞧。"

还把手在划开的地方儿乱抓。黛玉又颤又哭,又怕人撞破,抱住宝玉痛哭。宝玉道:

"不好了! 我的心没有了,活不得了!"

说着,眼睛往上一翻,咕咚就倒了。黛玉拚命放声大哭,只听见紫鹃叫道:

"姑娘,姑娘! 怎么魇住了? 快醒醒儿,脱了衣服睡罢。"

黛玉一翻身,却原来是一场恶梦,喉间犹是哽咽,心上还是乱跳,枕头上已经湿透,肩背身心,但觉冰冷,想了一回,"父母死的久了,和宝玉尚未放定,这是从那里说起? ⋯⋯"又想梦中光景,无倚无靠,再真把宝玉死了,那可怎么样好? 一时痛定思痛,神魂俱乱。又哭了一回,遍身微微的出了一点儿汗。扎挣起来,把外罩大袄脱了,叫紫鹃盖好了被窝,又躺下去。翻来覆去,那里睡得着? 只听得外面淅淅飒飒,又像风声,又像雨声。又停了一会子,又听得远远的吆呼声儿,却是紫鹃已在那里睡着鼻息出入之声。自己扎挣着爬起来,围着被坐了一会,觉得窗缝里透进一缕凉风来,吹得寒毛直竖,便又躺下。正要朦胧睡去,听得竹枝上不知有多少家雀儿的声儿,啾啾唧唧,叫个不住。那窗上的纸,隔着屉子,渐渐的透进清光来。

黛玉此时已醒得双眸炯炯,一会儿咳嗽起来,连紫鹃都咳嗽醒了。紫鹃道:

"姑娘,你还没睡着么? 又咳嗽起来了。想是着了风了。这会儿窗户纸发青了,也待好亮起来了。歇歇儿罢,养养神,别尽着想长想短的了。"

1106

黛玉道：

"我何尝不要睡？只是睡不着。你睡你的罢。"说了，又嗽起来。

紫鹃见黛玉这般光景，心中也自伤感，睡不着了。听见黛玉又嗽，连忙起来，捧着痰盒儿。这时天已亮了。黛玉道：

"你不睡了么？"

紫鹃笑道：

"天都亮了，还睡什么？"

黛玉道：

"既这样，你就把痰盒儿换了罢。"

紫鹃答应着，忙出来换一个痰盒儿，将手里的这个盒儿放在桌上，开了套间门出来，仍旧带上门，放下撒花软帘，出来叫醒雪雁。开了屋门去倒那盒子时，只见满盒子痰，痰中有些血星，吓了紫鹃一跳，不觉失声道：

"嗳呀！这还了得！"

黛玉里面接着问：

"是什么？"

紫鹃自知失言，连忙改说道：

"手里一滑，几乎撂了痰盒子。"

黛玉道：

"不是盒子里的痰有了什么？"

紫鹃道：

"没有什么。"

说着这句话时，心中一酸，那眼泪直流下来，声儿早已岔了。

黛玉因为喉间有些甜腥，早自疑惑；方才听见紫鹃在外边诧异，这会子又听见紫鹃说话，声音带着悲惨的光景，心中觉了八九分，便叫紫鹃：

写紫鹃惊
吓，失声流泪，
十分细腻。

"进来罢，外头看冷着。"

紫鹃答应了一声，这一声更比头里凄惨，竟是鼻中酸楚之音，黛玉听了，冷了半截。看紫鹃推门进来时，尚拿绢子拭眼。黛玉道：

"大清早起，好好的为什么哭？"

紫鹃勉强笑道：

"谁哭来？这早起起来，眼睛里有些不舒服。姑娘今夜大概比往常醒的时候更大罢？我听见咳嗽了半夜。"

黛玉道：

"可不是？越要睡，越睡不着。"

紫鹃道：

"姑娘身上不大好，依我说，还得自己开解着些。身子是根本，俗语说的：'留得青山在，依旧有柴烧。'况这里自老太太、太太起，那个不疼姑娘？"

只这一句话，又勾起黛玉的梦来，觉得心里一撞，眼中一黑，神色俱变。紫鹃连忙端着痰盒，雪雁捶着脊梁。半日，才吐出一口痰来，痰中一缕紫血，簌簌乱跳。紫鹃雪雁脸都吓黄了。两个旁边守着，黛玉便昏昏躺下。紫鹃看着不好，连忙努嘴叫雪雁叫人去。

雪雁才出屋门，只见翠缕翠墨两个人笑嘻嘻的走来。翠缕便道：

"林姑娘怎么这早晚还不出门？我们姑娘和三姑娘都在四姑娘屋里，讲究四姑娘画的那张园子景儿呢。"

雪雁连忙摆手儿。翠缕翠墨二人倒都吓了一跳，说：

"这是什么原故？"

雪雁将方才的事一一告诉她二人。二人都吐了舌头儿，说：

"这可不是玩的！你们怎么不告诉老太太去？这还了得！你们怎么这么糊涂？"

雪雁道：

"我这里才要去，你们就来了。"

正说着，只听紫鹃叫道：

"谁在外头说话？姑娘问呢。"

三个人连忙一齐进来。翠缕翠墨见黛玉盖着被,躺在床上,见了她二人,便说道:

"谁告诉你们了,你们这样大惊小怪的?"

翠墨道:

"我们姑娘和云姑娘才都在四姑娘屋里,讲究四姑娘画的那张园子图儿,叫我们来请姑娘。不知姑娘身上又欠安了。"

黛玉道:

"也不是什么大病,不过觉得身子略软些,躺躺儿就起来了。你们回去告诉三姑娘和云姑娘,饭后若无事,倒是请她们到这里坐坐罢。宝二爷没到你们那边去?"

二人答道:

"没有。"

翠墨又道:

"宝二爷这两天上了学了,老爷天天要查功课,那里还能像从前那么乱跑呢?"

黛玉听了,默然不言。二人又略站了一回,都悄悄的退出来了。

且说探春湘云正在惜春那边评论惜春所画"大观园图",说:这个多一点,那个少一点;这个太疏,那个太密。大家又议着题诗,着人去请黛玉商议。正说着,忽见翠缕翠墨二人回来,神色匆忙。湘云便先问道:

"林姑娘怎么不来?"

翠缕道:

"林姑娘昨日夜里又犯了病了,咳嗽了一夜。我们听见雪雁说,吐了一盒子痰血。"

探春听了,诧异道:

"这话真么?"

翠缕道:

"怎么不真!"

翠墨道:

"我们刚才进去瞧了瞧,颜色不成颜色,说话儿的气力都微了。"

湘云道:

"不好的这么着,怎么还能说话呢?"

探春道:

"怎么你这么糊涂! 不能说话,不是已经——"说到这里却咽住了。

惜春道:

"林姐姐那样一个聪明人,我看她总有些瞧不破,一点半点儿都要认起真来,天下事那里有多少真的呢?"

探春道:"既这么着,咱们都过去看看。倘若病的厉害,咱们也过去告诉大嫂子,回老太太,传大夫进来瞧瞧,也得个主意。"

湘云道:

"正是这样。"

惜春道:

"姐姐们先去,我回来再过去。"

> 惜春语带禅机。

于是探春湘云扶了小丫头,都到潇湘馆来。进入房中,黛玉见她二人,不免又伤起心来。因又转念,想起梦中,"连老太太尚且如此,何况她们?况且我不请她们,她们还不来呢!"心里虽是如此,脸上却碍不过去,只得勉强令紫鹃扶起,口中让坐。

探春湘云都坐在床沿上,一头一个,看了黛玉这般光景,也自伤感。探春便道:

"姐姐怎么身上又不舒服?"

黛玉道:

"也没什么要紧,只是身子软得很。"

紫鹃在黛玉身后,偷偷的用手指那痰盒儿。湘云到底年轻,性情又兼直爽,伸手便把痰盒拿起来看。不看则已,看了吓的惊疑不

止,说:

　　"这是姐姐吐的? 这还了得!"

　　初时黛玉昏昏沉沉,吐了也没细看;此时见湘云这么说,回头看时,自己早已灰了一半。探春见湘云冒失,连忙解说道:

　　"这不过是肺火上炎,带出一半点来,也是常事。偏是云丫头不拘什么就这样蝎蝎螫螫的!"

　　湘云红了脸,自悔失言。

　　探春见黛玉精神短少,似有烦倦之意,连忙起身说道:

　　"姐姐静静的养养神罢。我们回来再瞧你。"

　　黛玉道:

　　"累你二位惦着。"

　　探春又嘱咐紫鹃:

　　"好生留神伏侍姑娘。"

　　紫鹃答应着。

> 湘云心直口快,探春懂事,三言两语便将她们性格区分出来。写黛玉敏感、多心,更绝。

　　探春湘云才要走时,忽听外面一个人嚷道:

　　"你这不成人的小蹄子! 你是个什么东西,来这园子里头混搅!"黛玉听了,大叫一声道:

　　"这里住不得了!"

　　一手指着窗外,两眼反插上去。

　　原来黛玉住在大观园中,虽靠着贾母疼爱,然在别人身上凡事终是寸步留心。听见窗外老婆子这样骂着,——在别人呢,一句也贴不上的——竟像专骂着自己的。自思一个千金小姐,只因没了爹娘,不知何人指使这老婆子来这般辱骂,那里委屈得来? 因此,肝肠崩裂,哭的晕过去了。紫鹃只是哭叫:

　　"姑娘! 怎么样了? 快醒来罢!"

　　探春也叫了一回。半晌,黛玉回过这口气,还说不出话来,那只手仍向窗外指着。

　　探春会意,开门出去,看见老婆子手中拿着拐棍,赶着一个不

干不净的毛丫头道:

"我是为照管这园中的花果树木,来到这里,你作什么来了?等我家去,打你一个知道!"

这丫头扭着头,把一个指头探在嘴里,瞅着老婆子笑。探春骂道:

"你们这些人,如今越发没了王法了! 这里是你骂人的地方儿吗?"

老婆子见是探春,连忙陪着笑脸儿,说道:

"刚才是我的外孙女儿看见我来了,她就跟了来。我怕她闹,所以才吆喝她回去,那里敢在这里骂人呢?"

探春道:

"不用多说了,快给我都出去。这里林姑娘身上不大好,还不快去么?"

老婆子答应了几个"是",说着,一扭身去了,那丫头也就跑了。

探春回来,看见湘云拉着黛玉的手只管哭,紫鹃一手抱着黛玉,一手给黛玉揉胸口,黛玉的眼睛方渐渐的转过来。探春笑道:

"想是听见老婆子的话,你疑了心了么?"

黛玉只摇摇头儿。探春道:

"她是骂她外孙女儿。我刚才也听见了。这种东西说话,再没有一点道理的。她们懂得什么避讳!"

黛玉听了,叹了口气,拉着探春的手道:"姐儿——"叫了一声,又不言语了。探春又道:

"你别心烦。我来看你,是姊妹们应该的。你又少人伏侍。只要你安心肯吃药,心上把喜欢事儿想想,能够一天一天的硬朗起来,大家依旧结社做诗,岂不好呢?"

湘云道:

"可是三姐姐说的,那么着不乐?"

黛玉哽咽道:

"你们只顾要我喜欢，可怜我那里赶得上这日子？只怕不能够了！"

探春道：

"你这话说的太过了。谁没个病儿灾儿的？那里就想到这里来了？你好生歇歇儿罢。我们到老太太那边，回来再看你。你要什么东西，只管叫紫鹃告诉我。"

黛玉流泪道：

"好妹妹！你到老太太那里，只说我请安，身上略有点不好，不是什么大病，也不用老太太烦心的。"

探春答应道：

"我知道，你只管养着罢。"

说着，才同湘云出去了。

这里紫鹃扶着黛玉躺在床上，地下诸事，自有雪雁照料，自己只守着旁边，看着黛玉，又是心酸，又不敢哭泣。那黛玉闭着眼躺了半晌，那里睡得着？觉得园里头平日只见寂寞，如今躺在床上，偏听得风声，虫鸣声，鸟语声，人走的脚步声，又像远远的孩子们啼哭声，一阵一阵的聒噪的烦躁起来，因叫紫鹃放下帐子来。雪雁捧了一碗燕窝汤，递给紫鹃。紫鹃隔着帐子，轻轻问道：

"姑娘，喝一口汤罢？"

黛玉微微应了一声。紫鹃复将汤递给雪雁，自己上来，搀扶黛玉坐起，然后接过汤来，搁在唇边试了一试，一手搂着黛玉肩臂，一手端着汤送到唇边。黛玉微微睁眼喝了两三口，便摇摇头儿不喝了。紫鹃仍将碗递给雪雁，轻轻扶黛玉睡下。

静了一时，略觉安顿，只听窗外悄悄问道：

"紫鹃妹妹在家么？"

雪雁连忙出来，见是袭人，因悄悄说道：

"姐姐屋里坐着。"

袭人也便悄悄问道：

"姑娘怎么着？"

一面走,一面雪雁告诉夜间及方才之事。袭人听了这话也吓怔了,因说道:

"怪道刚才翠缕到我们那边说你们姑娘病了,吓的宝二爷连忙打发我来看看是怎么样。"

正说着,只见紫鹃从里间掀帘子,望外看见袭人,招手儿叫她。袭人轻轻走过来问道:

"姑娘睡着了吗?"

紫鹃点点头儿,问道:

"姐姐才听见说了?"

袭人也点点头儿,蹙着眉道:

"终久怎么样好呢! 那一位昨夜也把我吓了个半死儿!"

紫鹃忙问:

"怎么了?"

袭人道:

"昨日晚上睡觉,还是好好儿的。谁知半夜里一叠连声的嚷起心疼来,嘴里胡说白道,只说好像刀子割了去的似的。直闹到打亮梆子③以后才好些了。你说吓人不吓人? 今日不能上学,还要请大夫来吃药呢。"

正说着,只听黛玉在帐子里又咳嗽起来,紫鹃连忙过来捧痰盒儿接痰。黛玉微微睁眼问道:

"你合谁说话呢?"

紫鹃道:

"袭人姐姐来瞧姑娘来了。"

说着,袭人已走到床前。黛玉命紫鹃扶起,一手指着床边,让袭人坐下。袭人侧身坐了,连忙陪着笑劝道:

"姑娘倒还是躺着罢。"

黛玉道:

"不妨,你们快别这样大惊小怪的。刚才是说谁半夜里心疼起来?"

袭人道：

"是宝二爷偶然魇住了，不是认真怎么样。"

黛玉会意，知道是袭人怕自己又悬心的原故，又感激，又伤心，因趁势问道：

"既是魇住了，不听见他还说什么？"

袭人道：

"也没说什么。"

黛玉点点头儿，迟了半日，叹了一声，才说道：

"你们别告诉宝二爷说我不好，看耽搁了他的工夫，又叫老爷生气。"

袭人答应了，又劝道：

"姑娘，还是躺躺歇歇罢。"

黛玉点头，命紫鹃扶着歪下。袭人不免坐在旁边，又宽慰了几句，然后告辞，回到怡红院，只说黛玉身上略觉不受用，也没什么大病，宝玉才放了心。

且说探春湘云出了潇湘馆，一路往贾母这边来。探春因嘱咐湘云道：

"妹妹回来见了老太太，别像刚才那样冒冒失失的了。"

湘云点头笑道：

"知道了。我头里是叫她吓的忘了神了。"

说着，已到贾母那边，探春因提起黛玉的病来。贾母听了，自是心烦，因说道：

"偏是这两个玉儿多病多灾的。林丫头一来二去的大了，她这个身子也要紧。我看那孩子太是个心细。"

众人也不敢答言。贾母便向鸳鸯道：

"你告诉她们，明儿大夫来瞧了宝玉，叫他再到林姑娘那屋里去。"

鸳鸯答应着出来，告诉了婆子们。婆子们自去传话。这里探春湘云就跟着贾母吃了晚饭，然后同回园中去。不提。

到了次日，大夫来了。瞧了宝玉，不过说饮食不调，着了点儿风邪，没大要紧，疏散疏散就好了。这里王夫人凤姐等，一面遣人拿了方子回贾母；一面使人到潇湘馆，告诉说："大夫就过来。"紫鹃答应了，连忙给黛玉盖好被窝，放下帐子，雪雁赶着收拾房里的东西。

一时，贾琏陪着大夫进来了，便说道：

"这位老爷是常来的，姑娘们不用回避。"老婆子打起帘子，贾琏让着进入房中坐下。贾琏道：

"紫鹃姐姐，你先把姑娘的病势向王老爷说说。"

王大夫道：

"且慢说。等我诊了脉，听我说了，看是对不对。若有不合的地方，姑娘们再告诉我。"

紫鹃便向帐中扶出黛玉的一只手来，搁在"迎手"④上。紫鹃又把镯子连袖子轻轻的撸起，不叫压住了脉息。

那王大夫诊了好一会儿，又换那只手也诊了，便同贾琏出来，到外间屋里坐下，说道：

"六脉皆弦，因平日郁结所致。"

说着，紫鹃也出来，站在里间门口。那王大夫便向紫鹃道：

"这病时常应得头晕，减饮食，多梦；每到五更，必醒个几次；即日间听见不干自己的事，也必要动气，且多疑多惧。不知者疑为性情乖诞，其实因肝阴亏损，心气衰耗，都是这个病在那里作怪。——不知是否？"

紫鹃点点头儿，向贾琏道：

"说的很是。"

王太医道：

"既这样就是了。"

说毕，起身同贾琏往外书房去开方子。小厮们早已预备下一张梅红单帖。王太医吃了茶，因提笔先写道：

六脉弦迟，素由积郁。左寸无力，心气已衰。关脉独洪，肝邪偏旺。木气不能疏达，势必上侵脾土，饮食无味；甚至胜所不胜，肺金定受其殃。气不流精，凝而为痰；血随气涌，自然咳吐。理宜疏肝保肺，涵养心脾。虽有补剂，未可骤施。姑拟"黑逍遥"以开其先，复用"归肺固金"以继其后。不揣固陋，俟高明裁服。

又将七味药与引子⑥写了。

贾琏拿来看时，问道：

"血势上冲，柴胡使得么？"

王大夫笑道：

"二爷但知柴胡是升提之品，为吐衄所忌，岂知用鳖血拌炒，非柴胡不足宣少阳甲胆之气。以鳖血制之，使其不致升提，且能培养肝阴，制遏邪火。所以《内经》说：'通因通用，塞因塞用。'柴胡用鳖血拌炒，正是'假周勃以安刘'的法子。"

贾琏点头道：

"原来这么着，这就是了。"

王大夫又道：

"先请服两剂，再加减，或再换方子罢。我还有一点小事，不能久坐，容日再来请安。"

说着，贾琏送了出来，说道：

"舍弟的药就是那么着了？"

王大夫道：

"宝二爷倒没什么大病，大约再吃一剂就好了。"说着，上车而去。

---

①　一日三秋　——《诗经》上说："一日不见，如三秋兮。"意思是说，一天没见面，好像隔了三年似的。

②　临文不讳　——从前不敢称君、父的名字叫避讳。引申为在尊长面前凡属引起不愉快的话都避忌不说。"临文不讳"是说写文章或讲文章

时不必避讳。但实际上还是避讳的。

③　打亮梆子 ——梆子是巡夜的时候打的。打亮梆子就是天快亮时打的那一次。

④　迎手 ——为臂肘倚靠的方枕叫迎手，这里指拿迎手当中医诊脉时病人放手的脉枕。

⑤　引子 ——中医用药，常常在几味正药之外，加一二种别的东西，如红枣、生姜之类作陪衬，这些就叫引子。

第八十三回　省宫闹贾元妃染恙
闹闺阃薛宝钗吞声

这里贾琏一面叫人抓药,一面回到房中告诉凤姐,黛玉的病原与大夫用的药,述了一遍。只见周瑞家的走来,回了几件没要紧的事。贾琏听到一半,便说道:

"你回二奶奶罢,我还有事呢。"说着,就走了。

周瑞家的回完了这件事,又说道:

"我方才到林姑娘那边,看她那个病,竟是不好呢! 脸上一点血色也没有,摸了摸,身上只剩了一把骨头。问问她,也没有话说,只是淌眼泪。回来紫鹃告诉我说:'姑娘现在病着,要什么,自己又不肯要,我打算要问二奶奶那里支用一两个月的月钱。如今吃药,虽是公中的,零用也得几个钱。'我答应了她,替她来回奶奶。"

凤姐低了半日头,说道:

"竟这么着罢,我送她几两银子使罢。也不用告诉林姑娘。这月钱却是不好支的。一个人开了例,要是都支起来,那如何使得呢? 你不记得赵姨娘与三姑娘拌嘴了? 也无非为的是月钱。况且近来你也知道,出去的多,进来的少,总绕不过弯儿来。不知道的,还说我打算的不好。更有那一种嚼舌根的,说我搬运到娘家去了。周嫂子,你倒是那里经手的人,这个自然还知道些。"

周瑞家的道:

"真正委屈死人! 这样大门头儿,除了奶奶这样心计儿当家罢了。别说是女人当不来,就是三头六臂的男人,还撑不住呢。还说这些个混帐话!"说着,又笑了一声道:"奶奶还没听见呢,外头的人还更糊涂呢! 前儿,周瑞回家来,说起外头的人,打量着咱们府里不知怎么样有钱呢。也有说:'贾府里的银库几间,金库几间,使的家伙都是金子镶了,玉石嵌了的。'也有说:'姑娘做了王妃,自然皇上家的东西分了一半子给娘家。前儿贵妃娘娘省亲回来,我们还亲见她带了几车金银回来,所以家里收拾摆设的水晶宫似的。那日在庙里还愿,花了几万银子,只算是牛身上拔了一根毛罢咧。'有人还说:'他门前的狮子,只怕还是玉石的呢!园子里还有金麒麟,叫人偷了一个去,如今剩下一个了。家里的奶奶姑娘不用说,就是屋里使唤的姑娘们,也是一点儿不动的,喝酒下棋,弹琴画画,横竖有人伏侍呢,单管穿绫罩纱;吃的带的,都是人家不认得的。那些哥儿姐儿们,更不用说了,要天上的月亮,也有人去拿下来给他玩。'还有歌儿呢,说是:'宁国府,荣国府,金银财宝如粪土。吃不穷,穿不穷,算来——'"

说到这里,猛然咽住。原来那歌儿说道:"算来总是一场空。"这周瑞家的说溜了嘴,说到这里,忽然想起这话不好,因咽住了。

凤姐儿听了,已明白必是句不好的话了,也不便追问。因说道:

"那都没要紧,只是这'金麒麟'的话从何而来?"

周瑞家的笑道:

"就是那庙里的老道士送给宝二爷的小金麒麟儿。后来丢了几天,亏了史姑娘捡着,还了他,外头就造出这个谣言来了。奶奶说,这些人可笑不可笑?"

凤姐道:

"这些话倒不是可笑,倒是可怕的!咱们一日难似一日,外面还是这么讲究。俗语儿说的,'人怕出名猪怕壮',况且又是个虚名儿。终久还不知怎么样呢!"

周瑞家的道:

"奶奶虑的也是。只是满城里,茶坊酒铺儿以及各胡同儿,都是这样说,况且不是一年了。那里握的住众人的嘴?"

凤姐点点头儿。因叫平儿称了几两银子,递给周瑞家的道:

"你先拿去交给紫鹃，只说我给她添补买东西的。若要宫中的，只管要去，别提这月钱的话。她也是个伶透人，自然明白我的话。我得了空儿，就去瞧姑娘去。"

周瑞家的接了银子，答应着自去。不提。

且说贾琏走到外面，只见一个小厮迎上来回道：

"大老爷叫二爷说话呢。"

贾琏急忙过来，见了贾赦。贾赦道：

"方才风闻宫里头传了一个太医院御医、两个吏目去看病，想来不是宫女儿下人了。这几天，娘娘宫里有什么信儿没有？"

贾琏道：

"没有。"

贾赦道：

"你去问问二老爷和你珍大哥；不然，还该叫人去到太医院里打听打听才是。"

贾琏答应了，一面吩咐人往太医院去，一面连忙去见贾政贾珍。贾政听了这话，因问道

"是那里来的风声？"

贾琏道：

"是大老爷才说的。"

贾政道：

"你索性和你珍大哥到里头打听打听。"

贾琏道：

"我已经打发人往太医院打听去了。"

一面说着，一面退出去找贾珍。只见贾珍迎面来了，贾琏忙告诉贾珍。贾珍道：

"我正为也听见这话，来回大老爷二老爷去呢。"

于是两人同来见贾政。贾政道：

"如系元妃，少不得终有信的。"

说着，贾赦也过来了。

到了晌午，打听的尚未回来，门上人进来回说：

"有两个内相在外，要见二位老爷呢。"

贾赦道：

"请进来。"

门上的人领了老公进来。贾赦贾政迎至二门外，先请了娘娘的安，一面同着进来，走至厅上，让了坐。老公道：

"前日这里贵妃娘娘有些欠安，昨日奉过旨意，宣召亲丁四人，进里头探问。许各带丫头一人，余皆不用。亲丁男人，只许在宫门外递个职名请安听信，不得擅人。准于明日辰巳时进去，申酉时出来。"

贾政贾赦等站着听了旨意，复又坐下。让老公吃茶毕，老公辞了出去。贾赦贾政送出大门，回来先禀贾母。贾母道：

"亲丁四人，自然是我和你两位太太了。那一个人呢？"

众人也不敢答言。贾母想了想，道：

"必得是凤姐儿，她诸事有照应。你们爷儿们各自商量去罢。"

贾赦贾政答应了出来，因派了贾琏贾蓉看家外，凡"文"字辈至"草"字辈一应都去。遂吩咐家人预备四乘绿轿，十余辆翠盖车，明儿黎明伺候。家人答应去了。贾赦贾政又进去回明贾母：

"辰巳时进去，申酉时出来。今日早些歇歇，明日好早些起来，收拾进宫。"

贾母道：

大观园已冷落，元妃染恙此段预言贾府衰败，自七十四回抄检大观园后，贾府已盛极而衰了。

"我知道，你们去罢。"

赦政等退出。这里邢夫人、王夫人、凤姐儿也都说了一会子元妃的病，又说了些闲话，才各自散了。

次日黎明，各屋子里丫头们将灯火俱已点齐，太太们各梳洗毕，爷们亦各整顿好了。一到卯初，林之孝合赖大进来，至二门口回道：

"轿车俱已齐备，在门外伺候着呢。"

不一时，贾赦邢夫人也过来了。大家用了早饭，凤姐先扶老太太出来，众人围随，各带使女一人，缓缓前行。又命李贵等二人先骑马去外宫门接应。自己家眷随后。"文"字辈至"草"字辈各自登车骑马，跟着众家人，一齐去了。贾琏贾蓉在家中看家。

且说贾家的车辆轿马俱在外西垣门口歇下等着。一会儿，有两个内监出来说道：

"贾府省亲的太太奶奶们，着令入宫探问；爷们，俱着令宫门外请安，不得入见。"

门上人叫快进去。贾府中四乘轿子跟着小内监前行，贾家爷们在轿后步行跟着，令众家人在外等候。走近宫门口，只见几个老公在门上坐着。见他们来了，便站起来说道：

"贾府爷们至此。"

贾赦贾政便捱次立定。轿子抬至宫门口，便都出了轿。早有几个小内监引路，贾母等各有丫头扶着步行。走至元妃寝宫，只见金碧辉煌，琉璃照耀。又有两个小宫女儿传谕道：

"只用请安，一概仪注都免。"

贾母等谢了恩，来至床前请安毕，元妃都赐了坐。贾母等又告了坐。元妃便问贾母道：

"近日身上可好？"

贾母扶着小丫头，颤颤巍巍站起来答应道：

"托娘娘洪福，起居尚健。"

元妃又向邢夫人王夫人问了好。邢王二夫人，站着回了话。元妃又问凤姐家中过的日子若何。凤姐站起来回奏道：

"尚可支持。"

元妃道：

"这几年来，难为你操心！"

凤姐正要站起来回奏，只见一个宫女传进许多职名，请娘娘龙目。元妃看时，就是贾赦贾政等若干人。那元妃看了职名，心里一酸，止不住早流

> 皇家规矩非比寻常，元妃的话是人性的呐喊，与十八回省亲描写前后呼应。

下泪来。宫女儿递过绢子,元妃一面拭泪,一面传谕道:

"今日稍安,令他们外面暂歇。"

贾母等站起来,又谢了恩。元妃含泪道:

"父女弟兄,反不如小家子得以常常亲近!"

贾母等都忍着泪道:

"娘娘不用悲伤,家中已托着娘娘的福多了。"

元妃又问宝玉近来若何。贾母道:

"近来颇肯念书。因他父亲逼得严紧,如今文字也都做上来了。"

元妃道:

"这样才好。"

遂命外宫赐宴。便有两个宫女儿,四个小太监,引了到一座宫里。已摆得齐整,各按坐次坐了。不必细述。

一时,吃完了饭,贾母带着她婆媳三人,谢过宴。又耽搁了一回,看看已近酉初,不敢羁留,俱各辞了出来。元妃命宫女儿引道,送至内宫门,门外仍是四个小太监送出。贾母等依旧坐着轿子出来,贾赦接着,大伙儿一齐回去。到家,又要安排明后日进宫,仍应照旧齐集。不提。

且说薛家金桂自赶出薛蟠去了,日间拌嘴,没有对头,秋菱又住在宝钗那边去了,只剩得宝蟾一人同住。既给薛蟠作妾,宝蟾的意气又不比从前了。金桂看去,更是一个对头,自己也后悔不来。一日,吃了几杯闷酒,躺在炕上,便要借那宝蟾做个醒酒汤儿,因问着宝蟾道:

"大爷前日出门,到底是到那里去?你自然是知道的了?"

宝蟾道:

"我那里知道?他在奶奶跟前还不说,谁知道他那些事?"

金桂冷笑道:

"如今还有什么奶奶太太的,都是你们的世界了!别人是惹不得的,有人护庇着,我也不敢去虎头上捉虱子;你还是我的丫头,问你一句话，你就和我摔脸子，说塞话①！你既这么有势力，为什么不把我先勒死了，你和秋菱，不拘谁做了奶奶，那不清净了么？偏我又不死，碍着你们的道儿。”

宝蟾听了这话，那里受得住？便眼睛直直的瞅着金桂道：

“奶奶这些闲话只好说给别人听去！我并没合奶奶说什么。奶奶不敢惹人家，何苦来拿着我们小软儿出气呢？正经的，奶奶又装听不见，‘没事人一大堆’了。”

说着，便哭天哭地起来。金桂越发性起，便爬下炕来，要打宝蟾。宝蟾也是夏家的风气，半点儿不让。金桂对桌椅杯盏尽行打翻，那宝蟾只管叫冤叫屈，那里理会她？

岂知薛姨妈在宝钗房中，听见如此吵闹，便叫：

“香菱，你过去瞧瞧，且劝劝她们。”

宝钗道：

“使不得，妈妈别叫她去。她去了，岂能劝她？那更是火上浇了油了。”

薛姨妈道：

“既这么样，我自己过去。”

宝钗道：

“依我说，妈妈也不用去，由着她们闹去罢。这也是没法儿的事了。”

薛姨妈道：

“这那里还了得！”

说着，自己扶了丫头，往金桂这边来。宝钗只得也跟着过去。又嘱咐香菱道：

“你在这里罢。”

母女同至金桂房门口，听见里头正还嚷哭不止。薛姨妈道：

“你们是怎么着，又这么家翻宅乱起来？这还像个人家儿吗？矮墙浅屋的，难道都不怕亲戚们听见笑话了么？”

金桂屋里接声道：

"我倒怕人笑话呢！只是这里扫帚颠倒竖，也没主子，也没奴才，也没大老婆，没小老婆，——都是混帐世界了！我们夏家门子里没见过这样规矩，实在受不得你们家这样委屈了！"

宝钗道：

"大嫂子，妈妈因听见闹得慌才过来的。就是问的急了些，没有分清'奶奶''宝蟾'两字，也没有什么。如今且先把事情说开，大家和和气气的过日子，也省了妈妈天天为咱们操心哪。"

薛姨妈道：

"是啊，先把事情说开了，你再问我的不是，还不迟呢。"

金桂道：

"好姑娘，好姑娘！你是个大贤大德的。你日后必定有个好人家，好女婿，决不像我这样守活寡，举眼无亲，叫人家骑上头来欺负的。我是个没心眼儿的人，只求姑娘，我说话，别往死里挑检！我从小儿到如今，没有爹娘教导。再者，我们屋里老婆、汉子、大女人、小女人的事，姑娘也管不得！"

宝钗听了这话，又是羞，又是气；见她母亲这样光景，又是疼不过。因忍了气说道：

"大嫂子，我劝你少说句儿罢。谁挑检你？又是谁欺负你？别说是嫂子啊，就是秋菱，我也从来没有加她一点声气儿啊。"

金桂听了这几句话，更加拍着炕沿，大哭起来说：

"我那里比得秋菱？连她脚底下的泥我还跟不上呢！她是来久了的。知道姑娘的心事，又会献勤儿。我是新来的，又不会献勤儿，如何拿我比她？何苦来！天下有几个都是贵妃的命？行点好儿罢。别修的像我嫁个糊涂行子守活寡，那就是活活儿的现了眼了！"

薛姨妈听到这里，万分气不过，便站起身来道：

"不是我护着自己的女孩儿：她句句劝你，你却句句怄她。你有什么过不去，不用寻她，勒死我倒也是稀松的！"

宝钗忙劝道：

　　"妈妈，你老人家不用动气。咱们既来劝她，自己生气，倒多了一层气。不如且去，等嫂子歇歇儿再说。"

　　因吩咐宝蟾道：

　　"你也别闹了。"

　　说着，跟了薛姨妈，便出来了。走过院子里，只见贾母身边的丫头同着秋菱迎面过来。薛姨妈道：

　　"你从那里来？老太太身上可安？"

　　那丫头道：

　　"老太太身上好，叫来请姨太太安，还谢谢前儿的荔枝，还给琴姑娘道喜。"

　　宝钗道：

　　"你多早晚来的？"

　　那丫头道：

　　"来了好一会子了。"

　　薛姨妈料她知道，红着脸说道：

　　"这如今，我们家里闹的也不像过日子的人家了！叫你们那边听见笑话。"

　　丫头道：

　　"姨太太说那里的话？谁家没个'碟大碗小，磕着碰着'的呢？那是姨太太多心罢咧。"

　　说着，跟了回到薛姨妈房中，略坐了一回，就去了。

　　宝钗正嘱咐香菱些话，只听薛姨妈忽然叫道：

　　"左肋疼痛的很！"

　　说着，便向炕上躺下。吓得宝钗香菱二人手足无措。

　　薛姨妈因被金桂这场气怄得肝气上逆，左肋作痛。宝钗明知是这个原故，也等不及医生来看，先叫人去买了几钱钩藤来，浓浓的煎了一碗，给她母亲吃了。又和秋菱给薛姨妈捶腿揉胸。停了一会儿，略觉安顿些。

　　薛姨妈只是又悲又气，——气的是金桂撒泼；悲的是宝钗有涵

养,倒觉可怜。宝钗又劝了一回,不知不觉的睡了一觉,肝气也渐渐平复了。宝钗便说道:

"妈妈,你这种闲气不要放在心上才好。过几天走的动了,乐得往那边老太太姨妈处去说说话儿,散散闷也好。家里横竖有我和秋菱照看着,谅她也不敢怎么着。"

薛姨妈点点头道:

"过两日看罢了。"

① 塞话——堵人的话。

第八十四回　试文字宝玉始提亲
探惊风贾环重结怨

　　且说元妃疾愈之后，家中俱各喜欢。过了几日，有几个老公走来，带着东西银两，宣贵妃娘娘之命。因家中省问勤劳，俱有赏赐，把物件银两一一交代清楚。贾赦贾政等禀明了贾母一齐谢恩毕，太监吃了茶去了。大家回到贾母房中，说笑了一回，外面老婆子传进来说：

　　"小厮们来回道：那边有人请大老爷说要紧的话呢。"

　　贾母便向贾赦道：

　　"你去罢。"

　　贾赦答应着，退出来，自去了。

　　这里贾母忽然想起，合贾政笑道：

　　"娘娘心里却甚实惦记着宝玉，前儿还特特的问他来着呢。"

　　贾政陪笑道：

　　"只是宝玉不大肯念书，辜负了娘娘的美意。"

　　贾母道：

　　"我倒给他上了个好儿，说他近日文章都做上来了。"

　　贾政笑道：

　　"那里能像老太太的话呢！"

　　贾母道：

　　"你们时常叫他出去作诗作文，难道他都没作上来么？小孩子家慢慢的教导他。可是人家说的'胖子也不是一口儿吃的'。"

　　贾政听了这话，忙陪笑道：

　　"老太太说的是。"

1129

贾母又道：

"提起宝玉，我还有一件事和你商量。如今他也大了，你们也该留神，看一个好孩子给他定下。这也是终身的大事。也别论远近亲戚，什么穷啊富的，只要深知那姑娘的脾性儿好，模样儿周正的就好。"

贾政道：

"老太太吩咐的很是。但只一件：姑娘也要好，第一要他自己学好才好；不然，不稂不莠①的，反倒耽误了人家的女孩儿，岂不可惜？"

贾母听了这话，心里却有些不喜欢，便说道：

"论起来，现放着你们作父母的，那里用我去操心？但只我想宝玉这孩子从小儿跟着我，未免多疼他一点儿，耽误了他成人的正事，也是有的；只是我看他那生来的模样儿也还齐整，心性儿也还实在，未必一定是那种没出息的，必致糟蹋了人家的女孩儿。也不知是不是我偏心，我看着横竖比环儿略好些，不知你们看着怎么样？"

> 贾母提亲
> 不言黛玉与八
> 十二回恶梦呼
> 应，如今形势
> 已十分明朗
> 了。

几句话，说得贾政心中甚是不安，连忙陪笑道：

"老太太看的人也多了，既说他好，有造化，想来是不错的。只是儿子望他成人的性儿太急了一点，或者竟合古人的话相反，倒是'莫知其子之美'了。"

一句话把贾母也怄笑了。众人也都陪着笑了。贾母因说道：

"你这会子也有了几岁年纪，又居着官，自然越历练越老成。"

说到这里，回头瞅着邢夫人合王夫人，笑道：

"想他那年轻的时候，那一种古怪脾气，比宝玉还加一倍呢。直等娶了媳妇，才略略的懂了些人事儿。如今只抱怨宝玉。这会子，我看宝玉比他还略体些人情儿呢！"

说的邢夫人王夫人都笑了,因说道:

"老太太又说起逗笑儿的话儿来了。"

说着,小丫头子们进来告诉鸳鸯:

"请示老太太,晚饭伺候下了。"

贾母便问:

"你们又咕咕唧唧的说什么?"

鸳鸯笑着回明了。贾母道:

"那么着,你们也都吃饭去罢,单留凤姐儿和珍哥媳妇跟着我吃罢。"

贾政及邢王二夫人都答应着,伺候摆上饭来。贾母又催了一遍,才都退出各散。

却说邢夫人自去了,贾政同王夫人进入房中。贾政因提起贾母方才的话来,说道:

"老太太这么疼宝玉,毕竟要他有些实学,日后可以混得功名才好:不枉老太太疼他一场,也不至糟蹋了人家的女儿。"

王夫人道:

"老爷这话自然是该当的。"

贾政因派个屋里的丫头传出去告诉李贵:

"宝玉放学回来,索性吃饭后再叫他过来,说我还要问他话呢。"

李贵答应了"是"。至宝玉放了学,刚要过来请安,只见李贵道:

"二爷先不用过去。老爷吩咐了,今日叫二爷吃了饭就过去呢。听见还有话问二爷呢。"

宝玉听了这话,又是一个闷雷,只得见过贾母,便回园吃饭。三口两口吃完,忙漱了口,便往贾政这边来。

贾政此时在内书房坐着。宝玉进来请了安,一旁侍立。贾政问道:

"这几日我心上有事,也忘了问你。那一日,你说你师父叫你讲一个月的书,就要给你开笔。如今算来,将两个月了,你到底开了笔了没有?"

贾政道:

宝玉道:

"才做过三次。师父说:且不必回老爷知道;等好些,再回老爷知道罢。因此,这两天总没敢回。"

贾政道:

"是什么题目?"

宝玉道:

"一个是'吾十有五而志于学',一个是'人不知而不愠',一个是'则归墨'三字。"

贾政道:

"都有稿儿么?"

宝玉道:

"都是作了抄出来,师父又改的。"

贾政道:

"你带了家来了,还是在学房里呢?"

宝玉道:

"在学房里呢。"

贾政道:

"叫人取了来我瞧。"

宝玉连忙叫人传话与焙茗,叫他"往学房中去,我书桌子抽屉里有一本薄薄儿竹纸本子,上面写着'窗课'两字的就是,快拿来。"

一会儿,焙茗拿了来递给宝玉,宝玉呈与贾政。贾政翻开看时,见头一篇写着题目是"吾十有五而志于学"。他原本破的是"圣人有志于学,幼而已然矣"。代儒却将"幼"字抹去,明用"十五"。贾政道:

"你原本'幼'字便扣不清题目了,幼字是从小起,至十六以前都是'幼'。这章书是圣人自言学问工夫与年俱进的话,所以十五,三十,四十,五十,六十,七十,俱要明点出来,才见得到了几时有这么个光景，到了几时又有那么个光景。师父把你幼字改了十五，便明白了好些。"

看到承题，那抹去的原本云：

"夫不志于学，人之常也。"

贾政摇头道："不但是孩子气，可见你本性不是个学者的志气。"又看后句："圣人十五而志之，不亦难乎？"说道："这更不成话了！"

然后看代儒的改本云：

"夫人孰不学？而志于学者卒鲜。此圣人所为自信于十五时欤？"便问："改的懂得么？"

宝玉答应道：

"懂得。"

又看第二艺，题目是"人不知而不愠"。便先看代儒的改本云："不以不知而愠者，终无改其说乐矣。"方觑着眼看那抹去的底本，说道：

"你是什么？'能无愠人之心，纯乎学者也。'上一句似单做了'而不愠'三个字的题目，下一句又犯了下文君子的分界；必如改笔，才合题位呢。且下句找清上文，方是书理。须要细心领略。"

> 八股文抹煞灵性，毫无价值，所以宝玉反对弃之如敝屣。如果曹雪芹也拿他诓功名、混饭吃，固然曹雪芹可以富贵，不致穷愁潦倒，但今天我们便读不到"红楼梦"了。不同流俗，"不唱流行歌曲者"方能成大作家。

宝玉答应着。贾政又往下看："夫不知，未有不愠者也；而竟不然。是非由说而乐者，曷克臻此？"原本末句"非纯学者乎？"贾政道：

"这也与破题同病的。这改的也罢了，不过清楚，还说得去。"

第三艺是"则归墨"贾政看了题目，自己扬着头想了一想，因问宝玉道：

"你的书讲到这里了么？"

宝玉道：

"师父说，《孟子》好懂些，所以倒先讲《孟子》，大前日才讲完了。如今讲上《论语》呢。"

贾政因看这个破承，倒没大改。破题云："言于舍杨之外，若别无所归者焉。"

贾政道：

"第二句倒难为你。"

"夫墨，非欲归者也，而墨之言已半天下矣，则舍杨之外，欲不归于墨，得乎？"

贾政道：

"这是你做的么？"

宝玉答应道：

"是。"

贾政点点头儿，因说道：

"这也并没有什么出色处，但初试笔能如此，还算不离。前年我在任上时，还出过'惟士为能'这个题目。那些童生都读过前人这篇，不能自出心裁，每多抄袭。你念过没有？"

宝玉道：

"也念过。"

贾政道：

"我要你另换个主意，不许雷同了前人，只做个破题也使得。"

宝玉只得答应着，低头搜索枯肠。贾政背着手，也在门口站着作想。只见一个小小厮往外飞走，看见贾政，连忙侧身垂手站住。贾政便问道：

"作什么？"

小厮回答：

"老太太那边姨太太来了，二奶奶传出话来，叫预备饭呢。"

贾政听了，也没言语，那小厮自去了。

谁知宝玉自从宝钗搬回家去，十分想念；听见薛姨妈来了，只当宝钗同来，心中早已忙了，便大着胆子回道：

"破题倒作了一个，但不知是不是？"

贾政道：

"你念来我听。"

宝玉念道:

"天下不皆士也,能无恒产者,亦仅矣。"

贾政听了,点着头道:

"也还使得。以后作文,总要把界限分清,把神理想明白了,再去动笔。你来的时候,老太太知道不知道?"

宝玉道:

"知道的。"

贾政道:

"既如此,你还到老太太处去罢。"

宝玉答应了个"是",只得拿捏着,慢慢的退出。刚过穿廊月洞门的影屏,便一溜烟跑到贾母院门口。急得焙茗在后头赶着,叫道:

"看跌倒了! 老爷来了。"

宝玉那里听的见? 刚进得门来,便听见王夫人、凤姐、探春等笑语之声。丫鬟们见宝玉来了,连忙打起帘子,悄悄告诉道:

"姨太太在这里呢。"

宝玉赶忙进来给薛姨妈请安,过来才给贾母请了晚安。贾母便问:

"你今儿怎么这早晚才散学?"

宝玉悉把贾政看文章并命作破题的话述了一遍。贾母笑容满面。宝玉因问众人道:

"宝姐姐在那里坐着呢?"

薛姨妈笑道:

"你宝姐姐没过来,家里和香菱作活呢。"

宝玉听了,心中索然,又不好就走。只见说着话儿,已摆上饭来。自然是贾母薛姨妈上坐,探春等陪坐。薛姨妈道:

"宝哥儿呢?"

贾母笑着说道:

"宝玉跟着我这边坐罢。"

宝玉连忙回道:

"头里散学时,李贵传老爷的话,叫吃了饭过去,我赶着要了一碟菜,泡茶吃了一碗饭,就过去了。老太太和姨妈、姐姐们用罢。"

贾母道:

"既这么着,凤丫头就过来跟着我。你太太才说她今儿吃斋,叫她们自己吃去罢。"

王夫人也道:

"你跟着老太太姨太太吃罢。不用等我,我吃斋呢。"

于是凤姐告了坐。丫头安了杯箸,凤姐执壶斟了一巡,才归坐。

大家吃着酒,贾母便问道:

"可是才姨太太提香菱? 我前儿听见丫头们说'秋菱',不知是谁,问起来才知道是她。怎么那孩子好好的又改了名字呢?"

薛姨妈满脸飞红,叹了口气,道:

"老太太再别提起! 自从蟠儿娶了这个不知好歹的媳妇,成日家咕咕唧唧,如今闹的也不成个人家了。我也说过她几次,她牛心不听说,我也没那么大精神和他们尽着吵去,只好由他去。可不是她嫌这丫头的名儿不好,改的!"

贾母道:

"名儿什么要紧的事呢?"

薛姨妈道:

"说起来,我也怪臊的。其实老太太这边,有什么不知道的? 她那里是为这名儿不好? 听见说,她因为是宝丫头起的,她才有心要改。"

贾母道:

"这又是什么缘故呢?"

薛姨妈把手绢子不住的擦眼泪,未曾说,又叹了一口气,道:

"老太太还不知道呢! 这如今媳妇子专和宝丫头怄气。前日

1136

老太太打发人看我去，我们家里正闹呢。"

贾母连忙接着问道：

"可是前儿听见姨太太肝气疼，要打发人看去；后来听见说好了，所以没着人去。依我劝姨太太竟把他们别放在心上。再者，他们也是新过门的小夫妻，过些时自然就好了。我看宝丫头性格温厚和平，虽然年轻，比大人还强几倍。前日那小丫头子回来说，我们这边，还都赞叹了她一会子。都像宝丫头那样心胸儿，脾气儿，真是百里挑一的！不是我说句冒失话，那给人家作了媳妇儿，怎么叫公婆不疼，家里上上下下的不宾服呢！"

宝玉头里已经听烦了，推故要走，及听见这话，又坐下呆呆往下听。薛姨妈道：

"不中用。她虽好，到底是女孩儿家。养了蟠儿这个糊涂孩子，真真叫我不放心。只怕在外头喝点子酒，闹出事来。幸亏老太太这里的大爷二爷常和他在一块儿，我还放点儿心。"

宝玉听到这里，便接口道：

"姨妈更不用悬心。薛大哥相好的都是些正经买卖大客人，都是有体面的，那里就闹出事来？"

薛姨妈笑道：

"依你这样说，我敢只不用操心了。"

说话间，饭已吃完。宝玉先告辞了，晚间还要看书，便各自去了。

这里丫头们刚捧上茶来。只见琥珀走近过来向贾母耳朵旁边说了几句，贾母便向凤姐儿道：

"你快去罢，瞧瞧巧姐儿去罢。"

凤姐听了，还不知何故。大家也怔了。琥珀遂过来向凤姐道：

"刚才平儿打发小丫头来回二奶奶，说：'巧姐儿身上不大好，请二奶奶忙着些过来才好呢。'"

贾母因说道：

"你快去罢，姨太太也不是外人。"

凤姐连忙答应；在薛姨妈跟前告了辞。又见王夫人说道：

"你先过去，我就去。小孩子家魂儿还不全呢，别叫丫头们大惊小怪的。屋里的猫儿狗儿，也叫她们留点神儿。尽着孩子贵气，偏有这些琐碎。"

凤姐答应了，然后带了小丫头回房去了。

这里薛姨妈又问了一回黛玉的病。贾母道：

"林丫头那孩子倒罢了，只是心重些，所以身子就不大很结实了。要赌灵性儿，也和宝丫头不差什么；要赌宽厚待人里头，却不济她宝姐姐有耽待，有尽让了。"

薛姨妈又说了两句闲话儿，便道：

"老太太歇着罢，我也要到家里去看看，只剩下宝丫头和香菱了。打那么同着姨太太看看巧姐儿。"

贾母道：

"正是。姨太太上年纪的人，看看是怎么不好，说给他们，也得点主意儿。"

薛姨妈便告辞，同着王夫人出来，往凤姐院里去了。

> 前面及此处均写贾母重钗轻黛结局定矣！

却说贾政试了宝玉一番，心里却也喜欢，走向外面和那些门客闲谈。说起方才的话来，便有新近到来，最善大棋的一个王尔调，名作梅的，说道：

"据我们看来，宝二爷的学问已是大进了。"

贾政道：

"那有进益？不过略懂得些罢咧。'学问'两个字，早得很呢！"

詹光道：

"这是老世翁过谦的话。不但王大兄这般说，就是我们看，宝二爷必定要高发的。"

贾政笑道：

"这也是诸位过爱的意思。"

那王尔调又道：

"晚生还有一句话，不揣冒昧，合老世翁商议。"

贾政道：

"什么事？"

王尔调陪笑道：

"也是晚生的相与，做过南韶道的张大老爷家，有一位小姐，说是生的德容功貌俱全，此时尚未受聘。他又没有儿子，家资巨万，但是要富贵双全的人家，女婿又要出众，才肯作亲。晚生来了两个月，瞧着宝二爷的人品学业都是必要大成的。老世翁这样门楣，还有何说！若晚生过去，包管一说就成。"

贾政道：

"宝玉说亲，却也是年纪了，并且老太太常说起。但只张大老爷素来尚未深悉。"

詹光道：

"王兄所提张家，晚生却也知道，况合大老爷那边是旧亲，老世翁一问便知。"

贾政想了一回，道：

"大老爷那边，不曾听得这门亲戚。"

詹光道：

"老世翁原来不知，这张府上原和邢舅太爷那边有亲的。"

贾政听了，方知是邢夫人的亲戚。坐了一回进来了，便要同王夫人说知，转问邢夫人去。谁知王夫人陪了薛姨妈到凤姐那边看巧姐儿去了。那天已经掌灯时候，薛姨妈去了，王夫人才过来了。贾政告诉了王尔调和詹光的话，又问：

"巧姐儿怎么了？"

王夫人道：

"怕是惊风的光景。"

贾政道：

"不甚厉害呀？"

王夫人道：

"看着是搐风的来头，只还没搐出来呢。"

贾政听了，咳了一声，便不言语，各自安歇。不提。

却说次日邢夫人过贾母这边来请安，王夫人便提起张家的事，一面回贾母，一面问邢夫人。邢夫人道：

"张家虽系老亲，但近年来久已不通音信，不知他家的姑娘是怎么样的。倒是前日孙亲家太太打发老婆子来问安，却说起张家的事。说他家有个姑娘，托孙亲家那边有对劲的提一提。听见说，只这一个女孩儿，十分娇养，也识得几个字，见不得大阵仗儿，常在屋里不出来的。张大老爷又说：只有这一个女孩儿，不肯嫁出去，怕人家公婆严，姑娘受不得委屈。必要女婿过门，赘在他家，给他料理些家事。"

贾母听到这里，不等说完，便道：

"这断使不得。我们宝玉，别人伏侍他还不够呢，倒给人家当家去！"

邢夫人道：

"正是老太太这个话。"

贾母因向王夫人道：

"你回来告诉你老爷，就说我的话：这张家的亲事是作不得的。"

王夫人答应了。贾母便问：

"你们昨日看巧姐儿怎么样？头里平儿来回我，说很不大好，我也要过去看看呢。"

邢王二夫人道：

"老太太虽疼她，她那里耽的住？"

贾母道：

"却也不止为她，我也要走动走动，活活筋骨儿。"说着，便吩咐："你们吃饭去罢，回来同我过去。"

邢王二夫人答应着出来，各自去了。一时，吃了饭，都来陪贾母到凤姐房中。凤姐连忙出来，接了进去。贾母便问：

"巧姐儿到底怎么样？"

凤姐儿道：

"只怕是搐风的来头。"

贾母道：

"这么着还不请人赶着瞧？"

凤姐道：

"已经请去了。"

贾母因同邢王二夫人进房看。只见奶子抱着，用桃红绫子小绵被儿裹着，脸皮趣青②，眉梢鼻翅微有动意。贾母同邢王二夫人看了看，便出外间坐下。

正说间，只见一个小丫头，回凤姐道：

"老爷打发人问姐儿怎么样。"

凤姐道：

"替我回老爷，就说请大夫去了。一会儿开了方子，就过去回老爷。"

贾母忽然想起张家的事来，向王夫人道：

"你该就去告诉你老爷，省了人家去说了，回来又驳回。"又问邢夫人道："你们和张家如今为什么不走了？"

邢夫人因又说道：

"论起那张家行事，也难合咱们作亲，太啬克，没的玷辱了宝玉。"

凤姐听了这话，已知八九，便问道：

"太太不是说宝兄弟的亲事？"

邢夫人道：

"可不是么？"

贾母接着，因把刚才的话，告诉凤姐。凤姐笑道：

"不是我当着老祖宗太太们跟前说句大胆的话：现放着天配的姻缘，何用别处去找？"

贾母笑问道：

"在那里？"

凤姐道：

"一个'宝玉'，一个'金锁'，老太太怎么忘了？"

贾母笑了一笑，因说：

"昨日你姑妈在这里，你为什么不提？"

凤姐道：

"老祖宗和太太们在前头，那里有我们小孩子家说话的地方儿？况且姨妈过来瞧老祖宗，怎么提这些个？这也得太太们过去求亲才是。"

贾母笑了，邢王二夫人也都笑了。贾母因道：

"是我背晦了。"

先写贾母重钗轻黛，再写王尔调提亲不准，兜了一圈，终于转到宝钗身上，凤姐一语破的，黛玉再无容身之地了。

说着，人回：

"大夫来了。"

贾母便坐在外间，邢王二夫人略避。那大夫同贾琏进来，给贾母请了安，方进房中。看了出来，站在地下，躬身回贾母道：

"姐儿一半是内热，一半是惊风。须先用一剂发散风痰药，还要用四神散才好，因病势来的不轻。如今的牛黄都是假的，要找真牛黄方用得。"

贾母道了乏。那大夫同贾琏出去，开了方子，去了。凤姐道：

"人参家里常有，这牛黄倒怕未必有，外头买去，只是要真的才好。"

王夫人道：

"等我打发人到姨太太那边去找找。她家蟠儿是向来和那些西客们做买卖，或者有真的，也未可知。我叫人去问问。"

正说话间，众姊妹都来瞧来了。坐了一回，也都跟着贾母等去了。

这里煎了药，给巧姐儿灌下去，只见喀的一声，连药带痰都吐出来，凤姐才略放了一点儿心。只见王夫人那边的小丫头，拿着一点儿的小红纸包儿，说道：

"二奶奶，牛黄有了。太太说了，叫二奶奶亲自把分两对准了呢。"

凤姐答应着，接过来，便叫平儿配齐了真珠冰片硃砂，快熬起来。自己用戥子按方秤了，搽在里面，等巧姐儿醒了，好给她吃。只见贾环掀帘进来，说：

"二姐姐，你们巧姐儿怎么了？妈叫我来瞧瞧她。"

凤姐见了他母子便嫌，说：

"好些了。你回去说，叫你们姨娘想着。"

那贾环口里答应，只管各处瞧看。看了一回，便问凤姐儿道：

"你这里听见说有牛黄，不知牛黄是怎么个样儿，给我瞧瞧呢。"

凤姐道：

"你别在这里闹了，妞儿才好些。那牛黄都煎上了。"

贾环听了，便去伸手拿那锅子瞧时，岂知措手不及，沸的一声，锅子倒了，火已泼灭了一半。贾环见不是事，自觉没趣，连忙跑了。凤姐急的火星直爆，骂道：

"真真那一世的对头冤家！你何苦来，还来使促狭！从前你妈要想害我，如今又来害妞儿，我和你几辈子的仇呢？"

一面骂平儿不照应。

正骂着，只见丫头来找贾环。凤姐道：

"你去告诉赵姨娘，说她操心也太苦了！巧姐儿死定了，不用她惦着了。"

平儿急忙在那里配药再熬。那丫头摸不着头脑，便悄悄问平儿道：

"二奶奶为什么生气？"

平儿将环哥弄倒药锅子说了一遍。丫头道：

"怪不得他不敢回来，躲了别处去了。这环哥儿明日还不知怎么样呢！平姐姐，我替你收拾罢。"

平儿说：

"这倒不消。幸亏牛黄还有一点，如今配好了，你去罢。"

丫头道：

"我一准回去告诉赵姨奶奶，也省了她天天说嘴。"

丫头回去，果然告诉了赵姨娘。赵姨娘气的叫快找环儿。环儿在外间屋子里躲着，被丫头找了来。赵姨娘便骂道：

"你这个下作种子！你为什么弄撒了人家的药，招的人家咒骂？我原叫你去问一声，不用进去。你偏进去，又不就走，还要'虎头上捉虱子'。你看我回了老爷，打你不打！"

凤姐与贾环结怨，是一一八回贾环勾结王仁卖巧姐作妾的伏笔。

这里赵姨娘正说着，只听贾环在外间屋里发话道：

"我不过弄倒了药锅子，撒了一点子药，那丫头子又没就死了，值的她也骂我，你也骂，赖我心坏，把我往死里糟蹋？等着，我明儿还要那小丫头子的命呢，看你们怎么着！只叫他们提防着就是了。"

那赵姨娘赶忙从里间出来，握住他的嘴，说道：

"你还只管信口胡嗳，还叫人家先要了你的命呢！"

娘儿两个吵了一回。赵姨娘听见凤姐的话，越想越气，也不着人来安慰凤姐一声儿。过了几天，巧姐儿也好了。因此，两边结怨比从前更加一层了。

---

① 不稂(láng)不莠(yǒu)——稂莠是混在田苗中的野草。这里反喻宝玉又似稂、又似莠地没出息。

② 趣青——很青。

第八十五回 贾存周报升郎中任 薛文起复惹放流刑

一日，林之孝进来回道:

"今日是北静郡王生日，请老爷的示下。"

贾政吩咐道:

"只按向年旧例办了，回大老爷知道，送去就是了。"

林之孝答应了，自去办理。

不一时，贾赦过来同贾政商议，带了贾珍、贾琏、宝玉去给北静王拜寿。别人还不理论，惟有宝玉素日仰慕北静王的容貌威仪，巴不得常见才好，遂连忙换了衣服，跟着来到北府。贾赦贾政递了职名候谕。不多时，里面出来了一个太监，手里掐着数珠儿。见了贾赦贾政，笑嘻嘻的说道:

"二位老爷好?"贾赦贾政也都赶忙问好，他兄弟三人也过来问了好。那太监道:

"王爷叫请进去呢。"

于是爷儿五个跟着那太监进入府中。过了两层门，转过一层殿去，里面方是内宫门。刚到门前，大家站住，那太监先进去回王爷去了。这里门上小太监都迎着问了好。

一时，那太监出来说了个"请"字，爷儿五个肃敬跟入。只见北静郡王穿着礼服，已迎到殿门廊下。贾赦贾政先上来请安，捱次便是珍、琏、宝玉请安。那北静郡王单拉着宝玉道:

"我久不见你，很惦记你。"因又笑问道:

"你那块玉好?"

宝玉躬着身打着一半千儿回道:

"蒙王爷福庇,都好。"

北静王道:

"今日你来,没有什么好东西给你吃的,倒是大家说说话儿罢。"

说着,几个老公打起帘子。北静王说"请",自己却先进去,然后贾赦等都躬着身跟进去。先是贾赦请北静王受礼,北静王也说了两句谦词。那贾赦早已跪下,次及贾政等挨次行礼,自不必说。

那贾赦等复肃敬退出,北静王吩咐太监等让在众戚旧一处,好生款待,却单留宝玉在这里说话儿,又赏了坐。宝玉又磕头谢了恩,在挨门边绣墩上侧坐,说了一回读书作文诸事。北静王甚加爱惜,又赏了茶。因说道:

"昨儿巡抚吴大人来陛见,说起令尊翁前任学政时,秉公办事,凡属生童,俱心服之至。他陛见时,万岁爷也曾问过,他也十分保举,可知是令尊翁的喜兆。"

宝玉连忙站起,听毕这一段话,才回启道:

"此是王爷的恩典,吴大人的盛情。"

正说着,小太监进来回道:

"外面诸位大人老爷都在前殿谢王爷赏宴。"

说着,呈上谢宴并请午安的片子来。北静王略看了看,仍递给小太监,笑了一笑,说道:

"知道了,劳动他们。"

那小太监又回道:

"这贾宝玉,王爷单赏的饭预备了。"

北静王便命那太监带了宝玉到一所极小巧精致的院里,派人陪着吃了饭,又过来谢了恩。北静王又说了些好话儿,忽然笑说道:

"我前次见你那块玉倒有趣儿,回来说了个式样,叫他们也做了一块来。今日你来得正好,就给你带回去玩罢。"

因命小太监取来,亲手递给宝玉。宝玉接过来捧着,又谢了,然后退出，——北静王又命两个小太监跟出来——才同着贾赦等回来了。贾赦见过贾母便各自回去。

这里贾政带着他三人请过了贾母的安，又说了些府里遇见什么人。宝玉又回了贾政，吴大人陛见保举的话。贾政道：

"这吴大人，本来咱们相好，也是我辈中人，还倒是有骨气的。"

又说了几句闲话儿，贾母便叫：

"歇着去罢。"

贾政退出，珍、琏、宝玉都跟到门口。贾政道：

"你们都回去陪老太太坐着去罢。"

说着便回房去。刚坐了一坐，只见一个小丫头回道：

"外面林之孝请老爷回话。"

说着，递上个红单帖来，写着吴巡抚的名字。贾政知道来拜，便叫小丫头叫林之孝进来。贾政出至廊檐下。林之孝进来回道：

"今日巡抚吴大人来拜，奴才回了去了。再奴才还听见说，现今工部出了一个郎中缺，外头人和部里都吵嚷是老爷拟正^①呢。"

贾政道：

"瞧罢咧。"

林之孝又回了几句话，才出去了。

且说珍、琏、宝玉三人回去，独有宝玉到贾母那边，一面述说北静王待他的光景，并拿出那块玉来。大家看着笑了一回，贾母因命人：

"给他收起去罢，别丢了。"因问："你那块玉好生带着罢？别闹混了。"

宝玉在项上摘下来，说：

"这不是我那一块玉？那里就掉了呢！比起来，两块玉差远着呢，那里混得过？我正要告诉老太太，前儿晚上，我睡的时候，把玉摘下来挂在帐子里，他竟放起光来了，满帐子都是红的。"

贾母说道：

"又胡说了。帐子的檐子是红的,火光照着,自然红是有的。"

宝玉道:

"不是。那时候灯已灭了,屋里都漆黑的了,还看的见它呢。"

邢王二夫人抿着嘴笑。凤姐道:

"这是喜信发动了。"

宝玉道:

"什么喜信?"

贾母道:

"你不懂得。今儿个闹了一天,你去歇歇儿去罢,别在这里说呆话了。"

宝玉又站了一会儿,才回园中去了。

这里贾母问道:

"正是,你们去看姨太太,说起这事没有?"

王夫人道:

"本来就要去看,因凤丫头为巧姐儿病着,耽搁了两天,今日才去的。这事我们告诉了,他姨妈倒也十分愿意,只说蟠儿这时候不在家,目今他父亲没了,只得和他商量商量再办。"

贾母道:

"这也是情理的话。既这么样,大家先别提起,等姨太太那边商量定了再说。"

> 凤姐王夫人正式向薛姨妈提亲,宝玉黛玉蒙在鼓里。

不说贾母处谈论亲事。且说宝玉回到自己房中,告诉袭人道:

"老太太与凤姐姐刚才说话含含糊糊,不知是什么意思。"

袭人想了想,笑了一笑,道:

"这个,我也猜不着。但只刚才说这些话时,林姑娘在跟前没有?"

宝玉说:

"林姑娘才病起来,这些时何曾到老太太那边去呢?"

正说着,只听外间屋里麝月与秋纹拌嘴。袭人道:

"你两个又闹什么?"

麝月道:

"我们两个斗牌,她赢了我的钱,她拿了去,她输了钱,就不肯拿出来。——这也罢了,她倒把我的钱都抢了去了。"

宝玉笑道:

"几个钱,什么要紧? 傻东西,不许闹了!"

说的两个人都咕嘟着嘴,坐着去了。这里袭人打发宝玉睡下。不提。

却说袭人听了宝玉方才的话,也明知是给宝玉提亲的事,因恐宝玉每有痴想,这一提起,不知又招出他多少呆话来,所以故作不知。自己心上,却也是头一件关切的事。夜间躺着,想了个主意:不如去见见紫鹃,看她有什么动静,自然就知道了。次日,一早起来,打发宝玉上了学,自己梳洗了,便慢慢的去到潇湘馆来,只见紫鹃正在那里掐花儿呢。见袭人进来,便笑嘻嘻的道:

"姐姐屋里坐着。"

袭人道:

"坐着。妹妹掐花儿呢吗? 姑娘呢?"

紫鹃道:

"姑娘才梳洗完了,等着温药呢。"

紫鹃一面说着,一面同袭人进来。见了黛玉正在那里拿着一本书看,袭人陪着笑道:

"姑娘怨不得劳神,起来就看书。我们宝二爷念书,若能像姑娘这样,岂不好了呢!"

黛玉笑着把书放下。雪雁已拿着小茶盘里托着一钟药,一钟水,小丫头在后面捧着痰盒漱盂进来。

原来袭人来时,要探探口气,坐了一回,无处入话。又想着黛玉最是心多,探不成消息,再惹着了她,倒是不好。又坐了坐,搭讪着辞了出来了。将到怡红院门口,只见两个人在那里站着呢,袭人不便往前走。那一个早看见了，连忙跑过来。袭人一看，却是锄药。因问：

"你作什么？"

锄药道：

"刚才芸二爷来了，拿了个帖儿，说给咱们宝二爷瞧的，在这里候信。"

袭人道：

"宝二爷天天上学，你难道不知道？还候什么信呢？"

锄药笑道：

"我告诉他了。他叫告诉姑娘，听姑娘的信呢。"

袭人正要说话，只见那一个也慢慢的蹭过来了。细看时，就是贾芸，溜溜湫湫往这边来了。袭人见是贾芸，连忙向锄药道：

"你告诉说：知道了，回来给宝二爷瞧罢。"

那贾芸原要过来和袭人说话，无非亲近之意，又不敢造次，只得慢慢蹭来。相离不远，不想袭人说出这话，自己也不好再往前走，只好站住。这里袭人已掉背脸往回里去了。贾芸只得怏怏而回，同锄药出去了。

晚间，宝玉回房，袭人便回道：

"今日廊下小芸二爷来了。"

宝玉道：

"作什么？"

袭人道：

"他还有个帖儿呢。"

宝玉道：

"在那里？拿来我看看。"

麝月便走去在里间屋里书橱子上头拿了来。宝玉接过看时，上面皮儿上写着"叔父大人安启"。

宝玉道：

"这孩子怎么又不认我作父亲了？"

袭人道：

"怎么？"

宝玉道：

"前年他送我白海棠时，称我作父亲大人，今日这帖子封皮上写着叔父，可不是又不认了么？"

袭人道：

"他也不害臊，你也不害臊！他那么大了，倒认你这么大儿的作父亲，可不是他不害臊？你正经连个……"

刚说到这里，脸一红，微微的一笑。宝玉也觉得了，便道：

"这倒难讲，俗语说：'和尚无儿，孝子多着呢。'只是我看着他还伶俐得人心儿，才这么着；他不愿意，我还不稀罕呢。"

说着，一面拆那帖儿。袭人也笑道：

"那小芸二爷也有些鬼鬼头头的。什么时候又要看人，什么时候又躲躲藏藏的，可知也是个心术不正的货！"

宝玉只顾拆开看那字儿，也不理会袭人这些话。袭人见他看那字儿，皱一回眉，又笑一笑儿，又摇摇头儿，后来光景竟不大耐烦起来。袭人等他看完了，问道：

"是什么事情？"

宝玉也不答言，把那帖子已经撕作几段。袭人见这般光景，也不便再问，便问宝玉吃了饭还看书不看。宝玉道：

"可笑芸儿这孩子竟这样的混帐！"

袭人见他答非所问，便微微的笑着问道：

"到底是什么事？"

宝玉道：

"问它作什么！咱们吃饭罢。吃了饭歇着罢。心里闹的怪烦的。"

说着，叫小丫头子点了一个火儿来，把那撕的帖儿烧了。

一时，小丫头们摆上饭来，宝玉只是怔怔的坐着。袭人连哄带怄，催着吃了一口儿饭，便搁下了，仍是闷闷的歪在床上。一时间，忽然掉下泪来。

> 贾芸下帖
> 制造闷葫芦,
> 细腻悬宕,是
> 大好手法。

此时袭人麝月都摸不着头脑。麝月道:

"好好儿的,这又是为什么? 都是什么芸儿雨儿的! 不知什么事,弄了这么个浪帖子来,惹的这么傻了的似的,哭一会子,笑一会子。要天长日久闹起这闷葫芦来,可叫人怎么受呢!"

说着,竟伤起心来。袭人旁边由不得要笑,便劝道:

"好妹妹,你也别怄人了。他一个人就够受了,你又这么着。他那帖子上的事,难道与你相干?"

麝月道:

"你混说起来了。知道他帖儿上写的是什么混帐话? 你混往人身上扯。要那么说,他帖儿上只怕倒与你相干呢?"

袭人还未答言,只听宝玉在床上扑哧的一声笑了,爬起来,抖了抖衣裳,说:

"咱们睡觉罢,别闹了。明日我还起早念书呢。"

说着,便躺下睡了。一宿无话。

次日,宝玉起来梳洗了,便往家塾里去。走出院门,忽然想起,叫焙茗略等,急忙转身回来叫:

"麝月姐姐呢?"

麝月答应着出来问道:

"怎么又回来了?"宝玉道:

"今日芸儿要来了,告诉他别在这里闹。再闹,我就回老太太和老爷去了。"

麝月答应了,宝玉才转身去了。刚往外走着,只见贾芸慌慌张张往里来。看见宝玉,连忙请安说:

"叔叔大喜了!"

那宝玉估量着是昨日那件事,便说道:

"你也太冒失了! 不管人心里有事没事,只管来搅。"

贾芸陪笑道:

"叔叔不信,只管瞧去。人都来了,在咱们大门口呢。"

宝玉越发急了,说:

"这是那里的话?"

正说着,只听外边一片声嚷起来。贾芸道:

"叔叔听! 这不是?"

宝玉越发心里狐疑起来。只听一个人嚷道:

."你们这些人好没规矩! 这是什么地方,你们在这里混嚷!"

那人答道:

"谁叫老爷升了官呢! 怎么不叫我们来吵喜呢? 别人家盼着吵还不能呢。"

宝玉听了,才知道是贾政升了郎中了,人来报喜的,心中自是甚喜。连忙要走时,贾芸赶着说道:

"叔叔乐不乐? 叔叔的亲事要再成了,不用说,是两层喜了。"

宝玉红了脸,啐了一口,道:

"呸! 没趣儿的东西! 还不快走呢。"

贾芸把脸红了,道:

"这有什么的? 我看你老人家就不——"

宝玉沉着脸道:

"就不什么?"

贾芸未及说完,也不敢言语了。

宝玉连忙来到家塾中,只见代儒笑着说道:

"我刚才听见你老爷升了,你今日还来了么?"

宝玉陪笑道:

"过来见了太爷,好到老爷那边去。"

代儒道:

"今日不必来了,放你一天假罢。可不许回园子里玩去,你年纪不小了,虽不能办事,也当跟着你大哥他们学学才是。"

宝玉答应着回来。刚走到二门口,只见李贵走来迎着,旁边站住,笑道:

"二爷来了么？奴才才要到学里请去。"

宝玉笑道：

"谁说的？"

李贵道：

"老太太才打发人到院里去找二爷。那边的姑娘们说，二爷学里去了。刚才老太太打发人出来，叫奴才去给二爷告几天假。听说还要唱戏贺喜呢。二爷就来了。"

说着，宝玉自己进来。进了二门，只见满院里丫头老婆子都是笑容满面。见他来了，笑道：

"二爷这早晚才来？还不快进去给老太太道喜去呢。"

宝玉笑着进了房门，只见黛玉挨着贾母左边坐着呢，右边是湘云。地下邢王二夫人，探春、惜春、李纨、凤姐、李纹、李绮、邢岫烟一干姊妹都在屋里，只不见宝钗、宝琴、迎春三人。

宝玉此时喜的无话可说，忙给贾母道了喜，又给邢王二夫人道喜，一一见了众姐妹，便向黛玉笑道：

> 黛玉在恶梦中流露真情，在现实生活中又和宝玉疏远，此种心理和矜持态度写得极好。凤姐的调侃，招来黛玉的鄙视，黛玉的性格太突出了，贾府无第二人敢如此挫折凤姐。这是两人性格的冲突、气质的差异。得罪权臣，黛玉焉得不败？

"妹妹身体可大好了？"

黛玉也微笑道：

"大好了。听见说二哥哥身上也欠安，好了么？"

宝玉道：

"可不是？我那日夜里，忽然心里疼起来，这几天刚好些，就上学去了，也没能过去看妹妹。"

黛玉不等他说完，早扭过头和探春说话去了。凤姐在地下站着笑道：

"你两个那里像天天在一块儿的？倒像是客，有这么些套话！可是人说的'相敬如宾'了。"

说的大家都一笑。黛玉满面飞红，又不好说，又不好不说，迟了一会儿，才说道：

"你懂得什么！"

众人越发笑了。

凤姐一时回过味来，才知道自己出言冒失，正要拿话岔时，只见宝玉忽然向黛玉道：

"林妹妹，你瞧芸儿这种冒失鬼——"说了这一句，方想起来，便不言语了。招的大家又都笑起来，说：

"这从那里说来？"

黛玉也摸不着头脑，也跟着讪讪的笑。宝玉无可搭讪，因又说道：

"可是刚才我听见有人要送戏，说是几儿？"

大家都瞅着他笑。凤姐儿道：

"你在外头听见，你来告诉我们。你这会子问谁呢？"？宝玉得便说道：

"我外头再去问问去。"

贾母道：

"别跑到外头去。头一件，看报喜的笑话；第二件，你老子今日大喜，回来碰见你，又该生气了。"

宝玉答应了个"是"，才出来了。

这时贾母因问凤姐：

"谁说送戏的话？"

凤姐道：

"说是二舅舅那边说，后儿日子好，送一班新出的小戏儿给老太太、老爷、太太贺喜。"。

说着，宝玉进来，一时，大家都在贾母这边吃饭，甚是热闹，自不必说。饭后，贾政谢恩回来。给宗祠里磕了头，便来给贾母磕头。站着说了几句话，便出去拜客去了。这里接连着亲戚族中的人来来去去，闹闹攘攘，车马填门，貂蝉满座。真个是：

"花到正开蜂蝶闹，

月逢十足海天宽。"

如此两日，已是庆贺之期。这日一早，王子腾和亲戚家已送过一班戏来,就在贾母正厅前搭起行台。外头爷们都穿着公服陪侍。亲戚来贺的约有十余桌酒。里面为着是新戏,又见贾母高兴,便将琉璃戏屏隔在后厦,里面也摆下酒席,上首薛姨妈一桌是王夫人宝琴陪着,对面老太太一桌是邢岫烟陪着。下面尚空两桌,贾母叫她们快来。

一会儿,只见凤姐领着众丫头,都簇拥着黛玉来了。

> 前面凤姐说的二舅是王子腾。

那黛玉留神一看,独不见宝钗,便问道:"宝姐姐可好么?为什么不过来?"

薛姨妈道:"她原该来的,只因无人看家,所以不来。"

黛玉红着脸,微笑道:"姨妈那里又添了大嫂子,怎么倒用宝姐姐看起家来?大约是她怕人多热闹,懒怠来罢?我倒怪想她的。"

薛姨妈笑道:"难得你惦记她。她也常想你们姐儿们。过一天,我叫她来大家叙叙。"

> 黛玉已被宝钗母女击败,尚不自知,还念念不忘宝钗,引人同情。而作者此一段字明白表示同情,高。

说着,丫头们下来斟酒上菜,外面已开戏了。出场自然是一两出吉庆戏文。及至第三出,只见金童玉女,旗幡宝幢,引着一个霓裳羽衣的小旦,头上披着一条黑帕,唱了几句儿进去了。众皆不知。听见外面人说:"这是新打的《蕊珠记》里的'冥升'。小旦扮嫦娥,前因堕落人寰,几乎给人为配;幸亏观音点化,她就未嫁而逝。此时升引月宫。不听见曲里头唱的:

'人间只道风情好,那知道秋月春花容易抛?几乎不把广寒宫忘却了!'"

第四出是"吃糠"。第五出是"达摩带着徒弟过江回去"。正扮出些海市蜃楼,好不热闹。

众人正在高兴时，忽见薛家的人满头汗闯进来，向薛蝌说道：

"二爷快回去！一并里头回明太太，也请回去！家里有要紧事。"

薛蝌道：

"什么事？"

家人道：

"家去说罢。"

薛蝌也不及告辞，就走了。薛姨妈见里头丫头传进话去，更骇得面如土色，即忙起身，带着宝琴，别了一声，即刻上车回去了。弄得内外愕然。贾母道：

"咱们这里打发人跟过去听听，到底是什么事，大家都关切的。"

众人答应了个"是"。

不说贾府依旧唱戏，单说薛姨妈回去，只见有两个衙役站在二门口，几个当铺里伙计陪着，说：

"太太回来，自有道理。"

正说着，薛姨妈已进来了。那衙役们见跟从着许多男妇簇拥着一位老太太，便知是薛蟠之母。看见这个势派，也不敢怎么，只的垂手侍立，让薛姨妈进去。那薛姨妈走到厅房后面，早听见有人大哭，却是金桂。薛姨妈赶忙走来，只见宝钗迎出来，满脸泪痕，见了薛姨妈，便道：

"妈妈听见了，先别着急，办事要紧！"

薛姨妈同宝钗进了屋子，因为头里进门时，已经走着听见家人说了，吓的战战兢兢的了，一面哭着，因问：

"到底是合谁——"

只见家人回道：

"太太此时且不必问那些底细。凭他是谁，打死了总是要偿命的，且商量怎么办才好。"

薛姨妈哭着出来道：

"还有什么商议!"

家人道:

"依小的们的主见:今夜打点银两,同着二爷赶去,和大爷见了面,就在那里访一个有斟酌的刀笔先生,许他些银子,先把死罪撕捯开,回来再求贾府去上司衙门说情。还有外面的衙役,太太先拿出几两银子来打发了他们,我们好赶着办事。"

薛姨妈道:

"你们找着那家子,许他发送银子,再给他些养济银子。原告不追,事情就缓了。"

宝钗在帘内说道:

"妈妈,使不得。这些事,越给钱越闹的凶,倒是刚才小厮说的话是。"

薛姨妈又哭道:

"我也不要命了! 赶到那里见他一面,同他死在一处就完了!"

宝钗急的一面劝,一面在帘子里叫人:

"快同二爷办去罢。"

丫头们搀进薛姨妈来,薛蝌才往外走。宝钗道:

"有什么信,打发人即刻寄了来,你们只管在外头照料。"

薛蝌答应着去了,这宝钗方劝薛姨妈。

那里金桂趁空儿抓住香菱,又和她嚷道:

"平常你们只管夸他们家里打死了人,一点事也没有,就进京来了的,如今撺掇的真打死人了。平日里只讲有钱,有势,有好亲戚,这时候我看着也是吓的慌手慌脚的了。大爷明儿有个好歹儿不能回来时,你们各自干你们的去了,撂下我一个人受罪!"

说着,又大哭起来。

这里薛姨妈听见,越发气的发昏,宝钗急的没法,正闹着,只见贾府中王夫人早打发大丫头过来打听来了。宝钗虽心知自己是贾府的人了,一则尚未提明,二则事急之时,只得向那大丫头道:

"此时事情头尾尚未明白,就只听见说我哥哥在外头打死了人，被县里拿了去了。也不知怎么定罪呢。刚才二爷才去打听去了。一半日得了准信，赶着就给那边太太送信去。你先回去道谢太太惦记着，底下我们还有多少仰仗那边爷们的地方呢？"

那丫头答应着去了。

薛姨妈和宝钗在家，抓摸不着。过了两日，只见小厮回来，拿了一封书，交给小丫头拿进来。宝钗拆开看时，书内写着：

> 大哥人命是误伤，不是故杀。今早用蝌出名，补了一张呈纸进去，尚未批出。大哥前头口供甚是不好。待此纸批准后，再录一堂，能够翻供得好，便可得生了。快向当铺内再取银五百两来使用，千万莫迟！并请太太放心。余事问小厮。

宝钗看了，一一念给薛姨妈听了。薛姨妈拭着眼泪，说道：

"这么看起来，竟是死活不定了！"

宝钗道：

"妈妈先别伤心，等着叫进小厮来问明了再说。"

一面打发小丫头把小厮叫进来。薛姨妈便问小厮道：

"你把大爷的事细说与我听听。"

小厮道：

"我那一天晚上，听见大爷和二爷说的，把我唬糊涂了。"

薛姨妈问道：

"你听见你大爷说，到底是怎么就把人打死了呢？"

小厮道：

"小的也没听真切。那一日，大爷告诉二爷说——"说着，回头看了一看，见无人，才说道："大爷说：自从家里闹的特厉害，大爷也没心肠了，所以要到南边置货去。这日想着约一个人同行，这人在咱们这城南二百多地住，大爷找他去了。遇见在先和大爷好的那个蒋玉菡带着些小戏子进城，大爷同他在个铺子里吃饭喝酒。因为这当槽儿②的尽着拿眼瞟蒋玉菡，大爷就有了气了。后来蒋玉菡走了，第二天，大爷就请找的那个人喝酒。酒后想起头一天的事来, 叫那当槽儿的换酒, 那当槽儿的来迟了, 大爷就骂起来了。那个人不依, 大爷就拿起酒碗照他打去。谁知那个人也是个泼皮, 便把头伸过来叫大爷打。大爷拿碗就砸他的脑袋, 一下子就冒了血了, 躺在地下。头里还骂, 后头就不言语了。"

薛姨妈道:

"怎么也没人劝劝吗?"

那小厮道:

"这个没听见大爷说, 小的不敢妄肯。"

薛姨妈道:

"你先去歇歇罢。"

小厮答应出来。

① 拟正 ——清朝的时候, 做官的要先试行工作, 叫作试署。过了相当时候, 正式任命, 叫做拟正。
② 当槽儿 ——酒店里的堂倌。

第八十六回　受私贿老官翻案牍
寄闲情淑女解琴书

　　这里薛姨妈自来见王夫人，托王夫人转求贾政。贾政问了前后，也只好含糊应了。只说等薛蝌递了呈子，看他本县怎么批了，再作道理。

　　这里薛姨妈又在当铺里兑了银子，叫小厮赶着去了。三日后果有回信。薛姨妈接着了，即叫小丫头告诉宝钗，连忙过来看了。只见书上写道：

　　　带去银两做了衙门上下使费。哥哥在监，也不大吃苦，请太太放心。独是这里的人很刁，尸亲见证都不依，连哥哥请的那个朋友也帮着他们。我与李祥两个俱系生地生人，幸找着一个好先生，许他银子，才讨个主意：说是须得拉扯着同哥哥喝酒的吴良，弄人保出他来，许他银两，叫他撕掳。他若不依，便说张三是他打死，明推在异乡人身上。他吃不住，就好办了。我依着他，果然吴良出来。现在买嘱尸亲见证，又做了一张呈子，前日递的，今日批来，请看呈底便知。

因又念呈底道：

　　　具呈人某。呈为兄遭飞祸，代伸冤抑事。窃生堂兄薛蟠，本籍南京，寄寓西京，于某年月日，备本往南贸易。去未数日，家奴送信回家，说遭人命，生即奔宪治，知兄误伤张姓。及至图圄，据兄泣告，实与张姓素不相认，并无仇隙，偶因换酒角口，生兄将酒泼地，恰值张三低头拾物，一时失手，酒碗

> 薛蟠、薛蝌是堂兄弟，故将"胞"改为"堂"。

误碰囚门身死。蒙恩拘讯，兄惧受刑，承认斗殴致死。仰蒙宪天仁慈，知有冤抑，尚未定案。生兄在禁，具呈诉辩，有干例禁；生念手足，冒死代呈。伏乞宪慈恩准，提证质讯，开恩莫大，生等举家仰戴鸿仁，永永无既矣！激切上呈。"批的是："尸场检验，证据确凿。且并未用刑，尔兄自认斗杀，招供在案。今尔远来，并非目睹，何得捏词妄控？理应治罪，姑念为兄情切，且恕。不准。

薛姨妈听到这里，说道：

"这不是救不过来了么！这怎么好呢？"

宝钗道：

"二哥的书还没看完，后面还有呢。"因又念道："有要紧的，问来使便知。"

薛姨妈便问来人。因说道：

"县里早知我们的家当充足，须得在京里谋干得大情，再送一分大礼，还可以复审，从轻定案。太太此时必得快办，再迟了就怕大爷要受苦了。"

薛姨妈听了，叫小厮自去，即刻又到贾府与王夫人说明原故，恳求贾政。贾政只肯托人与知县说情，不肯提及银物。薛姨妈恐不中用，求凤姐与贾琏说了，花上几千银子，才把知县买通，薛蝌那里也便弄通了。然后知县挂牌坐堂，传齐了一干邻保、见证、尸亲人等，监里提出薛蟠，刑房书吏俱一一点名。知县便叫地保对明初供，又叫尸亲张王氏并尸叔张二问话。

张王氏哭禀：

"小的男人是张大，南乡里住，十八年头里死了。大儿子、二儿子，也都死了。光留下这个死的儿子，叫张三，今年二十三岁，还没有娶女人呢。为小人家里穷，没得养活，在李家店里做当槽儿的。那一天晌午，李家店里打发人来叫俺，说：'你儿子叫人打死了。'——我的青天老爷！小的就吓死了！跑到那里，看见我儿子头破血出的躺在地下喘气儿，问他话也说不出来，不多一会儿就死了，小人就要揪住这个小杂种拚命!"

众衙役吆喝一声,张王氏便磕头道:

"求青天老爷伸冤! 小人就只这一个儿子了!"

知县便叫下去,又叫李家店里的人问道:

"那张三是在你店内佣工的么?"

那李二回道:

"不是佣工,是做当槽儿的。"

知县道:

"那日尸场上,你说张三是薛蟠将碗砸死的,你亲眼见的么?"

李二说道:

"小的在柜上,听见说客房里要酒,不多一回,便听见说,'不好了,打伤了!' 小的跑进去,只见张三躺在地下,也不能言语。 小的便喊禀地保,一面报他母亲去了。 他们到底怎样打的,实在不知道,求太爷问那喝酒的便知道了。"

知县喝道:

"初审口供,你是亲见的,怎么如今说没有见?"

李二道:

"小的前日吓昏了乱说。"

衙役又吆喝了一声,知县便叫吴良问道:

"你是同在一处喝酒的么? 薛蟠怎么打的,据实供来!"

吴良说:

"小的那日在家,这个薛大爷叫我喝酒。他嫌酒不好,要换,张三不肯。 薛大爷生气,把酒向他脸上泼去,不晓得怎么样,就碰在那脑袋上了。 这是亲眼见的。"

知县道:

"胡说! 前日尸场上,薛蟠自己认拿碗砸死的,你说你亲眼见的,怎么今日的供不对? 掌嘴!"

衙役答应着要打。吴良求着说:

"薛蟠实没有和张三打架,酒碗失手碰在脑袋上的。 求老爷问薛蟠,便是恩典了!"

薛蟠两次命案,第四回写贾雨村庇护,此回写县官受贿,翻案,大事化小,小事化无,官场情形,历历如绘。

知县叫上薛蟠,问道:

"你与张三到底有什么仇隙? 毕竟是如何死的? 实供上来!"

薛蟠道:

"求大老爷开恩! 小的实没有打他,为他不肯换酒,故拿酒泼地。不想一时失手,酒碗误碰在他的脑袋上。小的即忙掩他的血,那里知道再掩不住,血淌多了,过一回就死了。前日尸场上,怕大老爷要打,所以说是拿碗砸他的。只求大老爷开恩!"

知县便喝道:

"好个糊涂东西! 本县问你怎么砸他的,你便供说恼他不换酒,今日又供是失手砸他的。"

知县假作声势,要打要夹。薛蟠一口咬定。知县叫仵作将前日尸场填写伤痕,据实报来。仵作禀报说:

"前日验得张三尸身无伤,惟囟门有磁器伤,长一寸七分,深五分,皮开,囟门骨脆,裂破三分。实系磕碰伤。"

知县查对尸格①相符,早知书吏改轻,也不驳诘,胡乱便叫画供。张王氏哭喊道:

"青天老爷! 前日听见还有多少伤,怎么今日都没有了?"

知县道:

"这妇人胡说! 现有尸格,你不知道么?"

叫尸叔张二,便问道:

"你侄儿身死,你知道有几处伤?"

张二忙供道:

"脑袋上一伤。"

知县道:

"可又来!"

叫书吏将尸格给张王氏瞧去，并叫地保、尸叔指明与她瞧：现有尸场亲押、证见，俱供并未打架，不为斗殴。只依误伤吩咐画供，将薛蟠监禁候详，余令原保领出退堂。张王氏哭着乱嚷，知县叫众衙役撺她出去。张二也劝张王氏道：

"实在误伤，怎么赖人？现在大老爷断明，别再胡闹了。"

薛蝌在外打听明白，心内喜欢，便差人回家送信，等批详回来，便好打点赎罪，且住着等信。只听路上三三两两传说：

"有个贵妃薨了，皇上辍朝三日。"

这里离陵寝不远，知县办差垫道，一时料着不得闲，住在这里无益，不如到监，告诉哥哥：

"安心等着，我回家去，过几日再来。"

薛蟠也怕母亲痛苦，带信说：

"我无事，必须衙门再使费几次，便可回家了，只是别心疼银子。"

薛蝌留下李祥在此照料，一径回家，见了薛姨奶，陈说知县怎样徇情，怎样审断，终定了误伤。

"将来尸亲那里再花些银子，一准赎罪，便没事了。"

薛姨妈听说，暂且放心，说：

"正盼你来家中照应。贾府里本该谢去，况且周贵妃薨了，他们天天进去，家里空落落的。我想着要去替姨太太那边照应照应，作伴儿，只是咱们家又没人，你这来的正好。"

薛蝌道：

"我在外头，原听见说是贾妃薨了，这么才赶回来的。我们娘娘好好儿的，怎么就死了？"薛姨妈道：

"上年原病过一次，也就好了。这回又没听见娘娘有什么病，只闻那府里头几天，老太太不大受用，合上眼便看见元妃娘娘，众人都不放心。直至打听起来，又没有什么事。到了大前儿晚上，老太太亲口说'怎么元妃独自一个人到我这里？'众人只道是病中想的话，总不信。老太太又说：'你们不信，元妃还和我说是：荣华易尽，须要退步抽身。'众人都说：'谁不想到，这是有年纪的人思前想后的心事。'所以也不当件事。恰好第二天早起，里头吵嚷出来说：'娘娘病重，宣各诰命进去请安。'他们就惊疑的了不得，赶着进去。他们还没有出来，我们家里已听见周贵妃薨逝了。你想外头的讹言，家里的疑心，恰碰在一处，可奇不奇？"

宝钗道：

"不但是外头的讹言舛错，便在家里的，一听见'娘娘'两个字，也就都忙了，过后才明白。这两天，那府里这些丫头婆子来说，她们早知道不是咱们家的娘娘。我说：'你们那里拿得定呢？'她说道：'前几年正月，外省荐了一个算命的，说是很准的。老太太叫人将元妃八字夹在丫头们八字里头，送出去叫他推算，他独说：这正月初一日生日的那位姑娘只怕时辰错了；不然，真是个贵人，也不能在这府中，老爷和众人说：不管他错不错，照八字算去。那先生便说：甲申年正月丙寅，这四个字内，有'伤官败财'。惟'申'字内有'正官禄马'，这就是家里养不住的，也不见什么好。这日子是乙卯。初春木旺，虽是比肩，那里知道愈比愈好，就像那个好木料，愈经斫削，才成大器。独喜得时上什么辛金为贵，什么巳中正官禄马独旺，这叫做'飞天禄马格'。又说什么'日逢专禄，贵重的很。天月二德坐本命，贵受椒房之宠。这位姑娘，若是时辰准了，定是一位主子娘娘。'——这不是算准了么？我们还记得：'可惜荣华不久，只怕遇着寅年卯月，这就是比而又比，劫而又劫，譬如好木，太要做玲珑剔透，本质就不坚了。'他们把这些话都忘记了，只管瞎忙。我才想起来，告诉我们大奶奶，今年那里是寅年卯月呢？"

宝钗尚未述完这话，薛蝌急道：

> 作者不但深通医理，亦通命理。

"且别管人家的事！既有这个神仙算命的，我想哥哥今年什么恶星照命，遭这么横祸？快开八字儿，我给他算去，看有妨碍么。"

宝钗道：

"他是外省来的，不知今年在京不在了。"

说着，便打点薛姨妈往贾府去。到了那里，只有李纨探春等在家接着，便问道：

"大爷的事，怎么样了？"

薛姨妈道：

"等详了上司才定，看来也到不了死罪。"

这才大家放心。探春便道：

"昨晚太太想着说：'上回家里有事，全仗姨太太照应；如今自己有事，也难提了。'心里只是不放心。"

薛姨妈道：

"我在家里，也是难过。只是你大哥遭了这事，你二兄弟又办事去了，家里你姐姐一个人，中什么用？况且我们媳妇儿又是个不大晓事的，所以不能脱身过来。目今那里知县也正为预备周贵妃的差使，不得了结案件，所以你二兄弟回来了，我才得过来看看。"

李纨便道：

"请姨太太这里住几天更好。"

薛姨妈点头道：

"我也要在这边给你们姐妹们作作伴儿，就只你宝妹妹冷静些。"

惜春道：

"姨妈要惦着，为什么不把宝姐姐也请过来？"

薛姨妈笑着说道：

"使不得。"

惜春道：

"怎么使不得？她先怎么住着来呢？"李纨道：

"你不懂的。人家家里如今有事，怎么来呢？"

惜春也信以为实，不便再问。

正说着，贾母等回来，见了薛姨妈，也顾不得问好，便问薛蟠的事。薛姨妈细述了一遍。宝玉在旁听见什么蒋玉函一段，当着人不问，心里打量是他："既回了京，怎么不来瞧我？……"又见宝钗也不过来,不知是怎么个原故,心内正自呆呆的想呢。恰好黛玉也来请安,宝玉稍觉心里喜欢,便把想宝钗来的念头打断,同着姊妹们在老太太那里吃了晚饭。大家散了,薛姨妈将就住在老太太的套间屋里。

宝玉回到自己房中,换了衣裳,忽然想起蒋玉函给的汗巾,便向袭人道:

"你那一年没有系的那条红汗巾子,还有没有?"

袭人道:

"我搁着呢,问它做什么?"

宝玉道:

"我白问问。"

袭人道:

"你没有听见薛大爷相与这些混帐人,所以闹到人命关天?你还提那些做什么?有这样白操心,倒不如静静儿的念念书,把这些个没要紧的事撂开了也好。"

宝玉道:

"我并不闹什么,偶然想起,有也罢,没也罢。我白问一声,你们就有这些话。"

袭人笑道:

"并不是我多话。一个人知书达礼,就该往上巴结才是。就是心爱的人来了,也叫他瞧着喜欢尊敬啊。"

宝玉被袭人一提,便说:

"了不得!方才我在老太太那边,看见人多,没有和林妹妹说话,她也不曾理我。散的时候,她先走了。此时必在屋里,我去就来。"

说着就走。袭人道:

"快些回来罢。这都是我提头儿,倒招起你的高兴来了。"

宝玉也不答言,低着头,一径走到潇湘馆来,只见黛玉靠在桌上看书。宝玉走到跟前,笑说道:

"妹妹早回来了?"

黛玉也笑道:

"你不理我,我还在那里做什么?"

宝玉一面笑说:

"他们人多说话,我插不下嘴去,所以没有和你说话。"

一面瞧着黛玉看的那本书,书上的字一个也不认得。有的像"芍"字;有的像"茫"字;也有一个"大"字旁边,"九"字加上一勾,中间又添个"五"字;也有上头"五"字"六"字又添一个"木"字,底下又是一个"五"字。看着又奇怪,又纳闷,便说:

"妹妹近日越发进了,看起天书来了!"

黛玉嗤的一声笑道:

"好个念书的人! 这个琴谱都没见过。"

宝玉道:

"琴谱怎么不知道? 为什么上头的字,一个也不认得? 妹妹,你认得么?"

黛玉道:

"不认得,瞧它做什么?"

宝玉道:

"我不信,从没有听见你会抚琴。我们书房里挂着好几张,前年来了一个清客先生,叫做什么嵇好古,老爷烦他抚了一曲。他取下琴来,说都使不得,还说:'老先生若高兴,改日携琴来请教。'想是我们老爷也不懂,他便不来了。怎么你有本事藏着?"

黛玉道:

"我何尝真会呢? 前日身上略觉舒服,在大书架上翻书,看有一套琴谱,甚有雅趣,上头讲的琴理甚通,手法说的也明白,真是古人静心养性的工夫。我在扬州,也听得讲究过,也曾学过,只是不弄了,就没有了。这果真是'三日不弹,手生荆棘'。前日看这几篇,没有曲文,只有操名,我又到别处找了一本有曲文的来看看,才有意思。究竟怎么弹的好,实在也难。书上说的:师旷鼓琴,能来

1169

风雷龙凤。孔圣人尚学琴于师襄,一操更知其为文王。高山流水,得遇知音……"

说到这里,眼皮儿微微一动,慢慢的低下头去。

宝玉正听得高兴,便道:

"好妹妹,你才说的实在有趣! 只是我才见上头的字,都不认得,你教我几个呢。"

黛玉道:

"不用教的,一说便可以知道的。"

宝玉道:

"我是个糊涂人,得教我那个'大'字加一勾,中间一个'五'字的。"

> 作者琴、棋、书、画、医、卜、星相、诗、词、歌、赋无所不通,无此大学问,写不出《红楼梦》。

黛玉笑道:

"这'大'字'九'字是用左手大拇指按琴上的'九徽',这一勾加'五'字是右手钩'五弦',并不是一个字,乃是一声,是极容易的。还有吟、揉、绰、注、撞、走、飞、推等法,是讲究手法的。"

宝玉乐得手舞足蹈的说:

"好妹妹,你既明琴理,我们何不学起来?"

黛玉道:

"琴者禁也。古人制下,原以治身,涵养性情,抑其淫荡,去其奢侈。若要抚琴。必择静室高斋,或在层楼的上头,或在林石的里面,或是山巅上,或是水涯上。再遇着那天地清和的时候,风清月朗,焚香静坐,心不外想,气血和平,才能与神合灵,与道合妙。所以古人说:'知音难遇。'若无知音,宁可独对着那清风明月,苍松怪石,野猿老鹤,抚弄一番,以寄兴趣,方为不负了这琴。还有一层,又要指法好,取音好。若必要抚琴,先须衣冠整齐,或鹤氅,或深衣,要如古人的仪表,那才能称圣人之器。然后盥了手,焚上香,方才将身就在榻边,把琴放在案上,坐在第五徽的地方儿,对着自己的当心,两手方从容抬起:这才身心俱正。还要知道轻重疾徐,卷舒自若,体态尊重方好。"

宝玉道：

"我们学着玩，若这么讲究起来，那就难了。"

两个人正说着，只见紫鹃走来，看见宝玉，笑道：

"宝二爷，今日这样高兴！"

宝玉笑道：

"听见妹妹讲究的叫人顿开茅塞，所以越听越爱听。"

紫鹃道：

"不是这个高兴，说的是二爷到我们这边来的话。"

宝玉道：

"先时妹妹身上不舒服，我怕闹的她烦。再者，我又上学，因此，显着就疏远了似的。"紫鹃不等说完，便道："姑娘也是才好。二爷既这么说，坐坐，也该让姑娘歇歇儿了，别叫姑娘只是讲究劳神了。"

宝玉笑道：

"可是我只顾爱听，也就忘了妹妹劳神了。"黛玉笑道：

"说这些倒也开心，也没有什么劳神的。只是怕我只管说，你只管不懂呢。"

宝玉道：

"横竖慢慢的自然明白了。"

说着，便站起来，道：

"当真的妹妹歇歇儿罢。明儿我告诉三妹妹和四妹妹去，叫她们都学起来，让我听。"

黛玉笑道：

"你也太受用了。即如大家学会了抚起来，你不懂，可不是对——"

黛玉说到那里，想起心上的事，便缩住口，不肯往下说了。

宝玉便笑道：

"只要你们能弹，我便爱听，也不管'牛''不'牛'的了。"

黛玉红了脸一笑，紫鹃雪雁也都笑了。于是走出门来。只见秋纹带着小丫头，捧着一小盆兰花来，说：

"太太那边有人送了四盆兰花来，因里头有事，没有空儿玩它，叫给二爷一盆，林姑娘一盆。"

黛玉看时，却有几枝双朵儿的，心中忽然一动，也不知是喜是悲，便呆呆地呆看。那宝玉此时却一心只在琴上，便说：

"妹妹有了兰花，就可以做《猗兰操》了。"

黛玉听了，心里反不舒服。回到房中，看看花，想到"草木当春，花鲜叶茂，想我年纪尚小，便像三秋蒲柳。若是果能随愿，或者渐渐的好来；不然，只恐似那花柳残春，怎禁得风催雨送！"想到那里，不禁又滴下泪来。紫鹃在旁，看见这般光景，却想不出原故来："方才宝玉在这里，那么高兴；如今好好的看花，怎么又伤起心来？"正愁着没法儿劝解，只见宝钗那边打发人来。

---

① 尸格——仵作验尸时，对尸身状态所填的表格。也叫尸单。

第八十七回　感秋声抚琴悲往事
坐禅寂走火入邪魔

　　却说黛玉叫进宝钗家的女人来,问了好,呈上书子,黛玉叫她去喝茶,便将宝钗来书打开看时,只见上面写着:

　　　　妹生辰不偶,家运多艰,姐妹伶仃,萱亲衰迈。兼之
　　犹声猇语①,且暮无休;更遭惨祸飞灾,不啻惊风密雨。
　　夜深辗侧,愁绪何堪! 属在同心,能不为之憋侧乎? 回忆
　　"海棠"结社,序属清秋,对菊持螯,同盟欢洽。犹记"孤标
　　傲世偕谁隐? 一样花开为底迟"之句,未尝不叹冷节余
　　芳,如吾两人也! 感怀触绪,聊赋四章。匪曰无故呻吟,
　　亦长歌当哭之意耳。

　　　　悲时序之递嬗兮,又属清秋。感遭家之不造兮,独处
　　离愁。北堂有萱兮,何以忘忧? 无以解忧兮,我心咻咻!
　　　　云凭凭兮秋风酸,步中庭兮霜叶干,何去何从兮,失
　　我故欢! 静言思之兮恻肺肝!
　　　　惟鲔有潭兮,惟鹤有梁。鳞甲潜伏兮,羽毛何长! 搔
　　首问兮茫茫,高天厚地兮,谁知余之永伤?
　　　　银河耿耿兮寒气侵,月色横斜兮玉漏沉。忧心炳炳
　　兮,发我哀吟。吟复吟兮,寄我知音。

　　黛玉看了,不胜伤感。又想:"宝姐姐不寄与别人,单寄与我,也是惺惺惜惺惺的意思。"正在沉吟,只听见外面有人说道:

　　"林姐姐在家里呢么?"

　　黛玉一面把宝钗的书叠起,口内便答应道:

　　"是谁?"

正问着，早见几个人进来，却是探春、湘云、李纹、李绮。彼此问了好，雪雁倒上茶来，大家喝了，说些闲话。因想起前年的"菊花诗"来，黛玉便道：

"宝姐姐自从挪出去，来了两遭，如今索性有事也不来了，真真奇怪！我看她终久还来我们这里不来！"

探春微笑道：

"怎么不来？横竖要来的。如今是他们尊嫂有些脾气，姨妈上了年纪的人，又兼有薛大哥的事，自然得宝姐姐照料一切。那里还比得先前有工夫呢？"

> 作者不透露半点消息，黛玉仍在鼓中，瞒得好。

正说着，忽听得嗡喇喇一片风声，吹了好些落叶打在窗纸上。停了一回儿又透过一阵清香来。众人闻着，都说道：

"这是何处来的香风？这像什么香？"

黛玉道：

"好像木樨香。"

探春笑道：

"林姐姐终不脱南边人的话。这大九月里的，那里还有桂花呢？"

黛玉笑道：

"原是啊，不然，怎么不竟说是桂花香，只说似乎像呢？"

湘云道：

"三姐姐，你也别说。你可记得'十里荷花，三秋桂子'？在南边正是晚桂开的时候了，你只没有见过罢了。等你明日到南边去的时候，你自然也就知道了。"

探春笑道：

"我有什么事到南边去？况且这个也是我早知道的，不用你们说嘴。"

李纹李绮只抿着嘴儿笑。

黛玉道：

"妹妹，这可说不齐。俗语说：'人是地行仙。'今日在这里，明日就不知在那里。譬如我原是南边人，怎么到了这里呢？"

湘云拍着手笑道：

"今儿三姐姐可叫林姐姐问住了！不但林姐姐是南边人到这里，就是我们这几个人就不同：也有本来是北边的；也有根子是南边，生长在北边的；也有生长在南边，到这北边的。今儿大家都凑在一处，可见人总有一个定数。大凡地和人，总是各自有缘分的。"

众人听了都点头。探春也只是笑。又说了一会子闲话儿，大家散出。黛玉送至门口，大家都说：

"你身上才好些，别出来了，看着了风。"

于是黛玉一面说着话儿，一面站在门口，又与四人殷勤了几句，便看着她们出院去了。进来坐着，看看已是林鸟归山，夕阳西坠。因史湘云说起南边的话，便想着：

"父母若在，南边的景致，春花秋月，水秀山明，二十四桥，六朝遗迹……不少下人伏侍，诸事可以任意，言语亦可不避。香车画舫，红杏青帘，惟我独尊。今日寄人篱下，纵有许多照应，自己无处不要留心。不知前生作了什么罪孽，今生这样孤凄！真是李后主说的，'此间旦夕只以眼泪洗而'矣！"

一面思想，不知不觉神往那里去了。

紫鹃走来，看见这样光景，想着必是因刚才说起南边北边的话来，一时触着黛玉的心事了，便问道：

"姑娘们来说了半天话，想来姑娘又劳了神了？刚才我叫雪雁告诉厨房里，给姑娘作了一碗火肉白菜汤，加了一点儿虾米儿，配了点青笋紫菜，姑娘想着好么？"

黛玉道：

"也罢了。"

紫鹃道：

"还熬了一点江米粥。"

黛玉点点头儿，又说道：

"那粥得你们两个自己熬了,不用她们厨房里熬才是。"

紫鹃道:

"我也怕厨房里弄的不干净,我们自己熬呢。就是那汤,我也告诉雪雁合柳嫂儿说了,要弄干净着。柳嫂儿说了:她打点妥当,拿到她屋里,叫她们五儿瞅着炖呢。"

黛玉道:

"我倒不是嫌人家腌臜;只是病了好些日子,不周不备,都是人家,这会子又汤儿粥儿的调度,未免惹人厌烦。"

说着,眼圈儿又红了。紫鹃道:

"姑娘这话也是多想。姑娘是老太太的外孙女儿,又是老太太心坎儿上的。别人求其在姑娘跟前讨好儿还不能呢,那里有抱怨的?"

黛玉点点头儿,因又问道:

"你才说的五儿,不是那日合宝二爷那边的芳官在一处的那个女孩儿?"

紫鹃道:

"就是她。"

黛玉道:

"不听见说要进来么?"紫鹃道:

"可不是?因为病了一场,后来好了,才要进来,正是晴雯她们闹出事来的时候,也就耽搁住了。"

黛玉道:

"我看那丫头倒也还头脸儿干净。"

说着,外头婆子送了汤来,雪雁出来接时,那婆子说道:

"柳嫂儿叫回姑娘:这是她们五儿作的,没敢在大厨房里作,怕姑娘嫌腌臜。"

雪雁答应着,接了进来。黛玉在屋里,已听见了,吩咐雪雁告诉那老婆子回去说,叫她费心。雪雁出来说了,老婆子自去。

这里雪雁将黛玉的碗箸安放在小几儿上,因问黛玉道:

"还有咱们南来的五香大头菜,拌些麻油醋,可好么?"

黛玉道:

"也使得,只不必累赘了。"

一面盛上粥菜。黛玉吃了半碗,用羹匙舀了两口汤喝,就搁下了。两个丫鬟撤下来了,拭净了小几,端下去,又换上一张常放的小几。黛玉漱了口,盥了手,便道:

"紫鹃,添了香了没有?"

紫鹃道:

"就添去。"

黛玉道:

"你们就把那汤合粥吃了罢,味儿还好,且是干净。待我自己添香罢。"

两个人答应了,在外间自吃去了。

这里黛玉添了香,自己坐着,才要拿本书看,只听得园内的风,自西边直透到东边,穿过树枝,都在那里唏哩哗喇不住的响。一会儿,檐下的铁马也只管叮叮当当的乱敲起来。

一时,雪雁先吃完了,进来伺候。黛玉便问道:

"天气冷了,我前日叫你们把那些小毛儿衣裳晾晾,可曾晾过没有?"

雪雁道:

"都晾过了。"

黛玉道:

"你拿一件来我披披。"

雪雁走去,将一包小毛衣裳抱来,打开毡包,给黛玉自拣。只见内中夹着个绢包儿。黛玉伸手拿起,打开看时,却是宝玉病时送来的旧绢子,自己题的诗,上面泪痕犹在。里头却包着那剪破了的香囊、扇袋并宝玉通灵玉上的穗子。原来晾衣裳时,从箱中检出,紫鹃恐怕遗失了,遂夹在这毡包里的。

这黛玉不看则已,看了时,也不说穿那一件衣裳,手里只拿着那两方手帕，呆呆的看那旧诗，看了一回，不觉得簌簌泪下。紫鹃刚从外间进来，只见雪雁正捧着一毡包衣裳，在旁边呆立。小几上却搁着剪破了的香囊和两三截儿扇袋并那铰断了的穗子。黛玉手中却拿着两方旧帕子，上边写着字迹，在那里对着滴泪儿。正是：

“失意人逢失意事，新啼痕间旧啼痕。”

写黛玉触景伤情，看来亦有无可奈何之感。

紫鹃见了这样，知是她触物伤情，感怀旧事，料道劝也无益，只得笑着，道：

“姑娘，还看那些东西作什么？那都是那几年宝二爷和姑娘小时，一时好了，一时恼了，闹出来的笑话儿。要像如今这样厮抬厮敬的，那里能把这些东西白糟蹋了呢?”

紫鹃这话原给黛玉开心，不料这几句话更提起黛玉初来时和宝玉的旧事来，一发珠泪连绵起来。紫鹃又劝道：

“雪雁这里等着呢，姑娘披上一件罢。”

那黛玉才把手帕撂下，紫鹃连忙拾起，将香袋等物包起拿开。

这黛玉方披了一件皮衣，自己闷闷的走到外间来坐下。回头看见案上宝钗的诗启尚未收好，又拿出来瞧了两遍，叹道：

“境遇不同，伤心则一。不免也赋四章，翻入琴谱，可弹可歌，明日写出来寄去，以当和作。”

便叫雪雁将外边桌上笔砚拿来，濡墨挥毫，赋成四叠。又将琴谱翻出，借它猗兰思贤两操，合成音韵，与自己做的配齐了，然后写出，以备送与宝钗。又即叫雪雁向箱中将自己带来的短琴拿出，调上弦，又操演了指法。黛玉本是个绝顶聪明人，又在南边学过几时，虽是手生，到底一理就熟。抚了一番，夜已深了，便叫紫鹃收拾睡觉。不提。

却说宝玉这日起来，梳洗了，带着焙茗，正往书房中来，只见墨雨笑嘻嘻的跑来，迎头说道：

“二爷，今日便宜了！太爷不在书房里，都放了学了。”

宝玉道：

"当真的么?"

墨雨道:

"二爷不信,那不是三爷和兰哥来了?"

宝玉看时,只觉贾环贾兰跟着小厮们,两个笑嘻嘻的,嘴里叽叽呱呱,不知说些什么,迎头来了,见了宝玉,都垂手站住。宝玉问道:

"你们两个怎么就回来了?"

贾环道:

"今日太爷有事,说是放一天学,明儿再去呢。"

宝玉听了,方回身到贾母贾政处去禀明了,然后回到怡红院中,袭人问道:

"怎么又回来了?"

宝玉告诉她,只坐了一坐儿,便往外走。袭人道:

"往那里去,这样忙法? 就放了学,依我说,也该养养神儿了。"

宝玉站住脚,低了头,说道:

"你的话也是,但是好容易放一天学,还不散散去? 你也该可怜我些儿了。"

袭人见说的可怜,笑道:

"由爷去罢。"

正说着,端了饭来。宝玉也没法儿,只得且吃饭。三口两口,忙忙的吃完,漱了口,一溜烟往黛玉房中去了。走到门口,只见雪雁在院中晾绢子呢。宝玉因问:

"姑娘吃了饭了么?"

雪雁道:

"早起喝了半碗粥,懒怠吃饭,这时候打盹儿呢。二爷且到别处走走,回来再来罢。"

宝玉只得回来。无处可去,忽然想起惜春有好几天没见,便信步走到蓼风轩来。刚到窗下,只见静悄悄一无人声,宝玉打量她也睡午觉,不便进去。才要走时,只听屋里微微一响,不知何声,宝玉站住再听。半日，又啪的一响，宝玉还未听出。只听一个人道：

"你在这里下了一个子儿，那里你不应么？"

宝玉方知是下棋呢。但只急切听不出这个人的语音是谁。底下方听见惜春道：

"怕什么？你这么一吃，我这么一应；你又这么吃，我又这么应：还缓着一着儿呢，终久连的上。"

那一个又道：

我要这么一吃呢？"

惜春道：

"阿嗄！还有一着反扑在里头呢，我倒没防备。"

宝玉听了听，那一个声音很熟，却不是她们姐妹。料着惜春屋里也没外人，轻轻的掀帘进去。看时，不是别人，却是那栊翠庵的槛外人妙玉。这宝玉见是妙玉，不敢惊动。妙玉和惜春正在凝思之际，也没理会。宝玉却站在旁边，看她两个的手段。只见妙玉低着头，问惜春道：

"你这个畸角儿不要了么？"

惜春道：

"怎么不要？你那里头都是死子儿，我怕什么？"

妙玉道：

"且别说满话，试试看。"

惜春道：

"我便打了起来，看你怎么着。"

妙玉却微微笑着，把边上子一接，却搭转一吃，把惜春的一个角儿都打起来了，笑着说道：

"这叫做'倒脱靴势'。"

惜春尚未答言，宝玉在旁，情不自禁，哈哈一笑，把两个人都吓了一大跳。惜春道：

"你这是怎么说？进来也不言语。这么使促狭吓人！你多早晚进来的？"

宝玉道：

"我头里就进来了，看着你们两个争这个畸角儿。"说着，一面与妙玉施礼，一面又笑问道："妙公轻易不出禅关，今日何缘下凡一走？"

妙玉听了，忽然把脸一红，也不答言，低了头，自看那棋。宝玉自觉造次，连忙陪笑道：

"倒是出家人比不得我们在家的俗人。头一件，心是静的。静则灵，灵则慧……"

宝玉尚未说完，只见妙玉微微的把眼一抬，看了宝玉一眼，复又低下头去，那脸上的颜色渐渐的红晕起来。宝玉见她不理，只得讪讪的旁边坐了。

惜春还要下子，妙玉半日说道：

"再下罢。"便起身理理衣裳，重新坐下，痴痴的问着宝玉道：

"你从何处来？"

宝玉巴不得这一声，好解释前头的话，忽然又想道：

"或是妙玉的机锋？"转红了脸，答应不出来。妙玉微微一笑，自合惜春说话。惜春也笑道：

"二哥哥，这什么难答的？你没有听见人家常说的'从来处来'么？这也值得把脸红了，见了生人的似的？"

妙玉听了这话，想起自家，心上一动，脸上一热，必然也是红的，倒觉不好意思起来。因站起来说道：

"我来得久了，要回庵里去了。"

惜春知妙玉为人，也不深留，送至门口。妙玉笑道：

"久已不来，这里弯弯曲曲的，回去的路头都要迷住了。"

宝玉道：

"这倒要我来指引指引何如？"

妙玉道：

"不敢。二爷前请。"

于是二人别了惜春，离了蓼风轩，弯弯曲曲，走近潇湘馆，忽听得叮咚之声。妙玉道：

"那里的琴声？"

宝玉道：

"想必是林妹妹那里抚琴呢。"

妙玉道：

"原来她也会这个吗？怎么素日不听见提起？"

宝玉悉把黛玉的事说了一遍，因说："咱们去看她。"

妙玉道：

"从古只有听琴，再没有看琴的。"

宝玉笑道：

"我原说我是个俗人。"

说着，二人走至潇湘馆外，在山子石上坐着静听，甚觉音调清切。只听得低吟道：

　　风萧萧兮秋气深，美人千里兮独沉吟。望故乡兮何处？倚栏杆兮涕沾襟。

歇了一回，听得又吟道：

　　山迢迢兮水长，照轩窗兮明月光。耿耿不寐兮银河渺茫，罗衫怯怯兮风露凉。

又歇了一歇，妙玉道：

"刚才'侵'字韵是第一叠，如今'阳'字韵是第二叠了。咱们再听。"

里边又吟道：

　　子之遭兮不自由，予之遇兮多烦忧。之子与我兮心焉相投？思古人兮俾无尤。

妙玉道：

"这又是一拍。——何忧思之深也！"

宝玉道：

"我虽不懂得，但听她声音，也觉得过悲了。"

里头又调了一回弦。妙玉道：

"'君弦'太高了，与'无射律'①只怕不配呢。"

里边又吟道：

　　人生斯世兮如轻尘，天上人间兮感夙因。感夙因兮不可　，素心何如天上月？

妙玉听了，讶然失色道：

> 以琴音暗示黛玉早死。

"如何忽作变徵之声！音韵可裂金石矣！只是太过。"

宝玉道：

"太过便怎么？"

妙玉道：

"恐不能持久。"

正议论时，听得君弦"绷"的一声断了。妙玉站起来，连忙就走。宝玉道：

"怎么样？"

妙玉道：

"日后自知，你也不必多说。"

竟自走了，弄得宝玉满腹疑团，没精打彩的，归至怡红院中。不表。

且说妙玉归去，早有道婆接着，掩了庵门，坐了一回，把"禅门日诵"念了一遍。吃了晚饭，点上香，拜了菩萨，命道婆子自去歇着，自己的禅床靠背俱已整齐，屏息垂帘，跏趺坐下，断除妄想，趋向真如。坐至三更以后，听得房上"骨碌碌"一片声响，妙玉恐有贼来，下了禅床，出到前轩，但见云影横空，月华如水。那时天气尚不很凉，独自一个凭栏站了一回，忽听房上两个猫儿一递一声厮叫。

> 此段是一一二回遭大劫伏笔。

那妙玉忽想起日间宝玉之言，不觉一阵心跳

耳热，自己连忙收摄心神，走进禅房，仍到禅床上坐了。怎奈神不守舍，一时如万马奔驰，觉得禅床便晃荡起来，身子已不在庵中。便有许多王孙公子，要来娶她；又有些媒婆，扯扯曳曳，扶她上车，自己不肯去。一回儿，又有盗贼劫她，持刀执棍的逼勒，只得哭喊求救。

早惊醒了庵中女尼道婆等众，都拿火来照看，只见妙玉两手撒开，口水流沫，急叫醒时，只见眼睛直竖，两颧鲜红，骂道：

"我有菩萨保佑，你们这些强徒敢要怎么样？"

众人都吓的没了主意，都说道：

"我们在这里呢，快醒转来罢"

妙玉道：

"我要回家去！你们有什么好人，送我回去罢！"

道婆道：

"这里就是你住的房子。"

说着，又叫另的女尼忙向观音前祷告。求了签，翻开签书看时，是触犯了西南角上的阴人。就有一个说：

"是了！大观园中西南角上本来没有人住，阴气是有的。"

一面弄汤弄水的在那里忙乱。

那女尼原是自南边带来的，伏侍妙玉，自然比别人尽心，围着妙玉坐在禅床上。妙玉回头道：

"你是谁？"

女尼道：

"是我。"

妙玉仔细瞧了一瞧道：

"原来是你！"

便抱住那女尼，呜呜咽咽的哭起来，说道：

"你是我的妈呀，你不救我，我不得活了！"

那女尼一面唤醒她。一面给她揉着。道婆倒上茶来喝了，直到天明才睡了。女尼便打发人去请大夫来看脉。也有说是思虑伤

脾的,也有说是热入血室的,也有说是邪祟触犯的,也有说是内外感冒的,终无定论。后请得一个大夫来看了,问:

"曾打坐过没有?"

道婆说道:

"向来打坐的。"

大夫道:"这病可是昨夜忽然来的么?"

道婆道:

"是。"

大夫道:

"这是走火入魔的原故。"

众人问:

"有碍没有?"

大夫道:

"幸亏打坐不久,魔还入得浅,可以有救。"

写了降伏心火的药,吃了一剂,稍稍平复些。

外面那些游头浪子听见了,便造作许多谣言,说:

"这么年纪,那里忍得住?况且又是很风流的人品,很乖觉的性灵! 以后不知飞在谁手里,便宜谁去呢!"

过了几日,妙玉病虽略好了些,神思未复,终有些恍惚。

一日,惜春正坐着,彩屏忽然进来回道:

"姑娘知道妙玉师父的事吗?"

惜春道:

"她有什么事?"

彩屏道:

"我昨日听见邢姑娘和大奶奶在那里说呢: 她自从那日合姑娘下棋回去,夜间忽然中了邪,嘴里乱嚷,说强盗来抢她来了。到如今还没好呢。姑娘,你说这不是奇事吗?"

惜春听了,默默无语。因想:

"妙玉虽然洁净,毕竟尘缘未断。可惜我生在这种人家,不便出家,我若出了家时,那有邪魔缠扰! 一念不生,万缘俱寂。"

想到这里,蓦与神会,若有所得,便口占一偈云:

大造本无方,云何是应住? 既从空中来,应向空中去。

占毕,即命丫头焚香。自己静坐了一回,又翻开那棋谱来,把孔融、王积薪③等所著看了几篇。内中"荷叶包蟹势","黄莺搏兔势",都不出奇;"三十六局杀角势",一时也难会难记;独看到"十龙走马",觉得甚有意思。

---

① 猇(xiāo)声狺(yín)语 —— 猇,虎要吃别的动物时所发出的声音。狺,狗打架的声音。这儿是骂人吵架。

② 无射律 —— 七弦琴一种调子的名称。无射(yì),十二律之一。古十二律旋宫,和西乐CDEF之类相同。

③ 孔融、王积新 —— 孔融,三国时人,王积新,唐代人,都是下围棋的能手。